苏州城市国际竞争力报告

精致创新驱动从容转型

顾问
高培勇　周伟强

著者
倪鹏飞　丁如曦
王雨飞　郑琼洁
等

中国社会科学出版社

图书在版编目(CIP)数据

苏州城市国际竞争力报告：精致创新驱动从容转型／倪鹏飞等著．—北京：中国社会科学出版社，2016．9

（地方智库报告）

ISBN 978－7－5161－8983－2

Ⅰ．①苏…　Ⅱ．①倪…　Ⅲ．①城市经济—经济发展—研究报告—苏州
Ⅳ．①F299．275．33

中国版本图书馆 CIP 数据核字(2016)第 223572 号

出 版 人　赵剑英
责任编辑　喻　苗
责任校对　李　莉
责任印制　王　超

出　　版　中国社会科学出版社
社　　址　北京鼓楼西大街甲 158 号
邮　　编　100720
网　　址　http://www.csspw.cn
发 行 部　010－84083685
门 市 部　010－84029450
经　　销　新华书店及其他书店

印刷装订　北京君升印刷有限公司
版　　次　2016 年 9 月第 1 版
印　　次　2016 年 9 月第 1 次印刷

开　　本　787×1092　1/16
印　　张　20.25
插　　页　2
字　　数　321 千字
定　　价　76.00 元

《苏州城市国际竞争力报告》
编　委　会

顾　问　高培勇　周伟强

执　笔

倪鹏飞（中国社会科学院财经战略研究院、中国社会科学院城市与竞争力研究中心）：总体报告、分析框架及指标体系

丁如曦（中国社会科学院财经战略研究院）：分报告二、分报告三

郑琼洁（南京市社会科学院、中国社会科学院城市与竞争力研究中心）：分报告一、分报告六、分报告四第一节

王雨飞（北京邮电大学经济管理学院、中国社会科学院财经战略研究院）：分报告四第二节、分报告五第五节

李　冕（中国社会科学院城市与竞争力研究中心）：总体报告、分报告七

毛丰付、王建生（浙江工商大学、中国社会科学院财经战略研究院）：分报告四第三节

赵英伟、姜珅（青岛科技大学）：分报告五第二节

刘金伟（北京工业大学人文社会科学学院）：分报告五第三节

魏劭琨（国家发展和改革委员会城市和小城镇改革发展中心）：分报告五第四节

蔡书凯（安徽工程大学、中国社会科学院财经战略研究院）：分报告五第六节

刘　艺（中国人民公安大学、中国社会科学院城市与竞争力研究中心）：分报告五第七节

张洋子（中国社会科学院研究生院）：分报告五第一节

李　湛（苏州发展规划研究院）：总体报告

目 录

总体报告

苏州城市国际竞争力及其升级战略

城市国际竞争力是指一个城市在世界经济的大环境下，与国内及国际上其他城市相比，所具有的创造增加值和国民财富持续增长的能力。它涵盖经济竞争力和可持续竞争力两个方面，其中经济竞争力体现着竞争力的产出方面，是短期的；可持续竞争力体现竞争力的投入方面，是长期的，影响并决定着城市发展潜力。而产业是竞争力的中间环节，联系着竞争力的投入和产出。在全球化深入推进和竞争全球化的时代，如何在瞬息万变的世界潮流中准确地把握全球化的方向，进而提升城市自身的竞争力，以使其在越来越激烈的国内、国际竞争中处于优势地位，是每一个城市管理者所面临的迫切问题。不断提升城市的国际竞争力对于城市发展意义重大。

改革开放30多年来，中国城市建设和发展取得了长足的进步。作为中国长三角地区的重要城市，苏州创造了令人瞩目的苏州奇迹。经过了20世纪80年代“苏南模式”以及90年代中期之后开放型经济的实践，苏州开创了中国经济新的发展方式，实现了跨越式的发展，形成了备受推崇的“苏州模式”。作为我国改革开放进程中的领先者，苏州在城市转型变化和演进方面，不仅可以为全国其他地区提供重要的参考和借鉴，同时为自身更好更快的发展进一步理清思路。

在资源配置全球化和竞争全球化的当今时代，如何适应新的全球经济形势，如何实现新的变革和转型发展是每一个现代城市都必须面对的课题。“十三五”时期既是我国全面建成小康社会的决胜阶段，也是结构调整和新型城镇化的关键时期，苏州也面临着经济、社会、环境等方面的新问题。十八届五中全会通过的“十三五”规划建议明确了今后五年党和国家各项任务，归结起来就是夺取全面建成小康社会决胜阶段的伟大胜利，实现第一个百年奋斗目标。在这历史关键时期，苏州如何围绕江苏“强富美高”的最新定位，积极投身“迈上新台阶、建设新江苏”的伟大实践，全面建成更高水平的小康社会，开启基本实现现代化新征程，当好“两个率先”的先行军和排头兵，是当前需要研究的一个重大课题。在此背景下，立足于国内外环境的新变化、新趋势和新特征，分析和把握苏州面临的国内外多重机遇、调整，重点分析苏州在全球坐标和中国坐标上的经济竞争力和可持续竞争力状况，在城市转型方面取得的成绩和存在的问题，着眼于对未来一段时间的形势进行准确判断，进而为提升苏州国际城市竞争力和城市转型提供战略性参考，具有重要的理论价值与实践意义。

一　苏州必须提升国际竞争力

苏州作为中国改革开放的重要先行地，已经取得了举世瞩目的成就，20 世纪 80 年代创造了闻名遐迩的“苏南模式”，90 年代又创造了以外向型经济为主的“苏州奇迹”。如今，苏州发展进入一个新的“拐点”，苏州面临着新的竞争力环境，提升国际竞争力、实现转型升级成为苏州经济社会发展的主旋律。

（一）空间分析：国内国际环境变化为苏州提升竞争力带来新机遇

从空间维度来看，国际和国内环境的变化为苏州带来了新的机遇和挑战，苏州既需要认真应对全球经济“再平衡”和中国经济“新常态”下的挑战，也需要积极把握新一轮科技革命与经济增长动力转换等重大机遇，加快推进转型升级。在全球经济迅速发展和转变的今天，苏州发展所面临的国际环境呈现如下特征：全球经济温和复苏，整体增长格局呈现分化；新一轮科技革命和产业变革蓄势发动，科技创新更趋活跃；发达国家实施“再工业化”战略，新兴经济体产业转型升级步伐加快；全球资本跨国流动规模稳步回升，发展中经济体的投资地位显著提高；生态理念越来越受重视，全球范围正在形成绿色转型浪潮。随着我国进入全面建成小康社会的决胜阶段，以及结构调整和新型城镇化的关键时期，国内环境呈现如下特征：经济发展进入“新常态”，经济结构调整的任务更加紧迫；

产业结构进入深度调整期，经济增长动力从“要素驱动”向“创新驱动”转变；对外开放的广度和深度不断拓展，企业“走出去”将成为新亮点；社会矛盾和风险日益突出，加强和创新社会治理任务艰巨；生态工作备受关注，生态文明建设将遇重大转型和改善。

（二）时间分析：苏州进入提升国际竞争力的转型发展阶段

从历史脉络来看，苏州在改革开放后已经取得了举世瞩目的成就，目前已经进入到以提升竞争力为主要目标的转型发展阶段。苏州经济发展的历史源远流长，从建城之初到中华人民共和国成立的经济历史可以分为发展期、转型期、繁荣期和衰弱期四个阶段，从新中国成立到改革开放之前经历了恢复期、改造期、调整期和曲折发展四个阶段，从改革开放以来苏州经济的发展阶段可以分为乡镇企业打造“苏南模式”、招商引资发展开放型经济、转型升级提质增效阶段。苏州经过长期实践，已经实现了跨越式的发展，取得了举世瞩目的成就，不仅在经济总量上增长迅速，在经济体制与增长方式方面也发生了极大转变。同时，苏州在江苏省乃至全国范围内都具有较强的竞争力。在当前国际国内环境迅速变化的今天，苏州面临着多重交叠的机遇和挑战，并进入了以提升竞争力为主要阶段的发展新阶段，必须以精致创新驱动从容转型。

二　全球坐标上苏州经济竞争力存在两大优势与两项短板

在全球化的视野之下，将苏州置于全球 505 个城市组成的城市经济竞争力坐标体系之上，发现苏州在全球城市竞争力坐标体系中的精确位置，并与 18 个国际重要城市进行全面比较，寻找苏州国际经济竞争力优势与短板，为苏州进一步提升国际竞争力提供参考与经验借鉴。

（一）总体表现：全球中等偏上水平

从总体状况来看，苏州经济竞争力在全球 505 城市中位居第 184 位，处于中等偏上水平，但与国际重要城市的差距较为明显。苏州国际经济竞争力指数得分为 0.374，比全球 505 城市的均值 0.304 高出了 0.07，比中位数城市韩国蔚山（Ulsan）0.297 高出 0.077，在全球 505 城市中位居第 184 位，在全球坐标上处于中等偏上水平。但与 18 个重要城市比较来看，苏州国际经济竞争力仅仅微幅领先于印度的软件中心班加罗尔，组内排名总体靠后，与慕尼黑、赫尔辛基、深圳等重要城市尚存在一定差距。

（二）分项表现：两大优势与两大短板并存

从分项表现来看，苏州的当地需求优势突出，跻身全球前 50 位，硬件环境也进入全球前 100 名；但企业本体与全球联系成为主要短板，与重要城市差距较大，是苏州未来进一步提升经济竞争力的重要环节。苏州经济竞争力各分项的指数得分差距较大，优劣势并存：其中，企业本体分项得分最低，位于全球 505 城市的第 369 位，短板效应明显；当地要素指数得分 0.436，位居全球第 184 名；当地需求比较优势突出，分项排名领先，排在全球第 47 位；软件环境指数得分 0.565，接近全球平均水平；硬件环境分项得分较高，入列全球前 100 名；全球联系指数得分 0.199，与重要城市差距较大。从与芝加哥、大阪和慕尼黑三个追赶目标城市比较来看，苏州在硬件环境与当地需求方面差距不大，但在企业本体和全球联系方面与追赶目标城市的落差较大；从与新加坡、首尔和圣何塞三个学习标杆城市比较来看，尽管硬件环境表现即使与首尔和新加坡相比仍然具有比较优势，但苏州的企业本体、全球联系、当地要素和软件环境亟待改善和提高。当前苏州已进入以提升竞争力为主的创新发展阶段，借鉴新加坡等学习标杆城市的经验，稳步推进产业结构动态升级，紧抓外部机遇促进开放发展，继续发挥在硬件环境与当地需求方面的优势，并在融入全球城市网络体系过程中重点弥补其企业本体和全球联系的短板，是苏州未来进一步提升其国际经济竞争力的重要环节。

三　全球坐标上苏州可持续竞争力处于中等偏上且潜力巨大

在全球化深入推进背景下，城市作为增长引擎在为居民提供福利等方面的作用越来越重要，同时城市发展过程中在经济、社会、文化、资源、环境等方面面临着许多普遍性的问题和挑战。如何推动提升城市的国际可持续竞争能力，对于城市在参与全球竞争过程中促进实现其经济、社会和生态可持续发展以及人口、资源与环境的协调发展具有重要意义。在此背景下，立足全球视野，将苏州置于全球500城市组成的全球城市可持续竞争力坐标体系之中精准定位，对于提升苏州城市国际可持续竞争力意义重大。

（一）总体表现：全球中等偏上水平

从总体情况来看，苏州国际可持续竞争力在全球500城市中排名第174位，处于中等偏上水平，但与21个国际重要城市的差距较为明显。苏州国际可持续竞争力指数得分为0.414，比全球500城市的均值0.344高出了0.07，比中位数城市印度班加罗尔（Bengaluru）0.329高出0.085，排名全球第174位。与21个重要城市的比较结果显示，苏州国际经济竞争力得分高于印度的软件中心班加罗尔，并与德国的慕尼黑得分相近，在与重要城市组成的22个城市中，苏州在组内排名仅为第21位，与新加坡、西雅图、维也纳、墨尔本等城市尚存在较大差距。

（二）分项表现：科技创新表现突出，补齐短板潜力巨大

从分项表现来看，苏州的科技创新进入全球20强，在创新驱动方面研究具备一定的优势，但在政府管理与文化多样性两方面有待提升，这也是未来苏州提升国际可持续竞争力的重要突破口。其中，苏州经济活力指数得分为0.596，在全球500城市中排名第87位，进入全球前100行列；环境质量得分为0.343，位居全球及重要城市中的中端偏下位置；社会包容指数与重要城市比较接近，与组内第1名城市大阪仅相差0.069，比组内最后一名城市圣何塞高出约0.039，并与芝加哥保持相同水平；科技创新方面表现良好，分项排名进入全球20强，是苏州分项指标中最高的全球排名；全球联系指数得分0.234，落后于全部的国际重要城市，表明苏州在汇集跨国公司、充分利用国际市场等方面的潜力亟待发挥；多样文化指数得分为0.167，与日本的广岛、美国的弗吉尼亚等城市并列排名全球500城市中的第242位，且在重要城市组中排名相对靠后；政府管理方面，与发达国家重要城市尚存在一定差距。

从奥斯汀、墨尔本和哥本哈根三个追赶目标城市比较来看，苏州在经

济活力和环境质量方面已经赶超了这三个目标城市；在社会包容方面，苏州的表现不及追赶目标城市；在科技创新方面，苏州已将墨尔本和哥本哈根甩在了身后，但苏州在科技创新方面的表现远不及奥斯汀；在全球联系方面，苏州与追赶目标城市存在不同程度的差距；在多样文化方面，苏州与追赶目标城市的差距则相对更大，尤其是与墨尔本的多样文化指数得分相差达到0.667，墨尔本营造文化之都、打造知识城市的做法值得苏州借鉴；在政府管理方面，苏州与追赶目标城市（发达国家城市）间存在阶段性差异，奥斯汀、哥本哈根和墨尔本以整体领先优势将苏州甩在了身后，优化宜商环境、提升城市管理水平对于弥补苏州国际可持续竞争力短板具有重要意义。因此，继续保持和发挥苏州在科技创新、经济活力等方面的优势，并在融入全球城市网络体系过程中重点弥补全球联系、多样文化等方面的短板或弱项，是苏州未来追赶目标城市、提升国际可持续竞争力的主要努力方向。

从新加坡、维也纳和西雅图三个学习标杆城市的比较来看，科技创新是苏州相对优势比较明显的分项，其科技创新指数得分皆高出新加坡、维也纳和西雅图；在社会包容方面，苏州与学习标杆城市间差距不大；在经济活力方面，尽管苏州表现强劲的GDP平均增长率让其在经济活跃程度已经超出了墨尔本、奥斯汀和哥本哈根这三个追赶目标城市，但由于人均意义上的产出水平（人均GDP）与重要城市间的普遍性差距，苏州的经济活力表现不及新加坡、维也纳和西雅图三个学习目标城市；在全球联系方面，新加坡处于绝对的领先地位，维也纳排名第2位，苏州尽管与西雅图的全球联系指数得分相差不大，但与前两位城市相比，其全球联系亟待大幅提升；在政府管理和多样文化方面，新加坡、维也纳和西雅图整体处于领先地位，尽管苏州近年来在文化城市建设、政府管理服务、宜商环境优化等方面做了许多努力，并取得了一定的成效，但从全球维度上看，仍然面临短板。因此立足全球视野，借鉴学习标杆城市的经验，通过不断提升城市管理与服务水平以及文化的多样性，将是未来苏州提升国际可持续竞争力水平的重要抓手。

四　中国坐标上苏州经济竞争力产业基础雄厚且优势明显

（一）宏观经济绩效：规模靠前、增速放缓、效率提升

从经济规模、经济效率、经济速度三个方面进行绩效的分析发现，在经济规模上，苏州从1978年改革开放初期的第30位排名到2015年跻身全国城市经济排名前十。人均GDP达世界发达国家标准，在江苏省位居榜首，远远高于排名第2位的省会城市南京。

从苏州经济效率的结构偏离度指标看，第一产业结构偏离度为负，显示可以向外转移富余劳动力，但由于近年经过持续的向外转移，第一产业劳动力总量已不大；第二产业的结构偏离度为由正转负，说明目前第二产业向外转移富余劳动力的压力较大；第三产业结构偏离度相对合理，产业结构与就业结构正在向均衡状态迈进，从其他部门转移的劳动力很多被第三产业吸收。

从经济效率的劳动生产率指标看，从1995年开始，第三产业的劳动生产率反超第二产业并逐渐拉开距离，2014年第三产业的劳动力生产率是第二产业的1.63倍，是第一产业的3.2倍。从增长幅度看，第一产业增长最多，2014年较1952年增长了500多倍。

从苏州经济速度看，苏州整体保持中高速增长，预计在“十三五”会有一定调整和放缓。第一产业一直低于5%的速度，第二产业增速在“十五”时期达到17.2%的顶点，随后步入下降通道；第三产业则显示出温和增长的势头，其中现代服务业贡献凸显。

（二）产业竞争力：五大产业表现良好，制造业名列前茅

根据苏州产业发展的自身特点和全国产业发展的总体趋势，着重选取第二产业的制造业，第三产业的科技产业、金融产业、文化产业和房地产业作为苏州产业竞争力研究的主要对象。根据不同产业的不同特点和发展程度，分别构建了制造、科技、金融、文化和房地产业的指标体系，以全国287个地级及以上城市为研究样本，考察苏州的五大产业在全国城市中的竞争力情况。为更加客观的分析苏州产业竞争力的具体情况，找出苏州

产业发展的短板，并有针对性地找到解决方案和范本，报告选择了八个城市作为苏州产业竞争力分析的对标城市。这八个城市分别是综合实力较强又分别都是区域中心城市的深圳和上海、不断追赶苏州同时又是近邻的宁波和无锡、在竞争中寻求合作的伙伴城市杭州和南京、整体实力不相上下棋逢对手的东莞和重庆。通过对苏州不同产业的自身分析和对标分析得到以下结论。

第一，制造业竞争力名列前茅。从制造业总体上看，苏州制造业的竞争力排名位居全国第二，仅次于深圳；区域情况是排名在江苏省内第一，而且排名在大幅度上超过江苏省会城市南京。与对标城市的比较结果是苏州制造业仅次于深圳，在对标城市中具有非常显著的优势，后来者与苏州制造业上还是有一定差距的。从分项指标上看，苏州制造业发展在当地要素上具有绝对优势，但基础设施是其发展的主要短板。企业本体中工业企业数基数大增速较缓，制造业从业人数和增速均较高；当地要素中当地居民购买力相对较弱，市场规模和潜力不占优势；当地需求中经济规模较大，人均 GDP 较高；制度环境中开办企业较为便利，企业财税负担高于东莞；基础设施中的海运相当便利，但不是公路和铁路的全国交通枢纽。

第二，科技产业竞争力全国第 10 位。从科技产业总体上看，苏州科技产业的竞争力排名位居全国第 10 位，区域情况是排名在江苏省内第 2 位，落后于南京、杭州等部分东部城市。与对标城市比较后，发现苏州的科技产业整体上并无特别突出的优势，各项一级指标发展比较均衡，在对标城市中较为落后。从分项指标上看，苏州科技产业在科技需求上具有一定优势，科技支撑成为产业发展的主要短板。科技需求中科技经费支出总量不大，但占财政收入比重较高，反映出政府对科技产业的发展比较重视；科技支撑中缺乏高水平大学，科研人员从业比重急需提高；科技产出中专利数量超过多数对标城市，但高校科研能力亟待提升；科技规模中科技从业人数规模成为短板，高科技产品对外贸易活跃。

第三，金融产业竞争力全国第 6 位。从金融产业总体上看，苏州金融产业的竞争力排名位居全国第 6 位，优势比较明显，在江苏省乃至长三角地区的优势比较明显，但仍存在提升空间。与对标城市分析可知，苏州的金融产业在对标城市中排名相对靠前，但具体指数优势不明显。从分项指标上看，苏州金融产业发展的制度环境相对较优，但仍缺乏主体联系。企业本体中全国500强企业总数处第二梯队，为金融业发展提供充足腹地；当地要素中二级指标高度相关，金融业需求高于供给；基础设施中银行网点相对较为充足，互联网接入水平仍需提高。

第四，文化产业竞争力全国第7位。从文化产业总体上看，苏州文化产业的竞争力排名位居全国第7位，虽然排名比较靠前，但文化产业发展的压力较大；从区域上看，苏州文化产业位于全省第2位，但与南京的差距较小；在与对标城市的分析中发现，对标城市文化产业出现明显的梯队层次，苏州位于第二梯队。从分项指标上看，苏州的历史文化优势比较突出，现代文化、文化产业短板效应也比较突出。历史文化中，苏州作为第一批历史文化名城，保留了大量非物质文化遗产；现代文化中现代文化艺术设施短板突出，文娱产业发展严重受限；文化产业中对标城市文化产业规模分层，苏州没有优势处在第三层。

第五，房地产业竞争力全国第6位。从房地产业总体上看，苏州房地产业的竞争力排名位居全国第6位，江苏省内第1；与对标城市对比分析发现苏州的房地产业竞争力仅次于深圳，而且对标城市之间房地产业竞争力指数比较接近，并没有拉开较大的差距。从分项指标上看，苏州房地产业竞争力指标中的各项一级指标与对标城市相当，但社会环境和生态环境还有上升空间。人口素质中城市人口的学历不及对标城市，人口素质整体不高；社会环境中社会治安对标城市中最好，医疗和教育环境有待提高；居住环境中人均住房面积较大，房价收入比不占优势；生态环境中市区绿化覆盖率较低，在对标城市中较落后；市政设施中人均道路面积市区绿化覆盖率较低，在对标城市中较落后。

（三）经济竞争力：相对优势明显

总体来看，苏州经济竞争力水平较高，在全国优势明显。2015年苏州经济竞争力得分0.460，在全国排第20位，明显高于全国、东部区域和长三角地区得分均值，可见从整体上看苏州经济竞争力优势明显。标杆城市深圳得分0.733，全国第5位，追赶城市杭州得分0.561，全国第10位，竞争城市无锡得分0.432，全国第23位，合作城市南通得分0.345，全国第48。总体得分排在苏州前五位城市分别是沈阳、济南、合肥、西安和郑州，排在苏州后五位城市分别是大连、福州、无锡、厦门和哈尔滨。

从分项表现来看，当地要素、当地需求和制度环境三个方面的优势明显，但是其他方面还有待进一步提升。一是当地要素、当地需求和制度环境三个维度的各指标得分相对较好，优势明显。而且这三个维度在提高经济竞争力中是最为关键的要素，当地要素越丰富、当地需求潜力越大、制度环境越宽松，适宜经济和商业发展程度越高，经济竞争力越强。二是“主体联系”维度两项指标城市客运总量和国际商旅人员数得分较高，优势明显，说明苏州与外部经济联系较好，但是还有一项指标城市货运总量明显较差，苏州与外部的经济交往程度仍有待提升。三是企业本体维度指标得分喜忧参半。大企业数目较多，表现不错，但是企业数量和规模增长上有所欠缺。四是基础设施维度三项指标公路交通便利程度、铁路交通便利程度和航空交通便利程度得分表现一般，但是便利的海运条件一定程度上能够适度弥补交通的不利地位。

对标城市分析结果显示：除了公路交通便利程度和利用海运交通便利程度外，深圳在其他方面优势都比较明显，在企业本体、当地要素、当地需求、制度环境、主体联系方面都值得作为学习的目标；在工资、企业税收负担以及利用海运便利程度上，苏州比南通优势不大，甚至在城市货运总量和航空交通便利程度上，南通比苏州有优势，在企业增值指数和公路交通便利程度上，两个城市都比较差；在大专以上人口比例、人均存款余额、限额以上批发零售贸易业商品销售总额、企业税收负担、利用海运便利程度方面，苏州比无锡优势不大，竞争非常激烈，甚至在企业增值指数、工资、城市货运总量、公路交通便利程度、铁路交通便利程度和航空交通便利程度上，无锡已经以微弱的优势超越苏州。

五　中国坐标上苏州可持续竞争力总体领先与个别短板并存

（一）可持续竞争力总体表现：全国十强，生态短板亟待补齐

苏州可持续竞争力在全国坐标上位居前十，优势明显、潜力巨大。作为长三角城市群中的重要一员，苏州 2015 年的可持续竞争力指数得分为 0.701，排在全国 289 个城市的第 8 名，位居浙江省会杭州和江苏省会南

京的中间位置。

从分项表现上看，生态城市竞争力是制约苏州可持续竞争力的主要短板，其余分项优势明显。苏州除去生态城市竞争力指数排名较低之外（位于全国289城市的第128名），包括知识城市竞争力、和谐城市竞争力、文化城市竞争力、全域城市竞争力和信息城市竞争力排名都位于全国前20强内，其中文化城市竞争力水平在全国的排名最高，为第5名，反映了苏州的独特文化优势。全域城市竞争力位居全国第7名，领先于杭州、南京、青岛等城市。苏州的知识城市竞争力和和谐城市竞争力分别排在全国298城市的第8名、第9名，其中和谐城市竞争力水平为江苏省第1名。总体而言，文化竞争力和全域竞争力是苏州的相对优势所在，而生态竞争力是其短板所在，未来需要在继续保持优势、并着力弥补短板的过程中提升苏州在中国坐标上的可持续竞争力水平，以推动苏州更加全面、协调和可持续发展。

（二）苏州知识城市竞争力

2015年度苏州第一次入围知识城市竞争力前十强，打破了以往城市垄断的旧格局。2015年度可持续竞争力十强仍然主要集中在珠三角、长三角和环渤海地区，分别为：北京、深圳、上海、南京、广州、天津、杭州、苏州、武汉、大连，有3个一线城市、7个二线城市。尤其是苏州，竞争力指数从2014年的0.564增长到2015年的0.782，增加值为0.218，在整个前十强城市中，增长最快，潜力最大，其每百万人中信息传输、计算机服务和软件业（万人）由2014年度的1.41提升到2015年度的4.51以及科学研究、技术服务和地质勘查业从业人数由0.85提升到2.35是重要的原因。

从分项表现来看，知识需求、知识产出和知识经济方面表现均衡，但是知识投入方面尚有较大的提升空间。苏州的各项指标几乎都在50名以前，其中专利申请授权量、高科技进出口总额尤为突出，分别排名全国第3名、第5名，远远超过了省会城市南京。另外科技经费支出占财政收入比重、人均教育支出也排在全国第16名、第13名。这说明苏州在知识需求、知识产出和知识经济方面都齐头并进，发展势态很好，唯独在知识投入方面还略显不足，2015年度苏州的竞争力分项中，中等以上学生占全部学生比重指数仅有25.93%，全国排名第56位，大学得分更低为0.920。现阶段苏州的教育经费投入虽然逐年增加，但是从城市层面来看知识投入的缺口还是较大，教育是知识竞争力的基础，城市知识投入的空间差异是影响苏州知识传播的主要问题，大量优质教育资源积聚于少数城市影响了知识整体的分享和传播。因此，今后如何加大知识投入将是苏州知识竞争力发展所面临的主要问题。

（三）苏州和谐城市竞争力

苏州和谐城市竞争力排名第7位，是中国最和谐的城市之一。总体上，苏州的社会保障程度和政府治理水平较高，但应该更加重视社会安全。从各项指标的表现来看，反映城市政府治理水平的行政透明度标准化得分为0.50，在全国排在第41位，省内城市排名第5位；反映政府服务水平的群众需求关注度指数标准化得分为0.45，在全国排名第32位，省内城市排名第3位。社会公平是和谐社会追求的主要目标，特别是在对待外来人口上，苏州市户籍与非户籍人口之间政策的公平性标准化得分为0.29，在全国排在第133位，省内排在第11位；但是从城市内部不同人群的公平性来看，苏州的标准化得分为0.52，在全国排名第22位，省内排在第2位。经济发展为政府财政收入的增长提供了有力保障，也为政府发展民生社会事业提供了条件，苏州市政府人均社会保障就业和医疗卫生财政支出水平较高，标准化得分为0.95，在全国排在第16位，省内城市排名第1位；从社会保障的覆盖面来看，社会保障程度标准化得分为0.52，在全国排名第27位，省内排名第1位。从苏州市社会安全度来看，由于外来人口集中度较高，经济发展速度快，给社会安全造成一定压力。苏州市每万人刑事案件数标准化得分为0.97，在全国排名第151位，省内排名第9位；每万人交通、火灾事故死亡人数标准化得分为0.91，在全国排在第191位，省内排名第6位。

比较来看，苏州与标杆城市深圳差距不大，存在赶超的可能性，全面超越追赶城市杭州，与竞争城市无锡比较具有整体优势但差距不大，与合作城市南通相比优势明显。与标杆城市比较来看，社会的公平性和安全度超过深圳，社会保障程度差距较大，行政透明度指数和政府人均社会保障、就业和医疗卫生财政支出指数接近，政府对群众需求关注度指数和不同阶层之间的公平性指数差距较小。与追赶城市比较而言，苏州的社会的公平性和安全度指数具有明显优势，社会保障程度低于杭州，政府治理水平接近。与竞争城市比较看，苏州城市治理水平、政府财政能力优于无锡，社会安全度和公平性水平接近。与合作城市比较看，苏州的政府财政能力、社会保障水平、政府对群众需要的关注度和阶层之间的公平性优于南通，户籍与非户籍之间的公平性存在差距，政府的行政透明度和社会安全性指标接近。

（四）苏州生态城市竞争力

苏州的生态城市竞争力是主要短板，其中地表水水质亟待治理优化，城市绿化也有待改善。在可持续竞争力所表现的 8 个方面中，其他 7 个方面苏州在全国城市中的排名都在前 20 名以内，只有生态竞争力表现较为落后，排在全国第 128 位，成为苏州市在整体可持续发展方面的一个非常明显的弱项，拖累了整个苏州的综合竞争力和可持续发展。

在全国城市中位置来看，苏州的生态竞争力只处在中间位置，属于生态竞争力中等水平。同时，与深圳、杭州、无锡、南通 4 个城市来对比，则完全处于劣势，这 4 个城市的生态竞争力在全国都处在有竞争力或较有竞争力的行列，在全国都排在前 60 名以内，而苏州的生态竞争力在前 100 名之外，两相对比差距非常显著，这部分是因为苏州全市面积中有较大的水域面积，在人均绿地面积等指标统计上处于劣势。

从不同视角来看，苏州的优势在于较好的空气质量和旅游景区，其中空气质量指数苏州排在全国第 12 位，4A 级以上旅游景区指数排在全国第 3 位，这两个指标成为苏州生态方面表现最好的方面。地表水水质和绿地方面则成为苏州的劣势。其中，地表水水质在全国排在第 200 位，成为苏州生态最差的指标，而人均绿地面积在第 163 位，是苏州第 1 差的指标，同时这两个指标也是苏州与深圳、杭州、无锡和南通对比时的明显劣势。

因此，根据以上的分析，未来苏州应该加强生态方面的建设，以使其在城市持续发展方面不存在明显的短板。其中，重中之重是要做好绿化和水质保持这两项工作，通过加大城市绿化建设、水源保护等提升苏州的生态环境质量，弥补苏州在生态方面的短板。

（五）苏州文化城市竞争力

文化城市竞争力是苏州可持续竞争力的最大优势所在，且仍然保持稳步提升。苏州作为历史文化名城，大力发展文化产业与现代服务业，促进文化竞争力的提高与经济活力的提高。苏州文化竞争力由2014年的全国第8名，到2015年提高到全国第5名，排在香港、澳门特别行政区以及上海、北京两个一线城市之后，竞争力指数由0.625提高到0.713；并且到2015年依旧保持第5名的位置。因此可以看出，苏州文化竞争力在全国范围内优势比较明显，并且在稳步的提升过程当中。苏州应该在保持已有的文化竞争力状况基础上，实现城市文化竞争力的稳步推进。

从分项来看，苏州历史文化名镇名村指数、历史文化指数、现代文化艺术指数、语言多国性指数在全国的排名达到第3名、第1名、第7名、第6名，在全省分别排名第1名、第1名、第2名、第2名，说明苏州在历史文化名镇名村指数、历史文化指数、现代文化艺术指数、语言多国性指数方面优势明显。在具体指数方面，历史文化名镇名村指数、历史文化指数、现代文化艺术指数三者达到0.947、0.927、0.979，说明苏州在历史文化名镇名村指数、历史文化指数以及现代文化艺术方面优势突出。语言多国性指数仅为0.5左右，说明苏州虽然在语言多国性方面排名较好，但是与前面城市的绝对值差距较大。苏州非物质文化指数、城市国际知名度指数、外国入境旅游人数指数方面全国排名第26名、第15名、第19名，说明苏州在非物质文化指数、城市国际知名度指数、外国入境旅游人数指数方面劣势比较明显，与自身文化竞争力整体排名有一定差距，也说明苏州在这几个方面有较大的发展潜力。在绝对值指数方面，苏州在非物质文化指数、城市国际知名度指数、外国入境旅游人数方面指数均在0.4以下，分别为0.397、0.153、0.131，城市国际知名度指数、外国入境旅游人数指数在0.2以下。说明苏州在这些方面与前面城市绝对值差距大，追赶难度较大。苏州在每万人剧场剧院数量指数、每百万人文化体育娱乐从业人数指数方面全国排名分别为第126名、第49名，在全省排名第7名、第4名，指数得分分别为0.052、0.733，说明苏州在每万人剧场剧院数量、每百万人文化体育娱乐从业人数方面劣势突出，与自己综合排名严重不符。苏州市在每万人剧场剧院数量、每百万人文化体育娱乐从业人数方面短板严重，需要努力减少差距，弥补短板，提高总体文化竞争力。

就对标城市的分析来看，苏州与标杆城市深圳间各自优势突出明显。与追赶城市杭州相比，竞争激烈，差距不大。与竞争城市无锡相比，苏州优势明显。与合作城市南通相比，苏州各个角度优势突出。因此，未来苏州提升文化竞争力，应该继续发挥优势，努力弥补短板。一是继续发展传统历史文化，二是努力提升文化国际知名度与国际影响力，三是努力实现现代文化发展繁荣。

（六）苏州全域城市竞争力

苏州的全域城市建设一直走在全国的前列，并且已经超越了众多行政级别更高的城市。2015 年苏州的全域城市竞争力得分为 0.731，在全国排名第 7 位，位于香港、澳门、深圳、北京、东莞、上海之后，超过广州、杭州、南京等副省级城市，是中国地级城市中得分、排名最为靠前的城市。其得分超过直辖市、副省级城市的均值，也远远高于东南地区、江苏省和全国的均值。说明苏州的全域城市建设不仅走在地级市的前列，也超过了很多行政级别更高的城市，走在全国城市的前列。

具体来看，苏州多项指标位居大陆城市前列。从城乡人均支出比来看，苏州在全国大陆城市中排名第 3 位，在江苏省内排名第 1 位。从城乡人均收入比来看，苏州在全国大陆城市中排名第 2 位，在江苏省排名第 1 位。从人均教育支出比得分来看，苏州的人均教育支出比得分在全国大陆城市中排名第 10 位，在江苏省内排名第 1 位。从每百人公共图书馆藏书比得分来看，苏州在全国大陆城市中排名第 13 位，在江苏省内排名第 2 位。从每万人拥有医生数比得分来看，苏州在全国大陆城市中排名第 56 位，在江苏省内排名第 3 位。从每千人国际互联网用户数比得分来看，苏州在全国大陆城市中排名第 24 位，在江苏省内排名第 3 位。从城乡道路面积得分来看，苏州在全国大陆城市中排名第 7 位，在江苏省内排名第 2 位。从城市化与工业化适应性得分来看，苏州在全国大陆城市中排名第 4 位，在江苏省内排名第 1 位。

与对标城市相比较，苏州与深圳具有一定差距，但超过杭州、无锡、南通。具体来看，城乡人均支出比方面，苏州与深圳尚有差距，但与杭州、无锡、南通比较优势明显；城乡人均收入比方面，苏州与深圳还存在一定的差距，但与杭州、无锡、南通比较优势明显；城乡人均教育支出方面，苏州落后于深圳，高于杭州、无锡和南通；每万人拥有医生数方面，苏州的表现与深圳相当，领先无锡和南通，落后于杭州的得分；每千人国际互联网用户数方面，苏州要落后于深圳、杭州和无锡，但高于南通；城乡道路方面，苏州与深圳存在较大差距，也弱于无锡，但优于杭州和南通。城市化率方面，苏州的表现要略逊于深圳和杭州，但高于无锡和南通。城市化与工业化适应性方面，苏州的得分与深圳、无锡基本持平，显著优于杭州和南通。

与九个全域城市竞争力实力相近城市相比较，苏州在多项指标上明显占优。城市化与工业化适应性和城乡道路面积在实力相近的城市中名列第1位，优势明显。城乡人均支出比和城乡人均收入比仅低于东莞市，明显优于其他实力相近城市。苏州的短板在于每千人国际互联网用户数比得分较低。每千人国际互联网用户数比苏州的得分在九个城市中排名最后，未来需要大幅提升。

（七）苏州信息城市竞争力

苏州的信息城市竞争力指数中排名全国第19位，处于全国前列，但各分项指标分化明显。部分分项指标在全国排名靠前，如利用海运便利程度、外贸依存度、外资工业企业比重、当年实际使用外资额比例在全国均处于前列，而部分分项指标如公路交通便利程度、铁路交通便利程度和航空交通便利程度在全国排名相对靠后。表明苏州在客体贸易这一信息城市分项方面具有相对优势，而在由交通便利度反映的物质交流方面存在短板。

通过与四个对标城市的对比，发现苏州优势与劣势均很明显。总体而言，在信息竞争力方面，苏州处于这四个对标城市的中间水平，深圳和杭州都是全国前十的城市，排名超过苏州，而无锡和南通在全国的排名却落后于苏州。其中，外贸依存度指标、使用外资额指标、外资工业企业比重指标、海运交通便利程度指标处于这四个标杆城市的前列，苏州国际商旅人员数指标、千人国际互联网用户数指标、千人移动电话年末用户数指标、公路交通便利程度指标处于这四个标杆城市的中间水平，铁路交通便利程度指标处于这四个标杆城市的中下水平，而航空交通便利程度指标处于这四个标杆城市的较低水平。

苏州需要学习标杆城市的航空交通便利程度、铁路交通便利程度、千人国际互联网用户数和千人移动电话年末用户数四个指标，需要从航空交通便利程度、铁路交通便利程度方面进行努力，苏州与无锡的竞争劣势主要表现在航空交通便利程度，并在航空交通便利方面与上海进行合作，才能快速提高苏州的信息城市竞争力。

选取排在苏州前面五位的城市（分别是西安、武汉、福州、澳门和大连），排在苏州后面五位的城市（分别是济南、海口、佛山、成都和无锡），通过与苏州排名相近的前五名和后五名城市进行对比，可以发现在不同领域，苏州的优劣势比较明显。苏州的较为明显的优势主要表现在外贸依存度（指数是 0.983）、利用海运便利程度（指数是 0.997）和外资工业企业比重（指数是 0.972）这三个方面，指数均接近于 1。与这十个实力相近城市相比，外贸依存度和利用海运便利程度这两个指标得分均超过这十个实力相近的城市；外资工业企业比重仅次于澳门。因此，外贸依存度、利用海运便利程度和外资工业企业比重是苏州的优势所在。

苏州较为明显的短板主要表现在公路交通便利程度和航空交通便利程度这两个方面。在公路交通便利程度方面，苏州得分虽为 0.5，但落后于这十个实力相近的城市；而航空交通便利程度得分为 0.195，排名仅超过了佛山，需要加强航空交通方面的建设。

在当年实际使用外资金额占固定资产投资比例（指数是 0.965）方面，当年实际使用外资金额占固定资产投资比例处于澳门、大连和成都之后，但得分依旧很高。在国际商旅人员数方面，苏州得分仅为 0.027，仅占与其实力相近的城市——澳门（指数为 0.485）的 5.48%，但与这十个城市相比，排名仅落后于澳门、成都和武汉。在千人国际互联网用户数方面，苏州得分为 0.293，处于这十个城市的中间位置，排名落后于澳门、武汉、佛山、西安和福州，也需要进一步加强。在千人移动电话年末用户数指标方面，得分为 0.460，排名落后于西安、佛山、济南、海口、武汉和成都，排名较靠后。在铁路交通便利程度方面，排名仅超过佛山、澳门和海口，排名也很靠后。

六 苏州需要实现三大方面转型发展

苏州要提升国际竞争力，就必须实现转型发展，主要涉及经济、社会和制度体制转型三个方面。

（一）经济转型：产业结构高端化、需求结构均衡化、要素结构高级化

经济转型主要涉及产业结构、需求结构和要素结构三个方面，表现出产业结构高端化、需求结构均衡化、要素结构高级化趋势。从产业结构变化看，苏州已经形成“三、二、一”的产业格局。同时，苏州产业内部结构不断优化，第三产业由贸易为主向贸易、金融、房地产、新兴服务业共同发展转变。从需求结构看，固定资产投资的周期性波动与经济增长的周期性波动高度吻合，消费波动幅度相对平稳。同时，被称为“三驾马车”的消费、投资、净流出规模不断扩大，消费投资贡献度最为显著。从要素结构看，呈现出如下特征：资本要素投入规模惊人，拉动效果十分明显；人力要素投入温和增长，专业技术人员需求量上升；研发经费投入逐年提高，创新能力不断增强；土地要素成本上升，产品和劳动力价格提升。

（二）社会转型：人口结构演变、收支结构优化、市民素质提升

社会转型主要涉及人口演变、居民收支结构变动和市民转型三个方面。人口演变方面，户籍人口规模稳定，增速缓慢；常住人口规模扩大，外来人口占比逐年提高；少子高龄特征明显，人口抚养负担持续加重；城镇人口持续增多，农村人口比重不断下降。居民收支结构变动方面，城镇居民收入稳步提高，城乡收入差距小；四大收入全面增长，收入结构更趋优化；消费支出稳中有升，质量提升明显。从市民转型看，市民人口身体素质普遍提高；人口文化素质明显提升；社会保障制度城乡显著。

（三）体制转型：迈向更加成熟的市场化阶段

制度体制转型方面，经历了计划阶段、初步市场化阶段和基本市场化阶段后，苏州制度机制转型正处于相对成熟的市场化阶段。从近年来政府

职能转变上看，政府的收入汲取逐步规范，政府对经济的支持力度依然很大，政府对环境的重视逐步增加。

顺应发展规律，立足城市实际，未来苏州的转型趋势将主要体现在三个方面：一是经济从要素驱动向创新驱动转变；二是社会从分割到一体、从二元到一元、从先富到共富、从效率到公平转变，从城乡一体走向“本外一体”，着力推进本地和外来人口融合；三是机制体制从相对成熟的市场化阶段向成熟市场化转变。

七　提升苏州国际竞争力的战略目标及路径对策

（一）目标定位

苏州提升城市国际竞争力的总目标：建设国际竞争力强、和谐包容、生态宜居的新苏州。发挥制造优势，弘扬工匠精神，借鉴德国经验，以精致创新驱动从容转型，持续提升经济竞争力、社会凝聚力、环境永续力。

功能定位之一：具有全球影响力的制造之城。结合自身优势，顺应第四次工业革命的国际潮流，抓住中国制造2025的战略契机，借助智能化、“互联网+”等机遇，实现从“大而全”到“强而优”转型，从“制造”走向“智造”跨越，最终建成具有全球影响力的制造之城。

功能定位之二：国际金融中心的服务基地。积极对接上海，错位互补、联动发展，拓展上海的金融功能，大力发展后台金融与产业金融，建设国际金融中心的服务基地。

功能定位之三：全球科技创新的长三角组合中心。借势上海全球科技创新中心的建设，打造上海创新链延伸节点，释放创新驱动潜能，建设全球科技创新的长三角组合中心。

功能定位之四：国际知名的文化创意之都。立足于自身的历史传统及比较优势推进文化创意创新，促进历史文化与现代科技的融合发展，与上海合理分工，培育有核心竞争力的文化产业载体，打造国际知名的文化创意之都。

功能定位之五：国际知名的生态宜居城市。促进绿色转型，由小桥流水的“传统水乡”迈向古今交融、生态宜居的现代绿都。瞄准自然生态优越、可持续发展的“理想城市”形态，积极发展以生命健康为主题的旅游休闲功能，打造上海国际性大都市的“后花园”，成为区域性国际健康休闲旅游胜地。

（二）战略任务与实现路径

战略任务：苏州已经进入以提升国际竞争力为主要目标的转型发展阶段，主要任务就是要实现三个转型——经济转型、社会转型、体制转型。

总体路径：苏州实现转型发展，提升城市国际竞争力的总体路径以精致创新驱动从容转型。总体上苏州应该走以德国为代表的创新发展、转型升级之路，与美国重视前沿科技的冒险性创新不同，德国更加强调技术和工艺的实用性创新，重视品质，德国的创新是一种真实的、没有泡沫的创新模式，苏州应积极向德国学习，以精致创新驱动从容转型。

精致创新就是精益求精、不断创新，不仅重视科技创新，也重视技术设备、产品设计、工艺流程的创新，传承苏绣、苏作等传统技艺“如切如磋、如琢如磨”的专注气质，激发苏州精致创新的内在基因。

从容转型就是要避免进入只重“规模和速度”而不重“质量和品质”的误区，统筹全局、着眼长远、顺应规律、保持定力，从容稳健地实现转型发展战略目标。

具体路径：

借势上海，面向国际。主动借势上海，联系全球，分享上海的巨大外溢效应，寻求错位互补，并依托上海提供的国际化平台打造成为长三角与亚太国家经济联系的重要载体，以世界高端城市功能为标杆，以提升产业价值链为突破口，将苏州打造成为创造高附加值的全球高端产业城市。

工匠精神，精细智造。“工匠精神”加上“智能制造”，是未来苏州制造改造提升和经济转型升级的重要发力点。由传统制造向智能制造的转型，不仅意味着智能化程度的不断提高，也将更加重视“工匠精神”。

创新驱动，激发活力。立足于创新，借鉴国际社会的先进科学技术和社会管理经验，对技术、管理、机制全面创新，充分激发市场活力。

生态优先，文化为魂。实现绿色转型，倡导绿色生活，将苏州建设成“宜居、宜游、宜业”的生态绿都。凸显城市的文化内涵，构建一种互相关爱、乐观进取、积极参与、包容并蓄的城市文化。

以人为本，服务先行。公共服务先行，大力推进人才战略，吸引高端专业人才在苏州生产、生活、置业，提升苏州的人才竞争力，通过人才集聚为苏州的转型发展注入动力和活力。

（三）战略举措

按照“取长、补短、抓关键”的原则，提出六大发展建议。

第一，扩大开放合作。把握“一带一路”等重大国家战略，充分发挥区位优势，加快海陆衔接，努力成为服务丝绸之路经济带向东部沿海延伸以及21世纪海上丝绸之路向中西部拓展的重要交汇节点，开拓全新的对外开放格局，扩大开放合作的广度和深度，提升开放合作的质量。

第二，推进全面创新。促进创新驱动，推动科技、管理、思维、机制的全面创新。鼓励发展众创、众包、众扶、众筹，让苏州成为大众创业的热土、万众创新的沃土。

第三，优化产城集群。构建科学合理的城镇化和产业发展的空间布局，促进市辖区、县级市与小城镇合理分工、错位互补、协同发展，培育特色产业集群，实现产业合理布局与协调发展。

第四，推进优势战略重组。实施战略重组，推动优势企业“强强联合”，提升企业自主创新能力，将分散的力量合为一处，强心聚力，着力提升企业的整体竞争力。

第五，提升城市软实力。提升城市“软实力”，打造城市品牌，聚集国际目光，吸引全球关注，通过“注意力经济”提升苏州国际影响力。

第六，加快补齐短板。补齐苏州在生态环境、文化教育、医疗卫生等方面的短板，有的放矢、精准发力，提高人民群众满意度，建设幸福指数高、可持续发展的新苏州。

分报告一

时空聚焦下的苏州竞争力环境

改革开放30多年来，苏州作为中国经济发展中具有代表性的地区之一，创造了令人瞩目的苏州奇迹。苏州经过了20世纪80年代“苏南模式”的助推和90年代中期之后开放型经济的实践，开创了中国经济新的发展方式，实现了跨越式的发展，形成了备受推崇的“苏州模式”。作为我国改革开放进程中的领先者，苏州在城市转型变化和演进方面，不仅可以为全国其他地区提供重要的参考和借鉴，同时为自身更好更快的发展进一步理清思路。

在全球经济迅速发展和转变的今天，如何适应新的全球经济形势，如何实现新的变革和转型发展是每一个现代城市都必须面对的课题。“十三五”时期既是我国全面建成小康社会的决胜阶段，也是结构调整和新型城镇化的关键时期，苏州也面临着经济、社会等方面的新问题。十八届五中全会通过的“十三五”规划建议明确了今后五年党和国家各项任务，归结起来就是夺取全面建成小康社会决胜阶段的伟大胜利，实现第一个百年奋斗目标。在这历史关键时期，苏州如何围绕江苏“强富美高”的最新定位，积极投身“迈上新台阶、建设新江苏”的伟大实践，全面建成更高水平的小康社会，开启基本实现现代化新征程，当好“两个率先”的先行军和排头兵，是当前需要研究的一个重大课题。立足于国内外环境的新变化、新趋势和新特征，分析和把握苏州面临的国内外多重机遇和红利释放，重点分析苏州在城市转型方面取得的成绩和存在的问题，着眼于对未来一段时间的形势判断，为苏州提升城市竞争力和城市转型提供战略性参考。

一　苏州竞争力环境分析

（一）国际环境

1. 全球经济温和复苏，整体增长格局呈现分化

全球经济虽已过“最坏期”，但经济疲弱态势依旧，将步入稳定低速的复苏期，总体形势好于“十二五”。美国经济增长基础相对稳固，日本经济将出现小幅回暖，新兴和发展中经济体增长压力仍较大。同时，发达国家和中国的人口将进入快速老龄化阶段，全球人口总抚养比自2015年后开始上升，对全球经济带来较大挑战。美国国家情报委员会发布的《全球趋势2030》认为，到2020年之前，全球经济很难再回到2008年之前的高速增长轨道。全球经济中心将缓慢东移，中国将加速崛起为全球第一大经济体。根据世界银行估算，中国在2014年就已经成为全球最大经济体，美国屈居第二。国际货币基金组织（IMF）的研究显示，到2019年，中国经济规模将超过美国20%。因此，苏州应加快转变经济发展方式，主动适应“新常态”下所面临的“环境震荡”，深刻认识、准确把握“新常态”的特点和规律，在“新常态”下有所作为。

2. 新一轮科技革命和产业变革蓄势发动，科技创新更趋活跃

当前，一场以新能源技术和生命科学技术等重大突破为标志的第四次技术革命蓄势发动。各国越来越重视科技创新与产业变革，纷纷将科技创新摆在国家发展战略的核心位置，实施一批关系国家全局和长远的重大科技项目，以抢占新一轮科技和产业竞争的制高点。在一系列战略计划和行动方案的推动下，网络信息、生物、纳米和新材料技术可能率先取得突破，并推动生产方式发生深刻变革。新一轮科技革命将重塑全球经济格局和产业体系，引发经济发展模式的深刻变革，对恰逢转型升级进入攻坚期、结构调整处于加速期、科技创新跨入活跃期的中国来说，既蕴含着推进发展方式转变、抢占发展制高点、破解资源环境约束难题、加快构筑新的战略优势的重要契机，也不可避免地面临着要素成本优势弱化、自主创新能力不强、体制机制不适应等诸多严峻挑战。苏州作为江苏乃至全国改革创新的前沿阵地，实施创新驱动战略，推动以科技创新为核心的全面创新，对苏州当前及今后一个时期长远发展至关重要。

3. 发达国家实施“再工业化”战略，新兴经济体产业转型升级步伐加快

随着第四次工业革命的兴起，发达国家纷纷制定以重振制造业为核心的再工业化战略，制造业再次成为全球经济竞争的制高点。如德国的工业4.0战略、美国的国家制造创新网络计划战略计划等，都在进行基于工业化、信息化融合的制造业升级竞争。新兴经济体加快推进产业转型升级的步伐，正尝试产业的全面转型。一是力图在制造业领域获得新的比较优势。中国发布了《中国制造2025》行动计划，以加快新一代信息技术与制造业融合为主线，推动制造业由要素驱动向创新驱动转变，促进产业转型升级，实现制造业大国向制造强国的战略转型。二是继续推动产业结构的高端化，服务业发展空间巨大。服务外包将继续成为服务全球化的主要方式和增长引擎，亚太地区国家在全球接包国市场中占绝对优势，诸多新兴经济体都将服务外包产业上升为国家战略产业，印度、菲律宾和中国表现出众。因此，苏州应把握新一轮科技创新带来的新机遇，将优势资源集聚到重点领域，力求在核心关键技术上取得突破。尤其在《中国制造2025》确定的新一代信息技术产业等十大重点领域方面，苏州可以大有作为，争取在“十三五”时期努力建成“具有国际竞争力的先进制造业基地、具有全球影响力的产业科技创新高地”。

4. 全球资本跨国流动规模稳步回升，发展中经济体的投资地位显著提高

资本跨国流动规模未来几年将稳步回升，根据麦肯锡全球研究院预测，到2030年全球投资需求可能会超过GDP的25%，达到“二战”重建以及成熟经济体高增长时代从未有过的水平。未来几年，发展中经济体在全球投资中的比重将进一步提高，地位将显著提升，其中中国表现尤为突出，对外投资规模将在2020年跨入万亿美元行列。世界银行发布报告，到2030年中国将占到全球投资的30%，巴西、印度和俄罗斯三国总共将占全球投资的13%。随着中国企业“走出去”步伐的加快，人民币国际化的步伐也在提速。人民币加入SDR篮子货币不论对中国还是对世界，都具有重大深远的意义。根据渣打银行预测，中国资本账户将在2020年基本开放，人民币将成为基本上自由浮动的货币，人民币可能在2020年晋身成为全球第四大国际支付货币，中国约有30%的国际贸易、6%的大

宗商品由人民币结算。世界银行预测，2025 年人民币将与美元、欧元一道成为世界主导货币。

5. 生态理念越来越受重视，全球范围内正在形成绿色转型浪潮

各国纷纷开始探索自身的经济发展模式，开始尝试自己的转型道路，试图在全球的绿色变革中，在这个人类历史上最为瞩目的“第四次革命”中，找到自身的立足点，夺得全球绿色变革的先机。尤其在 2008 年金融危机后，已经有很多发达国家及新兴工业化国家的绿色探索都纷纷迈出了脚步。在 2014 年的联合国气候变化峰会上，美国总统奥巴马在会上表明，世界期待美国带头有智慧地应对气候变化，这也正是美国所做的。美国比过去以往任何时候都更多地使用了清洁能源，尤其是对风能。此外，还通过采取高能效汽车以及节能建筑物，节省消费者的开支等方式来积极应对气候变化。苏州的发展已经进入工业化后期，在资源环境日益趋紧的形势下，加强生态文明建设，是紧迫而重大的战略任务。实践证明，大力推进生态文明建设工程，持续加强绿色转型，对促进经济社会发展和人民生活改善提供了有力支撑，为加快城市转型升级、提升国际竞争力提供了新的发展机遇。

（二）国内环境

1. 经济发展进入“新常态”，经济结构调整的任务更加紧迫

改革开放以来，中国经济保持了三十多年的高速增长，部分年份经济甚至超过两位数的速度增长。然而随着经济发展步入新的阶段，我国经济发展主要以“中高速、优结构、新动力、多挑战”为基本特征。面对新常态，需要准确把握对经济社会发展方方面面的影响，科学谋划符合发展实际的中长期发展战略。其中，尤其新常态下，经济结构将发生全面、深刻的变化，不断提质增效转型。中国实现产业转型的任务更加紧迫，迫切需要实现经济增长由主要依靠工业规模扩张带动向三次产业协调带动和结构优化升级带动转变。在转型升级的历史关口，苏州同样面临着速度换挡、结构调整、动力转换的巨大挑战，但同时，中国经济结构调整优化的进程加速中，也给苏州的发展带来新机遇。

2. 产业结构进入深度调整期，经济增长动力从“要素驱动”向“创新驱动”转变

“十三五”期间，受新一轮科技革命的影响，我国产业结构进入深入

调整期。我国已具备较为雄厚的产业基础，特别是部分领域参与国内外竞争的能力增强，有望在新一轮科技革命中赢得新的发展空间，从而使原来的产业结构不断优化。同时，更为重要的是，制造业的跨越发展将为与之配套的生产性服务业提供更多需求，并直接推动生产性服务业与之融合发展、互动并进，共同推动整个产业向着以服务经济为主题的现代产业体系迈进。预计“十三五”期间服务业比重将会突破50%，到2022年达到55%左右，完成从工业大国向服务业大国的蜕变。国家在科技创新方面的投入将持续加大，带动经济增长动力从要素驱动、投资驱动转向创新驱动，同时也全方位推进产品创新、品牌创新、产业组织创新、商业模式创新，把创新驱动发展战略落实到现代化建设整个进程和各个方面。苏州只有把创新驱动、提高自主创新能力作为当前和今后一个时期转型升级的主攻方向，推动产业结构调整、激发企业创新活力、完善科技服务体系，才能在新一轮区域竞争中赢得主动、抢占先机。

3. 对外开放的广度和深度不断拓展，企业“走出去”将成为新亮点

“十三五”时期，适应经济全球化趋势，我国将实施更加积极主动的开放战略，“打造对外开放升级版，创造开放新红利”，全面提升开放型经济水平，拓展新空间、创建新优势。坚持内外需协调、进出口平衡、引进来和走出去并重、双边、多边、区域、次区域开放，综合运用各种经济工具和外交、能源、人文交流、互联互通等手段，有步骤有节奏地推进双向开放。在这一趋势下，“十三五”对外开放从“引进来”向“走出去”转变的趋势日益显著，企业“走出去”步伐加大，一批世界水平的跨国公司，一批业内领先的创新型企业将涌现出来。对外开放一直是苏州的一大特色和亮点。苏州地处“一带一路”交汇点，更是迎来了前所未有的机遇和挑战。苏州企业应通过率先探索、合作共赢，积极主动融入国家战略和全球创新网络，让一批批“苏州制造”加速奔向世界。

4. 社会矛盾和风险日益突出，加强和创新社会治理任务艰巨

“十三五”是我国全面深化改革、推进国家治理体系和治理能力现代化的重要时期，但同时也是“社会转型期”“矛盾凸显期”和“利益调整期”。我国原有的“强政府、弱社会”的管理模式在短期内不可能发生根本性变化，社会管理向社会治理转变缓慢、社会安全形势严峻、收入差距扩大、低收入人群社会保障不完善等问题依然突出。与此同时，一些社会

问题会逐渐暴露出来并产生深刻影响，包括劳动力人口逐渐减少、人口结构不合理、“空巢老人”现象、人口老龄化等。因此，转变治理方式、加强和创新社会治理迫在眉睫。苏州长期以制造业带动的经济增长和城市化，带来了大量的农村人口和外来人口涌入城市，人口结构出现了巨大的变化，随之而来的是老城区、新城区面临的不同社会问题。因此，如何加强和创新社会治理是苏州在新时期面临的重要挑战。

5. 生态工作备受关注，生态文明建设将遇重大转型和改善

党的十八大做出“大力推进生态文明建设”的战略决策，并把生态文明建设纳入中国特色社会主义事业“五位一体”总体布局，生态文明建设成为党的执政理念和国家建设方略的重要组成部分，其战略性地位和基础性作用日益凸显。党的十八届三中全会、四中全会、五中全会都提出了生态文明和依法治国的建设任务、改革任务、法律任务，为进一步加强生态建设指明了方向。新的《生态建设法》全面实施，环境法治建设成为依法治国的重要突破口，生态文明制度体系与健全国土空间开发、资源节约利用、生态建设的体制机制正在形成，环境治理模式出现“多元化”，环境管理能力实现现代化，这些改革创新举措将为生态建设释放更多的“红利”。生态文明列入国民经济“十三五”规划，中国的生态建设正式纳入了法治的轨道，生态建设迎来了重大转型和改善机遇。苏州在推进生态文明建设方面取得了一些成绩和经验，率先建成全国首批“国家生态城市群”，全部顺利通过国家环保模范城市复核，省级生态文明建设工程考核实现“两连冠”。但对照中央、省的决策部署，对照人民群众的感受期盼，还仍然存在一些问题和困难，如资源空间快速缩减、环境容量约束加剧、水气环境问题突出、体制机制有待创新等方面。因此，新时期，苏州要真正将生态文明建设放到更加突出的位置，努力为建设经济强、百姓富、环境美、社会文明程度高的新江苏作出更大贡献。

二　苏州的发展与历史追溯

（一）苏州建城之初到新中国成立的发展阶段

苏州从建城之初到中华人民共和国成立的经济历史可以分为四个阶段，分别为发展期、转型期、繁荣期和衰退期。

1. 发展期（公元前 5 世纪—公元 10 世纪）

苏州古时称吴，始建于公元前 514 年。据史料记载，当时吴国青铜器冶铸业和造船业都很发达。汉代以后，苏州的经济社会得到快速发展，尤其在城市商业方面较为繁盛，享受“东南一都会”的美称。其间，手工业如丝织业、制玉、陶瓷等在全国均处于领先地位。同时，苏州农业受到重视，并伴随水路运输的开拓不断发展，为城市经济的繁荣作出了巨大的支撑和贡献。随着隋朝时期大运河延伸到苏州，苏州凭借得天独厚的区位优势发展漕运，加强了与周边地区的交流与贸易，其商况一度超越了六朝时江南地区最大的商业都会——建康（今南京）。到了唐代，苏州商业规模仅次于“百货辏集之地”的扬州。但由于当时实施居住区与商业区域的严格分离，对市场的启闭有一定的时间限制，因此在一定程度上制约了城市经济的发展。

2. 转型期（10 世纪—14 世纪）

唐代末期到北宋初年一个很大的突破是坊市制开始瓦解，即打破了居住区与商业区域的界限，大大激发了城市经济的发展。在这一阶段，苏州城市经济的转型主要体现在两个方面：一是工商业取代手工业和传统农业成为新的城市经济特征。随着坊市制度的打破，城市经济更为频繁，城市商业更加繁盛。由于居民分布更为广泛，并在不同区域形成不同的职业，各行各业的作坊式店如雨后春笋。南宋中期以后，城市西北部的阊门外已开始形成新的商业市场。到宋元时期，苏州城内已出现较为严密的工商业组织，如粮船公所等。工商业的出现和壮大，进一步推动了苏州经济实力的增长和经济性质的变革。二是新型经济市镇的成长。在宋代以前，“市”主要指商品交换的场所，“镇”则是被赋予军事意义的建制。随着城市经济职能的逐步强化，到北宋时期，传统意义上的“镇”逐渐淡化了其原本军事性质的意义，并开始与“市”之间没有实质差别。市镇经济的发展使得农村地区逐渐受到城市经济辐射效应的影响，使得原来的草市或军镇逐步向新的经济型市镇转变。因此，市镇的转型在传统城市向新型城市转变过程中的作用和历史地位是不可轻视的。

3. 繁荣期（14 世纪—19 世纪）

明清时期，经济作物的广泛种植促进了整个江南农村商品经济的发展，也带来了城市和市镇的繁荣。整个江南地区逐渐形成了完整的城镇群体和市场体系，而苏州正是整个体系的心脏所在。由于新式农具和耕作制度的出现，提高了耕作效率，苏州地区的粮食产量明显提高，苏州府的秋粮实征数甚至比四川、广东、广西和云南四省的总和还要多。同时，农业的发展也促进了门类众多的家庭手工业的兴起，推动了苏州农产品商品化和商业性农业的发展，从而也催生了资本主义萌芽。此时苏州的经济腹地可以辐射到全国的大部分地区。

4. 衰败期（19 世纪中叶—20 世纪中叶）

鸦片战争至辛亥革命期间，苏州的经济开始衰败：一是上海作为“五口通商”口岸，取代了苏州作为中国东南地区经济中心和重要商埠的地位；二是《马关条约》中将苏州辟为通商口岸，任由帝国主义设洋行、办工厂、掠夺原料、倾销洋品，使得苏州的丝织品、棉纺织业及其他手工业遭受重大打击；三是民族资本主义工商业开始建立，如光绪二十一年创建的苏经丝厂、苏纶纱厂等，但由于受到帝国主义和封建主义的重重阻碍，发展十分缓慢。

辛亥革命后，苏州民族资本主义工商业得到了短暂的复苏。在第一次世界大战期间，各帝国主义国家疲于应付本国战争，暂时放松了对中国的经济掠夺，使得中国的民族资本主义工商业有了发展的机会，苏州的民族资本主义工商业也由此迎来了短暂的春天。纺织业方面，苏州开始从手工生产向使用动力机器生产过渡。金融业方面，苏州于民国元年（1912 年）始设银行，几经兴衰变迁，至日本帝国主义侵占苏州前，共有中国银行、交通银行、上海商业储蓄银行、江苏银行等 17 家银行。

抗战时期，苏州经济被日本军管所接管，经济完全殖民地化，遭受了极为野蛮的掠夺和惨重的摧残。丝绸和棉纺两大支柱产业在惨淡经营中每况愈下。至日本投降前夕，丝织厂被迫全部停业，其他产业如五金、纶纱等产业也难逃厄运。

日本无条件投降后，国民政府鼓励工商业复工，此时苏州丝绸业、纺织业等轻工业获得了一定恢复。但好景不长，国民党政府当局发动内战，对苏州经济产生了很大冲击，苏州近代工业奄奄一息，手工行业纷纷倒闭，传统农业衰退，苏州经济濒临崩溃。

（二）新中国成立以来到改革开放之前苏州经济的发展阶段

1949 年 4 月 27 日苏州解放，苏州的经济社会发展从此揭开了新的篇章。这一历史时期苏州经济的发展可分为四个阶段：

1. 恢复期（1950—1952 年）

1949 年新中国成立后，国家通过没收官僚资本、建立社会主义国营经济，稳定物价、统一财经，合理调整工商业的举措，经过三年努力，稳定了物价，整顿了经济秩序，废除了封建剥削的土地所有制，使得国民经济得到恢复和发展。到 1952 年底，苏州市区的工业产值比 1949 年增长了 1.33 倍，社会商品零售额上升为 9580 万元，社会面貌也焕然一新。

2. 改造期（1953—1957 年）

在此期间，国家开展了第一个五年计划，并提出过渡时期总路线，开始对生产资料私有制进行社会主义改造，确立了社会主义经济制度，推动了经济发展。在苏州郊区，农业于 1956 年全部实现合作化，私营工业、运输业、商业于 1956 年 1 月全部实行公司合营或合作化。改变了企业规模狭小，设备、工艺落后的状况，开始重新由手工工场向近代工业的过渡。

3. 调整期（1958—1965 年）

1958—1966 年，前期是“大跃进”，后期是调整阶段。1958—1960 年的“大跃进”违背客观经济规律，随之而来是“低标准、瓜菜代”的困难时期，食品不足，生产下降。1960 年冬天开始，苏州认真贯彻国民经济“调整、巩固、充实、提高”方针，经济逐步恢复，至 1966 年初已恢复至接近 1960 年的生产水平。三年的“大跃进”虽然给人民的生活和经济的发展造成了沉重打击，但是在之后的调整中，实事求是地保留了有发展前途的新增长点，后来发展为机械制造、冶金、电子、化工等一批新的产业群。

4. 曲折发展期（1966—1976 年）

1966—1976 年发生“文化大革命”，全国经济被打乱，经济发展受到严重影响。这一时期，苏州经济在夹缝中曲折前进。1967 年苏州的社会总产值，比 1966 年下降了 29.4%。但是，运动中由于生产要素未遭破坏，调整时期贯彻“八字”方针所积蓄的生产潜力依然存在。因此，苏州在1969年生产恢复后，尽管有着严重的干扰，苏州重新恢复工作的各级领导干部、广大群众和部分关心生产的军代表，共同努力，较好地恢复和发展了生产。1976年的工业总产值，比1966年增长148.6%。

（三）改革开放以来苏州经济的发展阶段

从1978年改革开放以来，苏州经济发展取得了举世瞩目的成就，不仅在经济总量上增长迅速，在经济体制与增长方式方面也发生了极大转变。改革开放以来苏州的发展主要可以分为三个阶段：乡镇企业打造“苏南模式”、招商引资发展开放型经济、转型升级提质增效。

1. 乡镇企业打造“苏南模式”（20世纪80年代至90年代中期）

“苏南模式”是费孝通先生于1983年首次提出的。他发现苏南许多小乡镇走工业化之路，形成以乡镇企业为基础的颇具特色的小城镇，为此写就了著名的《小城镇，大问题》一文，提出了“苏南模式”。1978年改革开放后，为了解决农村剩余劳动力的出路问题，苏州和同处苏南的无锡、常州开展了以乡镇（村）办企业为主导的农村工业化运动。农民依靠自身力量发展以集体所有制为主的乡镇企业，乡镇政府则主导着乡镇企业的发展。这种通过发展乡镇企业实行非农化的方式和路径在当时被称为“苏南模式”。苏州实行“包干到户”的家庭联产承包责任制后，有效地促进了农村经营方式的转变，解放了农村劳动力，乡镇（社队）工业异军突起，苏州人从田地走进工厂，由农民变成工人，苏州经济迈上了工业化、城镇化之路，成为苏南模式的典范。1978年改革开放初期，苏州市国内生产总值为31.95亿元，在国内城市中排名30位左右。苏州从20世纪80年代开始，以典型的苏州模式推动着经济发展和城镇化的进程。到了1990年，借助乡镇企业转化的生产动力和对外投资的有力吸纳，苏州市国内生产总值已达202.14亿元，并跻身全国城市经济排名前10名。通过这一阶段乡镇企业的发展，在1992年公布的全国工业产值超百亿县（市）中，江苏省共有9个，而苏州就占了其中6个。

2. 招商引资发展开放型经济（20世纪90年代到21世纪初）

到了20世纪90年代初，国家决定开发开放浦东，苏州依托紧邻上海的区位优势，调整发展战略，适时提出“依托上海、接轨浦东、迎接辐射、发展苏州”的发展理念，掀起了以招商引资为主要手段的开放型经济发展高潮。这一时期，建立了多个国家级开发区为领头的各种类型的开发区，以此作为引进外资发展开放型经济的平台和载体。在1992—1994年中，苏州共批准三资企业6000多家，合同外资高达136亿美元；到1994年底，苏州乡镇举办的三资企业已占到乡镇企业总数的39%，占到全市三资企业总数的73.7%，合同利用外资79亿美元，占到全市合同利用外资的67.4%；1995年后，苏州的开发区成为外商投资特别是跨国公司投资的重点地区、集中地区。截至1999年上半年，苏州全市累计吸收合同外资已经达到280多亿美元，实际到位外资超过150亿美元，利用外资总量在全国各城市中位居第2位，仅次于上海市。

2001年12月中国正式成为WTO成员，对外开放进入了全新阶段。2002年苏州提出实施外资“生根”战略，着力营造国际资本“引得进、留得住、发展好”的环境。表1—1和表1—2分别反映了苏州与长三角几大城市（南京、杭州、无锡）2005—2011年的进出口总额和实际利用外资的情况。可见，苏州的进出口总额远高于其他三城市进出口总额之和，而实际利用外资数量也基本与其他三城市之和持平，可见苏州经济的外向程度之深。自2004年以来，苏州一直以逐年猛增的工业产值占据全国第二大工业城市的位置，是仅次于上海的另一制造业中心。占据当地经济总量半壁江山的外资，不仅使苏州变成中国经济总量最大的地级市，同时也使其成为国内诸多城市学习的样板。

表1—1　　2005—2011年苏州与长三角主要城市进出口总额对比

（单位：亿美元）

	2005年	2006年	2007年	2008年	2009年	2010年	2011年
苏州	1406.0	1742.6	2130.0	2285.0	2014.5	2740.8	3009.0
南京	270.9	315.4	362.0	405.9	337.5	456.0	573.4
杭州	298.7	389.1	434.3	480.7	404.2	523.6	639.7
无锡	291.9	391.8	511.4	560.3	439.5	612.2	724.5

表1—2　　2005—2011年苏州与长三角主要城市实际利用外资对比

（单位：亿美元）

	2005年	2006年	2007年	2008年	2009年	2010年	2011年
苏州	51.2	61.7	73.8	81.3	82.3	85.3	89.1
南京	14.2	17.0	20.6	23.7	23.9	28.2	35.6
杭州	17.1	22.6	28.2	33.1	40.1	43.6	47.2
无锡	20.1	27.5	27.7	31.7	32.1	33.0	34.3

3. 转型升级提质增效（21世纪10年代以来）

进入21世纪以来，苏州经济虽然通过乡镇企业和开放型经济的推动取得了跨越式的发展，但是也带来一系列问题。一是，苏州“两高一低”的经济发展模式堪忧，从宏观经济的“三驾马车”来看，苏州主要通过投资和净出口拉动经济增长，而消费的水平偏低。苏州的制造业加工业常年处于“微笑曲线”的低端，产品附加值低，科技含量低。二是，招商引资引起的恶性竞争以及地区产业间同构现象严重。三是，外向型经济容易受国际经济形势的影响。四是，面对民工荒和人地矛盾等压力，苏州地区的转型迫在眉睫。因此，苏州积极调整经济增长方式，主要从三方面转变经济发展方式：一是鼓励民营经济的发展；二是推动服务业升级；三是加强自主创新能力的培养。针对招商引资从2003年后开始下滑的趋势，苏州市委、市政府于2004年初正式下发《关于促进民营经济腾飞的决定》。以此为标志，苏州的“民营经济时代”从2004年开始初露端倪。至2015年，苏州市私营企业已经突破30万户，个体工商户突破50万户，成为江苏省首个私营企业总量超过30万户的城市。同时，针对苏州产业结构中制造业比重过高、服务业发展滞后的难题，苏州于2005年年初出台了《关于促进服务业跨越发展的政策意见》，通过大力发展旅游业，推动生产性服务业与制造业的分离以及打造现代服务业标准化体系等措施，到2015年，苏州服务业增加值占GDP比重达到48%，产业结构逐步向“三、二、一”转变。2015年末苏州服务业税收达1158.96亿元，为2010年的2.1倍，占全部税收的比例为40%，比2010年提高5.1个百分比，年均增长15.5%，比全部税收快3.2个百分点。截至2015年底，苏州全市90%的本土大中型企业建立研发机构，苏州成为首批国家知识产权示范城市，并在2015年福布斯创新力最强城市榜单中列位第3位（在地级市中排名首位），仅次于深圳和北京。

三 苏州城市转型的现实与时空聚焦：阶段判断与历史任务

（一）空间分析：全球、全国、区域层面

从空间分析看，不论从全球、全国和全省的角度看，苏州城市必须加快转型升级。随着世界多极化、经济全球化、文化多样化、社会信息化深入发展，世界经济在深度调整中曲折复苏，新一轮科技革命和产业变革蓄势待发。我国经济社会发展潜力大、韧性强、前景光明，经济长期向好的基本面没有变，正在向形态更高级、分工更复杂、结构更合理的阶段演化，国家深入实施一系列重大发展战略，“一带一路”和长江经济带建设在江苏叠加，苏南现代化建设示范区和苏南国家自主创新示范区建设加快推进，为苏州加快转型升级、提高国际竞争力提供了新的发展机遇。

1. 从全球层面看，具体体现在如下几个方面：

首先，从经济全球化看，苏州将深刻改变经济结构和产业布局。随着全球范围以加快转型升级为重点的新一轮竞争的展开，美国推出“绿色新政”，将研发投入占GDP比重提高到3%的历史最高水平，力争在新能源、生物技术、航空航天等新兴战略产业领域实现新的突破；英国将低碳经济、数字经济作为新的经济增长点和促进经济复苏的突破口，实现英国经济在21世纪的可持续发展等。新一轮科技革命和产业变革正在孕育，全球工业技术体系、发展模式和竞争格局将迎来重大变革，苏州市工业面临新的严峻挑战。互联网、大数据、云计算、3D打印、新能源、新材料等技术的重大突破，正在对工业经济发展理念、生产方式和发展模式带来革命性影响。苏州全方位开放的深入推进，将深刻改变经济结构和产业布局，同时，外国人和其他省市人口的大量流动，也对苏州的人口构成、阶层构成等产生巨大影响，推动苏州的人口分布、居住空间结构演变，这些都将造成苏州空间结构的转变和城镇体系空间结构的转变。

其次，从增长动力看，苏州高度依赖国际市场，以外需出口为主的增长模式难以为继。开放型经济是苏州的一大特色和优势，在苏州经济发展

中具有不可替代的作用。但从另一角度看，却带来了经济增长外向度偏高的问题。一是外贸依存度偏高。2014 年苏州外贸依存度 138.7%，分别比全省（53.2%）、全国（41.6%）高 85.5 和 97.1 个百分点，对外开放仍是苏州经济增长的主要动力。二是外资企业占比份额居高。在一些主要指标中，外资企业占比也是比较高的，2014 年苏州进出口总额 3113.06 亿美元，其中出口 1814.6 亿美元。从经营主体看，国有企业实现进出口 153.2 亿美元，外资企业实现进出口 2123.6 亿美元，私营企业实现进出口 693.9 亿美元。三是受国际市场影响风险度趋高。如此之高的对外依存度带来了苏州经济与国际市场“同此凉热”的高风险度。如受国际金融危机影响，2009 年苏州净出口比 2008 年减少 81.9 亿美元，按现价计算，下拉经济增长 8.4 个百分点，远大于全省（5.5 个百分点）、全国（2.3 个百分点）平均幅度，由此造成苏州经济增速回落 2 个百分点，幅度远大于全省（0.1 个百分点）、全国（0.3 个百分点）平均水平。因此，如何加快构建投资、出口、消费“三驾马车”有机结合、协调均衡的增长模式，加快形成经济增长的内生动力，是迫切需要解决的重大问题。

再次，从产业层次看，苏州在国际分工中仍处低位，总体尚未形成核心竞争力。工业经济是苏州的主体经济，但作为总量规模仅次于上海的工业大市、制造业基地，更多依靠廉价劳动力的比较优势、依靠资源的大量投入，处于国际产业链低端，缺乏竞争优势。一是品牌规模尚未形成。苏州曾被评为全国“品牌之都”，但存在“有品牌的没有规模、有规模的没有品牌”的矛盾，且主要集中在传统行业，近几年苏州市省级以上名牌企业销售收入占全市规模以上工业销售总额的比重始终在 25% 左右徘徊。二是专利“含金量”不足。2014 年苏州市 R&D 投入占 GDP 比重为 2.27%。三是产业层次偏低。制造业比重偏大，总体处于低技术含量、低附加值的劳动密集型加工组装环节。服务业比重偏低，服务业增加值占 GDP 比重近年来虽然有所提高，但是仍然较低，为 48.4%。四是大型骨干企业偏少。苏州入围“2015 年中国制造企业 500 强”企业仅 9 家，在数量上远少于同为工业大市的上海、天津、深圳、青岛等城市，尤其是排名总体靠后。如何加快培育地标型企业，加快提升产业层次和产业国际竞争力，是迫切需要解决的重大问题。

2. 就国内而言，具体体现在如下几个方面：

首先，我国进入新常态，转方式和调结构成为重要主旋律。我国正面临着以中高速、优结构、新动力、多挑战为主要特征的新常态，经济发展将从高速增长转为中高速增长，经济结构不断优化升级，发展动力从要素驱动、投资驱动转向创新驱动。苏州必须与时俱进，主动转型与变革，及时调整与变化，适应新常态的新要求。苏州的人口密度、环境容量、土地开发强度等资源承载力都已接近上限，经济增长的传统动力正逐渐衰退，经济发展迫切需要由主要依靠物质消耗、学习模仿向主要依靠创新驱动转变。

其次，国家密集出台区域发展规划，区域发展战略深度调整。近年来国家的区域发展规划和政策性文件数量之多、时间之密集、影响范围之广泛是前所未有的，仅近几年就出台了一系列的区域发展规划，这意味着中国经济版图正在重构，中央更关注区域协调发展，并且赋予一定权限，以培育更多的区域经济增长极。尤其“一带一路”战略的提出，表明国家将构建新的区域协调发展机制——在全国统一大市场框架内，通过经济产业社会的深度合作交流与高速铁路、高速公路、城际铁路等基础设施有效连接，真正让区域和城市群间的“要素流动起来、机制完善起来、市场统一起来”，更好地通过促进要素自由流动，让市场在资源配置的过程中发挥决定性作用。苏州作为沿海经济发达城市，地处“一带一路”在长三角的交汇点，要抢抓机遇、积极进取，主动参与“一带一路”建设，为全国开放大局作出更大贡献。

再次，以人为核心的新型城镇化加快推进，对苏州城市转型提出了新要求。新型城镇化的要求是不断提升城镇化建设的质量内涵，与传统提法比较，新型城镇化更强调内在质量的全面提升，也就是要推动城镇化由偏重数量规模增加向注重内涵提升转变。新型城市化战略对苏州城市发展提出了更高的要求，城市化水平的评估也从只注重人口、土地指标，转为更注重综合指标的评判。苏州市要紧紧围绕“人的城镇化”这一核心，优化城乡资源配置和功能布局，破除城乡二元结构，在协调发展中拓宽发展空间，塑造要素有序自由流动、主体功能约束有效、基本公共服务均等、资源环境可承载的区域协调发展新格局。

3. 从区域层面看，具体体现在如下几个方面：

首先，苏州面临着长三角城市群发展带来的机遇和挑战。作为长三角城市群的次级核心、与上海国际性大都市地缘最接近的二线城市，苏州的发展既面临着长三角区域一体化的发展机遇，也面临着区域内城镇竞争加剧的挑战。苏州位于长三角的核心区域，周边地区的民航机场、港口、铁路、高速公路网络化效应较高，使苏州市具有优越的区位交通条件。近年来，国务院相继出台了推进上海加快建设国际金融中心和航运中心的意见以及推动长三角经济社会发展的指导意见，出台了《长三角区域发展规划》，同时，《长江三角洲城市群发展规划》新获国务院审批通过，作为紧靠上海的苏州面临着重大机遇和挑战。

其次，苏南现代化示范区建设提供的良好机遇。国务院批准的《苏南现代化建设示范区规划》，是我国第一个以区域现代化建设为主题的战略规划。这表明国家希望苏南在现代化建设中更好地发挥示范和带动效应。作为苏南地区重要板块的苏州，紧紧抓住用好苏南现代化示范区这个重大机遇，大力推进科技创新、产业升级、城乡发展一体化、经济国际化和民生社会事业发展，必将着力巩固在苏南第一方阵中的地位，提升在长三角发展大局中的作用，强化在全国城市竞争中的优势，在科学发展道路上不断实现新的跨越。

再次，苏州被列入省和国家试点城市的机遇。近年来，苏州先后被批准为省唯一的城乡一体化发展综合配套改革试验区、中国服务外包示范城市、国家可持续发展试验区、国家创新型城市试点城市、新一批跨境电子商务综合实验区，在直接得到优惠政策的同时，被赋予了更具有政策优势的“先行先试权”，政策机遇千载难逢。此外，苏州于 2016 年 2 月作为江苏唯一的城市被列入国家服务贸易创新发展的试点城市，重点对服务贸易管理体制、发展模式、便利化等 8 个方面的制度建设进行探索，有序扩大服务业开放准入。

（二）时间分析：苏州已进入以提升竞争力为主的创新发展阶段

20 世纪 80 年代，苏州在经济发展中成功地利用了改革开放的契机，大力发展乡镇企业，实现了从传统经济到以乡镇企业作为发展引擎的“苏南模式”的第一次转型。20 世纪 90 年代，苏州抓住了全球化和对外开放的契机，利用苏州高新区和工业园区作为载体，吸引了大量的国外投资，带动经济发展和社会变革，实现了从“苏南模式”到以开放型经济带动城市发展的“新苏南模式”的第二次转型。当前，全球的经济形势和苏州的新特点，又给苏州的城市发展提出了新的要求，苏州的发展开始进入以提升竞争力为主的创新发展的关键阶段，苏州必须积极适应新常态，抓住新的机遇，在经济、社会和城市治理等方面作出新的调整，再造一个更有活力的苏州模式。

1. 苏州发展模式的转型

在全球经济迅速发展和转变的今天，适应新的全球经济形式，实现城市转型发展是每一个现代城市都无法回避的课题。中国发展到工业化后期，整个国家正处于结构调整和新型城镇化的全新阶段，苏州也面临着经济、社会等各方面的新问题。全球经济不景气对于外贸依存度较高的苏州经济产生了一定冲击；成本的上升使得部分外资向其他国家和地区转移；外来人口和失地农民问题也急需城市转变发展和治理模式去接纳这些人口，促进其本地化；生态环境可持续发展问题不断凸显等，所有这些问题都需要依靠城市经济、社会和城市治理的整体转型来解决。

2010 年 3 月，苏州市召开加快推进转型升级大会，会议明确了今后一个时期，在苏州建设“三区三城”（即科学发展的样本区、开放创新的先行区和城乡一体化的示范区，以及以现代经济为特征的高端产业城市、生态环境优美的最佳宜居城市和历史文化与现代文明相融的文化旅游城市）的总体战略。

以低成本为特征的制造业发展和外向型模式推动了苏州经济的快速发展，创造了苏州神话，但也是人口和社会问题、资源和环境问题产生的根源。全球经济的不景气和生产成本的上升给苏州发展模式提出了挑战，但同时也是苏州转型的有利契机。新型城镇化的不断深入为苏州的城市发展注入了新的动力，苏州在城市转型方面进入探索新模式的阶段。

一是从后发优势驱动的制造业主导发展向城镇化驱动的服务业主导发展模式转型。欧美国家的一些城市在这一方面的转型时间较早，如伦敦 19 世纪中叶就进入了服务业主导阶段，纽约进入 20 世纪，金融业、文化艺术业、保健和教育行业、室内设计、时装、旅游和信息业占据重要的地位。苏州的经济发展在很长时间内充分利用了经济全球化所带来的“后发优势”来发展制造业，导致了产业低端，服务业发展滞后。随着低成本优势的丧失，苏州的产业面临着东南亚和南美一些新兴国家的激烈竞争，一些劳动密集型产品的生产已悄悄地转向成本低廉的新兴国家。随着城市化水平的提升，苏州应充分利用城市化的契机，推动城市的进一步转型，主要表现为：一是更为关注服务业的发展，二是更有力地推动需求增长和市场形成，三是更有利于解决就业问题。以城市化为主导的经济转型不仅关注产业发展，还要关注企业对生产服务的需求，关注产业工人的本地化和市民化，关注扩大的城市人口对公共服务和生产服务的需求，综合的考虑有利于城市的健康发展和转型。

二是从要素驱动的外延式开发模式向创新驱动的内涵式开发模式转型。苏州以要素作为增长引擎的外延式开发模式过多地强调要素投入、规模和产能扩大、空间扩展，带来了高能耗和高污染的环境问题，这种外延式开发受成本和要素价格的影响比较大，也带来了制造业附加值偏低和企业创新能力低的问题。从要素驱动的外延式开发模式向创新驱动的内涵式开发模式的转变是解决城市问题、突破城市发展瓶颈的重要途径。城市转型依赖于不断地创新，现代经济是创新所引领的经济。2015 年，苏州全市新增高新技术企业 712 家，累计 3478 家。新增省级以上工程技术研究中心 73 家，累计 585 家；新增省级以上企业技术中心 48 家，累计 328 家；新增省级以上工程中心（实验室）10 家，累计 57 家；年末省级以上公共技术服务平台 58 家，其中国家级 15 家。苏州市拥有省级以上科技孵化器 89 家，其中国家级和省级分别为 31 家和 58 家，孵化面积超 470 万平方米，省级以上在孵企业超过 6000 家。苏州市专利申请量和授权量分别达 98704 件和 62263 件，其中发明专利申请量和授权量 43241 件和 10488 件，发明专利申请占比由上年的 39.6% 提高至 43.8%。万人有效发明专利拥有量达到 27.4 件，比上年增加 8.9 件。

2. 多维目标下的城市转型：新一轮调整中的苏州定位

城市转型不是一维的，而是经济、社会、空间、管理和生态等多维关系的协调统一。应该看到，加快转型升级是苏州经济实现持续增长的内在要求。在转型升级的新探索中，《苏州市城市总体规划（2007—2020）》将苏州定位为“国家历史文化名城和重要的风景旅游城市，国家高新技术产业基地，长江三角洲重要的中心城市之一”，明确苏州的城市职能包括“国家文化旅游和风景旅游基地；国家历史文化名城；国家高新技术产业基地；长三角地区二级商务、商贸、物流中心；长三角地区创意和研发产业基地之一；长三角地区最具吸引力的居住地之一；市域政治经济文化中心；市域综合服务中心”。

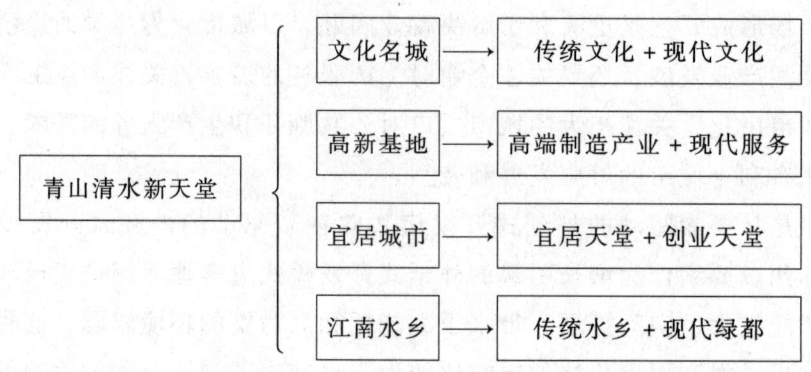

图1—1 苏州城市发展总目标

资料来源：根据《苏州市城市总体规划（2007—2020）·纲要》绘制。

《长江三角洲地区区域规划（2009—2020)》在城镇体系规划中，将苏州定位为区域性中心城市，要“发挥区位、产业和人文优势，进一步强化与上海的紧密对接，建设高技术产业基地、现代服务业基地和创新型城市、历史文化名城和旅游胜地”。

《江苏省城镇体系规划（2015—2030年)》指出，到2030年，将形成南京和苏州两个特大城市。2016年6月发布的《长江三角洲城市群发展规划》根据城区常住人口规模划分，苏州为大城市中的I型大城市。该规划涉及苏州的表述有“要促进五个都市圈同城化发展”，其中包括苏锡常都市圈，强调要“全面强化与上海的功能对接与互动，加快推进沪苏通、锡常泰跨江融合发展。建设苏州工业园国家开放创新综合试验区，发展先进制造业和现代服务业集聚区，推进开发区城市功能改造，加快生态空间修复和城镇空间重塑，提升区域发展品质和形象”。同时指出要“率先建成智慧城市群，协同推进上海、南京、杭州、合肥、苏州、宁波、芜湖等智慧城市建设，统一建设标准，开放数据接口，推动政务、交通等方面的智慧化应用”。目前，苏州市智慧城市建设取得新进展。4G网络覆盖全市，信息化发展指数超过90%，居全省首位，苏州成为全国下一代互联网示范城市。城乡一体化发展成为优势品牌，基本形成了城乡规划、产业布局、基础设施、公共服务、社会就业“五位一体化”格局，农村产权制度改革、新型集体经济、农村社会保障水平、城乡整体环境面貌、新农村建设等继续走在全国全省前列。

进入“十三五”时期，苏州的发展进入了以提升竞争力为主的创新发展阶段。苏州“十三五”规划指出，要“按照习近平总书记对江苏发展的明确定位和中央、省委的部署要求，根据苏南现代化建设示范区规划确定的目标任务，立足自身改革开放和现代化建设实际，综合考虑未来发展趋势和条件，未来五年，苏州要努力建设具有国际竞争力的先进制造业基地、具有全球影响力的产业科技创新高地、具有独特魅力的国际文化旅游胜地和具有较强综合实力的国际化大城市”。

从2015年江苏省13个城市在全国的综合经济竞争力和可持续竞争力排名看，苏州的两个指标在江苏省内一举夺冠，超过了省会城市南京。可以看到，苏州的得分和排名在全国也处于较为领先的地位，跻身前十之列，其中综合经济竞争力和可持续竞争力得分分别为0.465和0.701，在国内城市均排名第8位。“十三五”时期，苏州市要努力实现经济综合实力和核心竞争力的显著提升、人民群众收入水平和生活质量的普遍提高、生态质量和居住环境明显改善、市民文明素质和社会文明程度全面提高、各方面体制机制更加健全的目标。

分报告二

全球坐标上的苏州经济竞争力

全球化的竞争导致城市成为竞争的主体。20 世界 90 年代以来，随着科学技术的不断进步、跨国公司的快速发展以及经济一体化的突飞猛进，人类不仅开启了一个信息化、知识化和科技全球化的时代，也开始迈向了一个竞争全球化的时代。全球化的竞争不仅意味着竞争范围的国际化、竞争主体的全面化以及竞争程度的激烈化，还意味着竞争主体的多层次化以及竞争方式的复杂化。在全球化的竞争新时代，国家、地区、城市、企业以及各种正式和非正式的组织，正在以多种复杂的方式进行着全球资源、市场、生存空间和发展机会的竞争与较量。城市作为一个具有独立利益的空间经济体以及集聚家庭、企业、公共部门等的非正式组织，已经成为参与全球竞争的主体。在对全球资源、市场等进行竞争和较量的过程中，不断寻求和提升其国际经济竞争力，是当今时代一个城市更好、更多创造价值，进而不断为居民提供福利的重要途径和保障，也是立足于全球竞争不败之地要义所在。

在资源配置和经济竞争全球化背景下，全球视野对于构建提升苏州城市国际竞争力体系必不可少。将苏州置于全球 505 个城市组成的全球城市经济竞争力坐标体系之中，通过广泛比较与重点比较，发现苏州在全球城市竞争力坐标体系中的精确位置，找出其提升城市国际竞争力的优势与劣势，总结学习标杆城市的建设与发展经验，对于苏州进一步提升国际竞争力具有重要意义。

一　指标体系及重要城市选取说明

（一）指标、方法与数据说明

中国的城市是开放的系统，是世界城市体系的一部分。从竞争力的角度分析必须要从全球城市竞争力坐标上认识、把握中国城市尤其是像苏州等大城市的竞争力状况。事实上，随着全球化进程的不断深入，一个城市在与全球其他城市进行要素环境、产业和城市功能等方面的竞争与合作不断加深，要素环境系统、产业体系以及价值体系三者相互作用，形成一个城市与全球城市相比较的城市竞争力。在此过程中，该城市在世界城市网络中的联系程度、地位反映着其对全球资金、技术、人力等生产要素的控制和配置能力，而在经济全球化深度发展的背景下，这种控制与配置能力的大小实际上也决定了全球城市竞争力的强弱以及未来发展潜力的大小。

按照中国社会科学院城市与竞争力研究中心构建的理论框架，全球城市经济竞争力指标体系主要是由企业本体、当地要素、当地需求、软件环境、硬件环境以及全球联系六大维度组成。具体测度指标体系、计算方法、样本选择以及数据来源如表2—1所示。

（二）国际重要城市选取

在全球坐标上，广泛比较的目的是获知苏州在全球范围内或者在全球城市体系中，城市竞争力及其各项具体指标得分的高低以及处在什么位置。重点比较的目的是根据苏州城市发展的背景、现状与发展目标，从学习、追赶等方面为苏州提供一个更为明确具体的参照体，供苏州学习、借鉴和参考。用作重点比较的重要城市的选取，主要从城市定位、经济社会发展水平、产业结构特征、城市发展阶段等方面综合考虑。

根据选取原则，我们确定了英国的伦敦（London）、美国的纽约（New York）、日本的东京（Tokyo）、韩国的首尔（Seoul）、新加坡（Singapore）以及中国的上海等全球一线城市，以及美国的芝加哥（Chicago）、西雅图（Seattle）、圣何塞（San Jose）、奥地利的维也纳（Vienna）、德国的慕尼黑（Munich）、日本的大阪（Osaka）、意大利的米兰（Milan）、瑞典的斯德哥尔摩（Stockholm）、芬兰的赫尔辛基（Helsinki）、印度的班加

表 2—1 全球城市经济竞争力指标体系

一级指标	二级指标	计算方法、资料来源	样本数量
企业本体	跨国公司总数	按照福布斯 2000 强分布状况计算	中国社会科学院城市与竞争力研究中心数据库中的全球 505 个样本城市，其中中国城市共计 69 个（包括 9 个港澳台地区城市以及 60 个内地城市）
	Forbes 2000 总数	按照福布斯 2000 强分布状况计算	
	产业结构	赋值评分	
	产业水平	赋值评分	
当地要素	专利指数	世界知识产权组织（WIPO）网站	
	失业率	城市、地区或国家部门网站、统计网站及统计年鉴数据整理	
	银行指数	福布斯 2000 强中金融行业企业数量	
	大学指数	一城市在世界大学排名（Webometrics Ranking of World Universities）中表现最优的大学的得分	
当地需求	人口规模	城市、地区或国家部门网站、统计网站及统计年鉴数据整理	
	GDP 总量	各官方网站及年鉴数据搜集整理，并统一折算为美元计价单位	
	国家人均收入	数据来源于世界银行	
软件环境	犯罪率	相关网站及报告数据整理	
	语言多国性指数	以每城市中心地区四星级以上酒店所使用的语言数量为衡量标准	
	经商便利度	世界银行年度《营商环境报告》	
	中央与地方财税比例	用该国地方财政收入与中央财政收入的比重表示	
硬件环境	PM2.5 排放量	WHO 网站关于城市空气质量的测算	
	基准宾馆价格	以每个城市中心地区四星级以上酒店所预定的最低房价为衡量标准	
	道路便利度	谷歌地图交通实时路况，分为 1—5 个级别进行打分	
	距海距离	Google 地图和 Google Earth 搜索得到	
全球联系	跨国公司联系度	数据来源于福布斯 2000 公司网站，计算方法见《WORLD CITY NETWORK》	
	国际知名度指数	该城市在 GOOGLE 网络搜索中的搜索数量	
	航空线数	各城市机场网站、维基百科以及国际航空协会网站相关数据整理	

注：上述指标体系为经济竞争力解释性指标体系。

罗尔（Bengaluru）以及中国的北京、深圳共计18个用作重点比较的国际重要城市，这18个城市包含了苏州的全球竞争力赶超目标、学习对象等。其中，伦敦、纽约、东京、首尔、新加坡、上海等城市都是提升全球城市经济竞争力的成功典范，并且不同城市成功的经验路径存在差别，将他们列入重点比较的重要城市有利于全方位认识提升城市国际经济竞争力的要旨；芝加哥、西雅图、圣何塞、大阪、慕尼黑、斯德哥尔摩、赫尔辛基、班加罗尔等城市与苏州在生产制造、产业结构、发展方向等方面或某一重要方面有相似之处，比如慕尼黑集合了制造业、生物工程、信息通讯业等优秀企业，圣何塞汇集了世界上知名的大型高科技公司，赫尔辛基在机器制造、造船、印刷、服装等行业表现突出，斯德哥尔摩以商业及高科技产业闻名，班加罗尔以软件业等高科技企业著称。这些城市的发展经验或教训有大量可供苏州借鉴之处；北京和深圳虽然与苏州在经济发展基础与环境等方面存在一定的差异，但在全球化背景下科技创新等经济竞争力分项表现方面也有值得苏州借鉴的做法。

二　苏州国际经济竞争力总体状况及其全球位置

数据计算结果显示，苏州国际经济竞争力指数得分为0.374，比全球505城市的均值0.304高出了0.07，比中位数城市韩国蔚山（Ulsan）0.297高出0.077。从排名来看，苏州经济竞争力在全球505城市中位居第184位，属于中间偏上排名。指数得分及排名皆显示，苏州市的经济竞争力在全球坐标上处于中等偏上水平。

从全球坐标上中国内地城市对比来看，作为世界城市网络东亚板块里的一员（见图2—1），苏州是在中国长三角城市群中仅次于上海和杭州的第三大最具国际经济竞争力的城市，表现不仅要优于江苏的省会南京，在指数得分上还要高于厦门、武汉等城市。但同时，苏州与北上广深等中国一线城市存在一定差距，指数得分比上海、北京、深圳、广州、天津、杭州、东莞、西安、大连分别低出0.393、0.336、0.129、0.117、0.048、0.047、0.027、0.021和0.008。苏州国际经济竞争力在中国内地城市中排名第10位（见表2—2）。

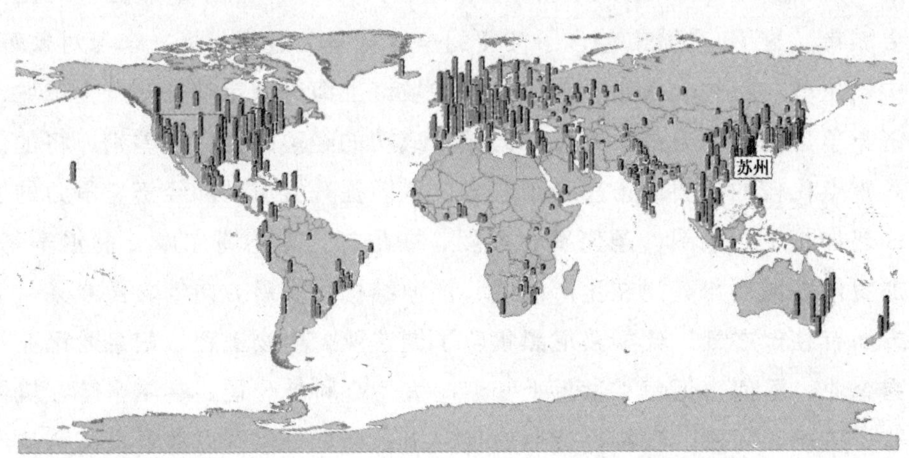

图 2—1　全球城市经济竞争力分布格局及苏州的位置

注：柱状越高，表明竞争力越强。

资料来源：中国社会科学院城市与竞争力研究中心数据库。

表 2—2　中国内地主要城市国际经济竞争力得分及其在全球中的位置

城市	经济竞争力指数得分	国内排名	全球排名
上海	0. 740	1	7
北京	0. 683	2	8
深圳	0. 476	3	66
广州	0. 464	4	74
天津	0. 395	5	138
杭州	0. 394	6	139
东莞	0. 374	7	154
西安	0. 368	8	161
大连	0. 355	9	175
苏州	0. 347	10	184
南京	0. 344	11	187
厦门	0. 336	12	198

续表

城市	经济竞争力指数得分	国内排名	全球排名
中山	0.333	13	202
武汉	0.326	14	215
宁波	0.324	15	217
长沙	0.322	16	221
青岛	0.322	17	226
成都	0.319	18	227
珠海	0.314	19	232
惠州	0.311	20	237
重庆	0.273	37	285

资料来源：中国社会科学院城市与竞争力研究中心数据库。

与18个国际重要城市的比较来看，苏州国际经济竞争力得分微弱高于具有“亚洲硅谷”之称的班加罗尔市，大约高出0.011。但相对排名总体靠后，在与重要组成的19个城市中，苏州在组内排名位于18名。苏州的国际经济竞争力与慕尼黑、赫尔辛基、深圳等城市相比，尚存在一定差距。

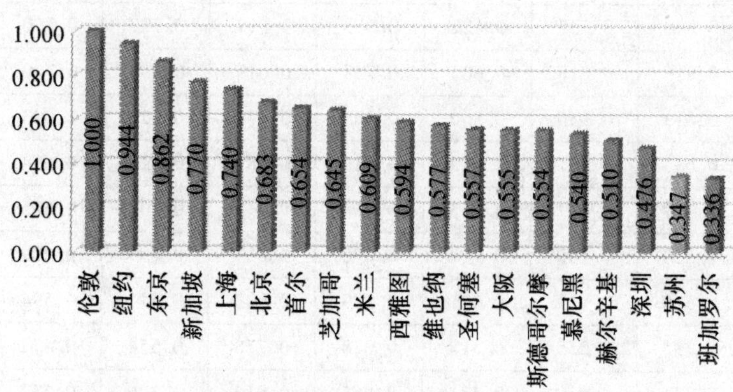

图2—2　苏州与国际重要城市经济竞争力指数比较

资料来源：中国社会科学院城市与竞争力指数数据库。

三 苏州国际经济竞争力分项表现及其与重要城市比较

综合经济竞争力涵盖企业本体、当地要素、当地需求、软件环境、硬件环境和全球联系六大维度，一个城市的某一维度指数得分大小及排名先后体现该城市在该方面的全球位置以及相对的优势和劣势。从国际重要城市以及中国内地主要城市国际经济竞争力分项表现比较来看（见表2—3、表2—4），国际经济竞争力排名靠前的城市，其各个分项的指数得分整体上相对较高，而且各分项间比较均衡，比如伦敦、纽约、东京等。比较而言，苏州在各维度指数得分差距不一，表明其经济竞争力分项表现优劣势并存。

表2—3 苏州与国际重要城市经济竞争力分项指数比较

城市	企业本体指数	当地要素指数	当地需求指数	软件环境指数	硬件环境指数	全球联系指数	经济竞争力指数	全球排名
伦敦	1.000	1.000	0.842	1.000	0.845	1.000	1.000	1
纽约	0.990	0.889	0.923	0.948	0.726	0.949	0.944	2
东京	0.947	0.870	1.000	0.691	0.697	0.813	0.862	3
新加坡	0.840	0.735	0.622	0.953	0.717	0.727	0.770	5
上海	0.816	0.816	0.604	0.758	0.619	0.852	0.740	7
北京	0.813	0.956	0.560	0.565	0.472	0.872	0.683	8
首尔	0.635	0.857	0.619	0.613	0.687	0.627	0.654	11
芝加哥	0.369	0.617	0.585	0.948	0.748	0.700	0.645	13
米兰	0.520	0.542	0.417	0.670	0.889	0.694	0.609	18
西雅图	0.318	0.723	0.421	0.949	0.803	0.524	0.594	20
维也纳	0.395	0.555	0.518	0.828	0.776	0.554	0.577	24
圣何塞	0.331	0.732	0.471	0.885	0.816	0.326	0.557	29
大阪	0.454	0.562	0.643	0.659	0.718	0.485	0.555	30
斯德哥尔摩	0.403	0.630	0.466	0.727	0.736	0.566	0.554	31
慕尼黑	0.334	0.567	0.464	0.762	0.760	0.561	0.540	38
赫尔辛基	0.312	0.624	0.408	0.716	0.803	0.441	0.510	49

续表

城市	企业本体指数	当地要素指数	当地需求指数	软件环境指数	硬件环境指数	全球联系指数	经济竞争力指数	全球排名
深圳	0.317	0.599	0.466	0.726	0.612	0.465	0.476	66
苏州	0.108	0.436	0.462	0.565	0.737	0.199	0.347	184
班加罗尔	0.428	0.562	0.314	0.381	0.396	0.466	0.336	197

资料来源：中国社会科学院城市与竞争力指数数据库。

表 2—4　国际经济竞争力排名位于苏州之前的中国内地城市各分项得分

城市	企业本体指数	当地要素指数	当地需求指数	软件环境指数	硬件环境指数	全球联系指数	综合竞争力指数
上海	0.816	0.816	0.604	0.759	0.619	0.852	0.740
北京	0.813	0.956	0.56	0.565	0.472	0.872	0.683
深圳	0.317	0.599	0.466	0.726	0.612	0.465	0.476
广州	0.313	0.699	0.492	0.533	0.558	0.542	0.464
天津	0.291	0.54	0.479	0.629	0.521	0.348	0.395
杭州	0.119	0.685	0.414	0.597	0.665	0.31	0.394
东莞	0.085	0.482	0.391	0.565	0.805	0.297	0.374
西安	0.234	0.512	0.383	0.533	0.602	0.385	0.368
大连	0.226	0.524	0.388	0.63	0.62	0.213	0.355
苏州	0.108	0.436	0.462	0.565	0.737	0.199	0.347

资料来源：中国社会科学院城市与竞争力指数数据库。

（一）企业本体：分项得分最低，短板效应明显

企业本体反映一个城市在参与全球竞争过程中对要素环境的利用效率和作用发挥程度。全球坐标上的比较结果显示，苏州的企业本体指数得分为 0.108，在全球 505 城市中排名第 369 位，位于中等偏下位置。与重要城市比较来看，苏州的企业本体指数得分排在组内末位，而且与国际重要城市差距较大（见图 2—3）。就分项指标下的具体指标值来看，2013 年，苏州入驻的跨国公司有 85 家，福布斯全球 2000 强有 54 家，产业结构和产出水平得分分别为 11 和 1.12，皆低于 18 个重要城市，甚至落后于综合经济竞争力排名在苏州之后的班加罗尔（班加罗尔入驻的跨国公司有 368 家，福布斯 2000 强有 164 家，产业结构和产出水平得分分别为 20 和

4.83)。表明全球化背景下苏州的企业本体对于国际经济竞争力的短板效应明显，亟待提高对要素环境的利用效应。

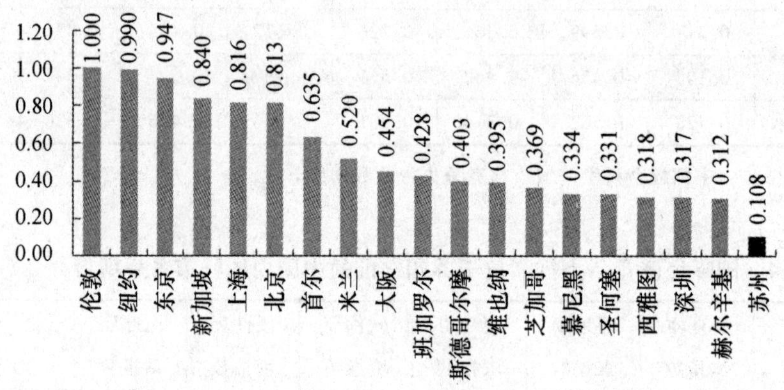

图 2—3　苏州与国际重要城市的企业本体指数比较

资料来源：中国社会科学院城市与竞争力指数数据库。

（二）当地要素：指数得分 0.436，位居全球 184 名

当地要素是一个城市参与全球竞争的重要支撑，它综合反映科技、教育、金融、劳动力要素的丰裕状况。总体来看，苏州的当地要素指数的得分为 0.436，在全球 505 城市中排名第 184，处于中间偏上水平。和重要城市比较来看（见图 2—4），尽管组内排名位居末位，但与大阪、班加罗尔、

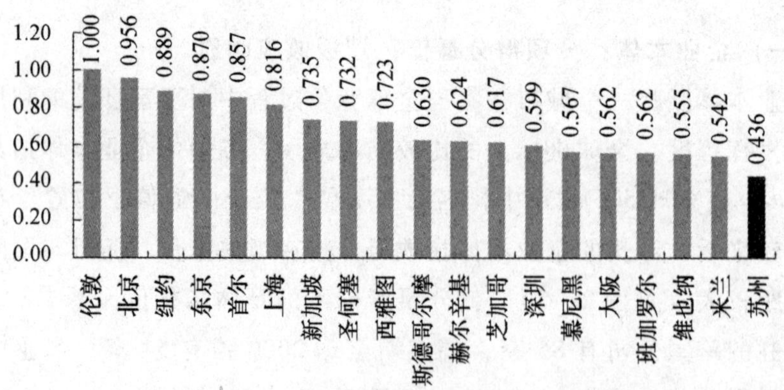

图 2—4　苏州与国际重要城市的当地要素指数比较

资料来源：中国社会科学院城市与竞争力指数数据库。

维也纳和米兰等城市相比，差距并不非常明显，表明苏州在当地要素方面赶超这些城市的可能性较大。

（三）当地需求：比较优势突出，分项排名最优

由人口规模、GDP 总量和国家人均收入综合反映的当地需求对城市经济竞争力具有重要影响。数据计算结果，苏州的当地需求指数得分为 0.462，在全球 505 城市中排名第 47 位，是苏州国际经济竞争力分项指数中在全球排名最佳的一个项目。苏州庞大的人口规模和 GDP 总量以及广阔的国内市场，共同造就了其当地需求优势。从重要城市来看，苏州当地需求的比较优势也很明显，指数得分甚至超过了众多国际知名企业的集聚地西雅图。

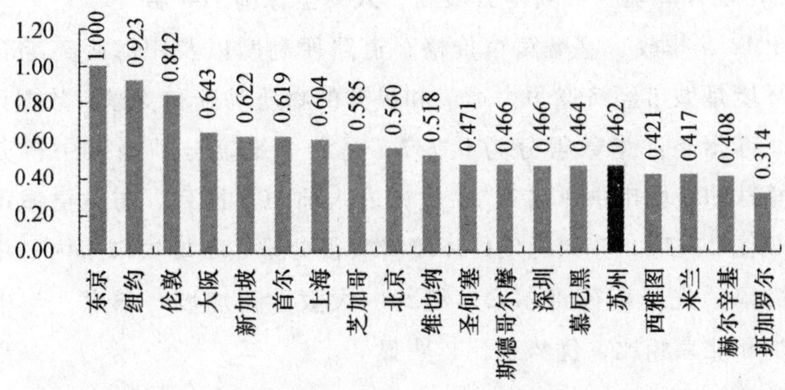

图 2—5　苏州与国际重要城市的当地需求指数比较

资料来源：中国社会科学院城市与竞争力指数数据库。

（四）软件环境：指数得分 0.565，接近全球平均水平

由犯罪率、语言多国性指数、经商便利度以及中央与地方财税比例综合反映的软件环境是城市参与全球竞争、不断提升经济竞争力的重要保障和支撑。苏州软件环境指数得分为 0.565，接近 505 城市的平均值 0.566，在全球城市中排名第 242 位。与重要城市比较来看（见图 2—6），苏州市当地要素指数得分除了高于班加罗尔，与北京持平外，皆低于其他重要城市。不断提升和优化软件环境是提升苏州国际经济竞争力的一个重要方面。

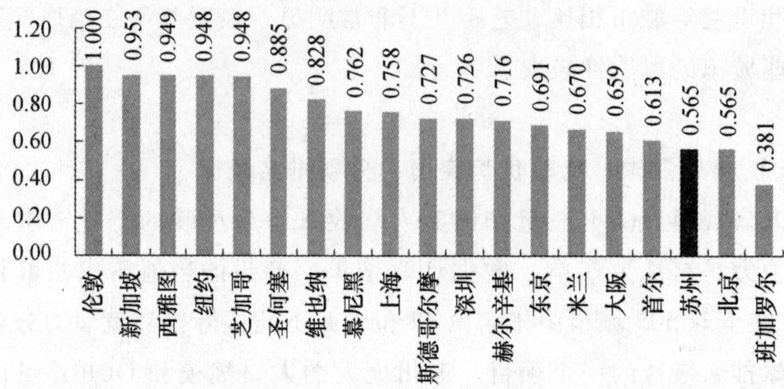

图 2—6 苏州与国际重要城市的软件环境指数比较

资料来源：中国社会科学院城市与竞争力指数数据库。

（五）硬件环境：分项得分最高，入列全球前 100 名

由 PM2.5 排放、基准宾馆价格、道路便利度以及距海距离综合反映的硬件环境是城市经济竞争力形成和提升的物质基础和支撑。数据计算结果显示，苏州硬件指数得分为 0.737，是六个维度分项指数中得分最高的，在全球 505 城市中排名第 74 位，进入前 100 行列。与重要城市比较来看（见图 2—7），苏州的硬件环境指数得分排在重要城市组内的中间位置，且微幅领先于斯德哥尔摩、纽约、大阪、新加坡、东京，与中国上海、深圳和北京相比，优势也比较明显。

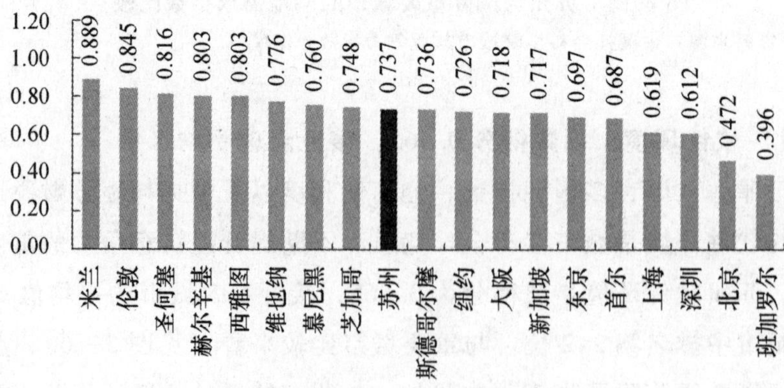

图 2—7 苏州与国际重要城市的硬件环境指数

资料来源：中国社会科学院城市与竞争力指数数据库。

（六）全球联系：指数得分 0.199，与重要城市差距较大

全球联系反映全球化背景下一个城市在世界城市网络体系中的地位，影响着一个城市配置和控制全球资源的能力。苏州全球联系指数得分为 0.199，在全球 505 城市中排名第 297 位，位居中等偏下水平。与重要城市比较来看（见图 2—8），苏州全球联系指数得分偏低，组内排名位居末位，与重要城市最大相差 0.801，最小相差也要在 0.127 之上。提升苏州的全球联系度任重而道远。

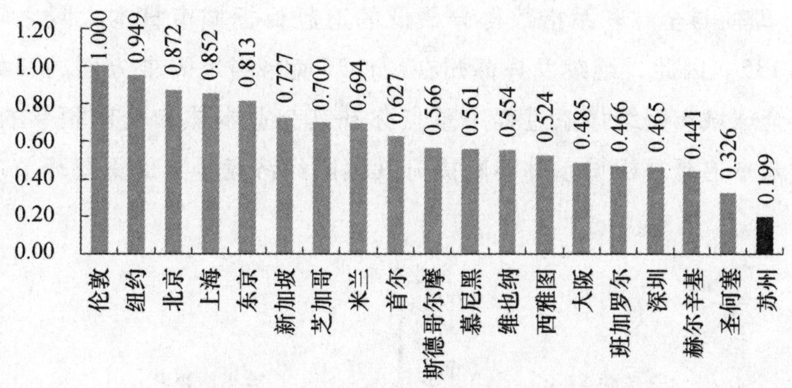

图 2—8　苏州与国际重要城市的全球联系指数

资料来源：中国社会科学院城市与竞争力指数数据库。

四　苏州与追赶目标、学习标杆城市国际经济竞争力比较

（一）与追赶目标城市比较：个别指标领先，总体差距较大

结合苏州经济发展阶段以及产业结构的相似程度，我们从重要城市中选出了芝加哥、大阪、慕尼黑三个城市作为苏州的追赶目标城市。其中，芝加哥作为美国第二大商业中心区，其都市区新增的企业数一直位居美国第 1 位，企业发展活力突出；大阪作为日本最古老的城市而经久不衰，自 1955 年起大阪的经济地位仅次于东京，拥有发达的制造业，大阪倡导崇尚实业精神和支持发展中小企业的做法值得苏州学习；慕尼黑作为德国南

部的经济中心，工业基础雄厚，拥有宝马、西门子等国际知名大公司的总部，同时也是许多跨国公司的欧洲总部驻地。以这些城市作为追赶目标城市，对于提升苏州国际经济竞争力具有重要意义。

从图 2—9 来看，苏州与其国际追赶目标城市间在不同分项维度上的指数得分差距不一，表现上优劣势并存。具体来看，在硬件环境与当地需求方面，苏州与追赶目标城市间差距不大，其中苏州的硬件环境指数得分超过了日本大阪，而且紧追慕尼黑和芝加哥，而在当地需求方面的表现已经与德国慕尼黑不相上下；比较而言，苏州在企业本体和全球联系方面与追赶目标城市的差距较大，其中全球联系指数得分与芝加哥相差达 0. 501，即使与全球联系指数得分最低的追赶目标城市日本大阪之间相差也达 0. 135。因此，继续发挥苏州在硬件环境与当地需求方面的长处，并在融入全球城市网络体系过程中重点弥补其企业本体和全球联系的短板，是苏州未来追赶目标城市并不断提升其国际经济竞争力的重要环节。

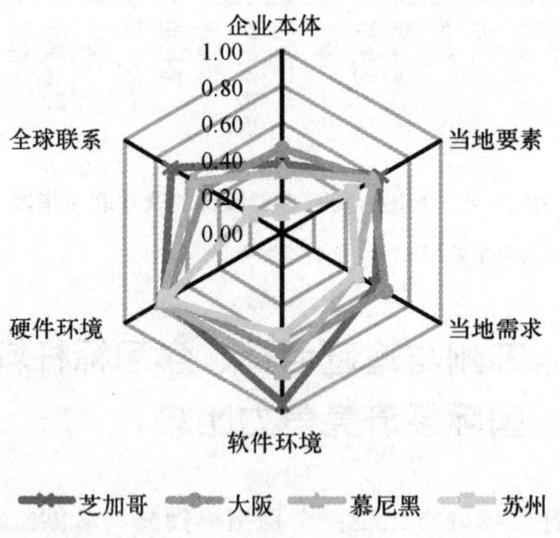

图 2—9 苏州与追赶目标城市的国际经济竞争力分项得分比较雷达图

资料来源：中国社会科学院城市与竞争力指数数据库。

（二）与学习标杆城市的比较及经验借鉴

1. 与学习标杆城市的比较

学习标杆城市是苏州提升国际经济竞争力的主要借鉴和学习的对象。

在 18 个重要城市中，新加坡、首尔、圣何塞作为全球经济竞争力排名靠前的城市，在提升国际经济竞争力方面有许多值得苏州学习的地方。

从分项比较看，硬件环境与当地需求依然是苏州与学习标杆城市间差距最小的方面，其中苏州凭借较低的 PM2.5 排放量、相对适中的基准酒店价格、较好的道路便利度以及较近的距海优势，在这方面的表现即便与首尔、新加坡相比仍然具有比较优势。但是，在企业本体、全球联系、当地要素和软件环境方面，苏州亟须向新加坡、首尔、圣何塞学习。尤其是学习标杆新加坡和首尔在企业本体和全球联系方面的优势明显，两城市通过优化软件环境和开放发展促转型的做法值得苏州学习借鉴。

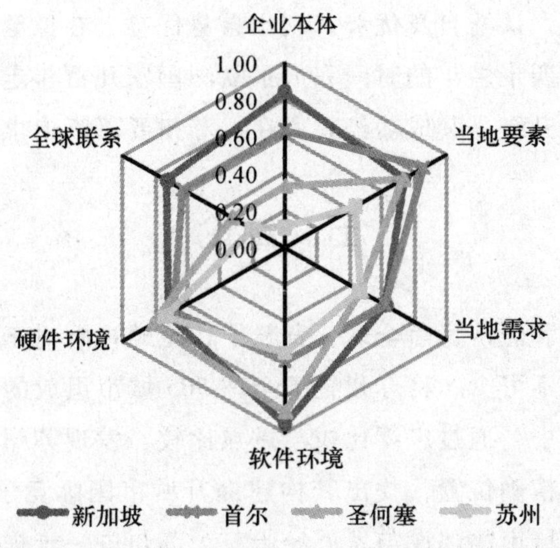

图 2—10　苏州与学习标杆城市国际经济竞争力分项得分比较雷达图

资料来源：中国社会科学院城市与竞争力指数数据库。

2. 典型学习标杆城市的经验借鉴

新加坡：稳步推进产业结构动态升级，紧抓外部机遇促进开放发展

新加坡是一个面积仅为 719.1 平方公里、人口约为 500 多万的城市国家。作为国际经济竞争力位居全球前五的城市，新加坡无论在硬件环境和软件条件方面，都有许多值得苏州借鉴的地方，尤其在产业结构动态升级经验方面值得苏州学习。20 世纪 60 年代，西方主要工业国家开始调整产业结构，新加坡及时抓住了这一挖掘传统产业潜力、开拓海外市场的机

遇，迅速发展炼油和钻探油工业，成为世界上仅次于美、日的第三大钻井油台生产基地和炼油中心；20 世纪 70 年代，跨国公司促使新加坡经济进一步国际化，出口商品结构中电脑、电子电器、机器设备等比重加大，新加坡各部门实现了电脑化和自动化。1979 年开始实施“第二次工业革命”。通过提高工资刺激劳动密集型产业向资本、技术密集型产业过渡，鼓励和投资技术密集型工业。新世纪，新加坡则紧紧抓住知识经济的发展趋势，大力发展创意产业和总部经济，经济走在了世界的前列。

学习标杆城市新加坡对苏州的经验借鉴主要体现在两个方面：一是充分利用外部机遇，产业转型升级时充分利用国际市场和国内市场，积极参与全球分工，坚持开放发展理念，不断提升开放型经济的质量和效益；二是追求不断升级。认清自身优势、利用自身优势，在稳健中寻求跨越式发展。新加坡利用四十多年的时间完成了欧洲国家几百年走过的路程，稳步推进和不断追求升级是其成功经验所在。苏州要不断追求升级发展。

五 结论

在资源配置和经济竞争全球化背景下，全球视野对于构建提升苏州城市竞争力体系必不可少。将苏州置于全球 505 城市组成的全球城市经济竞争力坐标体系之中，通过广泛比较与重点比较，发现苏州在全球城市竞争力坐标体系中的精确位置，找出其构建提升城市国际竞争力优势与劣势，总结其学习标杆城市的建设与发展经验，为苏州进一步提升国际竞争力发展策略的制定具有重要的意义。

从总体状况以及全球坐标上看，苏州国际经济竞争力指数得分为 0.374，比全球 505 城市的均值 0.304 高出了 0.07，比中位数城市韩国蔚山（Ulsan）0.297 高出 0.077，苏州国际竞争力在全球坐标上处于中等偏上水平，在全球 505 城市中的位居第 184 位，属于中间偏上排名。与 18 个重要城市比较来看，苏州国际经济竞争力微幅领先于印度的软件中心班加罗尔，但组内排名总体靠后，与慕尼黑、赫尔辛基、深圳等重要城市尚存在一定差距。

从分项表现以及与重要城市比较来看，苏州在各维度指数得分差距不一，经济竞争力分项表现优劣势并存。其中，企业本体分项得分最低，位于全球505城市的第369位，短板效应明显；当地要素指数得分0.436，位居全球第184名；当地需求比较优势突出，分项排名领先，排在全球第47位；软件环境指数得分0.565，接近全球平均水平；硬件环境分项得分最高，入列全球前100名；全球联系指数得分0.199，与重要城市差距较大。

从与芝加哥、大阪和慕尼黑三个追赶目标城市比较来看，苏州在硬件环境与当地需求方面与追赶目标城市间差距不大，但在企业本体和全球联系方面与追赶目标城市的差距较大。从新加坡、首尔和圣何塞三个学习标杆城市比较来看，尽管硬件环境表现即便与首尔和新加坡相比仍然具有比较优势，但苏州的企业本体、全球联系、当地要素和软件环境亟待改善和提高。在当前苏州已进入以提升竞争力为主的创新发展阶段，借鉴新加坡稳步推进产业结构动态升级、紧抓外部机遇促进开放发展等学习标杆城市的经验，继续发挥在硬件环境与当地需求方面的优势，并在融入全球城市网络体系过程中重点弥补其企业本体和全球联系的短板，是苏州未来进一步提升国际经济竞争力的重要环节。

分报告三

全球坐标上的苏州可持续竞争力

城市可持续竞争力是城市在竞争和发展过程中，通过不断发挥其在技术、经济、社会、环境、文化、管理和全球联系等方面的内外部优势，进而持续满足其居民社会福利需求的能力。城市可持续竞争力实质上就是城市的要素与环境的状况，其不仅对城市当前的发展，而且对城市未来的发展均有决定性的影响。在全球化深入推进背景下，一方面，城市作为增长引擎在为居民提供福利等方面的作用越来越重要；另一方面，城市发展过程中在经济、社会、文化、资源、环境等方面面临着许多普遍性的问题和挑战。因此，如何推动提升城市的国际可持续竞争能力，对于城市在参与全球竞争过程中促进实现其经济、社会和生态可持续发展以及人口、资源与环境的全面协调发展具有重要意义。

在此背景下，立足全球视野，对于构建提升苏州城市国家可持续竞争力体系同样意义重大。将苏州置于全球500个城市组成的全球城市可持续竞争力坐标体系之中，通过全球维度上的广泛比较以及与追赶目标、学习标杆等重点城市比较，发现苏州在全球城市可持续竞争力坐标体系中的精确位置，找出其城市国际可持续竞争力优势与劣势，总结其学习标杆城市的建设与发展经验，为苏州进一步提升国际竞争力发展策略的制定提供参考。

一　指标体系及重要城市选取说明

（一）指标、方法与数据说明

全球城市可持续竞争力涉及经济、科技、社会、环境、文化、联系、制度等七个方面。一般地，满足可持续竞争力要求的城市需要具备如下特征：经济充满活力的城市、创新驱动的城市、社会包容的城市、环境友好的城市、文化多元的城市、开放国际化城市、管理完善的城市。沿用《*The Global urban competitiveness Report 2013*》（《全球城市竞争力报告2013》）中全球城市可持续竞争力指标、数据及样本（全球500个样本城市），在全球坐标上对苏州市的国际可持续竞争力进行测度和比较分析。具体测度指标、数据来源与计算方法如表3—1。

表3—1　　　　全球城市竞争力指标体系

一级指标	一级指标含义	二级指标	数据来源
经济	经济活力	人均GDP（美元/人）	官方网站等
		平均GDP增长率（2001—2009）（%）	官方网站等
环境	环境质量	人均 CO_2 排放量（千克/人）	UNSD网站
社会	社会包容	犯罪率（逆向指标）	官网及报告数据整理
科技	科技创新	专利申请数（个）	WIPO网站
联系	全球联系	跨国公司联系度	数据来源于福布斯2000公司网站，计算方法见《*WORLD CITY NETWORK*》
文化	文化多样	语言多国性指数	以每城市中心地区四星级以上酒店所使用的语言数量为衡量标准
制度	政府管理	营商环境排名指数	世界银行年度《营商环境报告》

资料来源：中国社会科学院城市与竞争力指数数据库。

（二）国际重要城市选取

在全球城市可持续竞争力的坐标上，广泛比较的目的是获知苏州在全球范围内或者在全球城市体系中城市可持续竞争力及其各项具体指标处在什么位置。重点比较的目的依然是根据苏州城市发展的背景、现状与发展目标，从学习、追赶等方面为苏州提供一个更为明确具体的参照体，供苏州学习、借鉴和参考。用作国际可持续竞争力重点比较的基准城市的选取，主要从城市定位、经济社会发展水平、产业结构特征、社会治安、环境治理与保护以及城市发展阶段等方面综合考虑。

根据选取原则，我们继续保留分项报告二中确定的18个国际重要城市，包括英国的伦敦（London）、美国的纽约（New York）、日本的东京（Tokyo）、韩国的首尔（Seoul）、新加坡（Singapore）以及中国的上海等全球一线城市，以及美国的芝加哥（Chicago）、西雅图（Seattle）、圣何塞（San Jose）、奥地利的维也纳（Vienna）、德国的慕尼黑（Munich）、日本的大阪（Osaka）、意大利的米兰（Milan）、瑞典的斯德哥尔摩（Stockholm）、芬兰的赫尔辛基（Helsinki）、印度的班加罗尔（Bengaluru）以及中国的北京、深圳。同时，考虑到在全球可持续竞争力提升方面对苏州的重要借鉴性，我们又扩充了三个城市，分别是美国的奥斯汀（Austin）、澳大利亚的墨尔本（Melbourne）以及丹麦的哥本哈根（Copenhagen）。其中，奥斯汀以发达的高科技企业闻名于世，同时是全美最适合居住、工作和休闲的城市排名上的常客；墨尔本为多元文化之都，宜居宜业共赢；哥本哈根以环境保护政策构筑世界最佳，能源技术优势助力产业升级。

二　苏州国际可持续竞争力总体状况及其全球位置

数据计算结果显示，2013年苏州国际可持续竞争力指数得分为0.414，比全球500城市的均值0.344高出了0.07，比中位数城市印度班加罗尔（Bengaluru）0.329高出0.085。从排名来看，在全球500城市中的位居第174位，属于中间偏上排名。苏州国际可持续竞争力在全球坐标上处于中等偏上水平。

从全球坐标上来看，作为世界城市网络东亚板块里的一员（见图3—1），苏州是中国长三角城市群中仅次于上海的最具国际可持续竞争力的城市，表现优于杭州、南京、广州、厦门、武汉等城市，但同时与上海、北京、成都等城市存在一定差距，指数得分比上海、北京、成都、深圳、青岛、天津分别低出0.237、0.171、0.069、0.058、0.049和0.011。

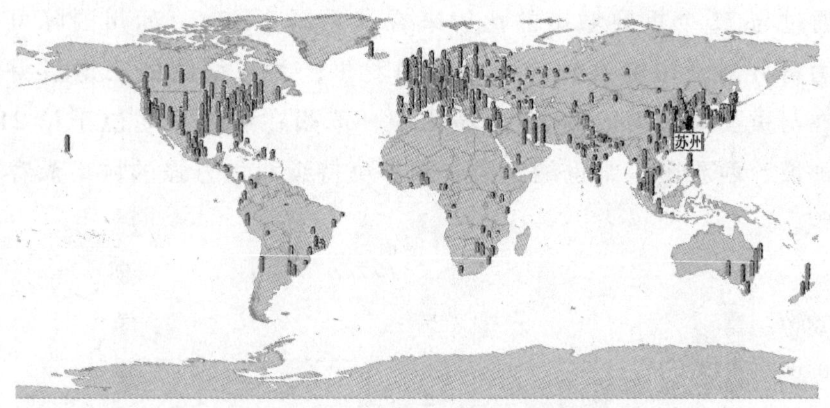

图 3—1　全球城市可持续竞争力分布格局及苏州的位置

注：柱状越高，表明竞争力越强。

资料来源：中国社会科学院城市与竞争力研究中心数据库。

表 3—2　　　国际可持续竞争力排名中国内地前 20 名的城市

城市	可持续竞争力指数得分	全球排名	内地排名
上海	0.651	17	1
北京	0.585	34	2
成都	0.483	101	3
深圳	0.472	114	4
青岛	0.463	121	5
天津	0.425	164	6
苏州	0.414	174	7
武汉	0.408	179	8
杭州	0.398	190	9
长沙	0.395	192	10
大连	0.390	198	11
郑州	0.388	200	12
温州	0.378	208	13
沈阳	0.377	212	14
中山	0.375	214	15
广州	0.370	222	16
南京	0.363	228	17
福州	0.354	233	18
东莞	0.347	242	19
徐州	0.345	243	20

资料来源：中国社会科学院城市与竞争力指数数据库。

通过与21个重要城市的比较来看（见图3—2），苏州国际可持续竞争力得分高于印度的软件中心班加罗尔，并与德国的慕尼黑得分相近，在与重要城市组成的22个城市中，苏州在组内排名位于第21名，与新加坡、西雅图、维也纳、墨尔本等可持续竞争力强的城市尚存在较大差距。

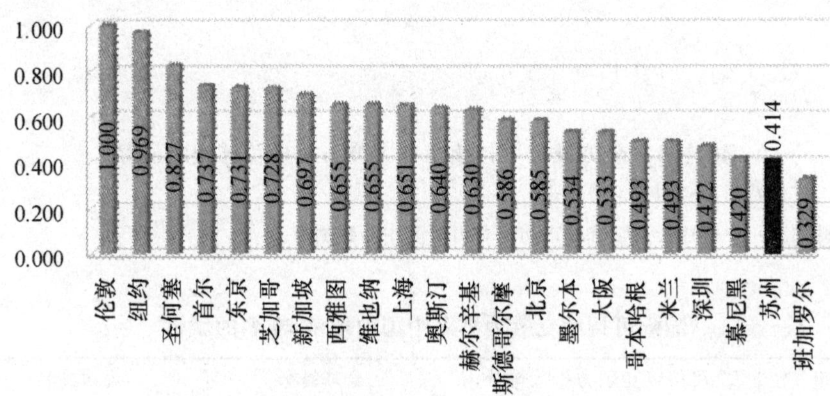

图3—2 苏州与重要城市国际可持续竞争力比较

资料来源：中国社会科学院城市与竞争力指数数据库。

三 苏州国际可持续竞争力分项表现及其与重要城市比较

可持续竞争力包括经济、环境、社会、科技、联系、文化、制度七个维度的内容，包含经济活力、环境质量、社会包容、科技创新、全球联系、文化多样、政府管理七个指标变量。一个城市在不同分项上的指数得分及相对排名体现着该城市在这方面的相对优势、劣势以及全球的地位。

（一）经济活力：表现活跃强劲，分项排名进入全球100强

由人均GDP和平均GDP增长率综合反映的经济活力是城市国际可持续竞争力在经济维度上的内容主体。其中，人均GDP为城市的人均产出，衡量人均意义上的财富创造能力，代表着城市的短期经济效率；平均GDP增长率则反映城市的长期增长潜力。数据计算结果显示，苏州经济

活力指数得分为0.596，在全球500城市中排名第87位，进入全球前100行列。与重要城市经济活力表现比较而言，苏州处于组内中等微偏上位置，经济活力指数得分不仅超过了中国内地的北京、上海和深圳，还超越了芝加哥、慕尼黑和墨尔本等国际重要城市。

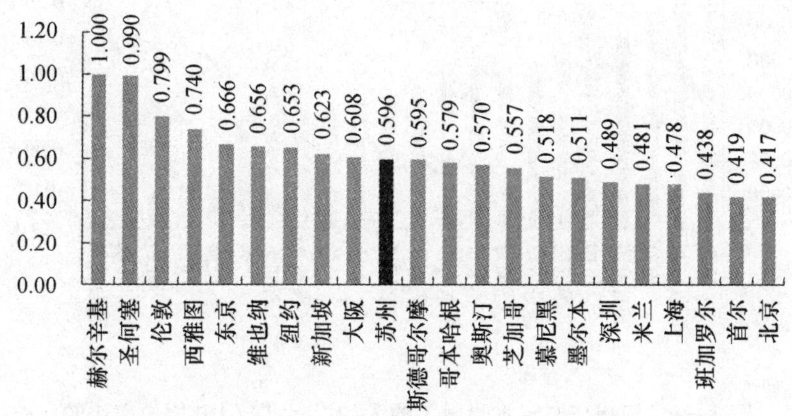

图3—3　苏州与重要城市经济活力指数比较

资料来源：中国社会科学院城市与竞争力指数数据库。

具体来看，苏州2001—2009年的GDP平均增长率表现可以用“强劲”来形容，这期间苏州的GDP平均增长率为23.2%，高出第2名班加罗尔的17.25%，比深圳、赫尔辛基、上海、北京、新加坡、圣何塞分别高出9.70、10.87、10.88、11.01、14.43、17.81个百分点，是第8名美国“硅谷之心”圣何塞的4倍多。而其他重要城市的GDP平均增长率在5%以下。从图3—4来看，苏州及重要城市中，人均GDP在40000美元以上的城市有圣何塞、赫尔辛基、伦敦、西雅图和纽约等12个城市，这些城市皆是发达国家中的经济重镇，经过多年发展后已率先进入工业化后期。而人均GDP在30000—40000美元的城市有大阪、墨尔本等4个。苏州当前的人均GDP处于30000美元/人以下的区间，组内排名比较靠后，但仍然略高于北京，且高于排名靠后的班加罗尔。统计数据显示，2015年苏州人均GDP（按常住人口计算）为13.6万元，按年平均汇率折算超过2.2万美元。人均GDP代表城市的人均产出，并衡量城市居民创造财富的能力以及富裕程度。未来在继续保持经济高速或中高速增长的同时，苏州需要不断提高人均 GDP 水平，缩小同国际重要城市的差距。

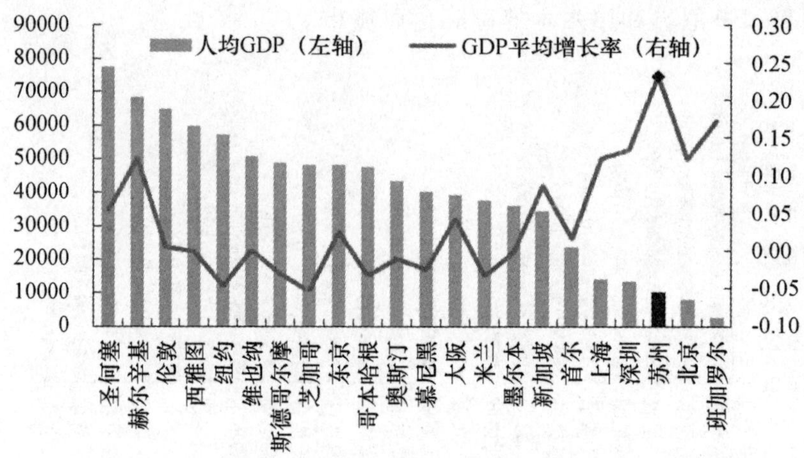

图 3—4 苏州与国际重要城市的人均 GDP 与 GDP 增长率比较

资料来源：中国社会科学院城市与竞争力指数数据库。

（二）环境质量：指数得分位居全球中端偏下位置

环境质量反映一个城市在经济社会发展过程中自然生态环境状况，良好的环境是城市可持续发展和提升居民身心健康的基础条件，而环境污染往往对城市的宜居性产生不良影响，长期来看还会削弱城市的吸引力和竞争力。指数计算结果显示，苏州的环境质量得分为 0.343，排在全球 500 城市中的第 398 名，整体处于全球中等偏下位置。从图 3—5 可以看出，苏州的环境质量指数得分处在重要城市组内的中等偏下位置，尽管与纽约、维也纳等城市的差距较大，但高出墨尔本、慕尼黑等重要城市。在经济发展过程中保护和不断改善环境质量，是未来苏州提升国际可持续竞争力的一个重要抓手。

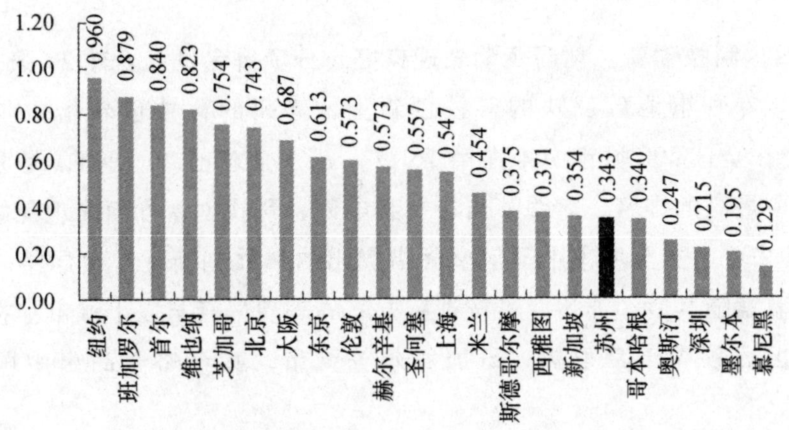

图 3—5　苏州与国际重要城市环境质量指数的比较

资料来源：中国社会科学院城市与竞争力指数数据库。

（三）社会包容：指数得分与重要城市旗鼓相当

用犯罪率指标测度的社会包容指数反映一个城市社会的可持续性。从图 3—6 可以看出，苏州与重要城市的社会包容指数得分总体差距不大，与组内第 1 名城市大阪仅相差 0. 069，比组内最后一名城市圣何塞高出约 0. 039，并与芝加哥保持相同水平。总体上，苏州与重要城市的社会包容指数旗鼓相当。表明苏州与重要城市在社会治安状况等方面的差别不大，未来需要继续保持和发挥该项优势。

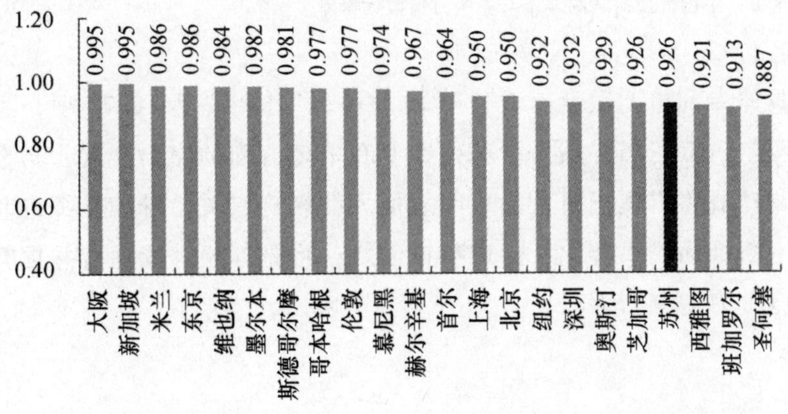

图 3—6　苏州与国际重要城市社会包容指数的比较

资料来源：中国社会科学院城市与竞争力指数数据库。

（四）科技创新：创新驱动表现良好，分项排名进入全球20强

在以专利申请数反映的科技创新上，苏州的科技创新指数得分为0.478，在全球500城市中排在第16位，跃入全球前20行列，是苏州分项指标中最高的排名，表明苏州在专利申请、科技创新方面表现良好。从图3—7来看，重要城市中圣何塞凭借突出的科技创新优势位居第一，首尔和伦敦紧随其后，苏州在科技创新方面的表现尽管与以上城市存在较大差距，但远领先于慕尼黑、班加罗尔等城市，甚至略微高出中国首都北京。

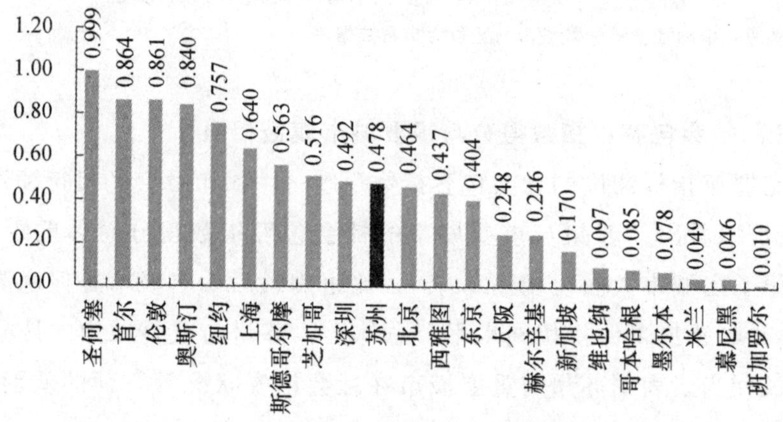

图3—7　苏州与国际重要城市科技创新指数的比较

资料来源：中国社会科学院城市与竞争力指数数据库。

从具体专利申请数量上看（见表3—8），苏州高达18270项，远远高于班加罗尔、慕尼黑等城市。苏州在专利申请方面的突出表现，与最近几年创新驱动战略引领、研发投入明显加大的影响有关。继续发挥专利申请优势，不断推动成果转化、促进科技创新，将是苏州继续保持并提升国际可持续竞争力的有力手段。

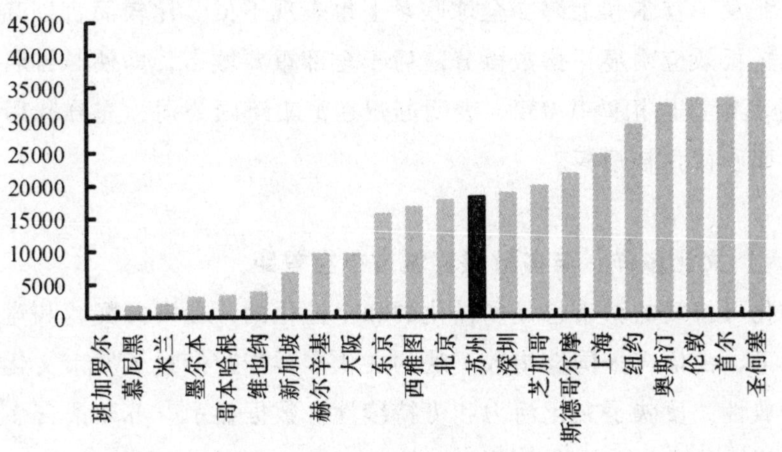

图 3—8　苏州与重要城市专利申请数（项）

资料来源：中国社会科学院城市与竞争力指数数据库。

（五）全球联系：指数得分排在全球第 114 位，短板明显

在全球化背景下，由跨国公司联系度测度的全球联系是一个城市开放发展程度的重要衡量标准，也是该城市在全球生产网络和城市网络体系中地位的体现。计算结果显示，苏州的全球联系得分为 0.243，排在全球 500 城市中的第 114 位，处于全球中等偏上位置。与重要城市比较来看（见图 3—8），纽约的全球联系指数得分最高，新加坡、伦敦和东京紧随

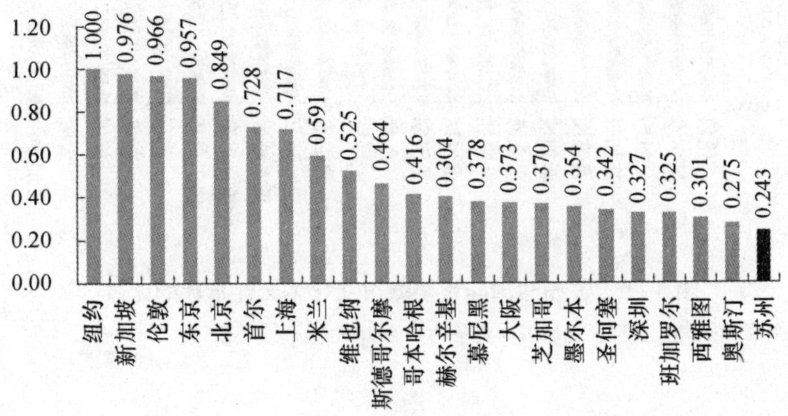

图 3—8　苏州与国际重要城市全球联系指数的比较

资料来源：中国社会科学院城市与竞争力指数数据库。

其后，北京、首尔和上海在全球联系上也表现不俗。比较而言，苏州的全球联系短板效应明显，指数得分落后于全部重要城市，即使与排名组内第21位的奥斯汀也相差0.032。表明苏州在汇集跨国公司、充分利用国际市场等方面亟待弥补短板。

（六）文化多样：与多数重要城市存在差距

文化可持续的城市将是多样化的和个性化的。在资源配置和竞争全球化背景下，由语言多国性指数反映的文化多样指数衡量了城市文化的多样性、开放性，反映了文化活力和可持续性。数据显示，苏州语言多国性指数原值为3，对应的文化多样性指数为0.167，与日本的广岛、美国的弗吉尼亚等城市并列排名全球500城市中的第242名。从图3—9可以看出，重要城市中伦敦的多样文化指数排名第1位，墨尔本排名第2位，纽约、西雅图和芝加哥并列第3位。相比而言，苏州的多样文化指数得分在组内排名相对靠后，而且与绝大多数的重要城市存在差距。因此，苏州在开放发展、塑造多元文化可持续发展格局方面要下大力气。

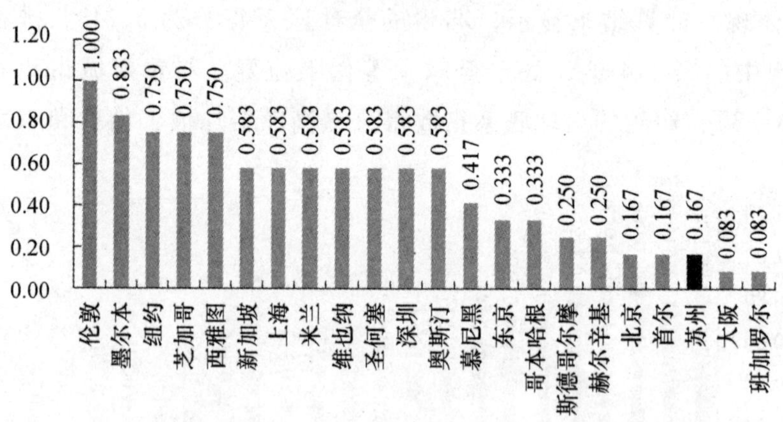

图3—9　苏州与国际重要城市文化多元性指数的比较

资料来源：中国社会科学院城市与竞争力指数数据库。

（七）政府管理：与发达国家重要城市尚有一定差距

由国家（地区）营商环境反映的政府管理水平是全球化背景下对制度可持续性的测度，高效的政府管理是城市发展良好软环境的体现，有利于吸引投资和企业的入驻。从图 2—10 可以看出，在重要城市中，新加坡的政府管理水平最高，而其他发达国家重要城市的政府管理水平总体也比较高。相比而言，苏州、深圳等城市的政府管理指数尽管领先于班加罗尔，但总体上与发达国家重要城市存在一定的差距。在推进工业化和城市化进程中，不断完善和提升城市管理水平，是诸多发展中国家城市当前及未来提升国际可持续竞争力的一个重要方面。

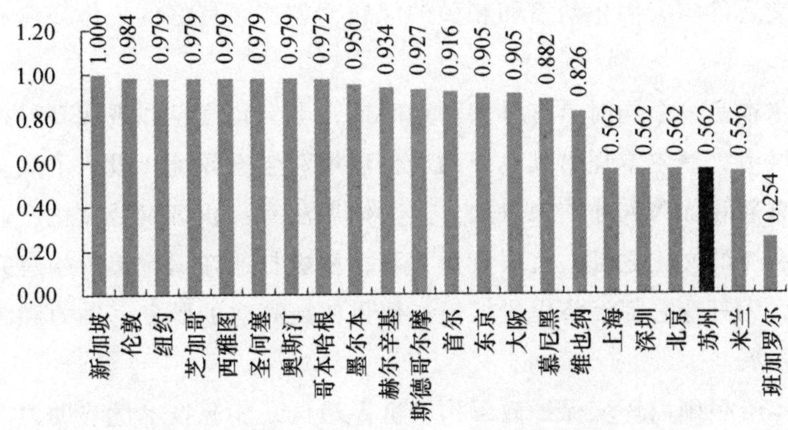

图 3—10　苏州与国际重要城市政府管理指数的比较

资料来源：中国社会科学院城市与竞争力指数数据库。

四　苏州与追赶目标、学习标杆城市国际可持续竞争力比较

（一）苏州与追赶目标城市的国际可持续竞争力比较

结合苏州经济、社会、环境等方面的表现及发展阶段，我们从重要城市中选出了奥斯汀、墨尔本和哥本哈根三个城市作为苏州在国际可持续竞争力上的追赶目标城市。

奥斯汀作为新兴科技文化之都，以繁荣的商业社区、优美的自然环境、交错的河流、风格迥异的运动队、令人难以置信的多样户外活动和现场音乐而著称。优越的生活质量、活跃的商业氛围和迅速崛起的高科技环境，增加了无数前景颇佳的工作机会。一方面，地方政府提供优惠政策是

吸引鼓励高科技创业发展的基础条件。德州政府出台了一系列有关纳税、房地产、贷款等优惠和激励政策；另一方面德州大学充足的人力资本是保证奥斯汀市高科技发展的优先条件。技术孵化器和风险投资基金是推动高科技企业发展的必要条件。此外，良好的地理环境和生活条件很好地支持了奥斯汀高科技技术持续发展。奥斯汀自然环境优越、气候宜人，人们的生活条件比较舒适，一直被评为美国最最适宜居住和经营商务的城市之一。长期以来，地方政府较好地解决了本地的生活服务设施、子女入学、住房、交通等与人们生活密切相关的问题，创造了良好的工作环境和生活环境。

墨尔本是一个同时具有维多利亚时期古老文化气息和现代高科技文明的活力城市，墨尔本凭借其良好的居住环境和生态环境，吸引了众多的跨国公司总部和优秀人才前来发展。其具体做法有：积极发展文化产业，成为澳大利亚的文化之都；宜居宜业共赢，积极打造知识城市；构建完美商务环境，为打造总部经济提供保障；提供快捷高效的服务，助力经济社会可持续发展。

哥本哈根则以环境保护政策构筑世界最佳，能源技术优势助力产业升级。政府制定导向政策惠及风电产业发展，运用实收政策对家庭耗电进行控制。在交通、住房、垃圾回收等多个方面提供便利，引导低碳、循环的社会生活方式。与此同时，哥本哈根注重创新环境的建设促进企业环保科研活动，直接促进能源技术的发展壮大。以这些城市作为苏州的追赶目标城市，对于提升苏州国际经济竞争力具有重要意义。

从图3—11来看，苏州与其国际追赶目标城市间在不同分项维度上的指数得分差距不一，表现上优劣势并存。这一方面反映了苏州在某些单项表现上已经超越了追赶目标城市，进而使其在国际可持续竞争力具有了赶超目标城市的可能；另一方面，表明苏州亟待弥补短板，以不断释放提升可持续竞争力的潜能。具体来看，在经济活力方面，苏州已经赶超了这三个目标城市。经济活力指数得分比墨尔本、奥斯汀和哥本哈根分别高出0.085、0.026、0.017，表明苏州在经济活力表现上优于三大追赶目标城市，但是其领先优势并不突出；在环境质量方面，苏州的指数得分皆超过了墨尔本、奥斯汀和哥本哈根，而且相对于墨尔本，苏州的环境质量领先优势要比较突出；在社会包容方面，苏州的表现不及追赶目标城市，在这方面，墨尔本的领先优势要更加突出；在科技创新方面，苏州已将墨尔本和哥本哈根甩在了身后，指数得分比墨尔本和哥本哈根高出了 0.400 和 0.393，但苏州在科技创新方面的表现远不及奥斯汀。奥斯汀在构筑技术孵化器和风险投资基金以及夯实人力资本基础的做法值得苏州学习；在全球联系方面，苏州与追赶目标城市存在不同程度的差距，在这方面作为丹麦首都的哥本哈根的比较优势要更为明显；在多样文化方面，苏州与追赶目标城市的差距则相对更大，尤其是与墨尔本的多样文化指数得分相差达到 0.667，墨尔本营造文化之都、打造知识城市的做法值得苏州参考；在政府管理方面，苏州与追赶目标城市间存在阶段性差异，奥斯汀、哥本哈根和墨尔本以整体领先优势将苏州甩在了身后。优化宜商环境、提升政府管理水平对于弥补苏州国际可持续竞争力短板具有重要意义。未来，继续保持和发挥苏州在经济活力、环境质量、科技创新等方面的优势，并在融入全球城市网络体系过程中重点弥补全球联系、多样文化和政府管理等方面的短板，是苏州追赶目标城市、提升国际可持续竞争力的主要努力方向。

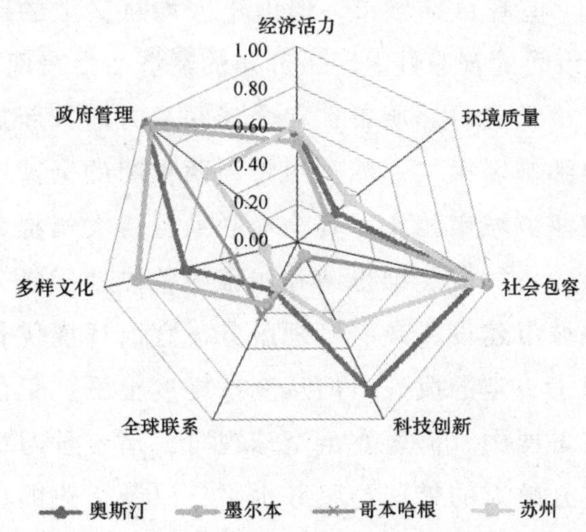

图 3—11　苏州与追赶目标城市的国际可持续竞争力分项得分比较雷达图

资料来源：中国社会科学院城市与竞争力指数数据库。

(二)苏州与学习标杆城市的国际可持续竞争力比较及经验借鉴

1. 与学习标杆城市的比较

在全球坐标上，学习标杆城市是苏州提升国际经济竞争力的主要借鉴和学习的对象。结合重要城市在国际可持续竞争力方面的表现以及苏州的实际情况和发展目标，从21个重要城市中选出新加坡、西雅图和维也纳作为苏州提升国际可持续竞争力的学习标杆城市，这三大城市的可持续经济竞争力水平位居全球城市前列，其中许多做法和成功经验值得苏州借鉴。

从图3—12可以看出，苏州与学习标杆城市在可持续竞争力的七个分项上指数得分不一，多个方面的表现与追赶目标城市存在差距，有很多学习借鉴的地方。具体来看，科技创新是苏州相对优势比较明显的分项，其科技创新指数得分皆高出新加坡、维也纳和西雅图；在社会包容方面，苏州与学习标杆城市间差距不大，但在社会治安优化上需要学习新加坡严明立法、严格执法等综合性社会治理做法；在经济活力方面，尽管苏州表现强劲的GDP平均增长率让其在经济活跃程度已经超出了墨尔本、奥斯汀和哥本哈根这三个追赶目标城市，但由于人均意义上的产出水平（人均GDP）与重要城市间的普遍性差距，苏州的经济活力表现不及新加坡、维也纳和西雅图三个学习目标城市；在全球联系方面，新加坡处于绝对的领先地位，维也纳排名第二，苏州尽管与西雅图的全球联系指数得分相差不大，但与前两位城市相比，其全球联系亟待大幅提升；在政府管理和多样文化方面，新加坡、维也纳和西雅图整体处于领先地位，苏州尽管近年来在文化城市建设、政府管理服务、宜商环境优化等方面做了许多努力，并取得了一定的成效，但从全球维度上看，仍然面临短板。因此，苏州在未来发展中，需要立足全球视野，借鉴学习标杆城市的经验启示，以不断提升政府的管理与服务水平，以及文化的多样性和可持续竞争力水平。

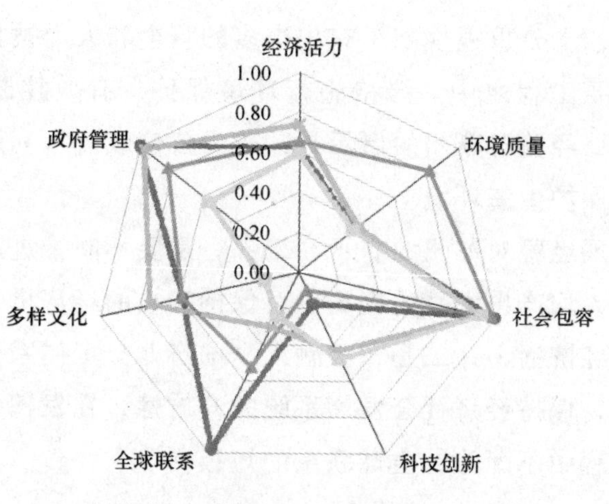

图 3—12　苏州与学习标杆城市的国际可持续竞争力分项得分比较雷达图

资料来源：中国社会科学院城市与竞争力指数数据库。

2. 典型学习标杆城市的做法及对苏州的借鉴和启示

新加坡：政府推动可持续，开放确保有活力

新加坡是世界第三大港口、第五大金融中心、世界电子产品制造中心。2014 年新加坡人类发展指数为 0.91，为极高水平。新加坡在可持续竞争力的培育上值得苏州学习。新加坡的城市发展经验可总结如下：在经济可持续方面：合理布局，动态升级，吸引要素，培育要素。政府主导，坚持利用外部因素，积极、灵活、适时推动产业转型。发展“软件”，建设信息等高技术中心；配套硬件，提供一流的信息技术基础设施，领先世界的信息化提供了经济发展需要的一流社会效率。在文化可持续方面：强化心件（Heartware）建设，尊重和维护多元文化，始终保持多元化和开放化，推动德育改革培育公民社会的精神，对媒体实行柔性、合理管理，加强社会凝聚力。在社会可持续方面：以民为本，奖优济困，多元包容，倾听呼声，政府公信。立法严明使公众对社会有秩序感和安全感，公开透明的廉政制度使得公众对政治有信赖感，精巧设计的公共服务使得公众对政府具有亲和感。政府公信力制度支撑并形成了和谐的社会心理。社会保障比较完善，整个社会形成了注意发掘人才、培养人才和优待人才的风气。环境可持续：节约土地资源，建设花园城市，全面保护环境。自足有限的土地资源，十分重视规划。有相当多的资金和人力被投入到美化和保护环境这一重要工程之中。严格施行环境保护，有效控制和减少环境污染。新加坡发展经验对苏州的启示是：建设公信政府、利用外部机遇、追求不断升级、保护生态环境。

新加坡发展经验对苏州的启示在于：一是要不断推进产业结构的动态升级，以支撑人均产出水平的提高以及保持较快的经济增长，提升经济发展质量，保持经济活力；二是积极融入全球产业分工体系以及全球价值链的中高端环节，保持经济社会发展系统的开放性，在发挥自身优势，参与全球竞争的过程中不断弥补全球联系的短板。

西雅图：转型升级与和谐社区的全球典范

西雅图是美国太平洋西北区最大的商业、文化和高科技中心以及旅游、贸易港口城市。曾被《财富》杂志评为“最佳生活工作城市”和全美公认生活质量最高的城市。西雅图是微软、星巴克、波音、亚马逊的总部所在地，是美国最富裕、生产率最高的都市区之一，人均收入和人均生产率远高于美国平均水平。在过去很长的一段时期，西雅图只是个木材集散地和捕渔业城市，后来专业转型升级发展成为航空制造业中心，近几十年又转变为软件等高技术和特色零售业的中心，经济转型吸引了大批知识青年蜂拥而至。在产业构成中，制造业是西雅图经济重要的贡献者，西雅图政府与美国制造工业委员会联合发起了名为“Seattle First（第一西雅图)”计划，提供各种资源吸引和留住工业企业，专门设立了一个快速反应小组对希望落户和在西雅图扩张的公司提供政府服务，其中核心的一点是为此计划启动的独特的基础设施和公共服务设施的建设。除了产业转型助推提升经济活力之外，西雅图在社会治理方面的表现突出。西雅图是最早开展和谐社区建设的城市之一，早在1996年“可持续”西雅图就获得了联合国“社区指标最佳实施奖”。在建立可持续发展城市的具体实践中，西雅图市专门提供了很多有益的经验和借鉴。一是城市发展战略中开发了一系列享有盛誉的可持续社区指标；二是建立了系统而程序化的公众参与机制。三是注重自然保护，突出人和自然和谐；四是重视多元文化的保护，鼓励创新、创意。和谐的西雅图是充满创新创意的地方，微软、波音等行业巨子都落户于此。

西雅图以上的发展经验对苏州提升国际可持续竞争力的启示在于：第一，在传承苏州特色文化的同时，应该重视多样文化的保护，在开放、自由的环境中提升文化的可持续竞争力；第二，引导和鼓励大众参与和谐社会、可持续环境等建设，通过构筑包括政府、企业、公益组织和个体的广泛参与机制，以在全球化背景下推动苏州软性环境的优化，提升苏州对国际资源、人才的吸引能力。

维也纳：全球宜居城市标杆，综合推进可持续发展

维也纳是奥地利最大的城市和政治中心，位于多瑙河畔，是诸多国际总部以及其他国际机构的驻地。维也纳独特的自然地理条件成就了其城市宜居品质的天然基础。凭借着对传统生活方式的精心保护和慢生活节奏，以及在政治与社会环境、文化与经济、健康与教育、公共服务、交通、休闲、消费品、住宅和城市环境等方面诸多优秀的表现，维也纳连续多次位居世界宜居城市的榜首，成为世界宜居城市的优秀典范。综合维亚纳在宜居建设与可持续发展方面的诸多优异表现，其发展经验大体可以归纳为如下两大方面：一是充分利用和发挥城市的先天自然优势，实现人与自然的和谐共生。独特的自然地理条件成就了维也纳宜人的生态环境，森林、绿地、河流等自然景观与人们的居住生活环境和谐共生，人们不用出城就可在城中享受到公园、森林和阿尔卑斯山休闲度假带来的快乐。二是重视后天可持续发展环境的塑造和提升，不断促进社会环境和人文环境的有机统一与协调可持续发展。比如重视公共服务设施，强调公共出行；严格污染减排，注重环境保护，环保理念渗透到实践中的细小环节之中；突出以人为本，无障碍设施完善，残障人士出行无压力；注重文化传承与创新，文化元素与城市建设有机结合。

维也纳的发展经验对苏州提升国际可持续竞争力的启发集中体现在：要重视发挥苏州“小桥流水、粉墙黛瓦、史迹名园”的独特风貌优势，不断塑造和提升后天发展环境，促进苏州经济、社会、文化和环境等多维度系统性可持续发展，建设全球坐标上的繁荣、人文、和谐、秀美新苏州。

五 结论

在全球化深入推进背景下，城市作为增长引擎在为居民提供福利等方面的作用越来越重要，同时城市发展过程中在经济、社会、文化、资源、环境等方面面临着许多普遍性的问题和挑战。如何推动提升城市的国际可持续竞争能力，对于城市在参与全球竞争过程中促进实现其经济、社会和生态可持续发展以及人口、资源与环境的协调发展具有重要意义。在此背景下，立足全球视野，对于构建提升苏州城市国家可持续竞争力体系同样意义重大。

从总体状况以及全球坐标上看，苏州国际可持续竞争力指数得分为0.414，比全球500城市的均值0.344高出了0.07，比中位数城市印度班加罗尔（Bengaluru）0.329高出0.085。从排名来看，在全球500城市中位居第174位，属于中间偏上排名。苏州国际可持续竞争力在全球坐标上处于中等偏上水平。与21个重要城市的比较结果显示，苏州国际经济竞争力得分高于印度的软件中心班加罗尔，并与德国的慕尼黑得分相近，在与重要城市组成的22个城市中，苏州在组内排名位于第21名，与新加坡、西雅图、维也纳、墨尔本等城市尚存在较大差距。

可持续竞争力包括经济、环境、社会、科技、联系、文化、制度七个维度的内容，包含经济活力、环境质量、社会包容、科技创新、全球联系、文化多样、政府管理七个指标变量。一个城市在不同分项上的指数得分及相对排名体现着该城市在这方面的相对优势、劣势以及全球的地位。从分项表现以及与重要城市比较来看，苏州在各维度指数得分差距不一，经济竞争力分项表现优劣势并存。其中，苏州的经济活力指数得分为0.596，在全球500城市中排名第87位，进入全球前100行列；环境质量得分为0.343，位居全球及重要城市中的中等偏下位置；苏州与重要城市的社会包容指数得分总体差距不大，与组内第1名城市大阪仅相差0.069，比组内最后一名城市圣何塞高出约0.039，并与芝加哥保持相同水平，总体上苏州与重要城市的社会包容指数旗鼓相当；科技创新方面，创新驱动表现良好，分项排名进入全球20强，是苏州分项指标中最高的全球排名；全球联系指数得分0.243，排在全球第114位，落后于全部重要城市，表明苏州在汇集跨国公司、充分利用国际市场等方面的潜力亟待发挥；在多样文化方面，指数得分为0.167，与日本的广岛、美国的弗吉尼亚等城市并列排名全球500城市中的第242名。且在重要城市组中排名相对靠后；政府管理方面，与发达国家重要城市存在较大差距。与重要城市相比而言，苏州的政府管理指数尽管领先于班加罗尔这一发展中国家城市，但总体上与发达国家重要城市存在一定的差距。

从奥斯汀、墨尔本和哥本哈根三个追赶目标城市比较来看，苏州在经济活力和环境质量方面已经赶超了这三个目标城市；在社会包容方面，苏州的表现不及追赶目标城市；在科技创新方面，苏州已将墨尔本和哥本哈根甩在了身后，指数得分比墨尔本和哥本哈根高出了0.400和0.393，但苏州在科技创新方面的表现远不及奥斯汀；在全球联系方面，苏州与追赶目标城市存在不同程度的差距，在这方面作为丹麦首都的哥本哈根的比较优势要更为明显；在多样文化方面，苏州与追赶目标城市的差距则相对更大，尤其是与墨尔本的多样文化指数得分相差达到0.667，墨尔本营造文化之都、打造知识城市的做法值得苏州借鉴；在政府管理方面，苏州与追赶目标城市间存在阶段性差异，奥斯汀、哥本哈根和墨尔本以整体领先优势将苏州甩在了身后，优化宜商环境、提升政府管理水平对于弥补苏州国际可持续竞争力短板具有重要意义。因此，继续保持和发挥苏州在经济活力、环境质量、科技创新等方面的优势，并在融入全球城市网络体系过程中重点弥补全球联系、多样文化和政府管理等方面的短板，是苏州未来追赶目标城市、提升国际可持续竞争力的主要努力方向。

从新加坡、维也纳和西雅图三个学习标杆城市的比较来看，科技创新是苏州相对优势比较明显的分项，其用专利申请数量来衡量的科技创新指数得分皆高出新加坡、维也纳和西雅图；在社会包容方面，苏州与学习标杆城市间差距不大；在经济活力方面，尽管苏州表现强劲的GDP平均增长率让其在经济活跃程度已经超出了墨尔本、奥斯汀和哥本哈根这三个追赶目标城市，但由于人均意义上的产出水平（人均GDP）与重要城市间的普遍性差距，苏州的经济活力表现不及新加坡、维也纳和西雅图三个学习目标城市；在全球联系方面，新加坡处于绝对的领先地位，维也纳排名第二，苏州尽管与西雅图的全球联系指数得分相差不大，但与前两位城市相比，其全球联系亟待大幅提升；在政府管理和多样文化方面，新加坡、维也纳和西雅图整体处于领先地位，苏州尽管在近年来在文化城市建设、政府管理服务、宜商环境优化等方面做了许多努力，并取得了一定的成效，但从全球维度上看，仍然面临短板。因此立足全球视野，借鉴学习标杆城市的成功经验，发挥苏州自身在经济、社会、文化等方面的长处和优势，通过不断提升政府管理与服务水平以及文化的多样性，将是未来苏州提升国际可持续竞争力水平的重要抓手。

分报告四

中国坐标上的苏州经济竞争力

一　中国坐标上的苏州经济绩效

“十二五”期间苏州积极应对各种风险挑战，面对外部环境深刻变化和传统动力弱化带来的各种不利因素，顶住市场压力，增强发展定力，其主要经济指标在较高平台上实现了新跨越，具有较强的竞争力。2015 年苏州地区生产总值达到 1.45 万亿元（见表 4—1），居全国重点城市第 7 位；2014 年人均地区生产总值越过 2 万美元台阶，2015 年达到 2.2 万美元，居全国重点城市第 2 位，列深圳之后；2015 年规模以上工业总产值达到 3.05 万亿元，仅次于上海稳居国内城市第 2 位；2015 年公共财政预算收入为 1560.8 亿元，稳居全国重点城市第 6 位，列全国地级市首位。2015 年进出口总额攀升至 3053.5 亿美元，居全国城市第 4 位，其中出口额为 1814.6 亿美元，居全国第 3 位。

表 4—1　　“十二五”期间苏州主要经济指标年均增长情况

	2015 年	2010 年	“十二五”时期年均增速（%）
地区生产总值（亿元）	14500.0	9228.9	9.5
人均地区生产总值（万元）	13.7	9.3	8
规模以上工业总产值（亿元）	30546.3	24651.7	5.3
公共财政预算收入（亿元）	1560.8	900.6	11.6
社会消费品零售总额（亿元）	4424.8	2402	13.2
全社会固定资产投资（亿元）	6124.4	3617.8	11.1
进出口总额（亿美元）	3053.5	2740.8	2.2

续表

	2015 年	2010 年	“十二五”时期年均增速（%）
出口总额（亿美元）	1814.6	1531.1	3.5
实际利用外资（亿美元）	70.2	85.4	-3.8
全体居民人均可支配收入（元）	25492	42987	11
城镇居民人均可支配收入（元）	50390	30473	10.6
农村居民人均可支配收入（元）	255780	14534	12

（一）经济规模分析

1. 经济总量跻身全国前十

就苏州经济总量发展来看（见图 4—1），1978 年改革开放初期，苏州市国内生产总值 31.95 亿元，在国内城市中排名 30 位左右。到了 1990 年，借助乡镇企业转化的生产动力和对外资的有力吸纳，苏州市国内生产总值已达 202.14 亿元，并跻身全国城市经济排名前 10 名。“十二五”期间，苏州的经济发展步入了一个新阶段，2015 年全市实现地区生产总值 1.45 万亿元，人均地区生产总值（按常住人口计算）13.63 万元。在 2015 年中国城市 GDP（经济总量）100 强排名中苏州排名第 7 位（见表 4—2）。

图 4—1 苏州 2002—2014 年 GDP 增长趋势

资料来源：根据苏州市统计局数据整理。

表 4—2　　　　　　　　2015 年中国城市 GDP 前 12 排名情况

排名	城市	GDP（亿元）	同比增长（%）
1	上海	25300	6.8
2	北京	23000	6.7
3	广州	18100	8.3
4	深圳	17500	8.9
5	天津	17200	9.4
6	重庆	16100	11
7	苏州	14500	7.5
8	武汉	11000	8.8
9	成都	10800	8
10	杭州	10100	11
11	南京	9600	9.2
12	青岛	9400	8.2

2. 人均 GDP 达世界发达国家标准

从近十多年的发展进程看，苏州常住人口人均 GDP 一直领先于全国水平和江苏省全省平均水平（见图 4—2）。《2015 年中国城市人均 GDP 排名》报告显示，按照世界发达国家人均 GDP 标准 1.5 万美元以上计算，有 31 个城市达到发达国家标准。从综合发达程度看，深圳、广州、苏州位居前三。

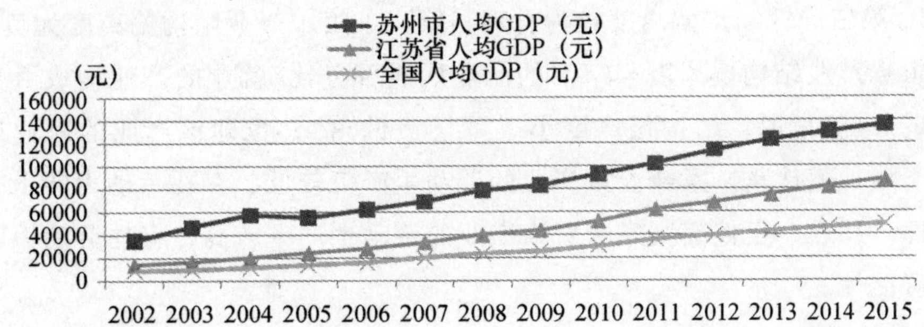

图 4—2　2002—2015 年苏州人均 GDP 变化趋势与全省、全国趋势比较

资料来源：根据国家统计局数据整理。

从江苏13个城市来看，2015年苏州的地区生产总值远远高于排名第2位的省会城市南京，相当于排名最后5市的GDP总和，也是排名最末宿迁的近7倍，其人均GDP略高于排名第2位的无锡。

表4—3　　2015年江苏各市GDP与人均GDP比较

	苏南合计	南京	无锡	常州	苏州	镇江
地区生产总值（亿元）	39680.37	8820.75	8205.31	4901.87	14500.00	3252.44
人均地区生产总值（元）	117890	107545	126389	104423	136300	102652
	苏中合计	南通	扬州	泰州		
地区生产总值（亿元）	12721.49	5652.69	3697.91	3370.89		
人均地区生产总值（元）	77532	77457	82654	72706		
	苏北合计	徐州	连云港	淮安	盐城	宿迁
地区生产总值（亿元）	15151.49	4963.91	1965.89	2455.39	3835.62	1930.68
人均地区生产总值（元）	50603	57655	44277	50736	53115	39963

（二）苏州经济效率分析

不断发挥工资激励作用，提高劳动生产率，是逐步解决近年来生产要素成本逐步攀升，人口红利逐渐减弱的重要选择。本部分选择产业结构偏离度和劳动生产率两个指标衡量经济效率。

1. 第三产业结构偏离度较为合理，第一、第二产业结构偏离度为负

根据产业结构偏离度 = GDP的产业构成百分比/就业的产业构成百分比 - 1，一般来说，结构偏离度小于零（负偏离），也即该产业的就业比重大于增加值比重，意味着该产业的劳动生产率较低，存在劳动力转出的可能性。反之，正偏离则意味着该产业的劳动生产率较高，存在劳动力转入的可能性。

表 4—4　　苏州产业结构偏离度

年份	第一产业	第二产业	第三产业
1952	-0.4326	1.9176	1.7642
1957	-0.4588	2.0396	1.9419
1970	-0.4921	2.5043	1.7188
1980	-0.5763	0.8782	0.5905
1984	-0.409	0.3272	0.2168
1987	-0.3603	0.154	0.1469
1990	-0.4175	0.1891	0.2025
1994	-0.5366	0.1103	0.2025
2000	-0.719	0.1345	0.2877
2004	-0.8382	0.1173	0.163
2014	-0.5143	-0.1554	0.3111

资料来源：根据苏州市统计局数据整理。

从上表可以看到，第一产业的结构偏离度为负，表明可以向外转移富余劳动力，但是由于近年经过持续的向外转移，第一产业劳动力总量已不大，2014 年只有 24.5 万人，继续向外转移富余劳动力的总量不会很大。

2014 年第二产业的结构偏离度为负，存在向外转移富余劳动力的可能。苏州市第二产业的结构偏离度由正转负，说明目前第二产业向外转移富余劳动力的压力较大。

第三产业的结构偏离度相对较为合理，第三产业的产业结构与就业结构正在向均衡状态迈进，从其他部门（主要是农业）转移的劳动力很多被第三产业吸收，这是因为第三产业中许多传统行业，如交通运输、批发和零售等行业技术资本含量低，对劳动者的素质要求也不高，劳动力进入门槛较低，同时第三产业发展较快，需要的劳动力也多，适合吸纳大量的劳动力。目前要做的是创造条件将第二产业中富余劳动力向第三产业转移。2015 年，第一、二、三产业就业人口占全部就业人口的比重分别为 3.4%、60.0%、36.6%。第三产业吸纳劳动力的能力和作用并未得到充分发挥，就业结构与产业结构的偏离度依然存在，就业对产出的支撑度仍需加强，第三产业就业承载能力有待进一步提高，全市就业结构有待进一步优化。

2. 全市劳动生产率显著提升，第三产业已赶超第二产业并拉开差距

劳动生产率 = 工业增加值/从业人员平均人数，根据产品的价值量指标计算的平均每一位从业人员在单位时间内的产品生产量。改革开放以来，苏州乘着改革的东风，立足自身资源环境和人文等优势，利用所处地缘条件和外部机遇，逐步通过大力发展乡镇集团经济、外向型经济和创新引领转型升级发展，促进生产要素有效配置，推动产业结构优化升级，经济社会取得长足稳定发展。数据显示，1978 年苏州劳动生产率为人均 1061 元，到了 2014 年增长至人均 19.8 万元。

从三大产业看（见表 4—5），从 1952 年看，劳动生产率最高的为第二产业，人均为 804.43 元，第三产业次之，为 770.61 元，第一产业最少。从 1995 年开始，第三产业的劳动生产率开始超过第二产业并逐渐拉开距离。到了 2014 年，第三产业劳动生产率达 26.75 万元/人，第二产业为 16.42 万元/人。从增长幅度看，第一产业增长最多，2014 年较 1952 年增长了 500 多倍。

表 4—5　　苏州 1952—2014 年劳动生产率　　单位：元/人

年份	劳动生产率			
	全市	第一产业	第二产业	第三产业
1952	275.70	156.32	804.43	770.61
1957	314.03	170.36	958.22	919.17
1970	576.72	293.04	2026.32	1579.26
1975	825.95	383.82	2413.72	1748.84
1978	1060.93	477.89	2180.95	1624.84
1980	1282.59	542.37	2412.75	2036.54
1985	2630.21	1407.65	3363.40	3265.50
1990	5829.73	3393.77	6929.82	6674.78
1995	27835.11	12349.42	30361.49	34746.86
1996	30945.53	13318.23	32613.26	41447.05
1997	35341.53	13166.07	37952.17	47542.53
1998	40648.09	12866.96	45619.68	53964.81
1999	43638.73	12867.15	50360.53	55585.81
2000	49083.44	13802.73	55679.27	63194.51

续表

年份	劳动生产率			
	全市	第一产业	第二产业	第三产业
2001	54673.87	13789.41	62894.07	69188.13
2002	64258.53	14875.12	75072.50	77165.13
2003	80925.50	13767.72	90720.39	99514.92
2004	96148.49	15840.36	107432.14	111503.53
2005	105105.40	18921.16	115743.27	115842.74
2006	114111.44	26377.30	119526.37	127401.59
2007	121020.07	31290.13	118218.60	148236.86
2008	142838.78	37735.91	140127.03	169153.92
2009	149234.57	43806.45	146190.84	171974.52
2010	134238.69	54153.85	122781.26	164139.55
2011	155093.92	62902.34	139492.86	192959.30
2012	173003.74	69774.70	152241.86	220457.63
2013	187222.38	77007.97	158671.28	248345.62
2014	198455.29	83257.14	164196.76	267520.27

资料来源：根据苏州市统计局数据计算得到。

（三）苏州经济速度分析

1. 整体保持中高速增长，"十三五"时期将放缓调整

为了更加清晰地分析苏州经济增长速度的波动特征，本部分测算了苏州历年 GDP 增长速度及"九五""十五""十一五""十二五"四个时期各产业及 GDP 增长速度。从近几年的 GDP 增长速度看（见图 4—3），苏州一直保持中高速增长，2010 年为 13.3%，此后开始逐渐下降，到 2013 年苏州 GDP 增长速度为 9.6%。从"九五""十五""十一五""十二五"四个时期比较来看，"十五"期间 GDP 增长速度达到了最高为 15.5%，到了"十二五"时期降到了 12%，预计在"十三五"面对新常态还会有一定的调整和放缓。

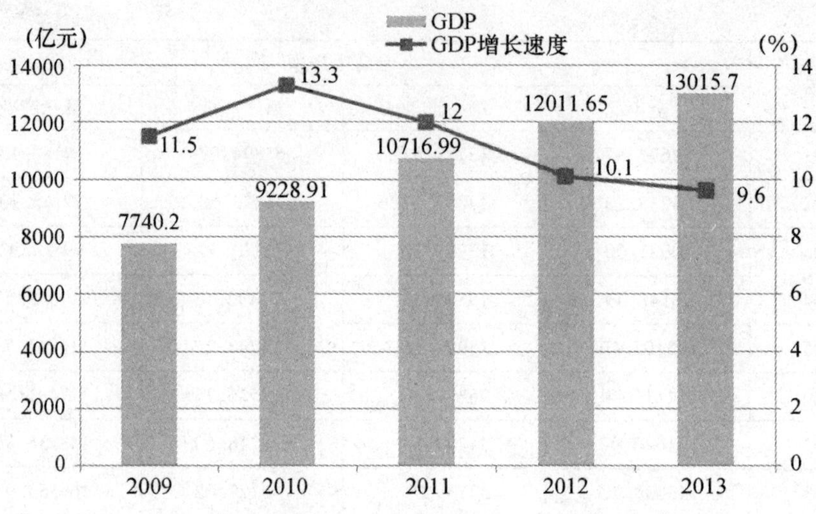

图 4—3　2009—2013 年苏州 GDP 及 GDP 增长速度

2. 第三产业增速呈温和增长势头，现代服务业贡献凸显

从三次产业的增长速度可以看出（见表 4—6），第一产业一直低于 5% 的速度，而第二产业增速在“十五”时期达到了 17.2% 的顶点，随后步入下降通道；第三产业则显示出温和增长的势头，“十一五”时期第三产业增速超过了第二产业，第三产业比重的不断提高，成为经济增长的强劲动力。

表 4—6　各时期三次产业增长速度情况

时期	GDP	第一产业	第二产业	#工业	第三产业
“九五”	11.6	4.0	11.4	11.4	13.9
“十五”	15.5	-0.7	17.2	17.5	14.7
“十一五”	14.0	3.9	13.4	13.6	15.7
“十二五”	12.0	4.1	11.5	11.7	12.9

从工业行业内部结构来看，进入“十一五”后，苏州工业结构从劳动密集型工业向资本、技术密集型工业转换，从数量扩张为主转向以质量提高为主，结构转型升级。从第三产业内部构成看，批发和零售业、住宿和餐饮业、交通运输仓储业比重较大，近几年金融业、房地产业发展加

快，占比提升较快。

构建产业新体系是党的十八届五中全会对“十三五”提出的重要任务之一。产业结构在一定程度上决定经济发展方式，经济的发展在一定程度上受产业结构的制约，各产业对经济增长的贡献主要受产业占经济比重和产业效率两方面影响。从苏州三次产业对经济增长的贡献率来看，虽然苏州第三产业占比仍低于第二产业，但从2009年开始苏州第三产业的贡献率已超过第二产业（见图4—4）。

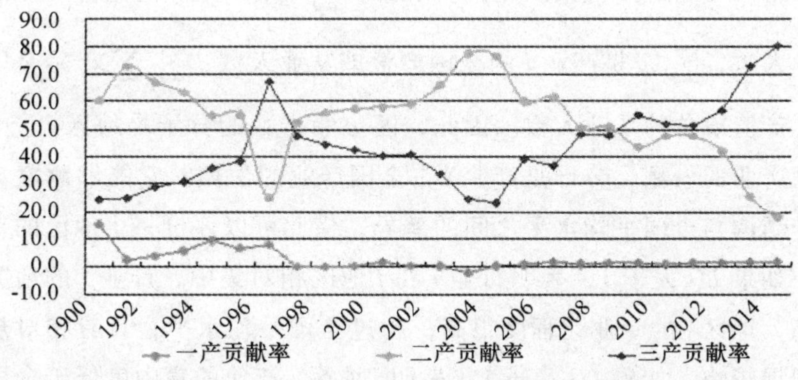

图4—4　1990年以来苏州三次产业贡献率

二　中国坐标上的苏州产业竞争力

（一）制造业竞争力：全国第二

1. 苏州工业产业的整体情况

根据国民经济行业分类表，工业包括采选业、制造业和电力、热力、燃气及水生产和供应业。其中制造业又包括：纺织业、通用设备制造业、仪器仪表制造业等31个行业。为了数据处理和对比分析上的方便，我们按产业之间的相关性将制造业涵盖的31个行业合并成8个产业，并将电力、热力、燃气及水生产和供应业与制造业的城市公共事业合并，连同采选业，最后得到工业包含的九大产业即：采选业、城市公共事业、食品加工、金属非金属材料加工、家具制造、文化创意产品制造、石油化工、纺织和装备制造业。报告选用区位熵来深度刻画苏州工业各产业在全国层面的优势和劣势。区位熵是用来判别产业集聚存在可能性的一种指标，它能够测度一个地区生产结构中某个产业与全国水平相比所具有的相对优势。其计算公式为：

$$LQ = \frac{x_{ij}/\sum_{i} x_{ij}}{\sum_{j} x_{ij}/\sum_{i}\sum_{j} x_{ij}}$$

在该公式中，i 为第 i 产业，j 为第 j 地区，x_{ij} 表示地区 j 行业 i 的产出指标，该指标可以是产值或从业人员数据，$\sum_{i} x_{ij}$ 是地区 j 的全部产业的产值或从业人数，$\sum_{j} x_{ij}$ 是产业 i 的全国产值或从业人数，$\sum_{i}\sum_{j} x_{ij}$ 是全国全部产业总产值或总的从业人数。因此，区位熵指数的分子是地区 j 产业 i 占该地区产业的份额，分母是产业 i 占全国产业的份额。它能够测度该地区的生产结构与全国平均水平之间的差异，借此可以评价一个地区的专业化水平。如果 LQ 大于 1，表明行业 i 在 j 地区相对集中，产业 i 的地方化程度很高，地区 j 的专业化程度很高，超过全国平均水平，具有相对规模优势，发展较快；如果 LQ 小于 1，表明 j 地区 i 产业的集中度低于全国平均水平，处于比较劣势；等于 1 则表明行业 i 根本不是地方性的，而是成比例地散布在全国各地，该行业的地方专业化程度处于均势。区位熵指数的优点在于强调从地区角度着眼，能够比较形象地反映区域的主导产业和产业集聚水平，用它表示地方专业化程度更加一目了然。

苏州装备制造业具有显著地方化优势。区位熵计算使用的数据来源于历年中国工业企业数据库中苏州每个产业的产值数据，选取有代表性的 2003 年和 2011 年工业各产业区位熵，得到图 4—5 所示的结果。从 2003 年和 2011 年工业九大产业的区位熵可以看出，苏州只有纺织和装备制造业的区位熵大于 1，而采选业和电力、热力、燃气及水生产和供应业都比较低，即使将电力、热力、燃气及水生产和供应业放到城市公共事业中区位熵也只有 0.2 左右，地方化程度很低，不是苏州的优势产业，同时也远远低于全国水平。对于纺织业，虽然 2003 年和 2011 年区位熵都大于 1，但是 2011 年区位熵大幅下降，纺织业是苏州的传统产业，随着新兴产业的不断突起，加之新型纺织材料对丝绸制品的替代，苏州的纺织业出现下滑也是意料之中。两个年份相比，苏州的装备制造业有显著增长，2011年区位熵高达1.78，在全国十分有影响。

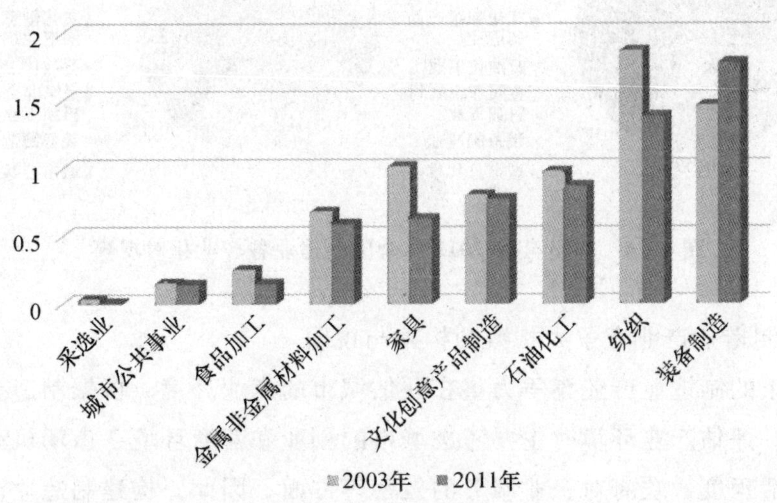

图4—5　2003年和2011年苏州工业九大产业区位熵（产值数据）

全国装备制造业占工业比例有大幅上升。结合上文对苏州区位熵的分析情况，对比全国平均水平如图4—6所示，可以发现2011年相比2003年全国的装备制造、采选、纺织、家具制造占工业的比重都有所上升，其中装备制造业上升的比例最大；而食品加工、文化创意产品制造、石油化工、金属非金属材料加工和城市公共事业都有小幅下降。因此，结合苏州自身情况，从全国工业发展的大局考虑课题组将着重分析苏州工业中的制造业。报告将根据不同产业的特点，设计制造业指标来测量城市制造业竞争力，并用引力模型结合时间距离测算了制造业的可达性指数。为了清楚地看到苏州制造业在全国层面的竞争力情况并且有针对性地与一些城市进行对比分析，找到优势与差距，课题组使用的城市样本涵盖了全国287个地级及以上城市（不包括港澳台地区和拉萨市），数据资料来自2014年《中国城市统计年鉴》、《区域经济统计年鉴》、《中国统计年鉴》、《国民经济与社会发展统计公报》以及相关统计网站。

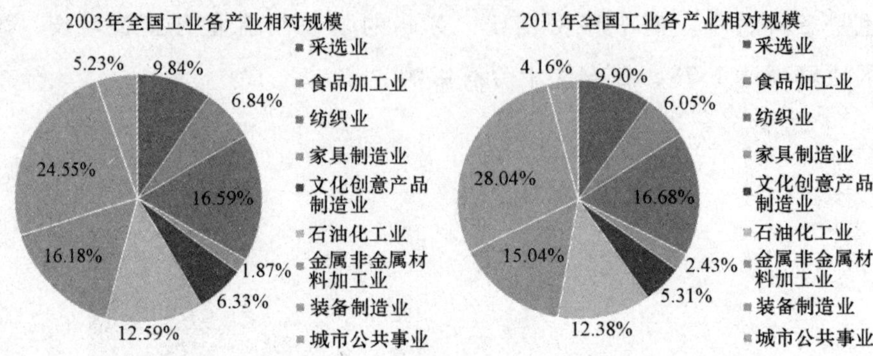

图 4—6　2003 年和 2011 年全国制造业各产业相对规模

2. 制造业产业竞争力指数的构建与说明

城市的制造业产业竞争力重在评估城市的产业环境，根据制造业的行业特点，评估产业环境时主要考虑城市的创业和营商环境、市场机制的完善和灵活程度，政府对企业服务的效率等方面。因此，构建制造业产业竞争力指数涉及企业本体环境、当地要素环境、当地需求环境、制度环境和基础设施五个方面，并在中国坐标上对苏州的制造业竞争力进行测度和比较分析，具体测度指标、衡量方法与数据来源如表 4—7 所示。

表 4—7　　制造业产业竞争力指标体系

一级指标	二级指标	指标衡量方法	数据来源
企业本体	大企业数	世界 500 强及上市公司数	财富 500 强名单，上海证券交易所，深圳证券交易所和香港交易及结算所有限公司网站
	大企业数增量	2013 年减 2012 年	同上
	制造业从业人数	—	国家统计局
	制造业从业人数增量	2013 年减 2012 年	国家统计局
当地要素	城镇就业人员平均工资	—	国家统计局
	专利指数	专利申请授权量	国家统计局
	人均存款余额	—	国家统计局
	人口密度	—	国家统计局

续表

<table>
<tr><th>一级指标</th><th>二级指标</th><th>指标衡量方法</th><th>数据来源</th></tr>
<tr><td rowspan="3">当地需求</td><td>GDP 规模</td><td>—</td><td>国家统计局</td></tr>
<tr><td>人均 GDP</td><td>—</td><td>国家统计局</td></tr>
<tr><td>限额以上批发零售贸易业商品销售总额</td><td>—</td><td>国家统计局</td></tr>
<tr><td rowspan="3">制度环境</td><td>开办企业便利度</td><td>证件办理指数+企业开办指数+经营纳税指数+资质认定指数</td><td>中国软件测评中心政府网站绩效测评</td></tr>
<tr><td>企业税收负担</td><td>地方财政一般预算内收入占 GDP 比重</td><td>国家统计局</td></tr>
<tr><td>银行网点数</td><td>—</td><td>根据 Google 地图获得</td></tr>
<tr><td rowspan="3">基础设施</td><td>公路交通枢纽</td><td>连接城市的国高、国道和省道数</td><td>交通部中国公路信息网</td></tr>
<tr><td>铁路交通枢纽</td><td>连接城市的高铁、双线电气化铁路、单线电气化铁路、双线铁路、单线铁路数及是否有主要车站</td><td>铁道部铁路运营图及高铁线路图</td></tr>
<tr><td>海运交通枢纽</td><td>城市距最近海港距离和距天津、上海及香港距离</td><td>根据 Google 地图城市经纬度数据计算</td></tr>
</table>

指标含义的详细解释与选择理由如下：

第一，企业本体。企业的业务表现是城市产业、商业状况的最直接反映。

大企业指数和增量。总的来说城市所拥有的大企业的数量与城市产业发达程度正相关，在此采用大企业指数来衡量城市产业的发达程度。

制造业从业人数和增量。企业的绩效由企业的管理、人才、市场环境等多方面因素决定，在此采用企业经营指数来衡量这些企业经营中所面对的内外因素的状况。

第二，当地要素。要素禀赋是指城市拥有及便利利用的直接生产要素和间接环境要素的总和。当地要素的相对规模和范围决定着城市制造业的竞争优势和比较优势，其中比较重要的因素应至少包括城市的社会生活条件、经济条件和技术条件等。

城镇就业人员平均工资。用来衡量城市居民的购买力情况。

专利指数。专利是技术创新的集中体现，在此采用专利指数来衡量城市技术创新的规模及活跃程度。

人均存款余额。资金需求是企业经营过程中最重要的需求之一，较充裕的资金供给使得企业能够更容易地获得发展所需的资金，在此采用人均存款余额来衡量企业获得要素投入的难易程度。

人口密度。用来衡量城市的市场规模和潜力。

第三，当地需求。企业的生存与发展最终要靠有效地满足市场需求来实现，市场需求的规模越大、种类越多，就能给企业提供越多的生存和发展机会和空间。

GDP 规模。课题组用各个城市的 GDP 总量衡量城市的经济规模。

人均 GDP。该项指标是衡量经济发展状况的重要指标，也是了解和把握一个国家或地区的宏观经济运行状况的有效工具。报告用人均 GDP 衡量各城市的人民生活水平情况。

限额以上批发贸易业商品销售总额。城市的批发贸易业务所涉及的区域是城市的经济腹地，经济腹地的需求也是城市企业所面对的市场需求的一部分，在此采用限额以上批发贸易业商品销售总额来衡量城市经济腹地需求的规模。

第四，制度环境。政府向企业提供的服务是企业发展所需的产业、商业环境的重要组成部分。

开办企业便利度。开办企业是企业家的创业计划变成现实的第一步，在此采用开办企业便利度来衡量城市政府鼓励创业的程度。

企业税负。税收是政府提供服务的基础，过低的税收无法支持有效的政府服务，而过高的税收又使得政府提供的服务不足以弥补企业因多缴税而增加的成本，因此过低或过高的税收都会导致政府服务的不足，在此采用企业税负来衡量政府提供服务的恰当程度。

银行网点数。银行网点是指一家银行系统内的分支机构经银行监管部门批准并颁发了银行业经营许可证的数量，而网点数多指一些基层机构的数量，一般指除总行、一级分行、二级分行之外的基层机构的数量，如支行、分理处、储蓄所等。企业发展离不开银行的金融支持，课题组用银行网点数量衡量城市制造业发展便利程度。

第五，基础设施。良好的基础设施是主体之间建立高效联系并使得这种联系能够高效地转化为经济成果的物质基础。城市内部主体间的联系依赖于城市内部的基础设施，城市间主体的联系依赖于城市间的基础设施。因此城市的基础设施为城市的主体联系提供了手段，为城市的主体之间进行信息和物质的交流提供了必要的条件，基础设施的缺乏将通过阻碍城市主体之间的联系阻碍城市的可持续发展。

公路、铁路、海运交通枢纽。城市间的物质交流主要通过公路、铁路和海运三种方式进行，在此采用公路交通、铁路交通及海运交通枢纽来衡量城市基础设施的便捷程度。

3. 苏州制造业竞争力的总体情况与全国表现

（1）总体情况：位居全国第二，仅次于深圳

由制造业产业竞争力数据计算可知，2013 年苏州市制造业产业竞争力指数为 0. 882。而全国 287 个地级及以上城市的制造业产业竞争力指数均值为 0. 269，中位数为 0. 233。苏州比全国平均水平的三倍还高，大比例高出全国平均水平和中位数城市。从排名来看，苏州在全国制造业竞争力排名中位居第 2 位，仅次于首位城市深圳，在指数上与深圳仅差 0. 118，制造业的竞争力优势非常明显。

（2）区域情况：江苏省内第一，大幅超过南京

从区域来看，苏州位列我国东南地区第 2 位，在江苏省排名第一，而江苏省的省会城市南京仅位列第 13 位，在制造业竞争力指数上苏州比南京高出 0. 304，具有显著优势。不仅如此，从更大区域来看，苏州成为东南地区乃至全国的制造业领军城市。从城市级别来看，苏州的制造业竞争力指数高于上海、北京、天津、重庆四个直辖市，更是大幅领先于广州、宁波、杭州、成都、南京、青岛、武汉、沈阳、济南等副省级城市和计划单列市（见表 4—8）。

表 4—8　　制造业产业竞争力全国排名前 20 名的城市

地区	省份	城市	排名	指数	省内排名
东南	广东	深圳	1	1.000	1
东南	江苏	苏州	2	0.882	1
东南	广东	东莞	3	0.863	2
东南	上海	上海	4	0.833	1
环渤海湾	北京	北京	5	0.826	1
环渤海湾	天津	天津	6	0.782	1
东南	广东	广州	7	0.778	3
西南	重庆	重庆	8	0.671	1
东南	广东	佛山	9	0.657	4
东南	浙江	宁波	10	0.655	1
东南	浙江	杭州	11	0.651	2
西南	四川	成都	12	0.618	1
东南	江苏	南京	13	0.578	2
环渤海湾	山东	青岛	14	0.572	1
东南	江苏	无锡	15	0.571	3
中部	湖北	武汉	16	0.569	1
东北	辽宁	沈阳	17	0.538	1
中部	湖南	长沙	18	0.534	1
中部	安徽	合肥	19	0.524	1
环渤海湾	山东	济南	20	0.512	2

资料来源：中国社会科学院城市与竞争力指数数据库。

（3）对标情况：仅次于深圳，在对标城市中具有优势

为更加清晰地观察苏州的制造业竞争力在全国的位置，得出更加客观、真实、有效的判断，我们选取了八个具有代表性的城市作为苏州的对标城市，并做出详细的对比分析。这八个城市分别是综合实力较强的深圳和上海、近邻的制造业强市宁波和无锡、区域中心城市杭州和南京、制造业大市东莞和重庆。从图 4—7 可以看出，在制造业竞争力方面苏州低于目标城市深圳，高于其他七个对标城市，具有明显优势。但暂时位列其后

的东莞和上海与苏州的制造业竞争力指数比较接近，有超越苏州的可能和潜力。

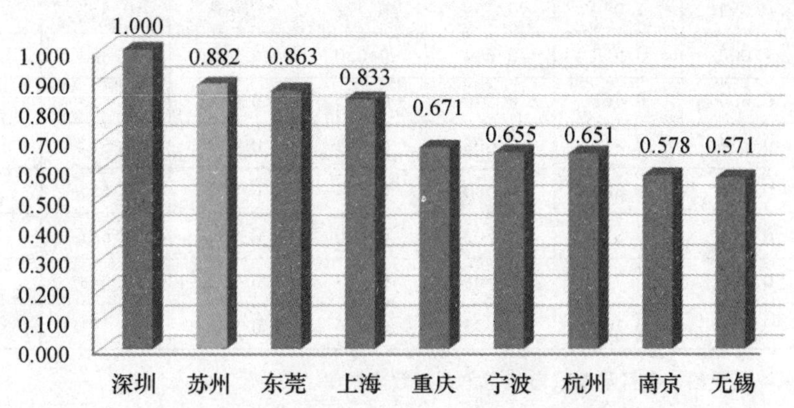

图 4—7 苏州的制造业产业竞争力指数与对标城市的比较

资料来源：中国社会科学院城市与竞争力指数数据库。

4. 苏州制造业竞争力指数的具体情况与对标分析

（1）整体比较：要素环境具有绝对优势，基础设施成为短板

将制造业竞争力的综合得分按一级指标分解，并与对标城市对比分析可以发现更多细节上的现象和规律（见表 4—9）。第一，当地要素苏州在全国指数得分最高，超过了首位城市深圳。当地要素的相对规模和范围决定着城市的竞争优势和比较优势，对城市的可持续发展有重要影响，苏州在当地要素上具有绝对优势。第二，苏州的基础设施相对较差，得分仅有 0.468，不仅在苏州所有二级指标中最低，而且在对标城市中该项指标的得分也最低，是苏州制造业发展的短板。基础设施是由公路、铁路和海运交通枢纽指数组成，苏州的对外交通便利程度较高，但并不是交通枢纽城市，因此，该项得分偏低。基础设施的缺乏将通过阻碍城市主体之间的联系阻碍城市的可持续发展，需要得到特别重视。第三，从指数上看，当地需求和制度环境也需要再接再厉。

表 4—9　　苏州及对标城市制造业竞争力指数一级指标得分情况

城市	企业本体	当地要素	当地需求	制度环境	基础设施	综合得分	全国排名
深圳	0.968	0.896	1.000	0.839	0.513	1.000	1
苏州	0.893	1.000	0.750	0.792	0.468	0.882	2
东莞	1.000	0.953	0.664	0.650	0.520	0.863	3
上海	0.600	0.462	0.870	0.775	0.858	0.833	4
重庆	0.636	0.815	0.606	0.493	0.619	0.671	8
宁波	0.458	0.805	0.580	0.734	0.602	0.655	10
杭州	0.414	0.873	0.602	0.616	0.685	0.651	11
南京	0.260	0.774	0.598	0.587	0.723	0.578	13
无锡	0.381	0.762	0.633	0.626	0.485	0.571	15

资料来源：中国社会科学院城市与竞争力指数数据库。

（2）企业本体：指数为 0.893，低于深圳和东莞

2013 年苏州工业企业数共计 10776 家，比上年增长了 332 家，与对标城市相比工业企业数基数最大（见表 4—10），比上海多出将近 1000 家工业企业，其他对标城市与苏州相去甚远，在工业企业总量上苏州占有绝对优势。然而从工业企业数的增长情况看，苏州并不乐观，东莞、深圳工业企业数量增速非常快，尤其是东莞，其 2013 年比 2012 年增长了 835 家企业，而苏州仅增加 332 家企业，按此增长速度苏州在 10 年之内将被深圳和东莞赶超。从制造业从业人数上可以看出制造业的规模情况，苏州的制造业从业人数在对标城市中整体表现较好，但不及深圳和东莞，在制造业产业发展和核心竞争力上深圳和东莞是苏州的主要竞争对象和威胁。

表 4—10　　苏州与对标城市企业本体二级指标原值对比

城市	2013 年工业企业数	工业企业数增长	2013 年制造业从业人数（万人）	制造业从业人数增长（万人）
深圳	6520	685	255.88	129.50
苏州	10776	332	199.17	110.89
东莞	5361	835	199.11	191.39
上海	9782	10	211.74	-6.99

续表

城市	2013 年工业企业数	工业企业数增长	2013 年制造业从业人数（万人）	制造业从业人数增长（万人）
重庆	5559	574	189.55	11.69
宁波	7167	363	78.79	-3.20
杭州	6284	357	72.67	-7.80
南京	2783	190	58.55	5.00
无锡	5400	152	73.37	25.99

资料来源：中国社会科学院城市与竞争力指数数据库。

(3) 要素环境：指数全国第一，市场规模和潜力仍存在不足

城市当地要素的相对规模和范围决定着制造业的竞争优势和比较优势，城市要素环境的衡量主要体现在城市的社会生活条件方面，反映当地的市场规模和潜力。城镇就业人员的平均工资是城镇就业人口的工资收入，这一指标可以用来衡量城市的市场规模和潜力。从图 4—8 可以看出该项指标与八个对标城市相比苏州排名倒数第三，仅高于重庆和东莞，工资水平与无锡相差不多。苏州在城镇居民的购买力上与上海、深圳以及南京和宁波都有一定差距，年平均工资 6 万左右。人口密度也可以代表城市

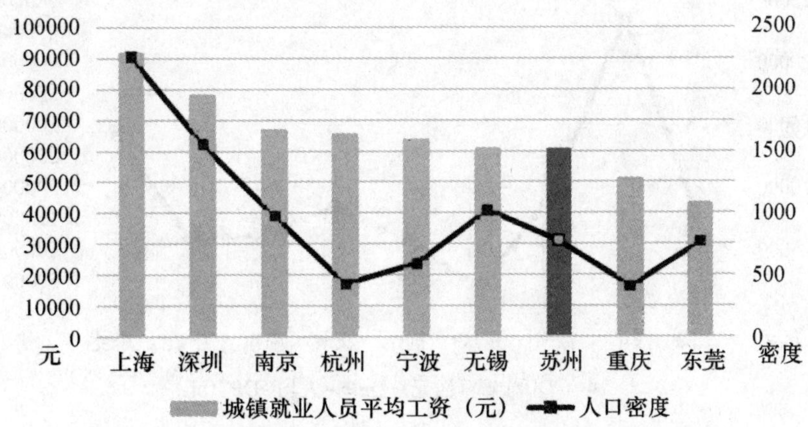

图 4—8　苏州与对标城市当地要素二级指标原值对比

资料来源：中国社会科学院城市与竞争力指数数据库。

的市场规模和市场潜力，苏州的人口密度相对于对标城市上海、深圳、无锡和南京而言较低，每平方公里770人，与东莞的人口密度相当，虽然截至2013年为止有接近500万的外来人口在苏州生活，但基于苏州地域面积计算的人口密度与一线城市和省会城市南京相比还有差距，与邻近城市无锡相比也有较大差距。

（4）需求环境：指数得分0.750，低于深圳和上海

企业能否有效地满足城市的市场需求直接关系到企业的生存与发展，市场需求的规模越大、种类越多，就能给企业提供越多的生存和发展机会和空间。当地需求指数中有两个指标非常重要，其一是衡量城市经济规模的指标GDP总量，其二是衡量城市经济发展状况以及城市人民生活水平情况的指标人均GDP。2013年苏州的经济总量达到13016亿元，在对标城市中仅低于上海和深圳，与重庆经济规模相当，逼近深圳，与上海21602亿元还有一定差距，但从总体来看，经济规模非常巨大（见图4—9）。人均GDP是把握一个城市宏观经济运行状况的更为有效的工具，可以反映人民的实际生活情况，苏州在对标城市中名列第3名，户籍人口人均GDP将近20万元/人，但低于深圳和东莞，尤其与深圳之间存在较大差距。

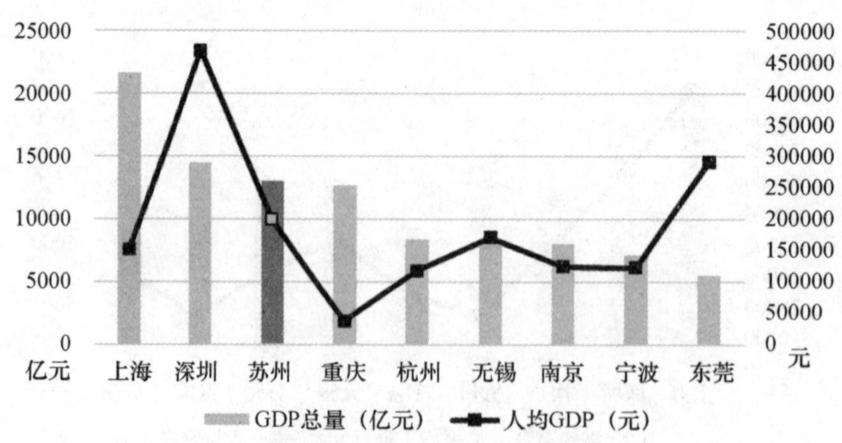

图4—9　苏州与对标城市当地需求二级指标原值对比

资料来源：中国社会科学院城市与竞争力指数数据库。

（5）制度环境：指数得分0.792，政府提供优质服务

制度环境是衡量政府向企业提供服务的便利程度，制度环境是企业发展所需的产业、商业环境的重要组成部分，也是制造企业和行业能否实现良性发展的重要保证。报告用中国软件测评中心政府网站绩效测评平台提供的城市证件办理指数、企业开办指数、经营纳税指数、资质认定指数经过计算合成了开办企业便利度指数，另外与选取的企业财税负担共同衡量城市的制度环境。从图4—10中可以看出，苏州开办企业便利度指数较高，与对标城市相比，低于深圳和上海，与宁波相近，显著高于其他对标城市，说明苏州市政府的效率较高，对开办企业的服务比较到位，有利于苏州产业的发展。企业财税负担衡量政府提供服务的恰当程度，苏州企业财税负担相比无锡和东莞较重，与南京相当，表现最好的对标城市就是东莞，苏州与东莞相差较多。

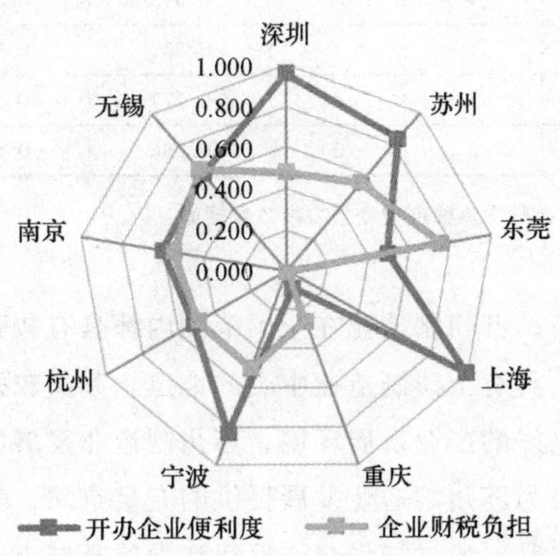

图4—10　苏州与对标城市制度环境二级指标指数对比

资料来源：中国社会科学院城市与竞争力指数数据库。

（6）基础设施：影响产业发展的短板，落后于其他对标城市

良好的交通基础设施是主体之间建立高效联系并使得这种联系能够高效地转化为经济成果的物质基础。表4—11用高速公路、国道、省道数量合成了城市的公路枢纽指数，用高铁、电气化单双线、主要站点等指标合

成了铁路枢纽指数，用到最近海港、上海、天津、香港的距离合成了海运枢纽指数。与对标城市相比苏州的海运枢纽指数为1，海运枢纽指数与上海相当，海运非常便利。但苏州并不是公路和铁路交通的枢纽城市，虽然苏州地处长三角与上海毗邻，但在交通枢纽指数上还是不及上海、杭州、南京、重庆这样的交通枢纽城市，但这并不会对苏州的产业发展带来较大的阻碍。

表4—11　苏州与对标城市基础设施二级指标原值和指数对比

城市	高速公路（条）	国道（条）	省道（条）	公路枢纽指数	铁路枢纽指数	海运枢纽指数
深圳	5	2	3	0.092	0.278	0.966
苏州	2	1	2	0.101	0.325	1.000
东莞	3	1	3	0.042	0.348	0.965
上海	6	4	28	0.622	0.574	1.000
重庆	10	3	51	0.513	0.383	0.707
宁波	5	1	2	0.202	0.365	0.993
杭州	6	3	3	0.277	0.522	0.966
南京	7	3	0	0.286	0.591	0.982

资料来源：中国社会科学院城市与竞争力指数数据库。

综合以上分析，苏州制造业在全国范围内都具有较强的竞争力，整体实力仅次于深圳，具有全国制造业中心的地位。苏州较强的制造业竞争力得益于苏州拥有良好的产业发展环境，苏州制造业发展的优势在于要素环境和企业本体环境为苏州制造业发展提供的充足空间，然而弱势在于基础设施方面还有待提升，通过加强交通枢纽建设提升城市的对外联系与交往程度，进一步提升制造业竞争力。

（二）服务业：重点产业竞争力全国领先

1. 苏州服务业的整体情况

课题组收集苏州服务业包含的14个产业的从业人数数据，具体包括：交通运输、仓储及邮政业，信息传输、计算机服务和软件业，批发和零售业，住宿、餐饮业，金融业，房地产业，租赁和商业服务业，科学研究、技术服务和地质勘查业，水利、环境和公共设施管理业，居民服务和其他服务业，教育，卫生、社会保障，文化、体育和公共管理14个产业，为了便于分析我们将上述产业按其产业相关性进行了合并，最后确定为物流、科技服务、商贸服务、住宿餐饮、金融、房地产、文化和公共服务八个产业。为了深度刻画苏州服务业各产业在全国层面的优势和劣势，受数据可得性的限制，报告用从业人数计算了苏州服务业八大产业的区位熵。

苏州的金融业具有显著的地方化优势，科技和房地产业专业化程度不高。从苏州服务业八大产业的区位熵看（见图4—11），2011年苏州的文化、旅游、公共服务、住宿餐饮、金融业的区位熵均高于全国平均水平，专业化程度较高，尤其是金融业的区位熵高达1.6，专业化程度非常高，具有显著的地方专业化优势。与2003年相比，2011年科技服务、物流、商贸服务、旅游业的区位熵均有下降，房地产、文化、公共服务、住宿餐饮和金融业区位熵均有不同程度上升，其中金融业和住宿餐饮业均有较大幅度提升。由从业人数计算的区位熵反映出来的房地产和科技服务业专业化程度不高。参考产值数据，也可以证明服务业八大产业区位熵的计算结果，根据2005—2013年苏州统计年鉴数据显示苏州的房地产、金融占服务业的比重在近些年的占比均在15%左右，其中，金融业的比重呈向上攀升的趋势。但科技服务产业占服务业比重略低，近些年比重在5%—10%之间。

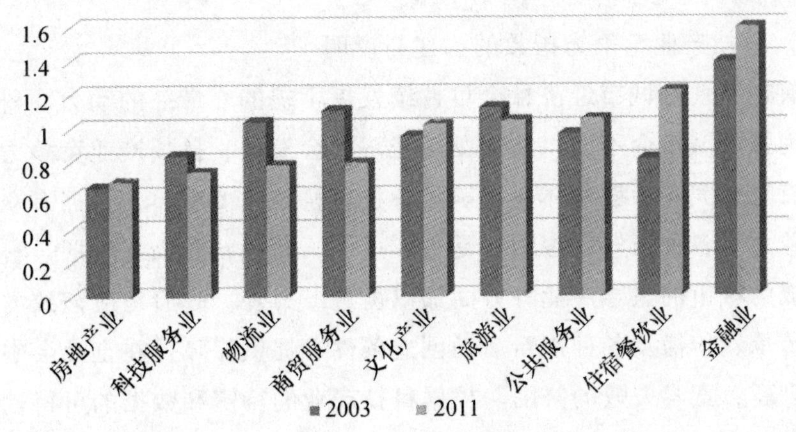

图4—11　2003年和2011年苏州服务业八大产业区位熵（从业人数）

资料来源：中国社会科学院城市与竞争力指数数据库。

全国金融、科技和房地产业占比提升，文化产业占比有所下降。图4—12是2003年和2011年全国服务业各产业的相对规模的变化情况，从全国趋势上来看，公共服务、文化、商贸服务、物流业占全国服务业产值的比重均有下降；旅游、科技服务、住宿餐饮、金融和房地产业占服务业的比重均有不同幅度的上升。苏州各产业的发展与全国服务业各产业的发展趋势大体保持了一致性。通过以上分析，报告将通过构建指标体系，利用引力模型计算全国地级及以上城市的科技、金融、文化及房地产业的吸引力指数，并通过与对标城市的分析得出苏州以上产业的竞争力情况。

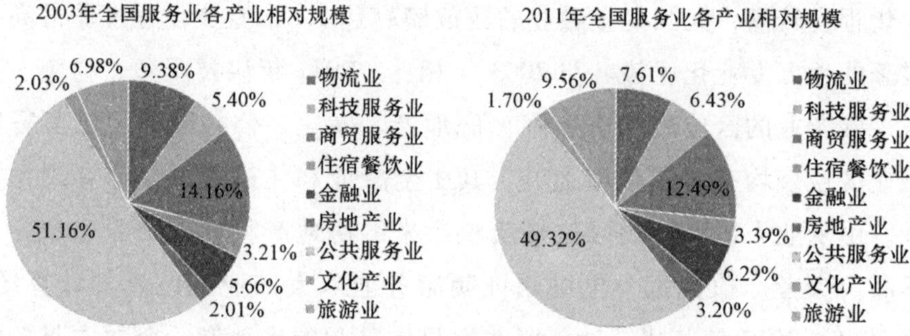

图4—12 2003年和2011年全国服务业各产业相对规模

资料来源：中国社会科学院城市与竞争力指数数据库。

2. 科技产业竞争力：全国第10名

（1）科技产业竞争力指数的构建与说明

只有创新才是城市经济社会可持续发展不竭的、最终的动力。科技产业竞争力强的城市会不断以新知驱动经济社会发展，科技产业竞争力将从是否具有全面完善的教育体系以满足各种对科技的渴求、是否拥有众多专业人员致力于各种新知的探索、是否形成了不断创新和创意阶层、科技产业是否成为城市的主导产业等方面加以衡量。另外，政府也应该致力于为科技的传承、传播及各种创新活动创造条件、提供保障，在全社会中营造出鼓励创新、宽容失败的氛围。根据科技产业的特定和数据的可得性课题组构建了科技产业的指标体系，如表4—12所示。

表 4—12　　科技产业竞争力指标体系

一级指标	二级指标	指标衡量方法	数据来源
科技需求	科技经费支出额占财政收入比重	—	国家统计局
科技支撑	大学指数	各城市大学排名	世界大学排名（Webometrics Ranking）
科技产出	专利指数	专利申请授权量	国家统计局
	论文发表数	—	Web of Science 三大引文库（SCI/SSCI/A&HCI）
科技规模	每百万人金融、计算机服务和科学研究从业人数	—	国家统计局
	高科技产品进出口总额	—	科技部

课题组分别从科技需求、科技投入、科技产出和科技规模这四个方面来选取科技城市的衡量指标，具体解释与选择理由如下：

第一，科技需求。对科技产品的消费和政府在生产科技产品方面的投资共同构成了对科技产品的需求。

科技经费支出额占财政收入比重。政府在科技方面的投入一方面会促进科技产品的产出，另一方面也会构成对科技产品的需求，在此采用此项指标作为科技需求的衡量指标之一。

第二，科技支撑。城市为科技生产而投入的各种资源最终都集中体现到城市中的组织和人上。

大学指数。大学是最主要的教育组织机构之一，在此采用此项指标从组织机构的方面来间接衡量城市在科技生产方面的资源支撑。

第三，科技产出。城市的创新最终体现在科技产品的产出上。

专利指数。专利是技术创新的集中体现，在此采用专利指数来衡量城市技术创新的规模及活跃程度。

论文发表数。论文是新的科学技术的直接表现形式，是社会在探索新知方面所付出的努力的产出的集中体现，因此在此采用论文发表数来衡量科技创新方面产出的状况。

第四，科技规模。科技规模是指科技产业的产出规模或经营规模，受城市数据的约束报告用科技产业从业人员规模和高科技产业对外贸易量表示。

高科技产品进出口总额。高科技产品作为知识产品的集中表现，通过城市进口及出口高科技产品的总额，能够很好地反映出城市对知识产品需求的层次。

每百万人科学研究、技术服务和地质勘查业从业人员数。科技人员是知识生产过程中最主要的投入要素之一，在此采用此项指标来直接衡量城市在知识生产方面的投入规模。

（2）苏州科技产业竞争力的总体情况与全国表现

①总体分析：排名全国第 10 位，优势并不突出

由全国平均水平来看，2013 年苏州市科技产业竞争力指数为 0.346，全国 287 个地级及以上城市的科技产业竞争力指数均值为 0.117，中位数为 0.096，从指数数据可以获得苏州市远远高于全国的平均水平与中间城市水平。从具体排名来看，苏州市科技产业竞争力仅为全国第 10 位，落后于北京、上海、深圳等一线城市，也落后于武汉、南京、杭州等二线城市。而从科技产业指数来看，苏州市科技产业竞争力指数仅为 0.346，与北京的 1、上海的 0.771 均具有较大的差距，与位于其后的成都的 0.340、西安的 0.313 无法拉开较大的差距，说明苏州科技产业竞争力并没有明显的优势，并与北京、上海等差距较大，这与苏州高等院校数量较少等情况有关。

②区域分析：江苏省内第二，落后于南京、杭州等部分东部城市

从省域来看（见表 4—13），苏州科技产业竞争力指数为 0.346，排名全国第 10 位，全省第 2 位。江苏省内位于全国科技产业竞争力前 20 名的还包括南京、无锡，其中南京科技产业竞争力指数为 0.424，全国位于第 4 位，明显高于苏州；无锡科技产业竞争力指数为 0.268，全国位于第 17 位，稍微落后于苏州，说明在江苏省内部苏州既有需要追赶的城市南京又要防范无锡的超越。从东中西区域来看，苏州远落后于北京、上海等一线城市，也落后于南京、天津、杭州等东部城市，仅仅与位于中西部的武汉、重庆、成都、西安排名相当，说明苏州并没有发挥位于东西部地区的优势，需要继续促进科技产业竞争力的提高。

表 4—13　　科技产业竞争力全国排名前 20 名的城市

城市	省份	指数	全国排名	省内排名	城市	省份	指数	全国排名	省内排名
北京	北京	1	1	1	成都	四川	0.340	11	1
上海	上海	0.771	2	1	西安	陕西	0.313	12	1
深圳	广东	0.458	3	1	大连	辽宁	0.294	13	1
南京	江苏	0.424	4	1	沈阳	辽宁	0.285	14	2
广州	广东	0.415	5	2	青岛	山东	0.272	15	1
天津	天津	0.405	6	1	长沙	湖南	0.269	16	1
杭州	浙江	0.362	7	1	无锡	江苏	0.268	17	3
武汉	湖北	0.362	8	1	宁波	浙江	0.268	18	2
重庆	重庆	0.359	9	1	哈尔滨	黑龙江	0.267	19	1
苏州	江苏	0.346	10	2	合肥	安徽	0.260	20	1

资料来源：中国社会科学院城市与竞争力指数数据库。

③对标城市分析：整体无明显优势，对标城市中较为落后

我们同样选取综合实力较强的深圳和上海、近邻的制造业强市宁波和无锡、区域中心城市杭州和南京、制造业大市东莞和重庆八个城市作为苏州的对标城市分析科技产业的竞争力对比情况。通过苏州与对标城市的比较（见图 4—12），苏州优势并不明显，竞争力指数得分不仅明显低于上海、深圳、南京，同时也低于杭州、重庆，仅仅相比于无锡、宁波以及

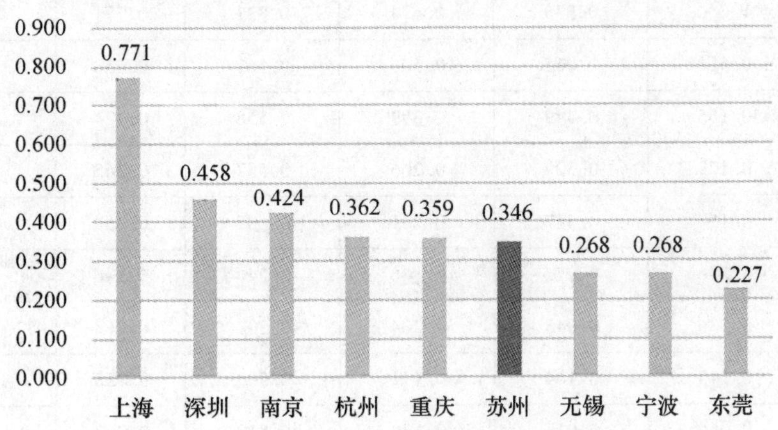

图 4—12　苏州科技产业竞争力指数与对标城市的比较

资料来源：中国社会科学院城市与竞争力指数数据库。

东莞有较明显的优势。因此，苏州科技产业发展方面还有很长的路要走，与自己的对标城市相比无明显优势，甚至落后于大部分对标城市。

(3) 苏州科技产业竞争力指数的具体情况与对标分析

①整体比较：科技需求具有一定优势，科技支撑相对不足

将科技产业竞争力分解为科技需求、科技支撑、科技产出以及科技规模4个一级指标进行具体分析，获得苏州以及对标城市科技产业的具体指标状况（见表4—14）。第一，在科技需求方面苏州市具有一定的优势，苏州科技需求指数虽然低于上海以及深圳，但是却远高于其他所有城市，优势明显。第二，在科技支撑方面苏州又存在短板问题，苏州科技支撑指数仅为0.072，而上海、南京、杭州以及深圳科技支撑指数均在0.3以上，苏州远落后于以上城市，这与苏州高校数量较少等情况有关。第三，在科技产出与科技规模方面苏州表现中等，苏州科技产出在对标城市中排名第4位，科技经济在对标城市中排名第6位，并且苏州科技产出、科技规模指数与前后相当城市差距不大，说明苏州在此两项有较好的发展潜力，通过一系列科技促进政策能够实现苏州在科技产出与科技规模方面的追赶与超越。

表4—14　苏州及对标城市科技产业竞争力指数一级指标得分情况

城市	科技需求指数	科技支撑指数	科技产出指数	科技规模指数	综合得分	全国排名
上海	1.000	0.573	0.674	0.821	0.771	2
深圳	0.516	0.065	0.506	0.562	0.458	3
南京	0.155	0.449	0.399	0.558	0.424	4
杭州	0.179	0.329	0.266	0.557	0.362	7
重庆	0.150	0.317	0.231	0.605	0.359	9
苏州	0.296	0.072	0.306	0.540	0.346	10
无锡	0.136	0.045	0.204	0.507	0.268	17
宁波	0.145	0.104	0.171	0.505	0.268	18
东莞	0.066	0.016	0.129	0.510	0.227	28

资料来源：中国社会科学院城市与竞争力指数数据库。

②科技需求：指数得分为 0.296，显著低于上海和深圳

以科技经费支出、科技经费支出占财政收入的比重两个二级指标衡量苏州以及对标城市科技需求状况，可以获得苏州在科技经费支出、科技经费支出占财政收入的比重方面均具有一定的优势（见图 4—13）。在科技经费支出中，苏州位居第 3 位，虽然与上海、深圳具有较大的差距，但是远高于杭州、南京、重庆、宁波、无锡以及东莞 6 城市，苏州优势相对突出。在科技经费支出占财政收入的比重方面表现出与科技经费支出大致相同的结论，苏州在科技经费支出占财政收入的比重与对标城市对比中排名第 3 位，低于深圳跟上海，但是高于杭州、南京、无锡、宁波，远高于重庆、东莞，说明苏州在科技经费支出占财政收入的比重方面也具有一定的优势。在科技经费总投入方面，苏州赶超上海、深圳的可能性不大，需要漫长的过程，但是在科技经费支出占财政收入的比重方面有超越上海的可能性。

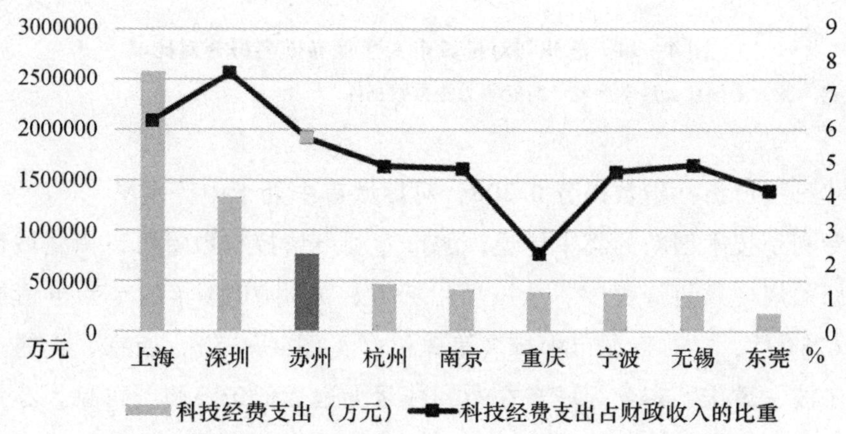

图 4—13　苏州与对标城市科技需求二级指标原值对比

资料来源：中国社会科学院城市与竞争力指数数据库。

③科技支撑：指数得分 0.072，科技产业支撑待提升

科技支撑是地方科技水平的重要表征，相应的二级评价指标选用大学指数来衡量，大学指数是世界高校排名中城市所属全部高校中排名最靠前的大学的名次，通过换算得到该项指数。在与相关对标城市的比较过程

中，一方面，即使苏州当地最好的大学，其综合水平在全国范围或世界范围都不处于领先地位，另一方面，苏州高水平大学的数量也非常少，大学指数仅为3.459，仅为上海大学指数的1/8。此外，同在长三角地区，苏州在对标城市间的大学指数也偏低，明显低于上海、南京、杭州、宁波等城市（见图4—14）。

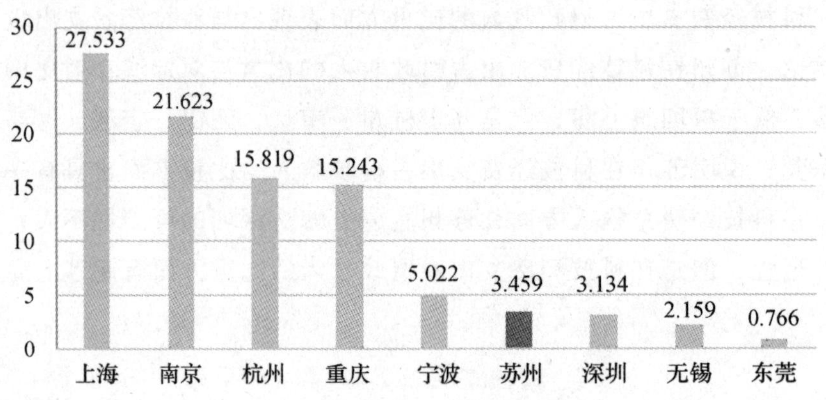

图4—14 苏州与对标城市大学世界排名得分对比

资料来源：中国社会科学院城市与竞争力指数数据库。

④科技产出：指数得分0.306，对标城市中处于中等水平

专利是技术创新的集中体现，城市专利申请授权数量可以衡量城市技术创新的规模及活跃程度。从该项指标看，苏州2013年的专利申请授权量为6281件，在对标城市中排名第3位（见图4—15），南京、无锡、杭州、宁波、重庆、东莞等城市在专利数量上远远低于苏州，可见，苏州于科技创新方面在全国具有领先地位。与深圳和上海相比，苏州专利数量上还有不小差距，这两座城市是全国科技创新的龙头，苏州应该树立远大目标，跟上并借力深圳和上海的强劲创新势头。专利使科学技术转化为生产力，而论文发表数体现着科学技术的孕育过程，是社会在探索新知方面所付出的努力的产出的集中体现，苏州的这一指标相当落后，与东莞、无锡、宁波一同在对标城市中垫底。这些城市都是缺乏优秀大学和科研院所的城市，与上海、南京、杭州、重庆厚重的大学氛围相比，确实相当落后。

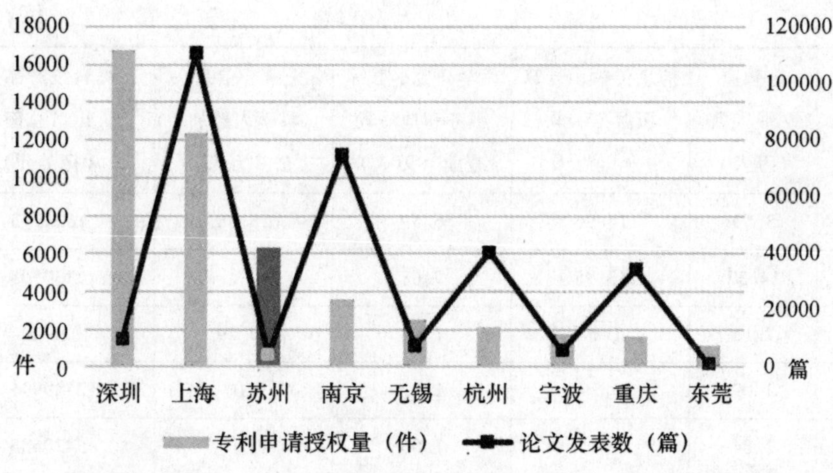

图 4—15 苏州与对标城市科技产出二级指标原值对比

资料来源：中国社会科学院城市与竞争力指数数据库。

⑤科技规模：指数得分 0.540，在对标城市中处于弱势

高科技产品是知识产品的集中表现，城市高科技产品的进出口总额，可以反映出城市对知识产品需求的层次。苏州的高科技产品进出口总额仅次于深圳和上海，在对标城市中排名第 3 位，苏州对科技产品需求量大，层次高，一定程度上反映出苏州科技产业发展非常活跃。科技人员是知识生产过程中最主要的投入要素之一，此项指标苏州在对标城市中并不占优势，仅高于无锡和东莞，与多数对标城市相比相差太大，科技人员规模较小（见表 4—15），表现出苏州相关产业的规模较小，这是阻碍苏州科技产业发展的主要短板，政府在产业政策上应该给予高度重视和适当倾斜。

表 4—15 苏州与对标城市科技经济二级指标原值对比

城市	金融业从业人数（万人）	信息传输、计算机服务和软件业（万人）	科学研究、技术服务和地质勘查业（万人）	金融、信息、科学人数加总（万人）	高科技产品进出口总额（亿美元）
上海	30.03	49.43	20.3	99.76	17292725
深圳	10.65	0.14	7.87	18.66	24250302
苏州	6.11	4.51	2.35	12.97	16816156
杭州	9.14	9.82	8.62	27.58	745071

续表

城市	金融业从业人数（万人）	信息传输、计算机服务和软件业（万人）	科学研究、技术服务和地质勘查业（万人）	金融、信息、科学人数加总（万人）	高科技产品进出口总额（亿美元）
南京	3.53	14.96	6.59	25.08	1623973
重庆	14.37	13.95	9.68	38	2330505
宁波	7.18	1.17	1.94	10.29	926738
无锡	3.09	2.29	1.63	7.01	2559991
东莞	2.84	0.11	1.06	4.01	5420685

资料来源：中国社会科学院城市与竞争力指数数据库。

综上，报告从需求、支撑、产出和规模四个角度衡量城市的科技产业竞争力情况。苏州的科技产业竞争力全国排名第10位，具有较强的竞争力，但与制造业等其他产业相比，科技产业竞争力的优势并不突出。主要优势是专利授权量很高，企业科技产出较为乐观；短板在于苏州科技产业的支撑不足，优秀大学资源比较匮乏，高校的科研产出能力较低。

3. 金融产业竞争力：全国第6名

(1) 金融产业竞争力指数的构建与说明

城市金融产业的良性发展为城市商业发展提供金融服务，反过来，城市商业活动与城市产业和企业的发展情况也能反映出城市金融业的繁荣程度。金融产业有较强竞争力的城市应该是能为人们提供良好的创业和营商环境的地方，在这里，成熟的商业文化已经形成，市场机制完善而灵活，政府对企业的服务细致而周到，为金融产业发展提供广阔的空间，只有这样城市的金融产业才能有增长的潜力和较强的竞争力。本报告分别从企业本体、当地要素、当地需求、制度环境、主体联系和基础设施这六个方面来选金融业的衡量指标（见表4—16）。

表 4—16　　　　　　　　金融产业竞争力指标体系

一级指标	二级指标	指标衡量方法	数据来源
企业本体	大企业指数	中国 500 强总部数	财富 500 强名单
当地要素	每百万人金融从业人员数	—	国家统计局
	人均存款余额	—	国家统计局
当地需求	GDP 规模	—	国家统计局
制度环境	开办企业便利度	证件办理指数 + 企业开办指数 + 经营纳税指数 + 资质认定指数	中国软件测评中心政府网站绩效测评
主体联系	航空客运总量	—	国家统计局
基础设施	互联网宽带接入用户数	—	国家统计局
	银行网点数	—	根据 Google 地图数据获得

第一，企业本体。企业的业务表现是城市产业、商业状况的最直接反映。

大企业指数。总的来说城市所拥有的大企业的数量与城市产业发达程度正相关，在此采用大企业指数来衡量城市产业的发达程度。

第二，当地要素。要素禀赋是指城市拥有及便利利用的直接生产要素和间接环境要素的总和。

每百万人金融从业人员数。金融、租赁和商业服务业从业人员数。商业服务业的规模越大，所能提供的多样化服务种类就越多，这里采用此项指标来衡量城市商业服务业满足多样化需求的能力。

人均存款余额。资金需求是企业经营过程中最重要的需求之一，较充裕的资金供给使得企业能够更容易地获得发展所需的资金，在此采用人均存款余额来衡量企业获得要素投入的难易程度。

第三，当地需求。企业的生存与发展最终要靠有效地满足市场需求来实现，市场需求的规模越大、种类越多，就能给企业提供越多的生存和发展机会和空间。

GDP 规模。用各个城市的 GDP 总量衡量城市的经济规模和当地需求水平。

第四，制度环境。政府向企业提供的服务是企业发展所需的产业、商业环境的重要组成部分。

开办企业便利度。开办企业是企业家的创业计划变成现实的第一步，在此采用开办企业便利度来衡量城市政府鼓励创业的程度。

第五，主体联系。信息交流的成果必须要体现为物质的成果才有意义，城市之间人员和物资的交流就是城市间信息交流成果的重要体现之一，同时城市间的物质交流上也附着信息交流的成分。

航空客运量。城市间的物质交流主要通过公路、航空、铁路和海运四种方式进行，但金融业属于高端产业，对出行方式的选择性较强，通常对交通时间敏感而对交通价格不敏感，在此采用航空交通便利程度即航空客运量来衡量城市物质交流的便捷程度。

第六，基础设施。对于金融产业而言，金融基础设施的完备程度可以反映一个城市金融业的发展程度，金融基础设施是金融产业发展的物质基础。

互联网宽带接入用户数。互联网使得个人能够方便地、有目的地搜寻或发布信息，已经成为了现代社会信息交流的主要渠道，在此采用此项指标来衡量人们获取信息的便捷程度。

银行网点数。银行网点是指一家银行系统内的分支机构经银行监管部门批准并颁发了银行业经营许可证的数量，而网点数多指一些基层机构的数量，一般指除总行、一级分行、二级分行之外的基层机构的数量，如支行、分理处、储蓄所等。银行网点数量的多寡是衡量一个城市金融市场是否活跃、金融产业发达程度的最直接指标。

（2）苏州金融产业竞争力的总体情况与全国表现

①总体分析：位于全国第6位，优势比较明显

从全国平均水平来看，2013年苏州金融产业竞争力指数为0.412，全国287个地级及以上城市的金融产业竞争力指数均值为0.134，中位数为0.108，说明苏州金融产业竞争力状况远远高于全国平均水平与中间城市水平。从具体排名来看，苏州金融产业竞争力位于全国第6名，仅落后于北京、上海、深圳、广州四个传统一线城市以及天津，位于杭州、宁波、武汉、成都等计划单列市、省会城市以及副省级城市之前，说明苏州在金融产业竞争力方面具有一定的优势。但是从具体金融产业指数方面，苏州竞争力指数为0.412，与其后面的城市例如成都的0.383、杭州的0.379

均差距不大，存在较高的被超越的可能性，说明苏州金融产业竞争力压力较大。

②区域分析：区域优势比较明显，仍存在提升空间

从省域来看（见表4—17），苏州的金融产业竞争力指数为0.412，全省排名第1位。江苏省内位于全国金融产业竞争力前20位的还有南京，南京金融产业竞争力指数为0.315，排名全国第13位，与苏州差距较大，说明苏州在江苏省内具有明显的金融产业优势。从区域状况来看，苏州与东部地区的北京、上海、深圳以及广州的差距均较大，四个城市的金融产业竞争力指数分别为1、0.896、0.795以及0.629，但是与后面的位于东部地区的追赶城市差距均不大，说明我国东部地区金融竞争状况比较严重，中西部地区的金融状况明显落后于东部地区。位于东部地区的苏州，应该继续提升自身金融状况，实现赶超天津等城市的目标，但又要防止其他城市的超越。

表4—17　　　　金融产业竞争力全国排名前20名的城市

城市	指数	全国排名	省内排名	城市	指数	全国排名	省内排名
北京	1	1	1	青岛	0.327471	11	1
上海	0.896295	2	1	厦门	0.315767	12	1
深圳	0.795089	3	1	南京	0.31534	13	2
广州	0.629145	4	2	重庆	0.313843	14	1
天津	0.457862	5	1	长沙	0.303896	15	1
苏州	0.411624	6	1	昆明	0.294106	16	1
成都	0.382568	7	1	济南	0.291227	17	2
杭州	0.379149	8	1	东莞	0.289026	18	3
武汉	0.356411	9	1	西安	0.288042	19	1
宁波	0.350554	10	2	佛山	0.282084	20	4

资料来源：中国社会科学院城市与竞争力指数数据库。

③对标城市分析：排名相对靠前，但具体指数优势不明显

我们同样选取深圳、上海、宁波、无锡、杭州、南京、东莞、重庆作为苏州的对标城市分析金融产业的竞争力对比情况（见图4—16）。在竞

争力全国排名方面，苏州位于全国第6位，落后于上海（第2位）、深圳（第3位），但明显高于其大部分对标城市，说明苏州金融产业竞争排名较好。具体分析竞争力指数状况，苏州金融产业竞争力指数远远低于上海、深圳，上海、深圳指数分别为0.896与0.795，而苏州仅为0.412，说明苏州金融产业发展与上海、深圳存在很大的差距；而苏州与其他对标城市对比，虽然苏州金融产业竞争力指数高于其他城市，但具体指数差距并不大，六个城市指数均位于0.280—0.380之间，说明苏州金融发展竞争优势并不是特别明显，存在被对标城市超越的可能性，需要继续促进金融产业发展，提升金融产业竞争力。

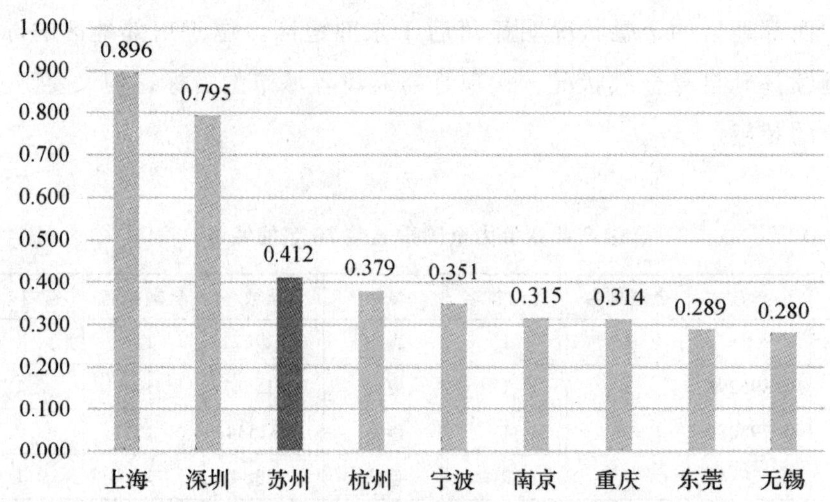

图4—16 苏州金融产业竞争力指数与对标城市的比较

资料来源：中国社会科学院城市与竞争力指数数据库。

（3）苏州金融产业竞争力指数的具体情况与对标分析

①整体比较：制度环境相对较优，但仍缺乏主体联系

将金融产业竞争力的综合得分按一级指标分解，并与对标城市对比分析可以发现更多细节上的现象和规律（见表4—18）。第一，苏州金融产业竞争力指数各一级指标参差不齐，最高指数与最低指数分值差为0.835，较高的分值差给苏州金融产业竞争力水平的提升提供了充分的机遇。第二，苏州金融产业制度环境指数较高，仅次于首位城市上海、深圳

等，这表明苏州金融产业发展在制度层面的营商环境，对城市金融业的可持续发展具有重要意义。第三，苏州金融产业发展仍具有明显的短板，其主体联系指数仅为0.026，不仅在苏州所有一级指标中最低，而且在对标城市中该项指标的得分也最低，需要得到特别重视，并积极学习同在长三角的上海主体联系模式。

表4—18　　苏州及对标城市金融产业竞争力指数一级指标得分情况

	企业本体指数	当地要素指数	当地需求指数	制度环境指数	主体联系指数	基础设施指数	综合得分	全国排名
上海	0.785	0.549	1.000	0.990	1.000	0.912	0.896	2
深圳	0.468	1.000	0.668	0.959	0.443	0.672	0.795	3
苏州	0.165	0.282	0.599	0.835	0.026	0.516	0.379	8
杭州	0.228	0.337	0.381	0.515	0.163	0.566	0.412	6
宁波	0.051	0.282	0.324	0.828	0.077	0.458	0.315	13
南京	0.165	0.211	0.366	0.601	0.213	0.345	0.280	22
重庆	0.127	0.080	0.582	0.089	0.207	0.919	0.314	14
东莞	0.000	0.447	0.248	0.495	0.000	0.326	0.351	10
无锡	0.152	0.204	0.368	0.619	0.026	0.274	0.289	18

资料来源：中国社会科学院城市与竞争力指数数据库。

②企业本体：指数得分0.165，与南京并列

2013年，在中国500强企业总部数的统计过程中，苏州约占13家，占全国的比例为3%，明显处于全国第二梯队，与杭州、南京、无锡和重庆等对标城市所占的比例相当（见图4—17）。苏州本地的上述500强企业多为上市公司，其通过股票、证券、期权等投融资手段，不断增强企业规模，这为苏州本地的金融业发展提供了充足的产业腹地。此外，同在长三角地区，苏州与金融都市上海在企业本体指数方面的差距较大，其全国500强企业数仅为上海的1/5，其后续发展应充分借鉴和学习上海的成功经验。

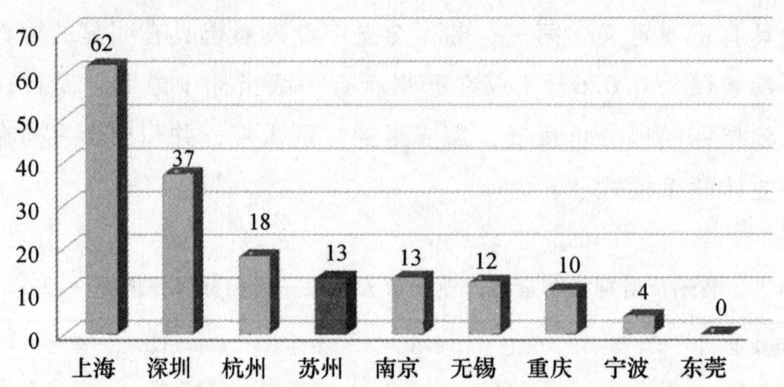

图 4—17 苏州与对标城市中国企业 500 强总部数对比

资料来源：中国社会科学院城市与竞争力指数数据库。

③当地要素：指数得分 0.282，金融业需求高于供给

金融产业竞争力指数在当地要素维度的二级指标为每万人金融从业人员指数和人均存款指数，这两项指数在苏州及其八个对标城市内具有较高的相关性，其中，两项指数均较高的城市为深圳，而苏州二级指数则相对较低，均低于 0.4（见图 4—18）。如果以城市每万人金融从业人员指数

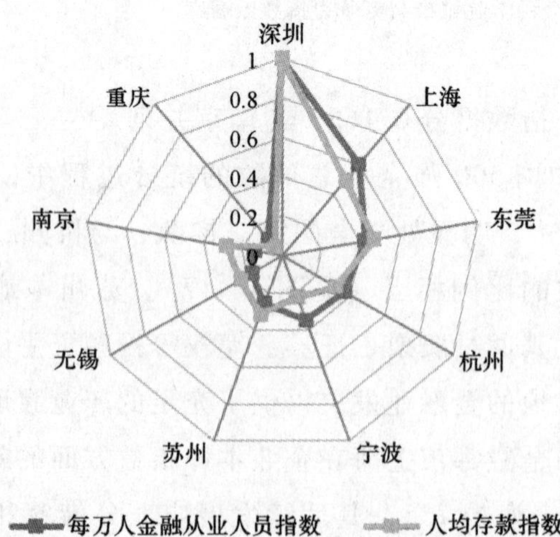

图 4—18 苏州与对标城市当地要素二级指标原值对比

资料来源：中国社会科学院城市与竞争力指数数据库。

表征各城市金融产业的供给水平，以人均存款指数表征相关城市金融产业的需求水平，则 2013 年苏州金融产业当地要素的需求明显高于供给，相关指数的逻辑运算可以进一步表明苏州应加强金融业的发展。

④基础设施：指数得分 0. 516，仍有提升空间

良好的金融基础设施是发展金融产业，提升城市金融竞争力的重要物质基础。鉴于数据的可获取性和可对比性，本报告选取银行网点数、互联网宽带接入用户数作为二级指标，用以评价各城市金融基础设施的发展水平，相关的分析结果为（见图 4—19）：首先，苏州银行网点数在长三角地区处于前列，仅次于上海，但明显多于杭州、宁波、南京、无锡等对标城市。其次，作为金融产业信息化水平的重要表征，苏州互联网宽带接入率在相同银行网点数的城市中处于洼地，这就急需苏州加强互联网宽带接入水平，增加网络光纤的覆盖面积，有效保障苏州金融产业的发展。

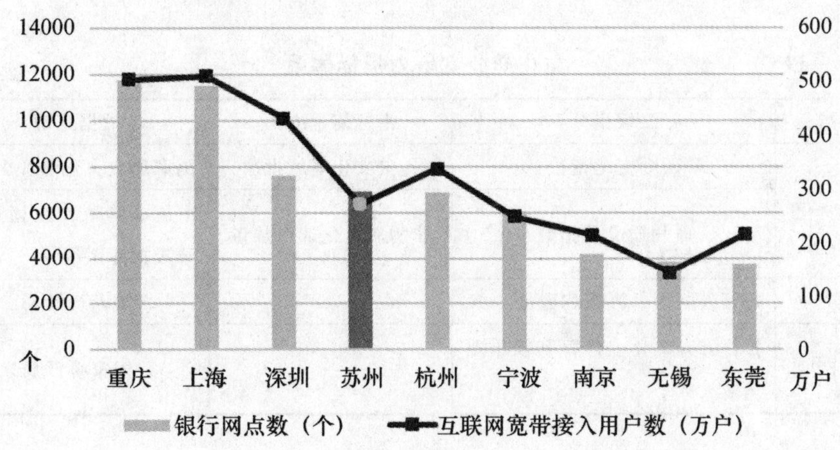

图 4—19　苏州与对标城市基础设施二级指标原值对比

资料来源：中国社会科学院城市与竞争力指数数据库。

综上，苏州的金融产业竞争力全国排名第 6 位，在江苏省内排名第一，具有较强的竞争力。详细分析得出的结果是苏州金融业发展的优势和短板并存。优势在于金融基础设施较为完善，银行网点较多，便利度较高；劣势在于金融产业的对外联系还有待提高。

4. 文化产业竞争力：全国第7名

（1）文化产业竞争力指数的构建与说明

一个城市的文化产业发展程度根源于城市的文化氛围和文化环境。拥有浓厚文化氛围的城市应该是各种文化碰撞、交融、交相辉映的地方，在自由开放的社会文化吸引下，世界各地的人们来此工作、生活，随之而来的各种文化不断为城市文化注入新的元素，各具特色的建筑和种类繁多的文化艺术场所成为展示这些元素的舞台，众多保存完好的物质和非物质历史文化遗产展示了城市厚重的历史，构成了城市独特的记忆，多样的文化为创意产业的蓬勃发展提供了强劲的动力，完善的公共文化设施与服务为人们的文化活动提供了良好的条件，文化事业繁荣发达。城市的历史文化底蕴和现代文化气息是城市文化产业发展的源泉，因此，报告分别从历史文化、现代文化和文化产业这三个方面来选取城市文化产业的衡量指标（见表4—19）。

表4—19　　文化产业竞争力指标体系

一级指标	二级指标	指标衡量方法	数据来源
历史文化	历史文化指数	历史文化名城批次	国家历史文化名城名单
	非物质文化指数	非物质文化遗产数量	中国非物质文化遗产名录数据库系统
现代文化	每万人剧场、影剧院数量	—	国家统计局
文化产业	每百万人文化、体育和娱乐业从业人数	—	国家统计局

第一，历史文化。城市的个性集中体现在城市所特有的文化上，而城市的特有文化着重反映在城市的历史文化上。

历史文化指数。城市的历史是城市的独特记忆，构成城市最鲜明的个性，在此采用历史文化指数来衡量城市文化的个性程度。

非物质文化指数。非物质文化的传承集中体现了城市对自身传统的珍惜，在此采用非物质文化指数来衡量城市对传统文化的保护程度。

第二，现代文化。现代文化是一个国家或地区在发展过程中，人们在现今的生活方式、科技水平下形成的一种新型思想理念、道德标准、行为准则等的汇集。报告用每万人剧场、影剧院数量表示。

每万人剧场、影剧院数量。剧场和影剧院是城市现代文化的主要传播场所，可以在一定程度上反映城市现代文化生活的活跃程度。

第三，文化产业。文化产业是以生产和提供精神产品为主要活动，以满足人们的文化需要作为目标的行业总称。报告用文体娱乐业从业人数反映文化产业的规模。

每百万人文化、体育和娱乐业从业人数。文化、体育和娱乐业是现代生活的产物，是城市自身历史文化与外来文化相互碰撞、交融的集中体现。困于数据的可得性，报告用每百万人文化、体育和娱乐业从业人数反映城市文化产业的发展程度以及城市现代文化的繁荣程度。

（2）苏州文化产业竞争力的总体情况与全国表现

①总体分析：全国排名比较靠前，但具体竞争压力大

由全国平均水平来看，2013 年苏州文化产业竞争力指数为 0.587，全国 287 个地级及以上城市的文化产业竞争力指数均值为 0.215，中位数为 0.190，从指数数据可以获得苏州远远高于全国的平均水平与中间城市水平。从具体排名来看，苏州排名全国第 7 位，位于北京、上海、武汉、西安、杭州、南京之后。而从具体竞争力指数得分来看，苏州虽然与北京、上海差距较大，两者分别为 1、0.790，但是苏州与武汉、西安、杭州、南京差距并不大，说明苏州有追赶超越这些城市的可能性。但是文化产业竞争力位于苏州后面的重庆、延安等城市与苏州的差距均很小，苏州文化产业竞争力指数为 0.587，全国城市文化竞争力指数超过 0.5 的城市有 17 个，超过 0.55 的城市就有 12 个，说明苏州文化产业竞争压力大，存在很高的被超越的可能性。

②区域分析：位于全省第 2 位，但与南京差距较小

从区域的状况分析苏州文化产业的发展状况（见表 4—20）：江苏省文化产业竞争力位于全国前 20 名的城市为南京与苏州，两城市分别位于全国第 6 位和第 7 位，同时两城市文化产业竞争力指数分别为 0.589 与 0.587，通过排名以及竞争力指数得分状况说明南京、苏州两城市文化竞争差距极大，在争夺省内文化产业霸主地位中的竞争比较激烈。从更大的区域范围来看，苏州市在东部地区的优势并不明显，在中西部地区的优势也不明显，西安、武汉等中西部城市文化产业竞争力优于苏州，而重庆、

延安、成都等中西部地区城市也紧随其后，文化产业竞争有超越苏州的可能性。综合说明，苏州的区域优势并不够突出，需要继续扩大文化产业竞争力与影响力。

表 4—20　　文化产业竞争力全国排名前 20 名的城市

城市	指数	全国排名	省内排名	城市	指数	全国排名	省内排名
北京	1	1	1	济南	0. 561956	11	1
上海	0. 789832	2	1	广州	0. 556703	12	1
武汉	0. 677429	3	1	长沙	0. 521608	13	1
西安	0. 654267	4	1	绍兴	0. 519796	14	2
杭州	0. 605576	5	1	洛阳	0. 510261	15	1
南京	0. 588618	6	1	天津	0. 508176	16	1
苏州	0. 586533	7	2	大同	0. 507954	17	1
重庆	0. 579872	8	1	昆明	0. 49406	18	1
延安	0. 565782	9	2	承德	0. 492274	19	1
成都	0. 565137	10	1	南昌	0. 489015	20	1

资料来源：中国社会科学院城市与竞争力指数数据库。

③对标城市分析：梯队层次明晰，苏州位于第二梯队

我们同样选取深圳、上海、宁波、无锡、杭州、南京、东莞、重庆作为苏州的对标城市分析文化产业的竞争力对比情况。通过数据可以获得，苏州与对标城市排名与指数呈现明显的梯队分层状况（见图 4—20）。上海位于第一梯队，全国文化产业竞争力排名第 2 位，文化产业竞争力指数为 0. 790，远远高于其他对标城市。杭州、南京、苏州、重庆位于第二梯队，全国排名分别为第 5 名、第 6 名、第 7 名、第 8 名，而四城市指数得分均位于 0. 580—0. 606 之间，文化产业竞争力差距极其细微，说明四座城市文化产业竞争激烈，谁能够抓住机遇实现文化产业的快速发展谁就能够脱颖而出。而宁波、无锡、深圳以及东莞四座城市在排名以及指数得分均明显低于其他城市，位于第三梯队，城市文化竞争力排名位于第84—26 名之间，竞争力指数位于 0. 262—0. 464 之间，对第一、第二梯队城市差距较大，一段时间内城市文化竞争力难以超越苏州。

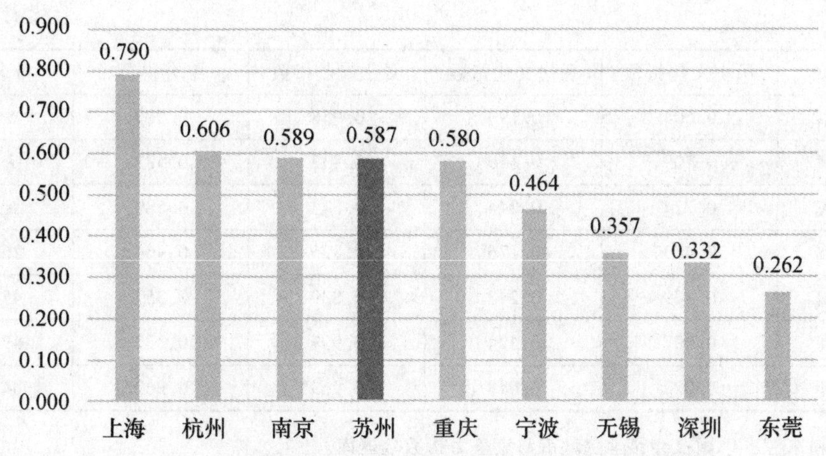

图 4—20　苏州金融产业竞争力指数与对标城市的比较

资料来源：中国社会科学院城市与竞争力指数数据库。

（3）苏州文化产业竞争力指数的具体情况与对标分析

①整体比较：历史文化优势比较突出，现代文化、文化产业短板比较突出

将文化产业竞争力分解为历史文化、现代文化、文化产业三个一级指标，并进行苏州与对标城市的对比，分析获得苏州与对标城市的文化产业竞争力具体状况（见表 4—21）。在历史文化指数方面，苏州历史文化指数虽然落后于上海以及重庆，但是高于其他城市，特别是远远高于无锡、深圳以及东莞，说明苏州历史文化优势比较突出。在现代文化以及文化产业指数方面，苏州现代文化指数仅为 0. 110，仅高于重庆与东莞，与其他对标城市均存在较大差距；文化产业指数仅高于宁波，落后于其他对标城市并与上海、杭州、南京、深圳以及东莞均存在较大的差距，这说明苏州现代文化、文化产业两者与对标城市相比短板比较严重。

表 4—21　　苏州及对标城市文化产业竞争力指数一级指标得分情况

城市	历史文化指数	现代文化指数	文化产业指数	综合得分	排名
上海	0. 888	0. 426	0. 965	0. 790	2
杭州	0. 634	0. 221	0. 944	0. 606	5

续表

城市	历史文化指数	现代文化指数	文化产业指数	综合得分	排名
南京	0.604	0.199	0.958	0.589	6
苏州	0.709	0.110	0.832	0.587	7
重庆	0.724	0.044	0.843	0.580	8
宁波	0.433	0.176	0.825	0.464	26
无锡	0.179	0.243	0.839	0.357	45
深圳	0.007	0.324	0.997	0.332	49
东莞	0.022	0.048	0.969	0.262	84

资料来源：中国社会科学院城市与竞争力指数数据库。

②历史文化：指数得分 0.709，优势非常突出

将历史文化名城批次、非物质文化遗产数量作为城市历史文化状况，具有很好的代表意义。苏州与杭州、南京同时作为我国第一批历史文化名城，具有悠久的历史，虽然上海、重庆、宁波、无锡后来也成为历史文化名城但晚于苏州，深圳、东莞均不是历史文化名城。在非物质文化遗产数目方面，苏州以 27 项的数目在对标城市中居第 3 位，上海与重庆分别以 68 项、46 项高于苏州，而其他城市非物质文化遗产数量远低于苏州（见表 4—22）。综合苏州历史文化状况，作为国家第一批历史文化名城，历史悠久、传统文化繁荣并且得到较好的传承。

表 4—22　　苏州历史文化二级指标与对标城市对比

	上海	杭州	南京	苏州	重庆	宁波	无锡	深圳	东莞
历史文化名城批次	第二批	第一批	第一批	第一批	第二批	第二批	2007 增补	无	无
非物质文化遗产数量	68	17	13	27	46	7	7	1	3

资料来源：中国社会科学院城市与竞争力指数数据库。

③现代文化：指数得分 0.110，成为文化产业的短板

剧场、影剧院作为现代文化艺术的重要的呈现载体，本研究以体现城市现代文化艺术设施拥有情况的"每万人剧场、影剧院数"作为城市现代文化的衡量指标，具有很好的代表性。2013 年苏州的每万人剧场、影

剧院数目仅仅高于东莞、重庆，远远落后于其他城市（见图 4—21）。上海、深圳以 116 个、88 个的绝对优势，远远高于其他城市；无锡、杭州、南京、宁波分别为 66 个、60 个、54 个、48 个，虽然低于上海、深圳，但是远远高于苏州、东莞以及重庆。苏州以 30 个的数目远远低于上海、深圳、无锡、杭州、南京、宁波 6 城市，东莞、重庆远低于其他城市，位居末两位。对比来说，苏州在现代文化艺术方面短板比较突出，需要加强现代文化艺术设施建设，在传承历史文化的同时提高城市现代文化发展。

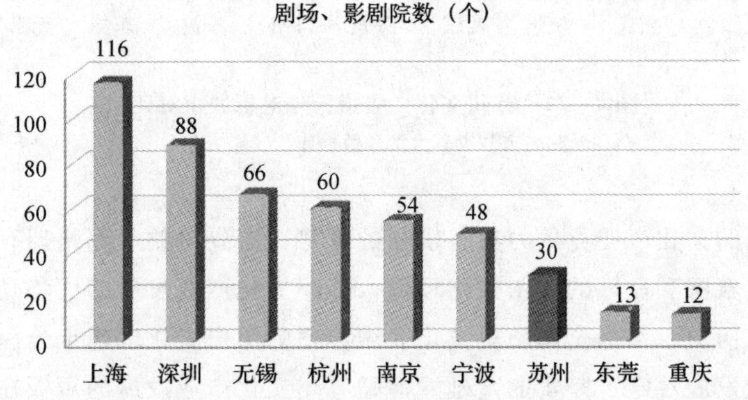

图 4—21　苏州现代文化二级指标与对标城市对比

资料来源：中国社会科学院城市与竞争力指数数据库。

④文化产业：指数得分 0.832，对标城市中非常落后

如果以文化、体育以及娱乐业的从业人数作为城市文化产业的发展指标进行衡量，那么苏州与对标城市对标将获得以下结果：苏州与对标城市文化等行业从业人数呈现明显的层级状况（见图 4—22）。上海、重庆位于第一层级，文化等产业从业人数显著高于其他城市，从业人数分别达到 5.89 万人、5.48 万人；杭州、南京、深圳位于第二层级，文化等行业从业人数分别为 2.39 万人、2.31 万人以及 2.3 万人；而苏州、宁波、东莞以及无锡均位于最末层级，文化等行业从业人数仅分别为 1.03 万人、0.9 万人、0.78 万人以及 0.77 万人。综合来说，苏州的文化、体育和娱乐业从业人数相比于其对标城市位于最低层级，与上海、重庆、杭州、南京以及深圳存在很大的差距，短时间内难以实现超越。

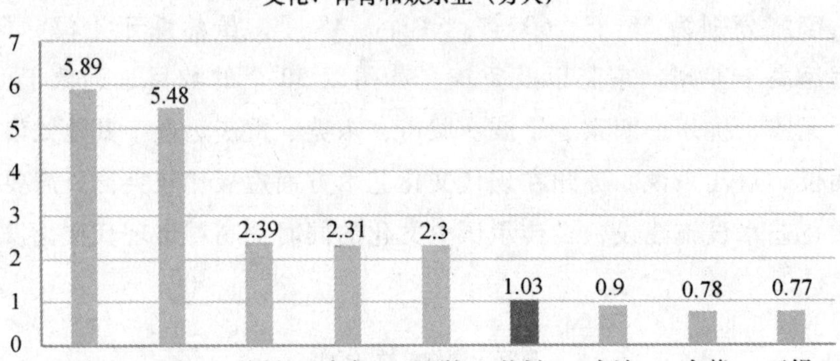

图 4—22 苏州文化二级指标与对标城市对比

资料来源：中国社会科学院城市与竞争力指数数据库。

苏州的文化产业竞争力具有较强的优势，主要得益于苏州拥有浓厚的城市文化氛围和良好的城市文化环境。苏州文化产业发展的优势是苏州城市的悠久历史，作为全国历史文化名城苏州的历史文化底蕴十分深厚，为文化产业发展奠定了坚实的基础。但是苏州文化产业发展的短板在于现代文化以及现代文化产业的发展相对于几个对标城市而言并不突出。

5. 房地产业竞争力：全国第 6 名

(1) 房地产业竞争力指数的构建与说明

城市房地产业的竞争力与城市的宜居环境息息相关。人们聚集到城市是为了更好地生活，因此无法使人们安居于此的城市，其房地产业的发展必将是不可持续的。理想的居住城市应该是能使人们享受高品质生活的地方，在这里，鸟儿在湛蓝的天空、洁白的云朵间飞翔，鱼儿在清澈的河流和湖泊中游动，老人在宜人的气候、清新的空气中散步，儿童在干净整洁、绿树成荫的社区中嬉戏，便捷高效的公共交通系统联通城市的每一个角落，求职者能找到自己满意的工作，人们普遍受到良好教育，享用着安全、营养、美味的食物，拥有健康的体魄，偶有病痛也能及时得到良好的医治，城市政府努力用心经营着城市，以人们的幸福生活为城市发展的最终目的，使得人们学有所教、劳有所得、病有所医、老有所养、住有所居。只有这样才能保证城市房地产业持续、健康的成长。

本报告分别从人口素质、社会环境、生态环境、居住环境和市政设施这五个方面来选取以人为本的宜居城市的衡量指标（见表4—23）。

表4—23　　　　房地产业竞争力指标体系

一级指标	二级指标	指标衡量方法	数据来源
人口素质	人均预期寿命	—	国家统计局
	大专以上人口比例	—	各城市六普公报
社会环境	每万人拥有医生数	—	国家统计局
	千人小学数	—	国家统计局
	每万人院批准逮捕犯罪嫌疑人数	—	各城市检察院向政府的工作报告
生态环境	空气质量	城市空气质量等级	环保部及各省环保厅环境公报
	气温舒适度	年平均温度	中国天气网
	绿化覆盖率	—	国家统计局
居住环境	人均住房面积	—	国家统计局
	房价收入比	（住宅平均售价×90）/（城镇居民人均可支配收入×3）	国家统计局
	每万人餐饮购物场所数	—	Google地图搜索
市政设施	人均道路面积	—	国家统计局
	排水管道密度	—	国家统计局
	用水普及率	—	国家统计局

具体解释与选择理由如下：

第一，人口素质。人口素质是城市环境宜居程度的最直接体现，可分为精神和物质两个层面。人口素质的精神层面至少应包括人的道德水平、文化程度、思想观念等几个方面，这些方面的形成主要是教育的结果；人口素质的物质层面主要指的是人的健康状况。

大专以上人口比例。人口素质的精神层面至少应包括人的道德水平、文化程度、思想观念等几个方面，这些方面的形成主要是教育的结果，因此这一层面在此通过人口受教育程度来衡量，由于城市级人口平均受教育年限数据的不可得，在此采用大专以上人口比例来衡量人口受教育程度。

人均预期寿命。人口素质的物质层面主要指的是人的健康状况，由于直接的人口健康状况的数据的不可得，在此采用人均预期寿命来衡量人口的健康状况，虽然可能存在寿命长而不健康的状况，但总体上人口的健康状况与人均预期寿命还应是正相关的。另外，由于人均预期寿命与医疗卫生条件也有较强的正相关关系，城市社会生活条件中的医疗卫生条件也在此得以体现。

第二，社会环境。社会是人类生活的直接环境，涵盖人类生存及活动范围内的社会物质、精神条件的总和。良好的社会服务和管理，安定繁荣的社会政治、法制和文化环境对于人的发展意义重大。

万人批准逮捕犯罪嫌疑人数。社会安全是一个综合的概念，自然灾害、生产安全事故、食品安全事件、交通事故、火灾、传染性疾病等也都是危害社会安全的因素，其中交通事故、火灾很大程度上具有偶发性，不能稳定地反映社会安全的总体状况，而自然灾害等因素的城市级数据又不可得，所以在此采用检察院每万人批准逮捕犯罪嫌疑人数来衡量社会安全程度。

万人医生数。医疗是为居民提供的重要福利，城市医疗条件的先进程度以及是否能够容纳膨胀的人口规模是居民选择城市居住的重要考量指标。

千人小学数。与医疗同样重要的社会福利指标就是教育，教育是城市为居民提供的主要福利，也是对居民生活影响最为重要的指标之一，报告用每一千个人拥有的小学数来衡量城市对公共福利便捷度。

第三，生态环境。生态环境是与人类密切相关的，影响人类生活和生产活动的各种自然因素及其作用的总和，是人类赖以生存和发展的物质条件的综合体。随着经济高速发展过程中环境问题的日益凸显，建设生态文明已成为城市发展的重要目标。

气温舒适度。温度、湿度、光照等气候条件直接影响人们的居住感受，限于湿度、光照等数据的不可得，在此采用气温舒适度来衡量城市气候条件的宜居程度。

空气质量。城市的各种环境污染会损害人们的健康，雾霾、沙尘等空气污染就是最直接的表现，在此采用空气质量来衡量城市环境污染对人们健康的损害程度。

绿化覆盖率。采用此项指标来衡量城市植被覆盖情况，是城市生态环境的主要考量指标。

第四，居住环境。安居才能乐业，居住是城市最基本的功能，是工作劳动、社会交往、休闲娱乐等其他一切人类活动的基础。城市的居住环境体现为城市为人们提供衣、食、住、行等生活条件的能力。

房价收入比。住房是人们生活的必备条件之一，房价收入比很好地反映了人们获取住房这一基本居住条件的难易程度，在此用于比较城市间在为人们提供基本居住条件方面的差别。

每万人餐饮购物场所数。城市中，人们日常生活所需的各种物品基本都要通过购买来获得，在此采用每万人餐饮购物场所数来衡量人们获得这些物品的便利性。

人均住房面积。改革开放以来，随着城镇化率的不断提高，中国城镇居民的居住条件和生活环境发生了巨大变化。中国城镇居民人均住房面积从1978年城市人均住宅面积6.7平方米，到2015年增长了将近6倍。报告用人均住房面积反映城镇居民的住房质量与居住环境。

第五，市政设施。市政设施涵盖道路、水、电、气、热、通讯、通信等城市生活的方方面面，是舒适便捷的城市生活的基本物质条件。

人均道路面积。城市交通状况取决于城市相对于城市人口数量的道路状况、车辆数量、公共交通系统的完善程度等一系列因素，由于其他因素的客观数据的不可得，在此采用人均道路面积来衡量城市交通状况。

用水普及率。清洁的水、安全的食物是人们生活的基本条件，由于食品安全客观数据的不可得，在此采用用水普及率来衡量这些基本条件的状况。

排水管道密度。城市的环境卫生包括垃圾清扫、污水和雨水排放等很多方面，其中排水是中国城市在这方面普遍存在的一个短板，在此采用排水管道密度来衡量城市的环境卫生状况。

（2）苏州房地产业竞争力的总体状况

①总体情况：位居全国第6位，江苏省内第1位

由房地产业竞争力数据计算可知，2013年苏州的房地产业竞争力指数为0.738。而全国287个地级及以上城市的房地产业竞争力指数均值为0.408，中位数为0.405。苏州房地产业竞争力指数大幅高于全国平均水

平，也大比例高出中位数城市的指数。从排名来看（见表4—24），苏州在全国房地产业竞争力排名中位居第6位，仅落后于长三角地区的舟山，比排在第1位的城市珠海在指数上相差0.262，房地产业的竞争力具有比较优势。从区域来看，苏州位列我国东南地区第2位，在江苏省排名第1位，江苏全省房地产业整体都表现较好。江苏省的省会城市南京位列全国第15位，江苏省第4位。在房地产业竞争力指数上苏州比南京高出0.039，前20位的城市房地产竞争力指数都比较接近。

表4—24 房地产业竞争力全国排名前20名的城市

城市	省份	地区	排名	指数	省内排名
珠海	广东	东南	1	1.000	1
厦门	福建	东南	2	0.851	1
舟山	浙江	东南	3	0.835	1
海口	海南	西南	4	0.772	1
深圳	广东	东南	5	0.752	2
苏州	江苏	东南	6	0.738	1
温州	浙江	东南	7	0.737	2
三亚	海南	西南	8	0.736	2
无锡	江苏	东南	9	0.733	2
杭州	浙江	东南	10	0.725	3
上海	上海	东南	11	0.716	1
东莞	广东	东南	12	0.714	3
常州	江苏	东南	13	0.702	3
福州	福建	东南	14	0.701	2
南京	江苏	东南	15	0.699	4
镇江	江苏	东南	16	0.696	5
丽水	浙江	东南	17	0.695	4
武汉	湖北	中部	18	0.692	1
扬州	江苏	东南	19	0.675	6
防城港	广西	西南	20	0.668	1

资料来源：中国社会科学院城市与竞争力指数数据库。

②对标情况：仅次于深圳，城市之间指数接近

苏州房地产业竞争力指数与其他八个对标城市的对比如图4—23所示，苏州的房地产业竞争力近低于目标城市深圳，与深圳之间相差0.014，名次仅差一位，没有拉开实质性差距。与其他七个对标城市相比，苏州具有明显优势，尤其显著高于宁波和重庆。因为全国城市房地产业竞争力指数的变异系数为0.415，城市之间差异并不显著，尤其是排名比较靠前的城市之间更没有拉开显著差距，因此，苏州与排在其后面的城市无锡、杭州、上海、东莞等城市的竞争力指数也比较相近，暂时位列其后的对标城市都有超越苏州的可能和潜力。

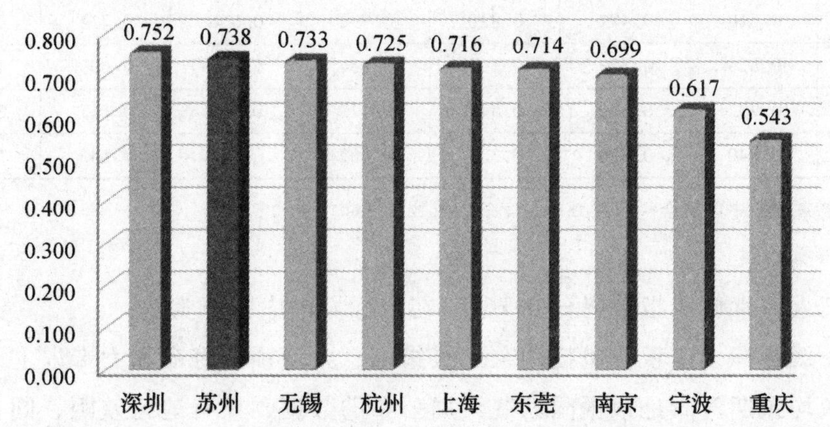

图4—23　苏州的房地产业竞争力指数与对标城市的比较

资料来源：中国社会科学院城市与竞争力指数数据库。

（3）苏州房地产竞争力指数的具体情况与对标分析

①整体比较：各项一级指标与对标城市相当，社会、生态环境有上升空间

从房地产业各项一级指标的指数得分上看（见表4—25），苏州与对标城市之间得分都比较接近。第一，市政设施和居住环境两项指标苏州表现最好，杭州和东莞在居住环境上超过了苏州，其他对标城市被苏州甩在其后，无锡和南京在市政设施上超过了苏州，相对其他对标城市苏州该项得分比较高。第二，苏州的社会环境和生态环境还有上升空间，杭州、南

京、重庆的社会环境都优于苏州，深圳、东莞、重庆的生态环境好过苏州。苏州房地产竞争力的排名整体比较靠前，长三角地区的无锡和杭州虽弱于苏州，但也在前10名之列。

表4—25　苏州及对标城市房地产业竞争力指数一级指标得分情况

城市	人口素质	社会环境	居住环境	生态环境	市政设施	综合得分	排名
深圳	0.784	0.502	0.599	0.772	0.757	0.752	5
苏州	0.769	0.526	0.607	0.667	0.780	0.738	6
无锡	0.762	0.506	0.564	0.662	0.821	0.733	9
杭州	0.853	0.585	0.632	0.660	0.632	0.725	10
上海	0.991	0.452	0.501	0.653	0.682	0.716	11
东莞	0.610	0.492	0.810	0.798	0.666	0.714	12
南京	0.829	0.533	0.595	0.434	0.788	0.699	15
宁波	0.782	0.519	0.547	0.413	0.705	0.617	37
重庆	0.649	0.590	0.355	0.682	0.581	0.543	59

资料来源：中国社会科学院城市与竞争力指数数据库。

②人口素质：指数得分0.769，在对标城市中处于劣势

一级指标人口素质包括两个二级指标，人均预期寿命和大专以上人口数。人均预期寿命是根据国家统计局公布的数据，只有地区差距，同一区域内数值都相同，因此，对于人口素质，报告仅对大专以上人口数做详细分析。根据"六普"数据，2010年苏州大专以上人口有146.23万人，大约占常住人口的14%，这一比例低于上海、南京、深圳和杭州。从大专以上人口总量上看，苏州低于上海、重庆、南京、深圳和杭州，在对标城市中位列第6位（见图4—24），虽然大幅高于无锡、宁波和东莞，但人口的学历层次依然不高。大专以上人口代表城市居民的整体素质，居民素质越高，城市生活越惬意，越是容易吸引优秀人才在苏州安家落户，以保障房地产行业的健康持续发展。因此，苏州需要在提升居民学历上再做努力。

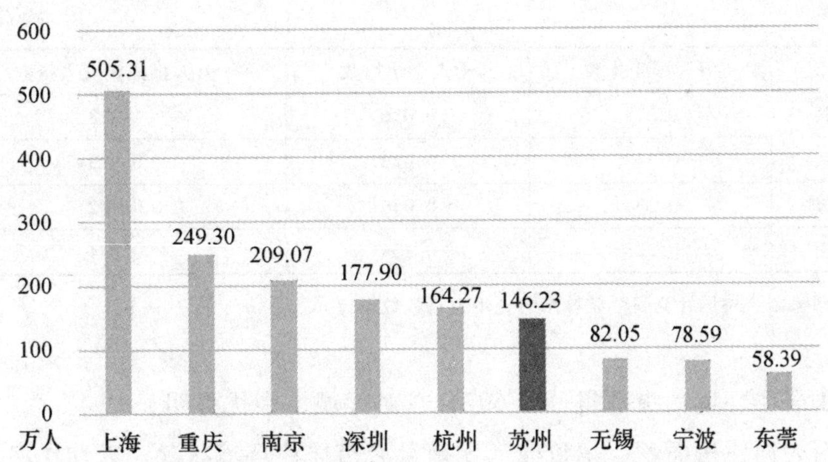

图 4—24　苏州大专以上人口数与对标城市对比

资料来源：中国社会科学院城市与竞争力指数数据库。

③社会环境：指数得分 0.526，医疗和教育环境有待提高

选取三个具体指标分别代表社会医疗环境、社会教育环境以及社会治安，三个指标共同构成社会环境的表现。从表 4—26 中苏州以及对标城市社会环境指标指数状况获得：苏州与对标城市在社会治安方面均有很高的社会治安得分，说明苏州与对标城镇治安状况总体较好，同时苏州在所有城市中指标指数得分最高，达到 0.927，说明苏州在对标城市中社会治安状况最好，在全国中社会治安状况也处于很好的层级。在社会医疗环境方面，苏州与对标城市相比较差；而在社会教育环境方面，苏州仅优于本省内的无锡，远远落后于其他对标城市，特别是教育资源得分仅为 0.011，说明苏州市在医疗环境、教育环境方面短板突出，亟待提高。

表 4—26　　　　苏州社会环境二级指标与对标城市对比

城市	万人医生指数	千人小学指数	万人批捕嫌疑人指数
深圳	0.448	0.033	0.732
苏州	0.315	0.011	0.927
无锡	0.285	0.009	0.925
杭州	0.451	0.039	0.863
上海	0.250	0.017	0.863

续表

城市	万人医生指数	千人小学指数	万人批捕嫌疑人指数
东莞	0.327	0.056	0.813
南京	0.313	0.028	0.923
宁波	0.334	0.066	0.842
重庆	0.223	0.264	0.874

资料来源：中国社会科学院城市与竞争力指数数据库。

④居住环境：指数得分0.607，在对标城市中优势明显

用人均住房面积、房价收入比衡量城市居住环境状况，人均住房面积反映城市居民人均住房供给状况，而房价收入比反映在当前收入状况下居民买房的容易程度，两者能够合理、恰当的衡量城市居住环境状况。从人均住房面积角度分析，苏州与对标城市相比住房面积较大，人均住房面积达到40平方米以上，仅落后于东莞，但高于其他所有城市。而在房价收入比方面，苏州不占优势，指数得分仅略高于重庆、无锡以及东莞，远远落后于上海、南京、深圳、杭州以及宁波（见图4—25），说明在相同的条件情况下，上海、南京、深圳、杭州以及宁波比苏州更容易买到房子，房子可获取的可能性更高。综合来说，苏州人均住房面积较大，但房价收入比不占优势，房子的可获取程度较难。

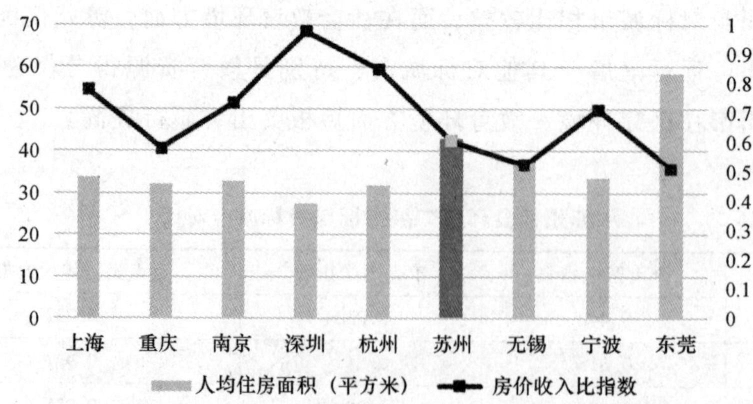

图4—25　苏州居住环境二级指标与对标城市对比

资料来源：中国社会科学院城市与竞争力指数数据库。

⑤生态环境：指数得分 0.667，在对标城市并不突出

选取市辖区城镇绿化覆盖率来反映城市生态环境的状况。通过苏州与对标城市建成区绿化覆盖率的比较分析可以获得（见图 4—26），对标城市中东莞的市辖区绿化覆盖率明显高于其他城市，达到 50.96%，宁波的绿化覆盖率最低为 38.27%，其他城市均位于 40%—46% 之间，整体差距不大。苏州市辖区绿化覆盖率为 42.06%，整体覆盖率较低，在对标城市中较为落后。但苏州与位于其前面的城市差距不大，只要通过加大生态环境改善力度就有赶超前面城市的可能性。同时苏州与后面城市的差距也不大，面临被超越的风险，需要加强城市绿化等生态环境建设。

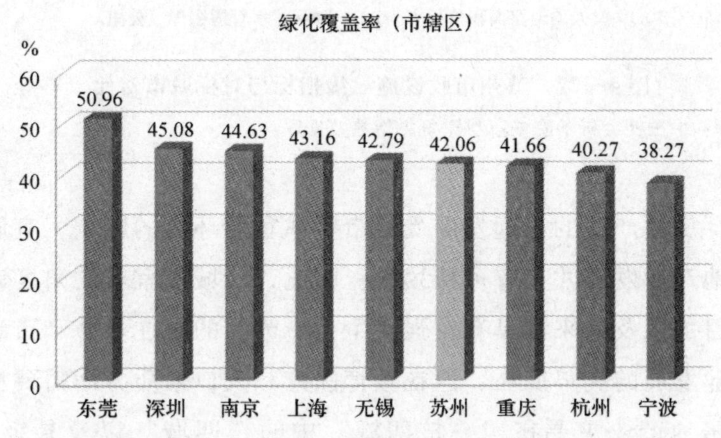

图 4—26　苏州居住环境二级指标与对标城市对比

资料来源：中国社会科学院城市与竞争力指数数据库。

⑥市政设施：指数得分 0.780，在对标城市中表现较为突出

选取人均道路面积、排水管道密度作为城市市政设施的指标进行分析，两个指标分别反映城市交通、管道建设状况，对于市政设施具有很好的代表性。分析苏州与对标城市市政设施状况数据获得（见图 4—27）：在人均道路面积方面，苏州人均道路面积较低，不足 8 平方米，落后于南京、东莞、深圳、无锡、重庆，与南京、东莞、深圳、无锡均存在较大的差距；但远远高于杭州、上海与宁波。在排水管道密度方面，苏州具有一定的优势，高于南京、东莞等 6 城市，在对标城市中比较靠前。因此，在

市政设施建设方面苏州有高有低，需要继续发挥优势，弥补短板，实现苏州市政建设的全面推进。

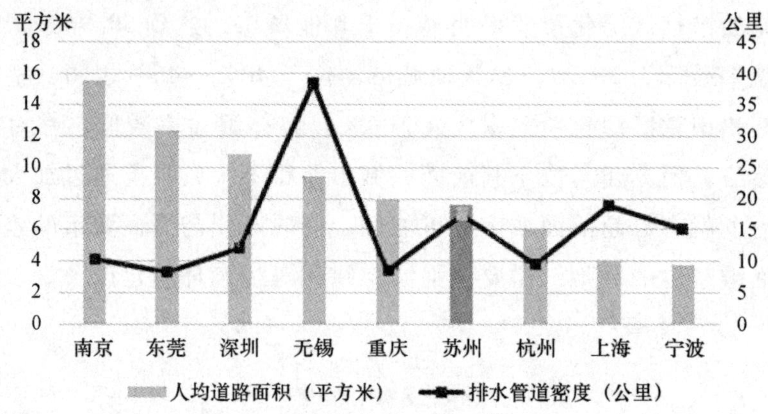

图 4—27 苏州市政设施二级指标与对标城市对比

资料来源：中国社会科学院城市与竞争力指数数据库。

综上，房地产业的长远发展受城市整体宜居环境的影响，宜居环境好的城市房地产业发展才具有可持续性。因此，从城市宜居的角度讲，苏州房地产业目前以及未来都具有较强竞争力。苏州的居住环境和市政设施都是房地产业发展的优势所在，但在教育医疗和人口素质方面需要提升。目前，苏州房地产业主要在“一核四城”中的“四城”以及县级市发展，区域间仍然存在较大的不平衡。

三 中国坐标上的苏州经济竞争力

一个城市的经济竞争力指的是其适宜各种经济商业活动开展的程度，是对经济持续繁荣、社会和谐稳定、文化丰富厚重、设施完备齐全、环境优美宜人、政务廉洁高效等协调发展的高度概括。在过往城市发展实践中，追求经济规模增长是城市主政者孜孜以求的，也常常成为城市官员政绩的重要表现。城市未来的发展更加注重经济社会协调发展，更加重视不断提高地区适宜各种经济商业活动开展的程度。城市的经济竞争力是城市综合竞争力的重要一环。这是经商投资者在选择区位城市进行投资时十分关注的问题。通过城市竞争力评估，可以看清楚一个城市在发展经济竞争力方面的基本准备情况，弄清楚一个城市在哪些方面具有比较优势，哪些方面仍需继续努力，以及为一个城市提高经济竞争力指明方向和提供参考，这对更进一步推动城市经济竞争力的建设发展，逐步增强城市的综合竞争力有重要意义。

沿用中国社会科学院城市竞争力课题组构建的理论框架及指标体系，城市经济竞争力的测度涵盖六大维度、19 个二级指标（见表 4—27）。六个维度分别是企业本体、当地要素、当地需求、制度环境、主体联系和基础设施。

表 4—27　　城市经济竞争力指标体系

指标含义	指标	指标衡量方法	数据来源
企业本体	大企业指数	世界 500 强及上市公司数	财富 500 强名单，上海证券交易所，深圳证券交易所和香港交易及结算所有限公司网站
	企业增长指数	企业数量增长率 + 企业规模增长率	国家统计局
当地要素	工资		国家统计局
	大专以上人口比例		各城市六普公报
	专利指数	专利申请授权量	国家统计局
	人均存款余额		国家统计局
当地需求	GDP 规模		国家统计局
	社会消费品零售总额		国家统计局
	限额以上批发零售贸易业商品销售总额		国家统计局
制度环境	开办企业便利度	证件办理指数 + 企业开办指数 + 经营纳税指数 + 资质认定指数	中国软件测评中心政府网站绩效测评
	企业税收负担	地方财政一般预算内收入占 GDP 比重	国家统计局
	银行网点数		国家统计局

续表

指标含义	指标	指标衡量方法	数据来源
主体联系	城市货运总量		国家统计局
	城市客运总量		国家统计局
	国际商旅人员数	接待海外商旅人数	国家统计局
基础设施	公路交通便利程度	连接城市的国高、国道和省道数	交通部中国公路信息网
	铁路交通便利程度	连接城市的高铁、双线电气化铁路、单线电气化铁路、双线铁路、单线铁路数及是否有主要车站	铁道部铁路运营图及高铁线路图
	航空交通便利程度	机场飞行区等级和起降架次	全国运输机场生产统计公报及各机场网站
	利用海运便利程度	城市距最近海港距离和距天津、上海及香港距离	根据 GOOGLE 地图城市经纬度数据计算

在上述框架和指标体系的基础上，利用包括香港、澳门在内的 289 个城市的统计数据，对城市经济竞争力进行测度，并重点分析全国坐标上的苏州经济竞争力状况，以便看清楚苏州在为经济和商业活动方面的基本准备情况，弄清楚苏州经济竞争力总体情况和具体情况，哪些方面具有主要优势，哪些方面具有劣势，明确应该从哪些方向努力，以及进行对标城市分析和实力相近城市分析，分析标杆城市的优势，在哪些方面需要学习标杆城市，弄清楚哪些方面可以和合作城市合作，和竞争城市在哪些方面竞争。进而根据“扬长补短抓关键”原则为苏州不断提高经济竞争力水平提供参考。

（一）总体情况：相对优势明显，整体表现良好

苏州位于长江三角洲中部，东邻上海，南连浙江省嘉兴、湖州两市，西傍太湖，与无锡相接，北枕长江，地理位置优越。沪宁铁路和沪宁高速公路贯穿东西，京杭大运河连接南北，境内河港密布，公路四通八达。横

卧北侧的长江是通往外地的重要水运干道。苏州地处中国最大的都市圈长三角地区的核心区，紧邻中国最大的现代化城市上海，正好落在上海100公里都市圈的范围内，处在上海的紧密联系圈层内，是上海的强辐射区，经济发展受上海影响较为强烈。苏州经济基础非常深厚，科技文化教育事业发达。2015年苏州地区生产总值达到14500亿元，同比增长7.5%，位列全国第7位，江苏省第1位。

从经济竞争力的角度来看，2015年苏州经济竞争力得分指数为0.4595，位列全国第20位，在江苏省仅次于南京位列第2位，在东部地区位列第12位，在长三角城市群中位列上海、杭州、南京、宁波之后排第5位。最新年度结果显示，2015年苏州经济竞争力得分为0.4595，全国289个城市的得分均值是0.2195，东部地区得分均值为0.3087，长三角地区得分均值为0.3485，可见苏州经济竞争力得分明显比全国、东部地区和长三角地区得分均值高，这表明无论从总体上还是地区上看，苏州都具有较强的经济竞争力，对外来资本和各类项目有很大吸引力和市场潜力。

（二）具体状况：各维度表现不一，优势与劣势并存

从苏州经济竞争力具体分项来看，各维度表现不一，优劣势并存。一是“当地要素”“当地需求”和“制度环境”三个维度的各指标得分相对较好，优势明显。二是“主体联系”维度两项指标得分较好，但是还有一项指标明显较差，值得重视。三是“企业本体”维度指标表现喜忧参半，大企业发展具有绝对优势，但是企业数量和规模增长存在劣势。四是“基础设施”维度三项指标得分表现均较差，整体劣势十分明显。

1. 企业本体：大企业指数得分进入全国前十，中小企业发展相对不足

企业本体是经济活力的集中体现，企业本体包括大企业指数和企业增长指数两个指标。企业本体指标反映一个地区大企业数量和企业数量、规模增长率状况，一个地区企业数量和规模增长越快，大企业数量越多，说明该地区越具有适宜企业发展所需的各种条件。苏州人文底蕴深厚，创新意识强烈。外资和民企发展创新、充满活力，内生增长动力强劲。近年来，为了吸引更多企业进入，苏州不断完善和提升创业便利度和金融服务水平，为民营企业的发展创造了良好的外部环境。外资企业也已经在苏州

落地生根，发挥自身创新优势。在走出有效利用外资的道路后，苏州正积极探索利用内资的道路，找出富民的根本措施。近年来，苏州认真贯彻落实国家和江苏省有关促进中小企业发展的各项政策，并结合实际制定出台民营经济腾飞计划、培育地标型企业、加快民营经济转型升级等一系列政策措施，有效地促进了中小企业的健康快速发展。

图 4—28 和图 4—29 显示，苏州大企业指数得分为 0.175，在全国排第 7 位，列江苏省第 1 位，可见苏州在促进大企业发展中具有独特的

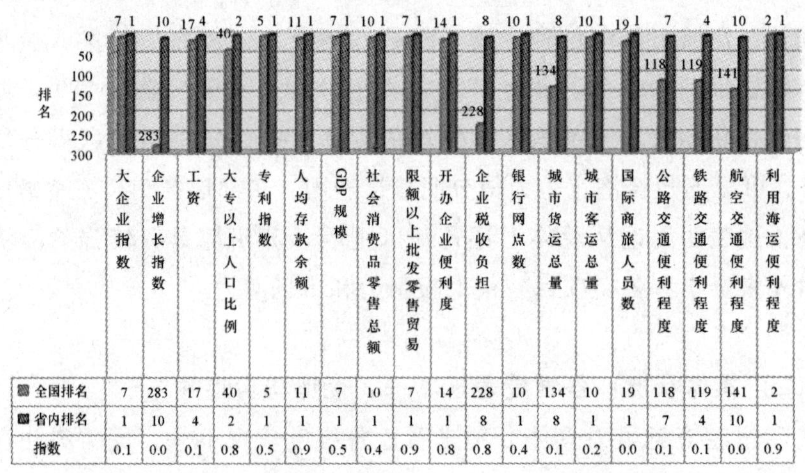

	大企业指数	企业增长指数	工资	大专以上人口比例	专利指数	人均存款余额	GDP规模	社会消费品零售总额	限额以上批发零售贸易	开办企业便利度	企业税收负担	银行网点数	城市货运总量	城市客运总量	国际商旅人员数	公路交通便利程度	铁路交通便利程度	航空交通便利程度	利用海运便利程度
全国排名	7	283	17	40	5	11	7	10	7	14	228	10	134	10	19	118	119	141	2
省内排名	1	10	4	2	1	1	1	1	1	1	8	1	8	1	1	7	4	10	1
指数	0.1	0.0	0.1	0.8	0.5	0.9	0.5	0.4	0.9	0.8	0.8	0.4	0.1	0.2	0.0	0.1	0.1	0.0	0.9

图 4—28　苏州经济竞争力及构成指标柱状图

资料来源：中国社会科学院城市与竞争力指数数据库。

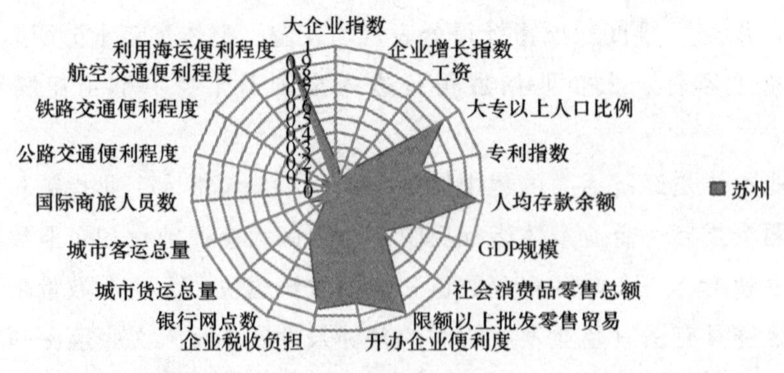

图 4—29　苏州经济竞争力构成指标雷达图

资料来源：中国社会科学院城市与竞争力指数数据库。

明显优势，比较适宜大企业发展，目前，苏州已经有 65 家大企业入驻，然而另一项指标企业增长指数得分仅为 0.081，远低于全国得分均值 0.344，在全国和江苏省均排倒数，这说明苏州当前中小企业发展受到限制，难以发挥吸引中小企业进入的困境。当前，苏州中小企业发展面临的首要问题就是融资难问题，例如融资成本大幅上升；中小企业贷款手续繁琐，需要准备的资料相当复杂，审批时间长，部分企业即使贷到了款，资金也难以及时到位，影响了企业的正常运转。人力资源等企业生产成本上升、结构调整和出口压力加大、企业科技创新能力不足、创新人才缺乏也是苏州大多企业发展面临的问题。只有突破这些瓶颈，才能提高整体经济竞争力，促进更多企业进入并促使原有企业规模做大做强。强化公共服务功能、加强融资服务、引进和培养高端人才以及支持中小企业转型升级是进一步提高企业竞争力，提高苏州市整体经济竞争力的关键对策，未来苏州必须充分发挥在大企业发展中的优势以及不断完善中小企业发展对策，更进一步推动经济竞争力城市的建设发展，逐步增强城市的综合竞争力。

2. 当地要素：工资、人才、科技和资金方面的优势比较明显

当地要素体现出我国城市的劳动力素质、创新能力、投资准备（储蓄）状况，当地要素很大程度上代表了一个城市的基础条件以及其在人、财、物上的组织能力，这对于城市经济竞争力属性至关重要。当地要素包括工资、大专以上人口比例、专利指数和人均存款余额四个指标。工资指标代表城市劳动力报酬水平，工资水平越高，对人才要素的吸引力越强；大专以上人口比例代表人力资本条件，其比重越高，说明该城市人力资本更为雄厚，能够支撑更长远的发展；专利指数代表知识和创新能力及潜力，专利指数越高，说明城市科技创新属性越强，往往更能聚集经济竞争力要素、塑造经济竞争力环境；人均存款余额代表城市储蓄和投资情况，是推动城市发展的“财力”，该指标越大，表明城市的可运用资金量和融资空间越大，为经济竞争力城市发展的财力支撑也就越大。根据最新数据结果显示，苏州市工资指标得分为 0.194，在全国排第 17 位，省内排第 4 位，大专以上人口比例指标得分为 0.865，尽管位列全国第 40 位，省内第 2 位，但显著高于全国均值 0.5，专利指数指标得分 0.592，优势更为明显，位列全国第 5 位，省内第 1 位，人均存款余额得分 0.965，在全国排第 11 位，省内排第 2 位。数据显示，苏州市当地要素各指标得分和排

名均靠前，这说明苏州市在工资水平上具有较强的优势，对人才具有较强的吸引力；大专以上人口比例较高，说明人口素质相对较高，教育程度高，而且极具创业精神。城市人力资本丰厚能推动更快更高效发展；专利指数优势最为明显，苏州市专利指数较高，知识和创新能力和潜力较强，更容易积聚经济竞争力发展所需的其他要素，从而不断提高经济竞争力水平；人均存款余额指标说明苏州可运用资金量和融资空间较大，为经济竞争力城市发展的财力支撑也就越大。苏州市在打造创新至上的经济竞争力城市建设过程中，不断强调提高工资水平和支持创新能力培养的重要性，不断提高城市的知识创造力和人力资本水平。只有牢牢把握积聚高层次人才这一关键环节，加快构筑创新发展高地，积极鼓励个人投资和储蓄，不断提高城市可利用资金量，才有可能不断提高当地要素水平，为城市谋求更强经济竞争力奠定厚实的基础。

3. 当地需求：指数得分入列全国前十，各指标位居江苏省榜首

当地需求表现为城市的整体消费需求，当地需求很大程度上代表一个城市市场容量和市场潜力，需求多少往往能够决定生产多少，一个城市当地需求越旺盛，说明该地区市场容量大，可挖掘的市场潜力越强，人们购买力往往也越强，价格水平也较高，厂商所能获取的利润空间可能越大，因此越能吸引更多的生产商来到这个市场，可见当地需求能体现该城市适宜各种商业发展所需的必要基础，从而提高了该城市经济竞争力水平。一个理想的经济竞争力城市，其目标是要形成创业至上的营商环境，即一方面对外来资本和各类项目有很大吸引力和市场潜力，另一方面对本地企业的发展有完善的扶持激励体系。具体来说，一个经济竞争力城市必须具有广阔的市场需求，可不断挖掘市场发展的潜力。市场需求是基础，是一个城市的市场容量，这一容量为经济竞争力提供了广阔的发展空间，市场需求是经营投资者在进行城市区位选择时十分关心的问题。当地需求包括城市 GDP 规模、社会消费品零售总额以及限额以上批发零售贸易业商品销售总额三个指标。苏州 GDP 规模得分 0.599，在全国排第 7 位，省内排第 1 位；社会消费品零售总额得分 0.435，在全国排第 10 位，省内排第 1 位；限额以上批发零售贸易业商品销售总额得分为 0.979，在全国排第 7 位，省内排第 1 位。苏州市场需求优势非常明显，市场需求大，市场潜力大，为经济竞争力发展提供了广阔的发展空间，可以说当地需求维度显示

苏州市比较适宜各种经济和商业发展的，在同类城市中具有较强的经济竞争力。

4. 制度环境：分项排名位居全国第7位，软件条件的相对优势明显

制度环境是一系列用来建立生产、交换与分配基础的基本的政治、社会和法律基础规则。制度环境主要表现为市场发育程度以及政府监管制度。一个良好的城市制度环境是理想经济竞争力城市的重要条件，因为良好的制度环境能够降低企业生产交易费用、促进竞争、提高效率，充分吸引外来生产要素和产业的流入并且能够形成对本地企业扶持激励体系，例如高居经济竞争力首位的香港主要得益于自由宽松规范的制度环境。这种环境不仅有助于维护香港对国际资本的吸引力，而且使得开办企业极为便利，企业税负相对较低。制度环境包括开办企业便利度、企业税收负担和银行网点数三个指标。开办企业便利度指在该城市成立企业的方便程度，越方便说明该地区越容易吸引外来资本流入，经济竞争力越强；企业税收负担指政府对企业的征税强度，税收负担越轻，企业在该城市投资经营的积极性越强，表明该城市越适宜经济和商业活动开展；银行网点数越多表示该城市越容易实现资本的融通，越容易对经济和商业活动的资金结构和运行过程进行调节。最新数据显示，苏州市开办企业便利度得分为0.805，位列全国第14位，全省第1位；企业税收负担指数得分为0.847，在全国排第228名，省内排第8名；银行网点数得分为0.408，在全国排第10名，省内第1位。三个指标均显示在苏州开办企业极为便利、企业税负相对较低、银行网点数相对较多。总结苏州过去十年的成功经验，最重要的一点就是对内传承与发扬、对外开放和互利，营造了一种自由宽泛的投资环境。政府的政策是维持和发展完善的法律架构、监管制度、基础设施及行政体制，为参与市场的人士提供公平的竞争环境，维持金融及货币体系稳定，充分吸引外来资本的流入，积极扶持本地企业发展，为了鼓励企业做大做强，给予本地企业诸多优惠政策。对内扶持和对外自由开放是苏州在提升经济竞争力方面所具有的特色优势。

5. 主体联系：指数得分处于全国中上游水平，对外联系程度仍有待提升

主体联系表示我国城市与外部的经济交往程度。一个城市与外部经济交往越密切，表明该城市经济活力越强、该城市投资价值越大。主体联系

包括城市货运总量、城市客运总量、国际商旅人员数三个指标。最新数据显示，苏州市货运总量得分为 0.116，位列全国第 138 位，全省第 8 位，低于全国均值 0.142；城市客运总量得分为 0.224，在全国排第 10 名，省内排第 1 名；国际商旅人员数得分为 0.023，在全国排第 19 名，省内第 1 名。苏州市货运总量较少，与外部经济联系不够密切，与一些标杆城市还有很大的差距，然而客运总量和国际商旅人数指标表现较好，有一定的优势。众所周知，苏州素来以山水秀丽、园林典雅而闻名天下，在长期历史发展过程中，逐步形成自己的特点和风貌，以其绚丽多姿的民俗风情、丰富多彩的文化古迹、独步天下的古典园林、古朴秀雅的小桥流水人家和真山真水的太湖风光吸引着大批中外游客。旅游业发展对经济和商业发展具有明显的促进作用。一方面，旅游业快速发展吸引大量投资者到达目的地进行旅游开发活动，不断促进目的地地区的旅游商业化，另一方面，在当前自然环境日益严重的背景下，苏州以其优美的自然风景闻名天下，自然可以吸引大量投资者进入，不断提高经济竞争力水平。

6. 基础设施：分项排名最低，陆空交通枢纽性不明显

城市基础设施是指为社会生产和居民生活提供公共服务的物质工程设施，是用于保证国家或地区社会经济活动正常进行的公共服务系统。它是社会赖以生存发展的一般物质条件。城市基础设施的容量大小决定该城市的产业规模。良好的城市基础设施，构成完整的生产服务体系，将为城市产业提供充足适宜的载体和良好的环境，有利于产业的良好增长和市民福利的提升。高级、先进、创新性的基础设施，立体化的运输系统，一体化的先进的通讯网络，全球高密度的信息传输系统，不仅可以生产、运输、节约交易费用和降低城市产品的相对单位成本，而且可以为城市高技术产业、知识产业成长创造条件，完善的良好的特别是先进的技术性基础设施能够增强城市对外来商业活动的吸引力，显著提高城市的经济竞争力。经济竞争力指标体系中基础设施主要指交通基础设施，包括公路交通便利程度、铁路交通便利程度、航空交通便利程度、利用海运便利程度。交通基础设施有其不同一般的经济特性，社会发展的承载作用。社会的生产和生活都依赖于交通基础设施，而且随着社会的发展，它在整体社会经济中发挥着重要作用。交通基础设施能够为社会生产和生活提供方便，节约通勤成本和交易成本，促进产业合理布局以及影响人口流动方向，因此能够显

著提高一个城市适宜各种经济商业活动开展的程度。苏州市基础设施指数得分0.244，排在全国289个城市中的第153名，为排名最低的一个分项，由此也说明苏州的基础设施条件亟待大幅提升。具体来看，苏州市公路交通便利程度得分为0.101，在全国排第118位，省内第7位，低于全国均值0.111；铁路交通便利程度得分为0.125，在全国排第119位，省内第4位，低于全国均值0.148；航空交通便利程度得分为0.044，在全国排第141位，省内第10位，低于全国均值0.367；只有利用海运便利程度最好，得分达到0.999，在全国排第2位，省内第1位。数据显示，苏州在公路、铁路和航空交通上优势不足，其中在公路交通上，高速公路、国道和省道比较少，甚至比一些欠发达地区都少；在铁路交通上，路过苏州只有京沪、沪宁铁路两条线，而且还是铁路过路站，既不是节点，也不是枢纽；在航空交通上，苏州全市范围内并没有民用机场，苏南硕放机场和上海虹桥机场在苏州半小时经济圈内，十分便捷，然而因为不在苏州市域范围，国际、国内识别度不高，这进一步削弱了苏州的交通地位，苏州在公路、铁路和航空交通上的不足削弱了经济竞争力。但是在海运和内河运输交通上，苏州优势非常明显，这在一定程度上能够弥补公路、铁路和航空交通的缺陷。苏州北枕长江、西靠太湖，京杭大运河贯穿南北，境内河港密布，横卧北侧的长江是通往外地的重要水运干道，位于长江下游南岸的张家港、常熟港、太仓港都是国家一类口岸，其中太仓港还是上海国际航运中心的组合港和苏州工业园区的配套港。

综上所述，在苏州经济竞争力指标体系中可以发现：一是当地要素、当地需求和制度环境三个维度的各指标得分相对较好。这体现出苏州的劳动力素质、创新能力、投资准备（储蓄）状况和市场需求和可挖掘市场潜力是良好的，以及制度环境上，全面深化改革在开办企业便利度、企业税负和银行网点数均有显著成效，城市的制度环境表现突出。城市已经为创业等经济商业活动准备好了条件。二是主体联系维度两项指标得分较好，说明苏州与外部经济联系较好，但是还有一项指标明显较差说明苏州与外部的经济交往程度仍有待提升。三是企业本体维度指标得分喜忧参半。大企业数目较多，表现不错，但是企业数量和规模增长上有所欠缺。四是基础设施维度三项指标得分表现均较差，说明苏州交通基础设施的便利度是较差的，束缚了城市为创业等经济商业活动的发展，但是便利的海运条件一定程度上能够适度弥补交通的不利地位，未来通苏嘉、沿江高铁等城际铁路建设将有望提升苏州的交通基础设施便利度。

（三）对标城市比较分析

进一步将苏州与深圳、杭州、无锡、南通四个城市进行对比分析，主要是从经济竞争力六个维度的每个具体二级指标详细分析苏州与对标城市的情况。与对标城市比较来看，深圳在企业本体、当地要素、当地需求、制度环境、主体联系方面优势都很明显，都值得作为学习的目标；在工资、企业税收负担以及利用海运便利程度上，苏州比南通优势不大，甚至在城市货运总量和航空交通便利程度上，南通比苏州有优势，在企业增值指数和公路交通便利程度上，两个城市都比较差，因此，在这几个方面，苏州和南通可以相互合作，相互借鉴，共同推动经济竞争力水平；在大专以上人口比例、人均存款余额、限额以上批发零售贸易业商品销售总额、企业税收负担、利用海运便利程度方面，苏州比无锡优势不大，竞争非常激烈，甚至在企业增值指数、工资、城市货运总量、公路交通便利程度、铁路交通便利程度和航空交通便利程度上，无锡已经以微弱的优势超越苏州。

1. 整体得分和排名特征：与深圳存在不小差距，与无锡竞争激烈

如图 4—30 苏州和各比较城市整体经济竞争力得分和排名情况所示，深圳整体得分 0.7328，全国排第 5 位，杭州整体得分 0.5605，全国排第

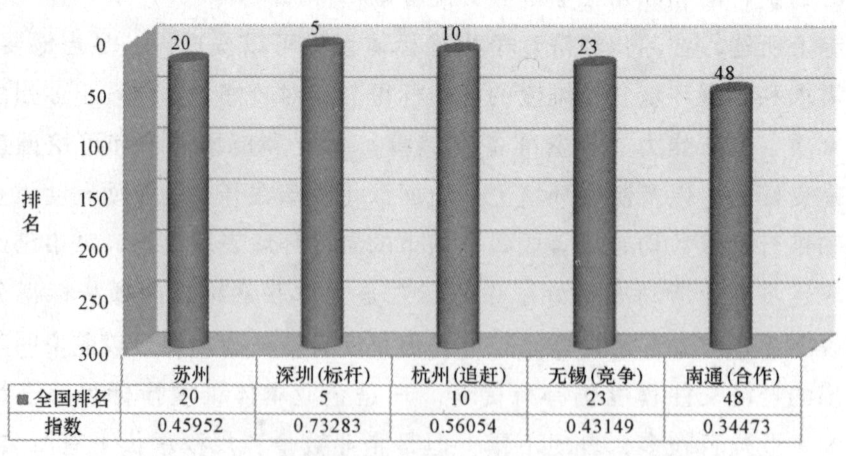

	苏州	深圳(标杆)	杭州(追赶)	无锡(竞争)	南通(合作)
■全国排名	20	5	10	23	48
指数	0.45952	0.73283	0.56054	0.43149	0.34473

图 4—30　苏州与对标城市经济竞争力比较柱状图

资料来源：中国社会科学院城市与竞争力指数数据库。

10位，说明苏州在整体经济竞争力得分和排名上与标杆城市和追赶城市还有不小的差距，都值得苏州去学习和追赶，无锡整体得分0.4315，在全国排第23位，南通整体得分0.3447，在全国排第48位，可以看出，苏州对无锡的领先优势不是很明显。

2. 指标维度特征

具体到分项指标分析，从中观察苏州与四个比较城市经济竞争力发展情况，弄清楚标杆城市的优势在哪里，在哪些方面应该学习标杆城市，如何实现追赶，哪些方面可以和合作城市合作，以及与竞争城市在哪些方面存在竞争。

（1）企业本体：大企业发展不及深圳和杭州，企业增值指数排名靠后

企业本体维度下两个二级指标得分和排名如图4—31和图4—32所示，在大企业指数得分和排名中，深圳的优势非常明显，得分远大于苏州，值得苏州学习。然而，苏州和杭州的差距并不大，说明在这两个城市中，大企业数目相当，但是苏州相比无锡、南通优势比较明显。一个城市大企业数量越多，集聚力越强对外部要素的吸引力越强，因此经济竞争力水平也就越强。在企业增值指数得分和排名中，这五个城市在这一指标中得分都较低，排名都相对靠后，苏州与深圳、无锡、南通都排倒数，表现较差，但杭州在这一指标中仍具有明显的领先优势。这说明杭州在企业数量和规模的发展中具有独特的优势，值得其他城市借鉴。

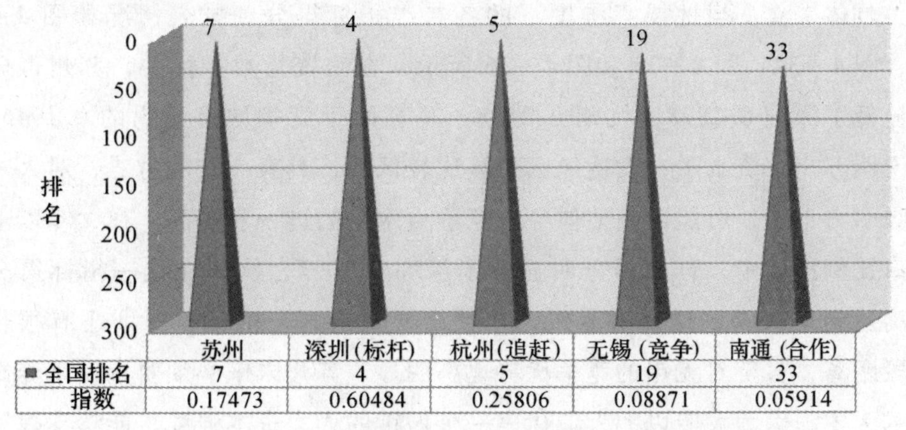

	苏州	深圳(标杆)	杭州(追赶)	无锡（竞争)	南通（合作)
全国排名	7	4	5	19	33
指数	0.17473	0.60484	0.25806	0.08871	0.05914

图4—31　苏州与对标城市大企业指数比较柱状图

资料来源：中国社会科学院城市与竞争力指数数据库。

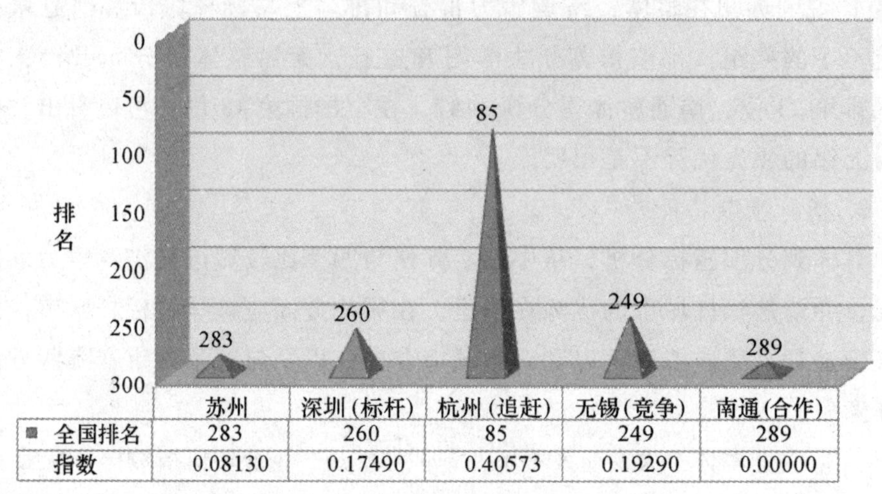

	苏州	深圳（标杆）	杭州（追赶）	无锡（竞争）	南通（合作）
■ 全国排名	283	260	85	249	289
指数	0.08130	0.17490	0.40573	0.19290	0.00000

图 4—32　苏州与对标城市企业增值指数比较柱状图

资料来源：中国社会科学院城市与竞争力指数数据库。

（2）当地要素：指数得分低于深圳三个名次，总体上领先于杭州、无锡和南通

当地要素指数由工资、大专以上人口比例、专利指数和人均存款余额共同测度。数据计算显示，苏州当地要素指数得分位于全国 289 个城市的第 6 名，低于标杆城市深圳（全国排名第 3）三个名次，高于杭州、无锡和南通。

具体来看，当地要素维度下的各二级指标得分和排名情况如图 4—33、图 4—34、图 4—35 和图 4—36 所示，在工资指数指标中，苏州得分明显低于深圳 0.2878，杭州 0.2188，甚至低于竞争城市无锡的 0.1945，这说明苏州工资水平在发达地区中算比较低的，具有一定的劣势，对人才的吸引力不足，可能影响整体经济竞争力水平的进一步提高。在大专以上人口比例指标中，苏州得分明显低于深圳 0.9097，杭州在这一指标得分最高达到 0.9306，这说明苏州人才数量要想追赶上杭州、深圳还有很长一段距离，甚至对无锡的竞争优势也不明显。苏州未来必须要重视培养高技术人才，因为大专以上人口代表一个城市的人力资本强度，能够支撑一个城市未来更长远发展的关键因素。在专利指数指标中，苏州优势十分明显，仅仅低于深圳的 0.9660，显著高于杭州的 0.3421、无锡的 0.3731、

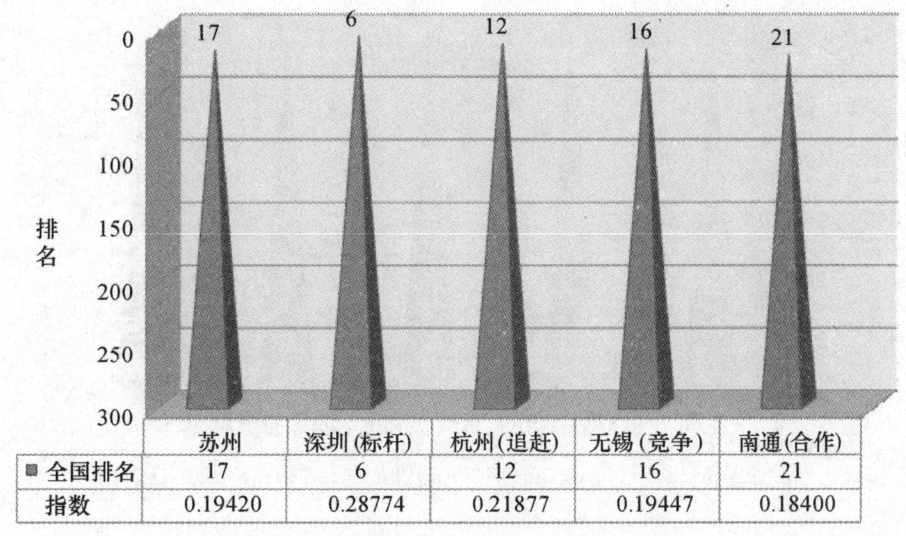

	苏州	深圳(标杆)	杭州(追赶)	无锡(竞争)	南通(合作)
■ 全国排名	17	6	12	16	21
指数	0.19420	0.28774	0.21877	0.19447	0.18400

图 4—33　苏州与对标城市工资得分比较柱状图

资料来源：中国社会科学院城市与竞争力指数数据库。

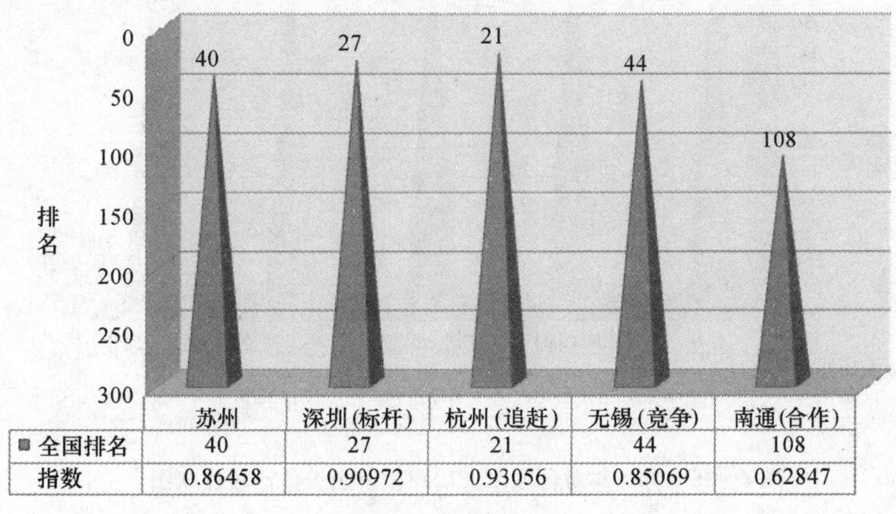

	苏州	深圳(标杆)	杭州(追赶)	无锡(竞争)	南通(合作)
■ 全国排名	40	27	21	44	108
指数	0.86458	0.90972	0.93056	0.85069	0.62847

图 4—34　苏州与对标城市大专以上人口比例比较柱状图

资料来源：中国社会科学院城市与竞争力指数数据库。

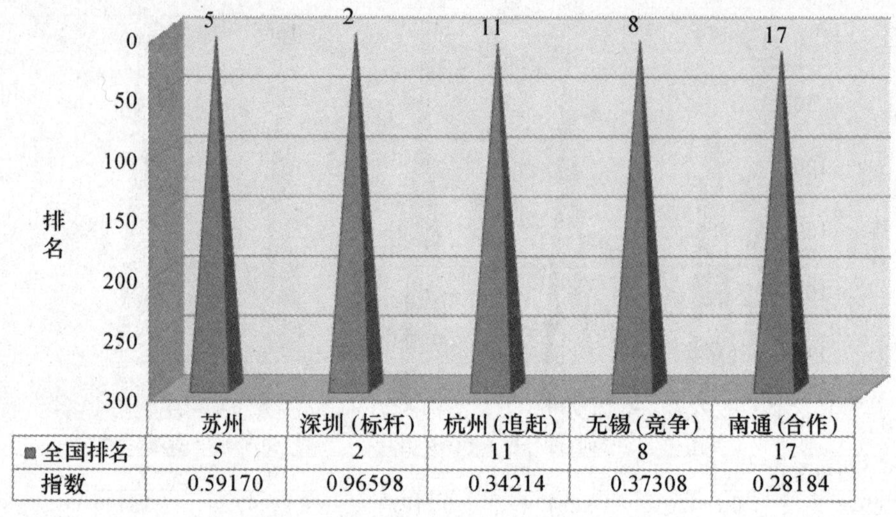

	苏州	深圳(标杆)	杭州(追赶)	无锡(竞争)	南通(合作)
■全国排名	5	2	11	8	17
指数	0.59170	0.96598	0.34214	0.37308	0.28184

图 4—35　苏州与对标城市专利指数比较柱状图

资料来源：中国社会科学院城市与竞争力指数数据库。

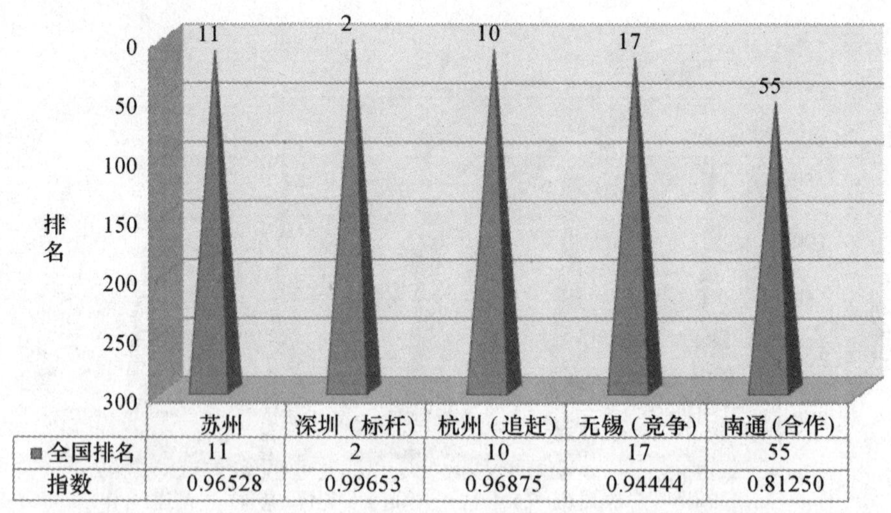

	苏州	深圳(标杆)	杭州(追赶)	无锡(竞争)	南通(合作)
■全国排名	11	2	10	17	55
指数	0.96528	0.99653	0.96875	0.94444	0.81250

图 4—36　苏州与对标城市人均存款余额指数比较柱状图

资料来源：中国社会科学院城市与竞争力指数数据库。

南通的 0.2818。专利指数代表一个城市的知识力、创造力，苏州的高专利知识表明该城市科技创新潜力大，更容易聚集经济竞争力要素，更适宜进行创业至上的经济和商业发展活动。在人均存款余额指标中，苏州的表现也不错，虽然比不过深圳的 0.9965，但是与杭州的 0.9688 不相上下，追赶上杭州问题不大，对无锡优势不大，对南通保持绝对的优势，这说明苏州可利用资金量较大，对经济竞争力城市建设的财力支撑较强，能够推动城市经济竞争力进一步提高。

（3）当地需求：与深圳相差不大，以微弱优势领先杭州

当地需求下的二级指标包括 GDP 规模、社会消费品零售总额、限额以上批发零售贸易业商品销售总额，指标得分和排名显示（见图 4—37 至图 4—39）：在 GDP 规模指标中，苏州仅低于标杆城市深圳的 0.6684，以绝对优势超过追赶城市杭州的 0.3810，对无锡和南通的优势也较大。GDP 规模越大，说明该地区经济发展水平越高，与我们通常逻辑相一致，经济竞争力显然与经济发展程度紧密相关。在社会消费品零售总额指标中，苏州也仅仅低于标杆城市深圳的 0.5277，超过追赶城市杭州的 0.4196，对无锡和南通的优势比较大。在限额以上批发零售贸易业商品销售总额指标中，苏州紧追深圳和杭州，劣势比较小，然而对无锡优势不大，对南通的优势比较大。一个城市当地需求大，市场容量和可挖掘潜力较大，适宜经济和商业发展空间较大。苏州当地需求与深圳相差不大，已经基本实现对杭州的反超，但是对杭州优势不是很明显，依然需要继续努力，高度重视开发市场潜在需求，全力激发市场可挖掘潜力。

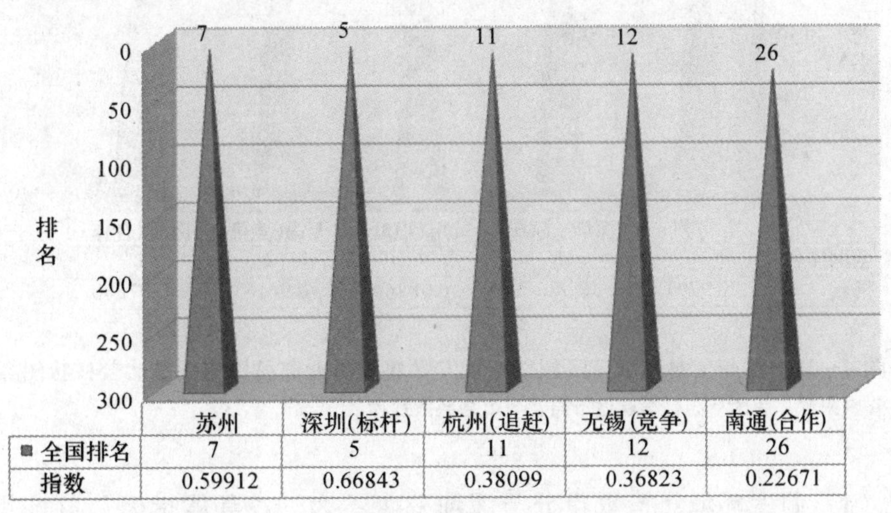

	苏州	深圳(标杆)	杭州(追赶)	无锡(竞争)	南通(合作)
■ 全国排名	7	5	11	12	26
指数	0.59912	0.66843	0.38099	0.36823	0.22671

图 4—37　苏州与对标城市 GDP 规模指数比较柱状图

资料来源：中国社会科学院城市与竞争力指数数据库。

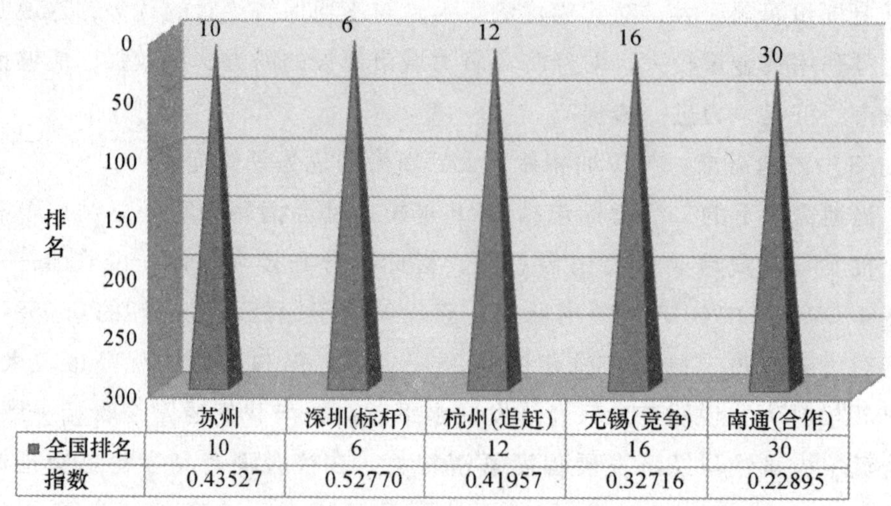

	苏州	深圳(标杆)	杭州(追赶)	无锡(竞争)	南通(合作)
■全国排名	10	6	12	16	30
指数	0.43527	0.52770	0.41957	0.32716	0.22895

图 4—38　苏州与对标城市社会消费品零售总额指数比较柱状图

资料来源：中国社会科学院城市与竞争力指数数据库。

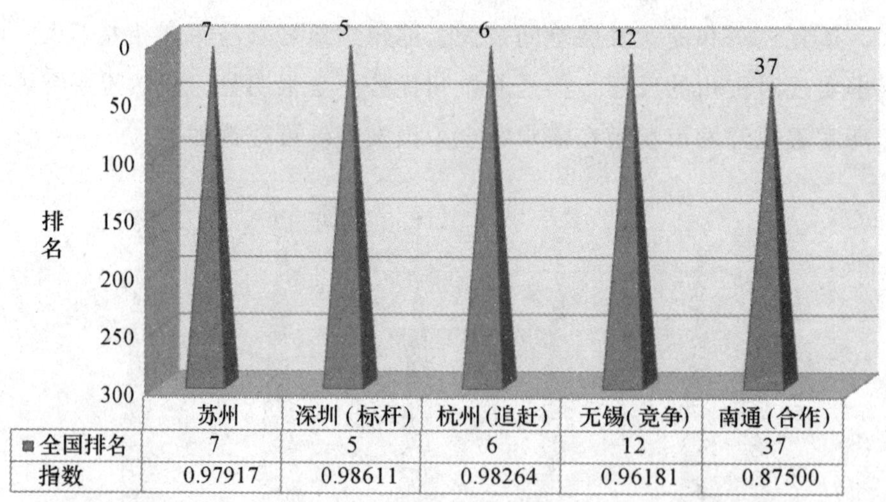

	苏州	深圳（标杆）	杭州（追赶）	无锡（竞争）	南通（合作）
■全国排名	7	5	6	12	37
指数	0.97917	0.98611	0.98264	0.96181	0.87500

图 4—39　苏州与对标城市限额以上批发零售贸易业商品销售指数比较柱状图

资料来源：中国社会科学院城市与竞争力指数数据库。

（4）制度环境：指数得分与深圳差距不大，各具体指标上与杭州、无锡和南通相比优劣程度不一开办企业的便利度、企业税收负担以及银行网点数指标能够共同测度出城市的制度环境状况。制度环境维度下的各二级指标得分和排名显示（见图4—40至图4—42）：在开办企业便利度指标中，苏州仅低于深圳的0.9238，但是以非常大的绝对优势高于杭州的0.4967、无锡的0.5960、南通的0.5695。这说明，苏州在开办企业便利度上表现比较好。开办企业越便利，说明该地区越容易吸引外来资本流入，经济竞争力越强。在企业税收负担指标中，五个城市整体企业税收负担都相对较轻，其中深圳和杭州表现更为良好，苏州表现次之，无锡和南通相对较差，企业税收负担越低，企业在该城市投资经营的积极性越强，表明该城市越适宜经济和商业活动发展。在银行网点数指标中，苏州仅仅低于深圳的0.4505，以微弱的优势领先杭州的0.4058，明显优于无锡和南通。银行网点数越多说明该地资金融通越高效，对经济和商业的调节能力越强。苏州应该继续保持优良做法，适度借鉴深圳经验，争取更高的发展。

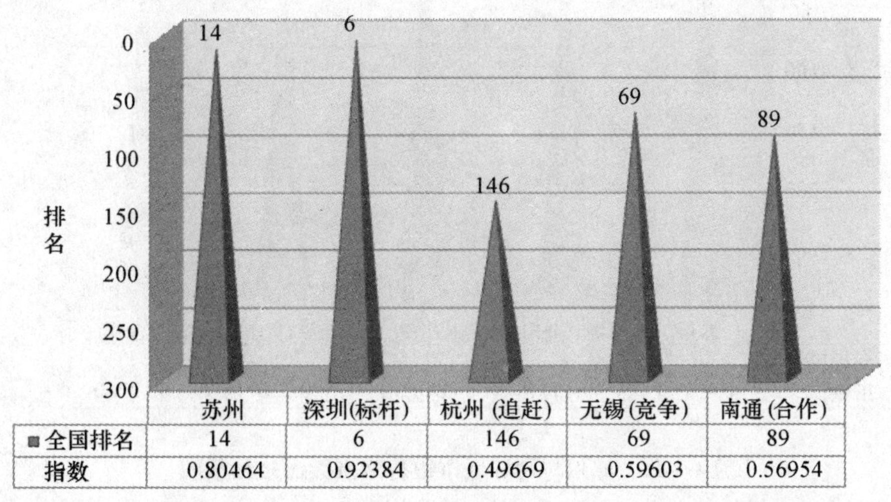

	苏州	深圳(标杆)	杭州 (追赶)	无锡(竞争)	南通(合作)
■全国排名	14	6	146	69	89
指数	0.80464	0.92384	0.49669	0.59603	0.56954

图4—40　苏州与对标城市开办企业便利度比较柱状图

资料来源：中国社会科学院城市与竞争力指数数据库。

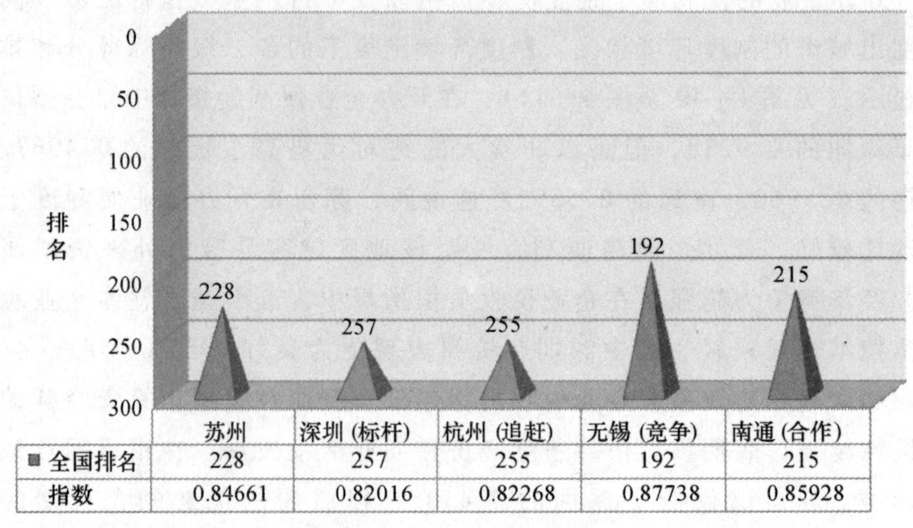

	苏州	深圳(标杆)	杭州(追赶)	无锡(竞争)	南通(合作)
■ 全国排名	228	257	255	192	215
指数	0.84661	0.82016	0.82268	0.87738	0.85928

图 4—41　苏州与对标城市企业税收负担比较柱状图

资料来源：中国社会科学院城市与竞争力指数数据库。

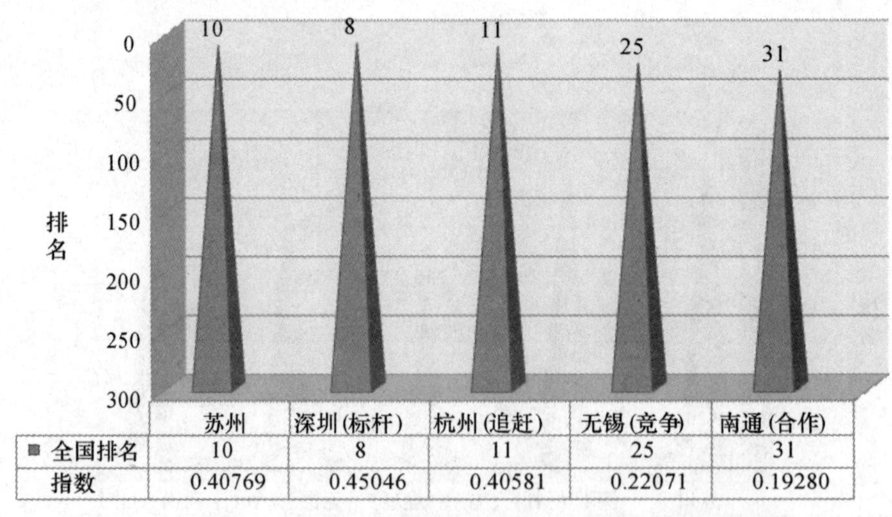

	苏州	深圳(标杆)	杭州(追赶)	无锡(竞争)	南通(合作)
■ 全国排名	10	8	11	25	31
指数	0.40769	0.45046	0.40581	0.22071	0.19280

图 4—42　苏州与对标城市银行网点数比较柱状图

资料来源：中国社会科学院城市与竞争力指数数据库。

（5）主体联系：与深圳差距大，与杭州相比劣势也比较明显

苏州主体联系得分 0.174，排名全国 289 个城市中的第 40 名，排名远高于南通和无锡两市，但与深圳（指数得分 0.743，全国排名第 3 位）相

比，差距较大，与杭州（指数得分 0.262，全国排名第 17 位）相比，劣势也比价明显。

主体联系维度下的各二级指标得分和排名情况如下图 5—43 至图 4—45 所示，在城市货运总量指标中，苏州在五个城市中倒数第一，而且差距还比较大，这与苏州的产业以电子信息为主，运量少、价值高有关联，但仍然需要提升装备制造等产品的货运路，增加苏州的货运总量，提升与外部经济联系度，推动经济竞争力城市的建设发展。但在城市客运总量指标中，苏州仅低于排名全国第一深圳的 1.0000，以绝对优势超过杭州的 0.1783，而无锡和南通更没有对苏州形成竞争威胁。在国际商旅人数指标中，苏州落后深圳 0.2237 和杭州 0.0582 还有一段差距，短时间实现反超难度较大，但对无锡和南通依然具有绝对的优势。苏州在主体联系维度下，三项指标都落后深圳太多，只有一项指标领先杭州，这说明苏州在主体联系层面任重而道远，需要进一步提升与外部的经济交往程度。苏州在今后必须继续打造开放之城、创新之都，不断扩大对外开放水平，提升与外部经济的联系强度，只有这样才能充分激发经济和商业活动的积极性，以吸引更多外部经济和商业的流入，提高经济竞争力。

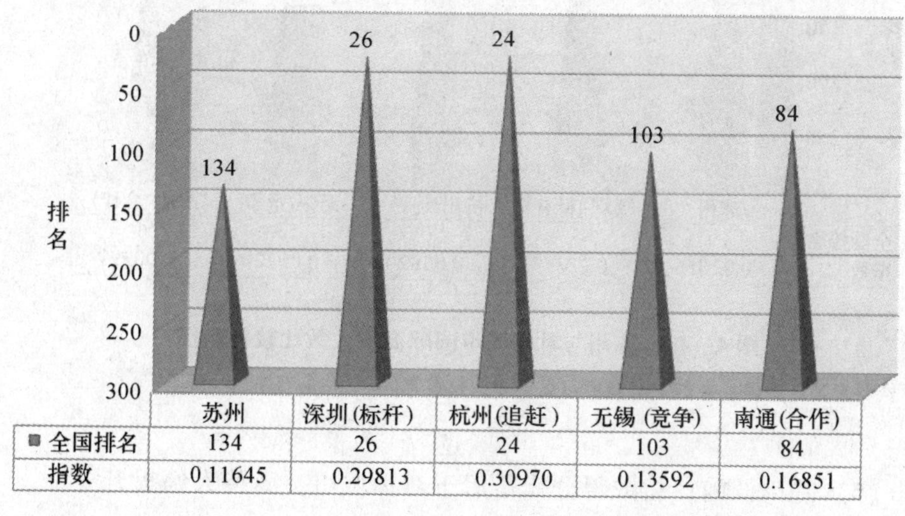

	苏州	深圳(标杆)	杭州(追赶)	无锡 (竞争)	南通(合作)
■ 全国排名	134	26	24	103	84
指数	0.11645	0.29813	0.30970	0.13592	0.16851

图 4—43　苏州与对标城市城市货运总量指数比较柱状图

资料来源：中国社会科学院城市与竞争力指数数据库。

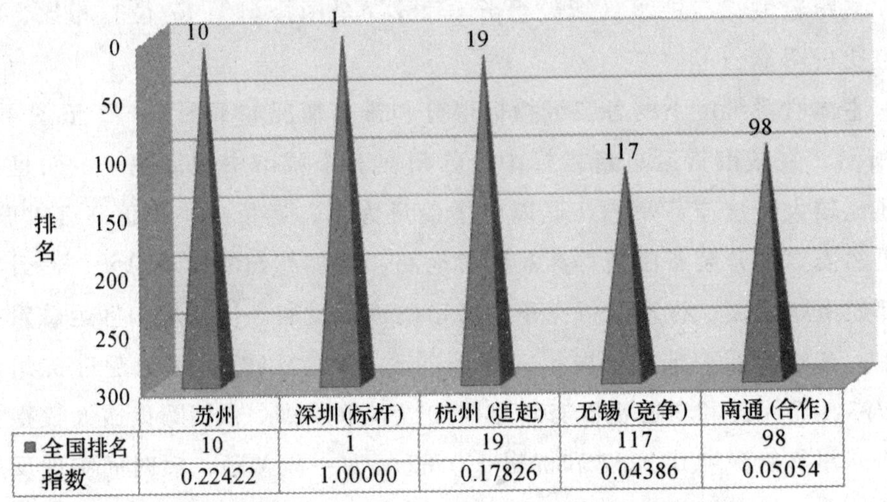

	苏州	深圳(标杆)	杭州(追赶)	无锡(竞争)	南通(合作)
■全国排名	10	1	19	117	98
指数	0.22422	1.00000	0.17826	0.04386	0.05054

图 4—44 苏州与对标城市城市客运总量指数比较柱状图

资料来源：中国社会科学院城市与竞争力指数数据库。

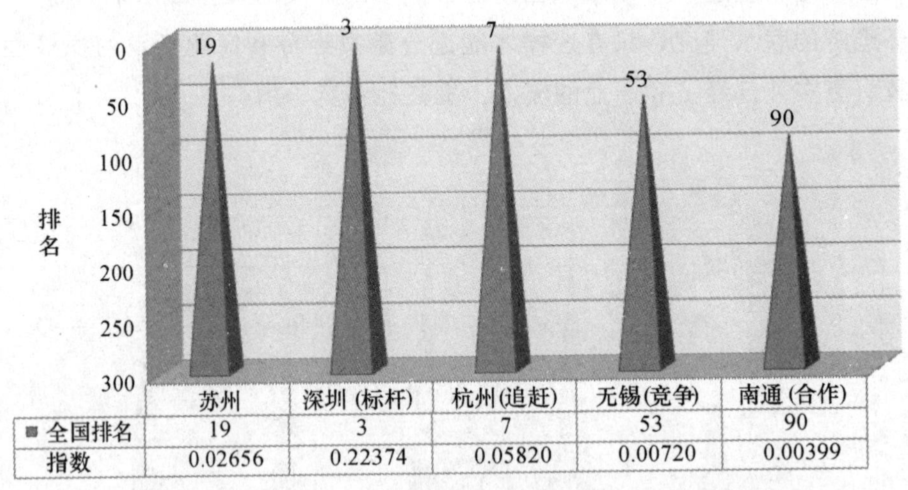

	苏州	深圳(标杆)	杭州(追赶)	无锡(竞争)	南通(合作)
■全国排名	19	3	7	53	90
指数	0.02656	0.22374	0.05820	0.00720	0.00399

图 4—45 苏州与对标城市国际商旅人数比较柱状图

资料来源：中国社会科学院城市与竞争力指数数据库。

（6）基础设施：指数得分皆落后于对标城市，亟待大幅提升

苏州市基础设施指数得分为 0. 244，排名全国第 153 名，指数得分及排名皆远远落后于深圳、杭州、无锡和南通对标城市，表明苏州基础设施短板效应明显，基础设施条件亟待大幅提升。

具体来看（见图 4—46 至图 4—49），苏州在公路交通便利程度、铁路交通便利程度和航空交通便利程度上都具有明显的劣势。在公路交通便利程度上，苏州得分较低，但高于深圳 0.0924，但是杭州的 0.2773 以巨大的优势超过苏州，甚至苏州低于无锡的得分，这说明苏州在公路交通上不够完善，公路交通便利度有待提升。在铁路交通便利程度上，因为苏州不是交通枢纽，其劣势更加明显，显著低于深圳的 0.2783、杭州的 0.5217、

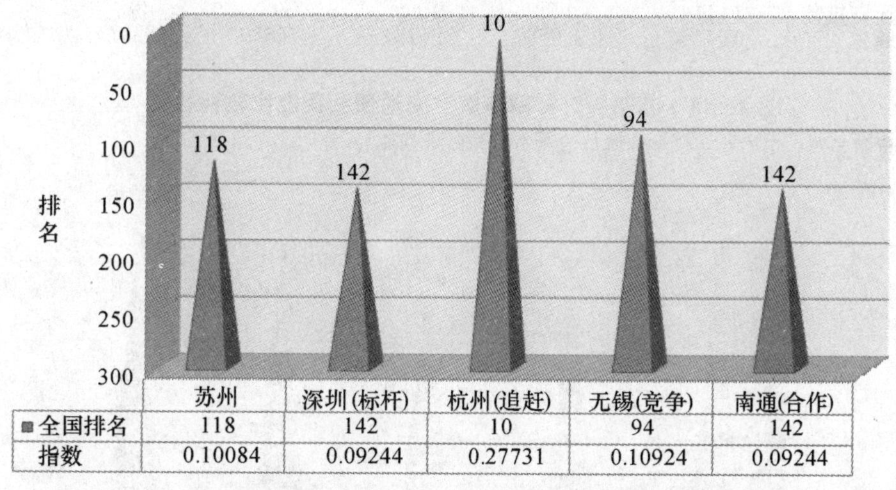

	苏州	深圳(标杆)	杭州(追赶)	无锡(竞争)	南通(合作)
■全国排名	118	142	10	94	142
指数	0.10084	0.09244	0.27731	0.10924	0.09244

图 4—46　苏州与对标城市公路交通便利程度比较柱状图

资料来源：中国社会科学院城市与竞争力指数数据库。

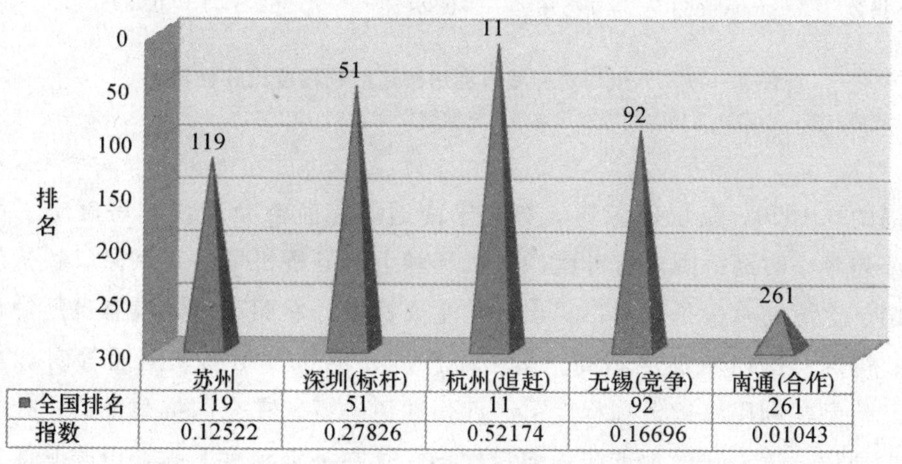

	苏州	深圳(标杆)	杭州(追赶)	无锡(竞争)	南通(合作)
■全国排名	119	51	11	92	261
指数	0.12522	0.27826	0.52174	0.16696	0.01043

图 4—47　苏州与对标城市铁路交通便利程度比较柱状图

资料来源：中国社会科学院城市与竞争力指数数据库。

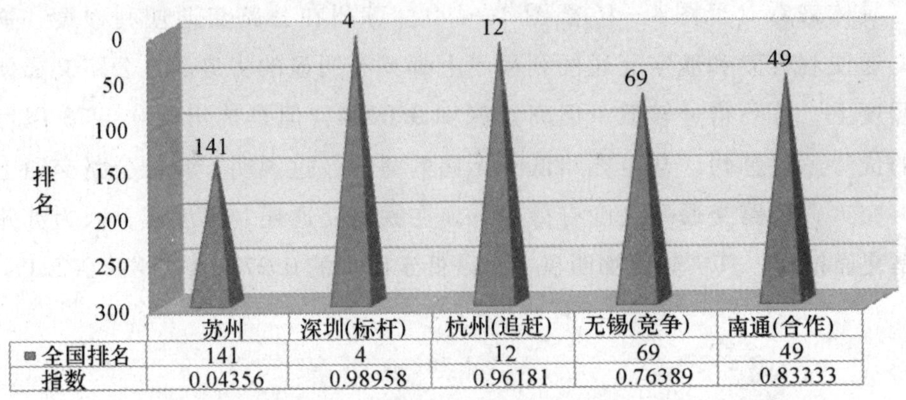

	苏州	深圳(标杆)	杭州(追赶)	无锡(竞争)	南通(合作)
全国排名	141	4	12	69	49
指数	0.04356	0.98958	0.96181	0.76389	0.83333

图 4—48　苏州与对标城市航空交通便利程度比较柱状图

资料来源：中国社会科学院城市与竞争力指数数据库。

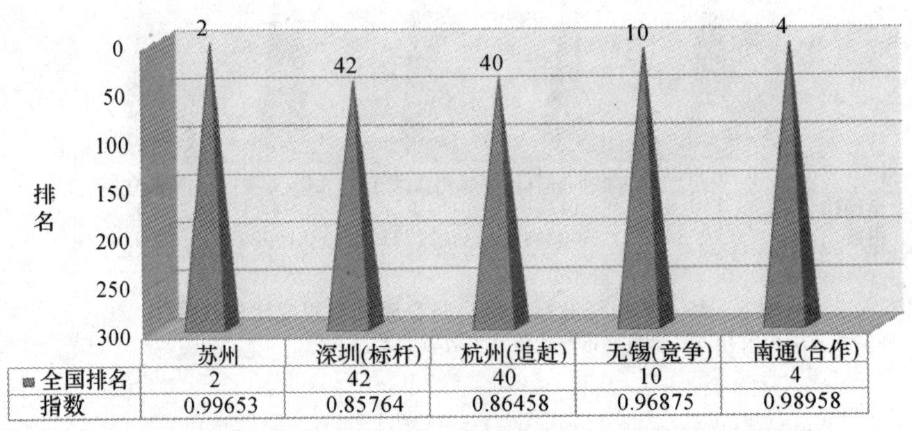

	苏州	深圳(标杆)	杭州(追赶)	无锡(竞争)	南通(合作)
全国排名	2	42	40	10	4
指数	0.99653	0.85764	0.86458	0.96875	0.98958

图 4—49　苏州与对标城市利用海运便利程度比较柱状图

资料来源：中国社会科学院城市与竞争力指数数据库。

无锡的 0.1670，仅仅以微弱优势高于南通。在航空交通便利程度上，虽然苏州半小时经济圈内有苏南硕放机场和上海虹桥机场，南京禄口、杭州萧山、上海浦东也是苏州市民出行的主要机场，然而苏州并没有自己的机场，国际、国内识别度不高，落后于深圳、杭州、无锡和南通等对标城市。但是在利用海运便利程度上，苏州独树一帜，在全国排第 2 位，处于领先地位，这充分体现苏州的海运优势，这在一定程度上弥补由于其他交通运输不足对适宜经济和商业发展程度的劣势。

综上所述，除了公路交通便利程度和利用海运交通便利程度外，深圳在其他方面优势都比较明显，在企业本体、当地要素、当地需求、制度环境、主体联系方面都值得作为学习的目标；在工资、企业税收负担以及利用海运便利程度上，苏州比南通优势不大，甚至在城市货运总量和航空交通便利程度上，南通比苏州有优势，在企业增值指数和公路交通便利程度上，两个城市都比较差；在大专以上人口比例、人均存款余额、限额以上批发零售贸易业商品销售总额、企业税收负担、利用海运便利程度方面，苏州比无锡优势不大，甚至在企业增值指数、工资、城市货运总量、公路交通便利程度、铁路交通便利程度和航空交通便利程度上，无锡已经以微弱的优势超越苏州。

（四）实力相近城市分析：差距较小，竞争激烈

本节根据经济竞争力六个维度下每个分项的得分排名情况，选择排在苏州前面五位的城市和排在苏州后面五位的城市（见4—28），从二级指标含义和每个具体的二级指标两个方面进行详细分析，找出苏州的优势和短板。

表4—28　　苏州与实力相近城市的经济竞争力对比

城市	企业本体	当地要素	当地需求	制度环境	主体联系	基础设施	经济竞争力排名
沈阳	0.134	0.604	0.561	0.242	0.165	0.757	15
济南	0.238	0.596	0.503	0.296	0.112	0.660	16
合肥	0.211	0.585	0.440	0.264	0.289	0.697	17
西安	0.176	0.609	0.489	0.249	0.348	0.536	18
郑州	0.143	0.561	0.506	0.206	0.236	0.718	19
苏州	0.110	0.714	0.680	0.347	0.174	0.244	20
大连	0.137	0.625	0.530	0.231	0.238	0.564	21
福州	0.253	0.537	0.493	0.309	0.143	0.597	22
无锡	0.112	0.642	0.559	0.250	0.085	0.500	23
厦门	0.173	0.631	0.404	0.229	0.124	0.611	24
哈尔滨	0.230	0.555	0.477	0.266	0.079	0.554	25

资料来源：中国社会科学院城市与竞争力指数数据库。

从经济竞争力排名位于苏州前五的城市比较来看，苏州在当地要素、当地需求和制度环境三个维度上相对优势明显，指数得分超过了前五城市。但在基础设施、企业本体和主体联系方面与前五城市存在不同程度的差距，尤其是基础设施方面远远落后于前五城市（见图4—50）。

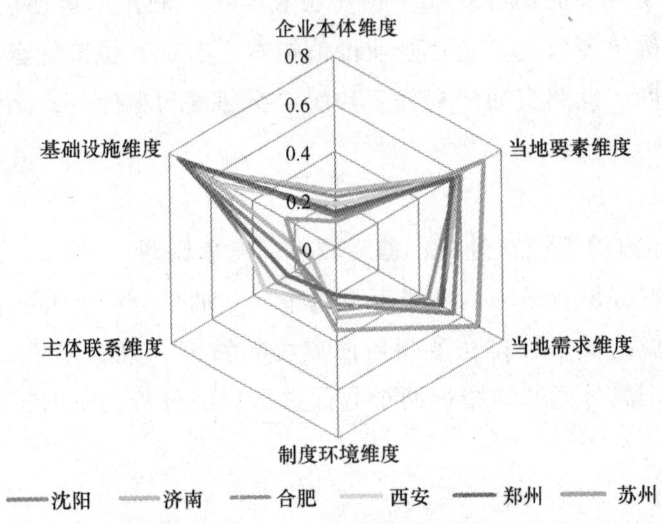

图4—50 苏州与经济竞争力相近城市（前五位）各维度指数得分雷达图

资料来源：中国社会科学院城市与竞争力指数数据库。

从经济竞争力排名位于苏州后五位的城市比较来看（见图4—51），苏州在制度环境、当地要素、当地需求方面的领先优势明显，特别是在当地需求指数得分上远超无锡、大连、福州等城市。然而，与后五位城市相比，苏州基础设施、企业本体和主体联系方面的短板明显，尤其是基础设施得分落后于全部后五位城市。继续发挥当地需求与当地要素等方面的优势，不断弥补基础设施等方面短板，对于提升苏州的经济竞争力意义重大。

具体到各个指标来看，企业本体维度下大企业指数指标中，苏州得分0.1747，排名第7位，排在苏州前五位的分别为北京0.9113、上海0.6989、深圳0.6048、杭州0.2581、广州0.2070，可以看出北京、上海和深圳在这一指标上占据比较大的优势，苏州在短时间内难以超越，但是杭州和广州的优势并不大，苏州完全有超越的可能性；排在苏州后五位的

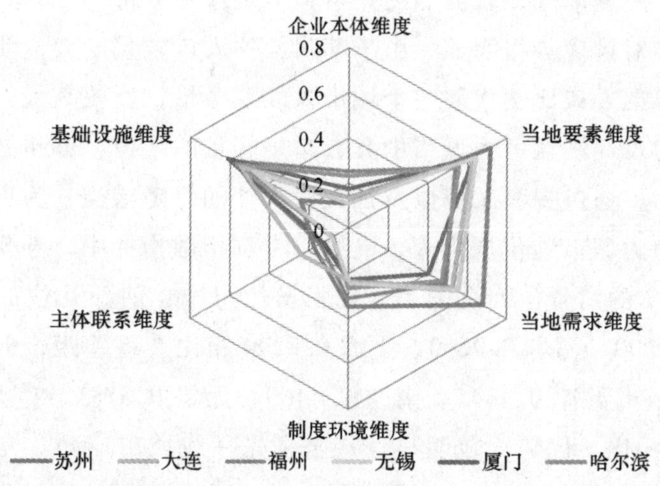

图4—51　苏州与经济竞争力相近城市（后五位）各维度指数得分雷达图

资料来源：中国社会科学院城市与竞争力指数数据库。

分别为南京 0.1532、武汉 0.1505、成都 0.1452、宁波 0.1344、重庆 0.1263，苏州对后五位城市优势并不大，竞争依然激烈。在企业增长指数中，苏州表现较差，得分 0.0813 排名倒数第 7 位，排在苏州前五位的分别为汕尾 0.0973、周口 0.0959、新乡 0.0905、宿迁 0.0878、资阳 0.0870，企业增长指数表示一个地区企业发展状况以及适宜商业发展的程度，在企业数量和规模增长率上，苏州没有一般城市强，未来亟待在该方面有突破性进展。

当地要素维度下的工资指标中，苏州得分 0.1942 排名第 17 位，排在苏州前五位的分别为杭州 0.2188、大庆 0.2147、舟山 0.2093、宁波 0.2084、无锡 0.1945，苏州在工资指标上，整体上优势比较明显，与前五位城市差距较小，但与后五位丽水 0.1935、衢州 0.1893、大连 0.1862、南通 0.1840、淮南 0.1837 竞争非常激烈，一个城市的工资代表吸引劳动力流入的程度，而劳动力要素又是一个地区提高经济竞争力水平的重要因素。在大专以上人口比例中，苏州表现一般，得分 0.8646，排第 40 位，排在苏州前五位城市哈尔滨 0.8819、嘉峪关 0.8785、东营 0.8750、毕节 0.8715、包头 0.8681，后五位城市乌海 0.8611、芜湖 0.85763、西宁 0.8542、无锡 0.8507、石家庄 0.8472，虽然苏州整体排名都在一般三四线城市附近，并且形成比较激烈的竞争，但是仔细分析一下，其实苏州大专以上人数绝对量优势很明显，由于苏州常住人口数量庞大，使得相对量不足，大专以上人口比例代表一个城市人才贮备量，反映其人力资本雄厚的优势，在建设经济竞争力城市中具有举足轻重的地位，苏州必须重视吸引高端劳动力，通过提高工资以及加大对人才的保障措施，为巩固提高苏州的经济竞争力城市地位提供人才支撑。专利指数指标中，苏州实力强劲排在以 0.5917 的高分位列全国第 5 位，虽然与排在前面几位的超强一线城市北京 1.0000、深圳 0.9660、上海 0.8294 相比有些差距，但是与排在后五位发达城市天津 0.4845、南京 0.4460、无锡 0.3731、广州 0.3694、青岛 0.3501 相比，优势比较明显，甚至领先一线城市广州。专利指数代表一个城市的科技创造能力，科技是第一生产力也能够体现专利在提高一个城市经济竞争力中的重要地位。在人均存款余额指标中，苏州得分也较高为 0.9653，排第 11 位，前五位城市分别是东莞 0.9826、广州 0.9792、珠海 0.9757、厦门 0.9722、杭州 0.9688，后五位城市是佛山 0.9618、克拉玛依 0.9583、南京 0.9549、太原 0.9514、中山 0.9479，竞争十分激烈，苏州与前几位城市相比劣势并不明显，但后面五位城市则对其形成了较大的竞争威胁，所以苏州必须重视银行业改革，建立多层次的金融市场，实现对前面城市反超。人均存款余额反映一个城市可利用资金储备量，劳动力和资本是企业生产的两个重要因素，要想增强城市经济和商业发展的适宜度，增加人均存款余额有其必要性。

当地需求维度下 GDP 规模指标中，苏州得分 0.5991 全国第 7 位，排在前五位均是一线城市北京 0.9019、香港 0.7731、广州 0.7114、深圳 0.6684、天津 0.6624，排在后五位重庆 0.5824、成都 0.4167、武汉 0.4140、杭州 0.3810、无锡 0.3682，虽然相比前五位苏州仍有较大差距，但是对后五位有绝对的优势。在社会消费品零售总额指标中，苏州以得分 0.4353 排第 10 位，前五位天津 0.5321、深圳 0.5277、香港 0.4695、武汉 0.4657、成都 0.4461，后五位南京 0.4196、杭州 0.4196、沈阳 0.3782、青岛 0.3543、长沙 0.3322。在限额以上批发零售贸易业商品销售总额指标中，苏州得分 0.9792 排第 7 位，前五位北京 0.9965、广州 0.9931、天津 0.9896、深圳 0.9861、杭州 0.9826，后五位武汉 0.9757、南京 0.9722、宁波 0.9688、重庆 0.9653、无锡 0.9618。在当地需求维度下，苏州整体表现良好，各指标排名都靠前，虽然追上前面几个城市较难，但是对后面城市优势明显。当地需求反映一个城市市场容量和市场潜力，这是外来商业进入一个市场首要考虑因素，因此苏州应该继续挖掘潜在的市场需求，保持较高市场需求地位的优势，尽力向前赶超。

制度环境维度下开办企业便利度指标中，苏州以 0.8046 排全国第 14，前 5 位城市武汉 0.8411、鹰潭 0.8311、温州 0.8212、福州 0.8212、西安 0.8079，后五位城市宁波 0.7980、青岛 0.7980、长沙 0.7848、济南 0.7815、天津 0.76821，苏州与西安差距较小，与排在其后的五位城市竞争激烈，存在一定的威胁。在企业税收负担指标中，苏州排名靠后，说明企业税收负担较轻。在银行网点数中，苏州得分 0.4077 排第 10 位，前 5 位城市广州 0.5373、成都 0.5156、天津 0.4622、深圳 0.4505、澳门 0.4222，后五位城市杭州 0.4058、宁波 0.3556、武汉 0.3176、佛山 0.3109、昆明 0.3049，除了杭州对苏州追赶较紧外，其余排名暂时比较稳定。制度环境体现一个地区政府对市场的监管程度，一个理想经济竞争力城市倾向于自由宽泛的制度环境，苏州开办企业比较便利、企业税收负担轻、银行网点多使苏州在经济竞争力城市竞争中保持有利地位。

主体联系维度下城市货运总量指标，苏州表现较差，与前面几位城市差距较大，后面城市的追赶较紧，这是摆在苏州面前的困境。在城市客运总量指标中，苏州以得分 0.2242 排第 10 位，说明苏州客流状况好于货流状况，前 5 位城市广州 0.4410、东莞 0.3856、北京 0.3505、佛山 0.2426、贵阳 0.2284，后五位城市淄博 0.2093、海口 0.1967、合肥 0.1966、永州 0.1933、郑州 0.1894，短期内苏州对佛山和贵阳的赶超可能性较大，但是对后面几位城市的优势也较小。在国际商旅人数指标中，苏州虽然排名比较靠前，但是前后城市得分相近，竞争十分激烈。苏州在主体联系中亟须提高与外部经济的交往程度。

基础设施维度下公路交通便利程度、铁路交通便利程度和航空交通便利程度，苏州表现都比较差，与排名靠前城市差距很大，后面城市对其威胁也较大，苏州在这三种交通基础设施下有较大的提升空间。但是在利用海运便利程度指标中，苏州以绝对领先的优势领跑，以高得分 0.9965 排全国第 2 位，相比其他城市优势十分明显。总体来说，苏州交通基础设施表现并不乐观，虽然海运能够弥补一定缺憾，但是众所周知陆运和空运是现如今主要运输方式，一个具备较强经济竞争力的城市必须具备完善的交通基础设施，因此，进一步提高苏州经济竞争力程度，必须加大交通基础投资，尤其做好“苏满欧”、“苏满俄”、“苏新亚”等陆路通道建设，打造跨境贸易平台，开展机场建设可行性研究，加强城市内部和城际之间轨道交通建设，争取早日实现苏州在各个维度下的领先优势。

综上，在专利指数、当地需求、银行网点数、利用海运交通便利程度上，苏州优势较为明显；在其他指标上，苏州经济竞争力有较大不足，必须在这些指标上重点发展。

（五）结论

第一，苏州经济竞争力得分 0.4595，在全国排第 20 位，明显高于全国、东部区域和长三角地区得分均值，可见从整体上看苏州经济竞争力优势明显。标杆城市深圳得分 0.7328，全国第 5 位，追赶城市杭州得分 0.5605，全国第 10 位，竞争城市无锡得分 0.4315，全国第 23 位，合作城市南通得分 0.3447，全国第 48 位。总体得分排在苏州前 5 位城市分别是沈阳 0.4845、济南 0.4802、合肥 0.4794、西安 0.4668、郑州 0.4605，排在苏州后五位城市分别是大连 0.4545、福州 0.4538、无锡 0.4315、厦门 0.4278、哈尔滨 0.4278。

第二，在苏州经济竞争力指标体系中，一是当地要素、当地需求和制度环境三个维度的各指标得分相对较好，优势明显。而且这三个维度在提高经济竞争力中是最为关键的要素，当地要素越丰富、当地需求潜力越大、制度环境越宽泛，适宜经济和商业发展程度越高，经济竞争力越强。二是主体联系维度两项指标城市客运总量和国际商旅人员数得分较高，优势明显，说明苏州与外部经济联系较好，但是还有一项指标城市货运总量明显较差，苏州与外部的经济交往程度仍有待提升。三是企业本体维度指标得分喜忧参半。大企业数目较多，表现不错，但是企业数量和规模增长上有所欠缺。四是基础设施维度三项指标公路交通便利程度、铁路交通便利程度和航空交通便利程度得分均较低，说明苏州交通基础设施的便利度不足，束缚了城市为创业等经济商业活动的发展，但是便利的海运条件一定程度上能够适度弥补交通的不利地位。对标城市分析结果显示：除了公路交通便利程度和利用海运交通便利程度外，深圳在其他方面优势都比较明显，在企业本体、当地要素、当地需求、制度环境、主体联系方面都值得作为学习的目标；在工资、企业税收负担以及利用海运便利程度上，苏州比南通优势不大，甚至在城市货运总量和航空交通便利程度上，南通比苏州有优势，在企业增值指数和公路交通便利程度上，两个城市都比较差，因此，在这几个方面，苏州和南通可以相互合作，相互借鉴，共同推动经济竞争力水平；在大专以上人口比例、人均存款余额、限额以上批发零售贸易业商品销售总额、企业税收负担、利用海运便利程度方面，苏州比无锡优势不大，甚至在企业增值指数、工资、城市货运总量、公路交通便利程度、铁路交通便利程度和航空交通便利程度上，无锡已经以微弱的优势超越苏州。

未来，苏州需要在发挥优势、弥补短板过程中不断提高城市经济竞争力。

第一，继续发挥在当地要素、当地需求、制度环境、大企业数量、城市客运总量和国际商旅人员数等方面的优势以及紧紧抓住当地要素、当地需求、制度环境关键要素。继续强调提高工资水平和支持创新创造能力培养的重要性，强调提高城市人力资本水平的重要性，积极鼓励个人投资和储蓄，不断提高城市可利用资金量，最终不断提高当地要素水平，为城市谋求更强经济竞争力奠定厚实的基础；政府要认识到扩大市场需求的作用，竭尽全力挖掘市场需求潜力，减少税收、完善社会保障制度、转变居民消费观念；苏州经济竞争力主要得益于自由宽泛的投资环境，未来苏州应该继续秉承对内传承与发扬、对外开放和互利，为参与市场的人士提供公平的竞争环境，继续营造良好的城市制度环境。

第二，必须着力弥补在企业数量和规模增长、城市货运总量以及交通基础设施方面的劣势。未来苏州必须充分发挥在大企业发展中的优势，但需更加重视完善中小企业发展对策。以大企业带动中小企业规模和数量不断增长，力图解决中小企业融资难、融资成本高的难题，加快完善企业资金融通渠道、减少中间程序，使得资金能够及时到位，还要加快推动企业转型升级以及增加科技创新投入力度，使原有企业做大做强；交通基础设施在一个城市经济竞争力中具有至关重要的作用，苏州必须认识自身不足，借鉴相邻城市上海在发展交通基础设施上的成功经验，加快交通基础设施投入，进一步完善交通基础设施建设。

分报告五

中国坐标上的苏州可持续竞争力

城市可持续竞争力实质上就是城市的要素与环境的状况。城市的要素与环境作为城市发展过程中的决定性因素，其状况不仅对城市当前的发展，而且对城市未来的发展均有决定性的影响，因此城市可持续竞争力就是城市竞争力投入的、可持续的和长期的方面。

根据我们多年的研究，城市的可持续竞争力包括到经济、社会、生态、文化、城乡一体和对外开放六大方面，分别体现为创新驱动的知识城市、公平包容的和谐城市、环境友好的生态城市、多元一本的文化城市、城乡一体的全域城市、开放便捷的信息城市。

一　可持续竞争力的总体状况

（一）全国总体状况及十强分布

2015年可持续竞争力指数的十强城市分别为：香港、上海、北京、深圳、澳门、广州、杭州、苏州、南京和青岛（见图5—1、表5—1）。与2014年相比，青岛取代厦门进入可持续竞争力十强城市之列，深圳延续了近年来的良好势头，超越澳门跻身可持续竞争力十强城市第4位。虽然香港的综合经济竞争力被深圳赶超，但是相对于内地城市而言，香港的可持续竞争力优势仍然十分明显。在可持续竞争力的六大分项里，香港的和谐城市、生态城市和全域城市三大指标均位居榜首。可持续竞争力十强仍然主要集中在珠三角、长三角和环渤海地区。

从全国各大地区城市可持续竞争力指数的均值比较来看，东南地区和环渤海地区要高于全国平均水平，其他区域排名依次是东北地区、中部地区、西北地区和西南地区。中国城市可持续竞争力呈现出固化态势，城市间“马太效应”凸显。

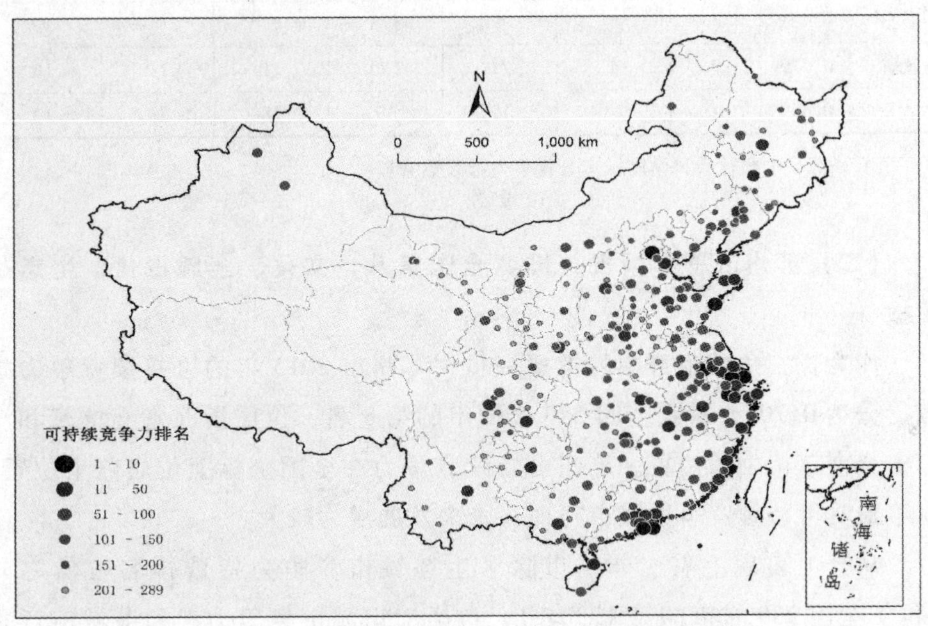

图 5—1 2015 年 289 个城市可持续竞争力排名

注：图例中单位为“位次”，“O”越大、颜色越深代表可持续竞争力排名越高。

资料来源：中国社会科学院城市与竞争力指数数据库。

表 5—1 2015 年中国城市可持续竞争力十强

	可持续竞争力		知识城市竞争力	和谐城市竞争力	生态城市竞争力	文化城市竞争力	全域城市竞争力	信息城市竞争力
城市	指数	排名	排名	排名	排名	排名	排名	排名
香港	1.000	1	11	1	1	2	1	4
上海	0.888	2	3	6	38	1	6	2
北京	0.860	3	1	4	102	3	4	5
深圳	0.849	4	2	3	24	16	3	3
澳门	0.801	5	39	2	5	4	2	17
广州	0.795	6	5	13	23	7	8	1
杭州	0.729	7	7	24	21	8	9	6

续表

	可持续竞争力		知识城市竞争力	和谐城市竞争力	生态城市竞争力	文化城市竞争力	全域城市竞争力	信息城市竞争力
苏州	0.701	8	8	9	128	5	7	19
南京	0.679	9	4	21	120	11	10	10
青岛	0.659	10	24	10	39	18	23	13

资料来源：中国社会科学院城市与竞争力指数数据库。

（二）苏州市总体情况：排名全国第八，文化、全域占优，生态是短板

作为长三角城市群中的重要一员，苏州市2015年的可持续竞争力指数得分为0.701，排在全国289个城市的第8名，位居浙江省会杭州和江苏省会南京市中间位置。苏州可持续竞争力在全国坐标上位居前十位置，属于最具可持续竞争力城市行列，未来发展潜力较大。

从分项表现上看，苏州市除了生态城市竞争力指数排名较低之外（位于全国289城市的第128名），包括知识城市竞争力、和谐城市竞争力、文化城市竞争力、全域城市竞争力和信息城市竞争力排名都位于全国前20强内，其中文化城市竞争力水平在全国的排名最高，为第5名，反映了苏州的独特文化优势。全域城市竞争力位居全国第7名，领先于杭州、南京、青岛等城市。苏州的知识城市竞争力和和谐城市竞争力分别排在全国298城市的第8、第9名，其中和谐城市竞争力水平为江苏省第1名。总体而言，文化竞争力和全域竞争力是苏州的相对优势所在，而生态竞争力是其短板所在，未来需要在继续保持优势、并着力弥补短板的过程中提升苏州的可持续竞争力水平，以推动苏州更加全面、协调和可持续发展。

二　苏州知识城市竞争力

随着全球化经济竞争的加剧，作为经济核心的载体城市的竞争力越来越被人们关注，经济、社会、环境这三方面的矛盾也越加突出，人们对城市发展战略的可持续性研究进入欧、美快速的兴起，以知识为基础的经济

发展，人力资本是核心，促使城市的竞争力不断提高，赢得城市的“可持续发展”。知识城市是从20世纪90年代开始在欧美兴起的一个新概念，是一种全新的城市发展理念和战略。其核心是，在知识经济和社会发展背景下，从战略上超越传统工业社会城市发展模式，有目的地鼓励市民平等学习与分享知识，通过知识培育、技术创新、科学研究来提升创造力，从而减少物质消耗与污染，达到城市经济与社会特别是市民个人的协调发展。

知识城市的构建是一个复杂的、相互作用、相互兼容的体系，在2004年的巴塞罗那发布的“城市宣言”中的有关衡量知识城市的指标体系主要包括11个方面，具体包括：（1）有途径让知识为广大市民所使用；（2）公共图书馆网络系统符合欧洲制定的标准；（3）所有的市民能够使用新的通讯技术；（4）所有的文化服务设施能够适应中心教育的战略；（5）拥有一份报纸，阅读水平达到欧洲的平均水平；（6）学校的网络系统能够与艺术指导相连，并能够辐射整个城市；（7）尊重市民文化的多样性；（8）城市街道具有文化服务的功能；（9）拥有足够的场地和资源，以供社区和团体开展文化活动；（10）市民中心对多样性开放，使人们能够建立起面对面的直接关系；（11）为其他国家和地区的人们提供能够表达意见的便捷工具和手段。由此可见，“知识城市”强调的是城市知识的竞争力，将城市的当地文化与人力资源与文化、科学、教育资源通过完整的信息网络很好地联系起来，并在此基础上包容的接受外来知识、文化的交流和主动分享，以此为契机加速“创造力城市”（Creative city）、“科技城市”（Science City）和“数字化”（Digital City）城市的建立，是科学技术与文化艺术完美相兼的美丽城市。

虽然知识城市的指标本身包涵有城市基于知识的经济、社会、环境的三个方面的众多指标，但是本文是中国城市竞争力的八项解释性竞争力的一项，在八项中已经有了生态、和谐、信息三个方面竞争力的单独表述，在此本报告围绕创新驱动这个主题，着重点在于考察城市的知识创新力，延续中国城市竞争力的设计机构，将指标体系分为三个部分：需求、投入、产出，分别由表5—2的10项客观数据指标组成。需要指标分别是：公共图书馆藏书量、科技经费支出占财政收入的比重、人均教育支出、高科技产品进出口总额。投入指标是：中等以上学生占全部学生比重、大学指数、每百万人科学研究、技术服务和地质勘查业从业人数。产出指标是：人均高端服务业增加值、专利指数、论文发表数。通过对这些客观数据的分析和总结，能发现城市在知识创新力上存在的问题，并为政策建议提供有利数据支持。

表 5—2　　创新驱动的知识城市竞争力指标

创新驱动的知识城市	需求	Z3.1　每百人公共图书馆藏书量
		Z3.2　科技经费支出额占财政收入比重
		Z3.3　人均教育支出
		Z3.4　高科技产品进出口总额
	投入	Z3.5　中等以上学生占全部学生比重
		Z3.6　大学指数
		Z3.7　每百万人科学研究、技术服务和地质勘查业从业人数
	产出	Z3.8　人均高端服务业增加值
		Z3.9　专利指数
		Z3.10　论文发表数

在我国，改革开放30多年以来，城镇化已经进入快速发展阶段，在新城市不断诞生的同时，原有的一些工业城市、资源型城市、港口城市等面临着转型的极大压力和挑战。有鉴于此，今天的中国城市，无论是老城市转型，还是新城市诞生，都在积极探索“知识城市”之路。在2015年脱颖而出的是苏州，苏州是一座正在崛起的新型城市，它既是城市转型发展的客观需要，又是新一轮科技革命与产业革命的必然产物。高新技术产业和知识密集型服务业协同发展，是苏州成功崛起的重要产业依托。在产业集群发展的基础上，苏州着力推动独墅湖高教区等大学研究院的集聚发展，也是成功崛起的重要模式之一。大学研究院最基础的功能是充当“科技创新孵化器”，其功能定位应与当地城市的功能定位紧密结合。大学研究院应以科研为主、兼有教学，既要注重依托母校的优势学科，着眼于技术研究的前沿，又要与本地的经济社会发展密切关联，瞄准当地企业的技术需求，只有这样才能真正实现产学研的无缝对接，才能切实提高知识创新和技术创新绩效。而苏州抓住了种种的机遇成功转型，为其他城市

作出了很好的榜样。

（一）现状：大学、研究院所助推苏州知识城市崛起

苏州既是一座历史悠久的园林城市，又是一座闻名中外的工业城市。近年来，这座城市又在悄然进行着从工业城市向知识城市的战略转型：一方面，以本地的现有高校为基础，着力引进国内若干著名大学到苏州创办大学研究院，依托其科研实力和成果，积极发展高新技术产业，努力建设创新型城市，推动工业城市向知识城市演进；另一方面，依托先进制造业基础，大力发展生产性服务业等知识密集型服务业，打造高新技术产业和知识密集型服务业协同发展的知识城市。其中，大学研究院的建立与发展成为苏州知识城市崛起的典型特征。截至 2015 年年底，东南大学、中国科技大学、西安交通大学、四川大学、南京大学、中国人民大学、同济大学、杜克大学等多所国内外著名高校已在苏州创办了二十多个大学研究院。大学研究院是研究型大学为实现高水平科技创新而建立的跨学科跨领域的科技研究与成果转化的开放性科研组织实体。它是集科研活动的组织、实施、管理、成果转化、人才培养等多种功能于一体的产学研共同体。它不仅在推动研究型大学进行知识和技术创新、培养高素质创新型人才、加速科技成果的产业化和社会化方面发挥着重要的作用，而且对研究型大学自身的成长与壮大做出了巨大的贡献。斯坦福大学、剑桥大学、筑波大学等众多世界高水平的研究型大学均得益于大学研究院的崛起。因此，自1990 年代以来，大学对产业发展的影响、大都市内部研究与开发活动的空间分布规律、大学研究与高新技术创新之间的空间溢出效应、大学研究和开发与高新技术区位等科技区位论问题，成为学术界关注的焦点。

1. 总体特征："人才战略"取得成功，知识经济增长显著

2015 年度可持续竞争力十强仍然主要集中在珠三角、长三角和环渤海地区，分别为：北京、深圳、上海、南京、广州、天津、杭州、苏州、武汉、大连（见表 5—3），有 3 个一线城市、7 个二线城市。2015 年度最引人侧目的是苏州，第一次入围知识城市竞争力前十强，打破了以往城市垄断的旧格局，2015 年一年当中，突破重重阻碍，前进程度明显快于其他前十城市。苏州竞争力指数从 2014 年的 0. 564 增长到 2015 年的 0. 782，增加值为 0. 218，在整个前十强城市中，增长最快，潜力最大，其每百万

人中信息传输、计算机服务和软件业（万人）由 2014 年度的 1.41 提升到 2015 年度的 4.51 以及科学研究、技术服务和地质勘查业从业人数由 0.85 提升到 2.35 是重要的原因。

表 5—3　　2013—2015 年度最具有知识城市竞争力前 10 城市

2015			2014			2013		
排名	城市	指数	排名	城市	指数	排名	城市	指数
1	北京	1.000	1	北京	1.000	1	北京	1.000
2	深圳	0.934	2	上海	0.797	2	上海	0.816
3	上海	0.933	3	深圳	0.773	3	南京	0.741
4	南京	0.852	4	南京	0.700	4	香港	0.765
5	广州	0.833	5	广州	0.686	5	杭州	0.741
6	天津	0.820	6	杭州	0.669	6	广州	0.742
7	杭州	0.788	7	武汉	0.648	7	深圳	0.714
8	苏州	0.782	8	天津	0.643	8	武汉	0.713
9	武汉	0.762	9	大连	0.609	9	天津	0.668
10	大连	0.759	10	长沙	0.586	10	大连	0.646
均值		0.846			0.711			0.754

资料来源：中国社会科学院城市与竞争力指数数据库。

2. 分项特征：知识产出排名三甲，知识投入略显不足

苏州的各项指标几乎都在 50 名以前（见表 5—4），其中专利申请授权量、高科技进出口总额表现出色，分别排名全国第 3、第 5 位，远远超过了省会城市南京。另外科技经费支出占财政收入比重、人均教育支出也排在全国 16、13。这说明苏州在知识需求、知识产出和知识经济方面都齐头并进，发展势态很好，唯独在知识投入方面还略显不足，2015 年苏州的竞争力分项中中等以上学生占全部学生比重指数仅有 25.93%，全国排名 56 位，大学得分更低为 0.920。现阶段苏州的教育经费投入虽然逐年增加，但是从城市层面来看知识投入的缺口还是较大，教育是知识竞争力的基础，城市知识投入的空间差异是影响苏州知识传播的主要问题，大量优质教育资源积聚于少数城市影响了知识整体的分享和传播。因此，今后如何加大知识投入将是苏州知识竞争力发展所面临的主要问题。

表 5—4　　苏州及江苏省内相关城市竞争力构成指标排名表

城市	南京	苏州	无锡	常州	镇江	南通	扬州
知识竞争力指数全国排名	4	8	26	27	32	41	45
每百人公共图书馆藏书量（件、册）	10	14	32	54	43	67	64
科技经费支出占财政收入比重（%）	36	16	33	23	54	64	57
人均教育支出（元/人）	31	13	16	38	37	44	126
高科技进出口总额（万美元）	15	3	11	23	54	27	46
中等以上学生占全部学生比重（%）	2	56	62	48	37	112	72
大学得分	12	63	178	67	33	30	32
每百万人金融、计算机服务和科学研究从业人数	8	24	37	58	50	87	77
专利申请授权量（项）	7	5	8	16	34	17	39
论文发表数（篇）	3	43	30	46	34	51	44

资料来源：中国社会科学院城市与竞争力指数数据库。

（二）与对标城市整体分析

苏州与深圳、杭州、无锡、南通等城市相比，如图 5—2 所示。虽然深圳的竞争力指数为 0.934，全国排名第 2 位，但是深圳是改革先锋，科技创业汇聚的新兴之城，是苏州的标杆。杭州竞争力指数为 0.788，全国排名第 7 位，仅比苏州的指数多 0.007，靠前一个名次。

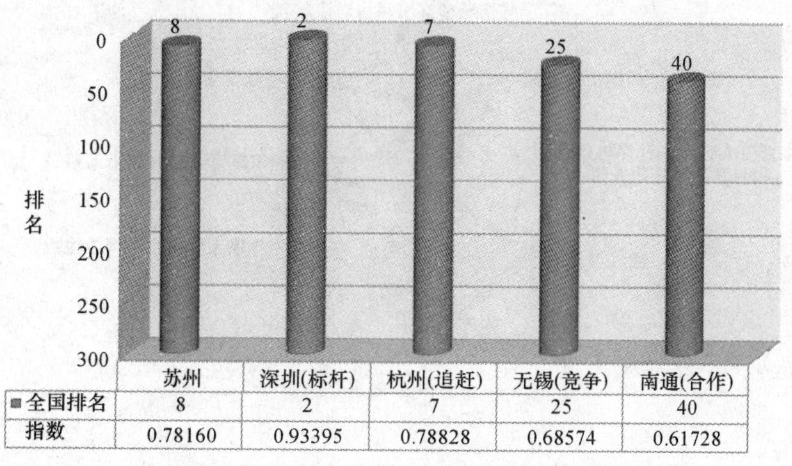

	苏州	深圳(标杆)	杭州(追赶)	无锡(竞争)	南通(合作)
■全国排名	8	2	7	25	40
指数	0.78160	0.93395	0.78828	0.68574	0.61728

图 5—2　苏州与对标城市知识竞争力比较

资料来源：中国社会科学院城市与竞争力指数数据库。

1. 苏州与深圳：知识经济并驾齐驱，教育支出差距明显

整体来看：苏州和深圳在知识经济指标上相差无几（见图5—3），而在知识需求、知识投入、知识产出这三个方面都有或大或小的差距，表现的竞争力水平良莠不齐。具体而言：第一，苏州与深圳在高科技产品进出口总额，每百万人金融、计算机服务和科学研究从业人数，论文发表数以及每百人公共图书馆藏书这四个指标的竞争力上差别不大，均值差距都不到0.1；第二，在人均教育支出和专利指数这两个指标上存在很大的差距，深圳比苏州分别高出0.7和0.4左右，这样就对知识城市竞争力的排名产生较大的影响；第三，科技经费支出额占财政收入比重深圳比苏州高出0.1左右，比重差别不大；第四，中等以上学生占全部学生比重以及大学指数这两个指标，苏州反而超过深圳，高出值约为0.2，说明深圳虽为一线经济发达城市，但高校数量、职业技术学院却不及苏州。由此可见，苏州相对于标杆城市深圳，知识需求不大，教育支出指数较低；知识投入总体水平较高，优质教育资源更为集聚，给苏州的整体知识注入力量；知识产出总体水平处于中等，专利指数为0.592，说明苏州知识创新水平还处于较低层次，原创技术较少；知识经济含量在我国整体经济中较高，可以与深圳媲美。

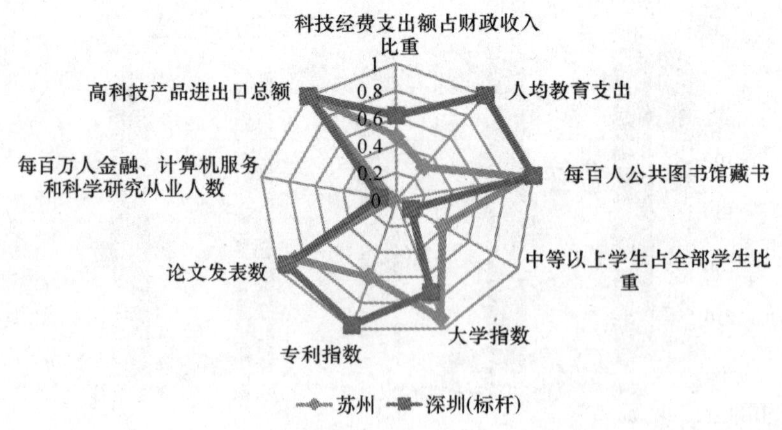

图5—3 苏州与深圳的知识竞争力分项指数比较

资料来源：中国社会科学院城市与竞争力指数数据库。

2. 苏州与杭州：知识产出优势明显，金融、科技人员不足

杭州作为浙江省的省会，积聚了全省的力量，知识竞争力总体水平位居全国第7，仅比苏州高出一个名次，但杭州仍有许多指标优于苏州。具体分析见图5—4：第一，高科技产品进出口总额、科技经费支出额占财政收入比重和人均教育支出这三个指标，苏州都要略高于杭州，但后两者的指数较低，均不足0.5，说明知识需求不足；第二，每百人公共图书馆藏书、大学指数和论文发表数这三者，杭州反过来略高于苏州，整体水平较高，均接近于1。作为我国十强城市都是如此，其他城市可想而知，说明我国知识经济水平难于与世界相比；第三，中等以上学生占全部学生比重，杭州比苏州高，而专利指数，苏州比杭州高，并且两者高出的均值都为0.2左右。

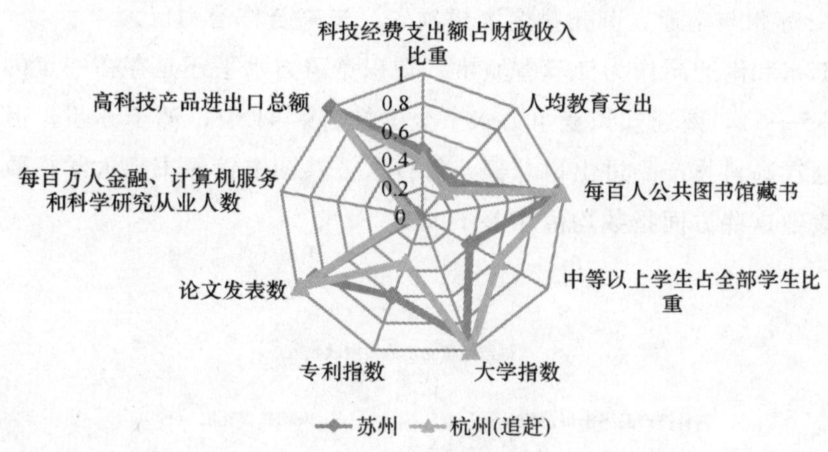

图5—4　苏州与杭州的知识竞争力分项指数比较

资料来源：中国社会科学院城市与竞争力指数数据库。

3. 苏州与无锡：知识产出略胜一筹，面临竞争追赶

无论是在知识需求、知识投入，还是知识产出、知识经济各个指标上苏州都要高于无锡（见图5—5），但是高出值却很小，只有专利指数和大学指数高出大约0.2，其余高出值均不足0.1，可见无锡是有很大潜力追上苏州的。

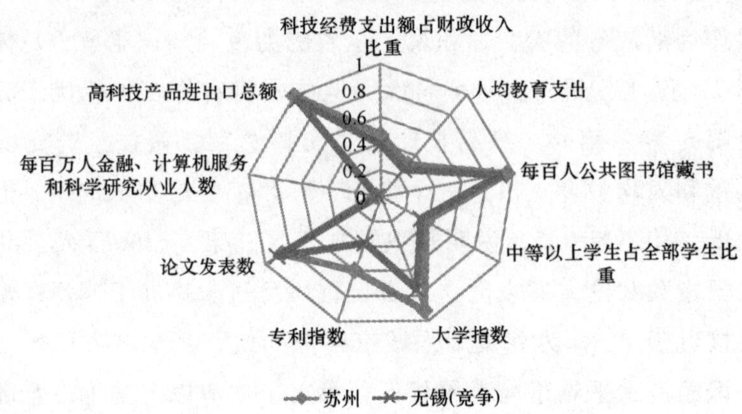

图 5—5 苏州与无锡的知识竞争力分项指数比较

资料来源：中国社会科学院城市与竞争力指数数据库。

4. 苏州与南通：苏州排名大幅领先，未来合作潜力巨大

苏州和南通同作为江苏省城市，知识竞争力水平还是存在一定的差距(见图 5—6)。南通知识竞争力水平全国排名第 41 位，低于苏州，但苏州和南通在高科技产品进出口总额、每百人公共图书馆藏书、大学指数和论文发表数这些方面指数均值相差不大。

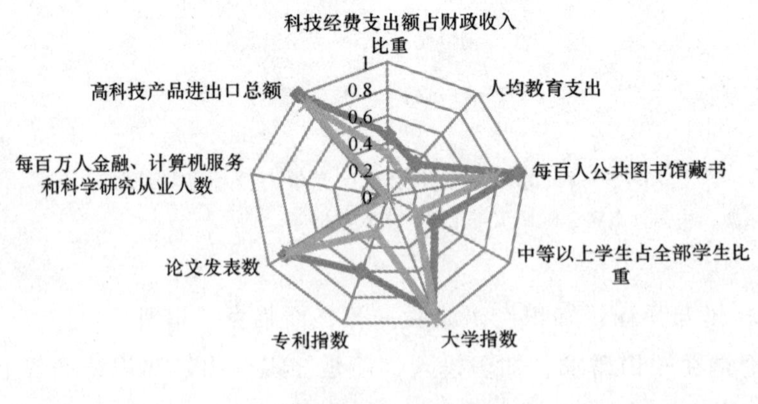

图 5—6 苏州与南通的知识竞争力分项指数比较

资料来源：中国社会科学院城市与竞争力指数数据库。

（三）苏州知识城市崛起的经验

1. 政府着力推进创新型城市建设的良好机遇

苏州市政府在其“十一五”经济社会发展规划和创新型城市建设的决议中，均提出了到2010年“建成省级以上企业技术中心和工程技术研究中心100家，引进国内外研发机构100家，建成一流水平的公共技术服务平台25家，省级以上重点实验室20家，科技中介服务骨干机构50家”的发展目标，并出台了支持力度较大的系列配套政策，如加大政府科技投入，项目资金配套，新建的国家级、省级重点实验室与工程技术中心等资金补助政策，产学研联合体的研发经费补助，初创型科技企业的资金扶持及研发和办公用房的租金补助，高层次创新创业领军人才的资助政策等。从近几年的苏州高新技术企业认定数来看，在逐年增加，从2010年的975家迅速增加到2015年的3478家，仅2015年就增加了712家，新增省级以上工程技术研究中心73家，累计585家；新增省级以上企业技术中心48家，累计328家；新增省级以上工程中心（实验室）10家，累计57家；年末省级以上公共技术服务平台58家，其中国家级15家。全市拥有省级以上科技孵化器89家，其中国家级和省级分别为31家和58家。

2. 相关大学的优势学科与苏州二次创业机遇具有较好的契合性

目前苏州已步入工业化转型、城市化加速、经济国际化提升的新阶段。在这个二次创业及建设创新型城市的关键时期，苏州正经历从工业资源的引进向创新资源的引进转变，从内生增长模式向多方合作的外生增长模式转变，从注重经济发展向经济、社会与环境共赢发展转变，从经济区域化向经济国际化转变的四大发展转型，经济发展模式也将由劳动密集型、资本密集型向知识密集型、技术密集型转变。大学研究院的茁壮成长为实现上述转变提供了有力的契机和强大的支撑。

3. 化解苏州可持续发展的制约瓶颈同样需要大学研究院的强力支撑

苏州面对经济发展受到的资源和环境的约束，唯有努力增强技术、人才、知识等创新要素的获取能力，以创新要素的供给替代自然资源的不足，转变经济发展方式，才能不断增强发展动力，实现经济、社会与环境的共赢发展。大学研究院的建立，将进一步夯实苏州可持续发展的基础。尤其是在全球经济危机显现的今天，依靠投资、出口和消费“三驾马车”

驱动的苏州经济，难免会受到一定的影响，而强化“创新驱动”这“第四驾马车”，则有可能将其不利影响降至最低程度。

4. 苏州企业对科技创新的需求及承接科技成果的转化能力较强

企业对技术创新的需求是校（院）企合作的感召力，企业对人才的需求是高校发展的引导力。苏州不仅具有丰厚的传统文化优势，而且拥有众多的企业家资源。由此可见，作为全国科技进步先进城市的苏州，已成为名副其实的创新、创业、创优的热土，是各种科技创新要素汇集的理想之地，也为苏州知识城市的崛起奠定了厚实基础。

苏州提升知识竞争力可以在几个方面继续努力：第一，建立尊重知识鼓励创新的社会经济环境，稳步提高科研投入占财政收入比例；第二，深化知识教育均等化战略、拓宽知识分享、传播的渠道；第三，建立灵活的人事、项目管理制度，实现知识存量的社会共享度；第四，加强财政税收对知识经济的激励，支持“互联网+”对传统产业的整合与改造。

三 苏州和谐城市竞争力

和谐城市是指以公平的社会制度和包容的社会精神为保障的，顺畅有序地运转的城市。理想的和谐城市应该是人与人平等和睦相处的地方，各种社会矛盾冲突都能通过合理的机制疏导和加以解决，使得矛盾冲突各方的利益平衡，所有人的利益都得到了尊重和体现。

苏州是长江三角洲地区经济发达城市，也是该区域人口规模最大的城市之一，苏州具有悠久的历史文化和丰厚的人文底蕴。改革开放以来苏州市依靠自身良好的基础和区域优势，大力发展乡村集体经济，是我国乡镇企业的发源地之一。90 年代随着上海浦东新区的开发，苏州开始转变自己的发展模式，走上依靠外资发展外向型经济的道路，特别是苏州与新加坡政府联合建设的苏州工业园区，成为我国对外合作的典范，经济迅速发展为苏州市和谐社会建设打下了良好的基础。

（一）总体状况：表现良好，位居全国前十

社会保障程度和政府治理水平较高，社会公平性指标中不同阶层之间的公平性表现较好，社会安全度指标和不同户籍之间的公平性表现较差。

从和谐竞争力的排名来看，苏州在中国大陆地区所有地级市中排名第7位，比2013年上升了12位，成为中国最和谐的城市之一。从各项指标的表现来看（见图5—7、图5—8），反映城市政府治理水平的行政透明度标准化得分为0.50，在全国排在第41位，省内城市排名第5位；反映政府服务水平的群众需求关注度指数标准化得分为0.45，在全国排名第32位，省内城市排名第3位。社会公平是和谐社会追求的主要目标，特别是在对待外来人口上，苏州户籍与非户籍人口之间政策的公平性标准化得分为0.29，在全国排在第133位，省内排在第11位；但是从城市内部不同人群的公平性来看，苏州的标准化得分为0.52，在全国排名第22位，省内排在第2位。经济发展为政府财政收入的增长提供了有力保障，也为政府发展民生社会事业提供了条件，苏州的人均社会保障就业和医疗卫生财政支出水平较高，标准化得分为0.95，在全国排在第16位，省内城市排名第1位；从社会保障的覆盖面来看，社会保障程度标准化得分为0.52，在全国排名第27位，省内排名第1位。从苏州社会安全度来看，由于外来人口集中度较高，经济发展速度快，给社会安全造成一定压力。苏州每万人刑事案件数标准化得分为0.97，在全国排名第151位，省内排名第9位；每万人交通、火灾事故死亡人数标准化得分为0.91，在全国排在第191位，省内排名第6位。

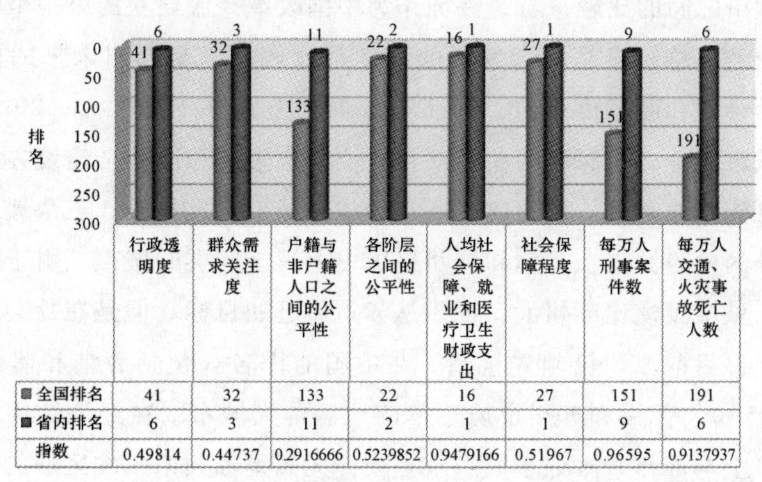

	行政透明度	群众需求关注度	户籍与非户籍人口之间的公平性	各阶层之间的公平性	人均社会保障、就业和医疗卫生财政支出	社会保障程度	每万人刑事案件数	每万人交通、火灾事故死亡人数
全国排名	41	32	133	22	16	27	151	191
省内排名	6	3	11	2	1	1	9	6
指数	0.49814	0.44737	0.2916666	0.5239852	0.9479166	0.51967	0.96595	0.9137937

图5—7　苏州和谐城市竞争力及构成指标柱状图

资料来源：中国社会科学院城市与竞争力指数数据库。

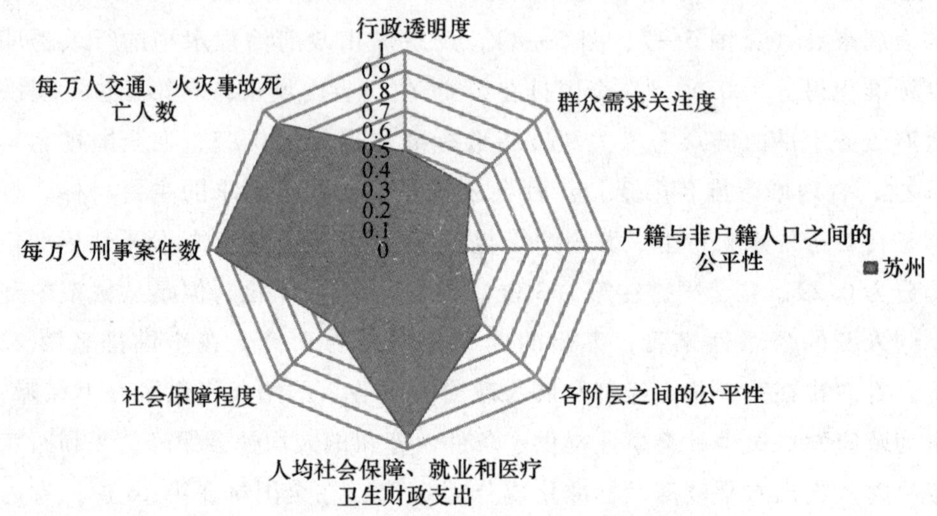

图 5—8　苏州和谐城市竞争力构成指标雷达图

资料来源：中国社会科学院城市与竞争力指数数据库。

(二) 特别比较：与深圳差距不大，已全面赶超杭州

比较来看，苏州与深圳差距不大，存在赶超的可能性，全面超越杭州，与无锡比较具有整体优势，但差距不大，与南通相比优势明显。

从城市之间的比较来看，深圳作为中国改革开放设立的第一个经济特区，无论经济总量还是社会发展的程度都比较高，是苏州未来的标杆城市。从社会的和谐程度来看，苏州与深圳的差距并不是太大，2015 年苏州和谐城市竞争力与深圳的差距只有 6 位，未来在和谐社会建设方面赶超深圳的可能性非常大。杭州属于浙江的省会城市，也是长江三角洲地区除上海以外的中心城市，苏州和杭州在历史上属于同类的城市。由于杭州城市能级、城市规模比苏州大，杭州是苏州追赶的目标。但是在社会建设的和谐度上，目前苏州已领先杭州，在中国的排名（包括香港和澳门）比杭州高 15 位。无锡和苏州市属于苏南地区的大城市，在经济结构、社会发展水平上与苏州基本处于同一水平线，无锡是苏州未来本区域的主要竞争城市，但是在和谐社会建设上，无锡比苏州排名要低 8 位。南通在板块上处于江苏省的中部，与苏州相比是后起的城市，在经济结构、发展模式

等方面与苏州有差距和互补性，是苏州未来的重要合作城市，在和谐城市竞争力水平上，南通与苏州的差距明显，南通排在第40位，与苏州有31位的差距（见图5—9）。

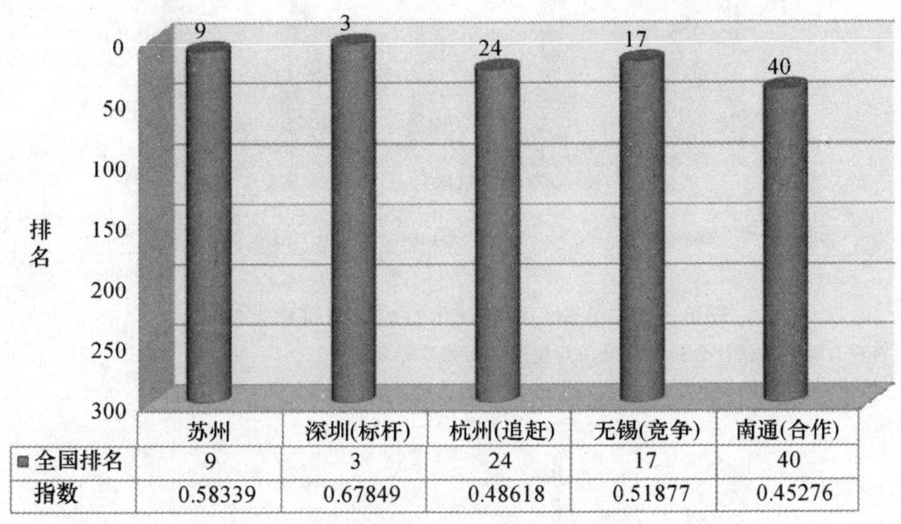

	苏州	深圳(标杆)	杭州(追赶)	无锡(竞争)	南通(合作)
■全国排名	9	3	24	17	40
指数	0.58339	0.67849	0.48618	0.51877	0.45276

图5—9　苏州与对标城市和谐城市竞争力指数比较

资料来源：中国社会科学院城市与竞争力指数数据库。

从政府的治理水平和服务水平来看（见图5—10），反映苏州行政透明度的信息公开指数标准化得分为0.50，在全国排在第41位，低于深圳（排在第23位），与无锡差距比较大（第9位），相比南通也有不少差距（第17位），但要好于杭州（第80位）。总起来看，苏州市政府未来要进一步提高政府治理水平，特别需要提高政务信息的公开程度，使政务更加高效和透明。从政府对群众需要关注度来看（见图5—11），苏州群众需求关注度指数标准化得分为0.45，从比较的角度来看，低于深圳（第9位），但高于杭州（第88位）、无锡（第80位）、南通（第99位）。

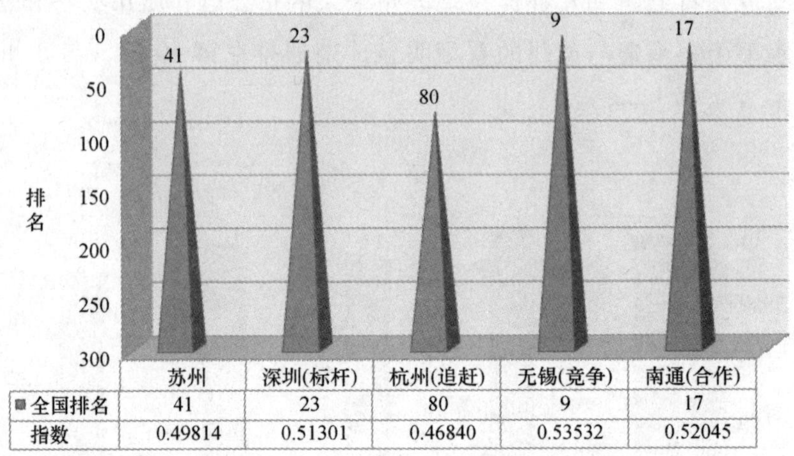

	苏州	深圳(标杆)	杭州(追赶)	无锡(竞争)	南通(合作)
全国排名	41	23	80	9	17
指数	0.49814	0.51301	0.46840	0.53532	0.52045

图 5—10　苏州与对标城市行政透明度指数比较

资料来源：中国社会科学院城市与竞争力指数数据库。

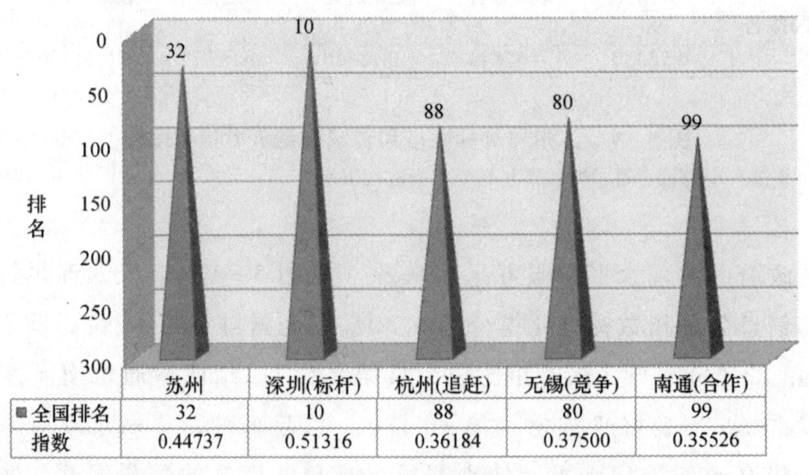

	苏州	深圳(标杆)	杭州(追赶)	无锡(竞争)	南通(合作)
全国排名	32	10	88	80	99
指数	0.44737	0.51316	0.36184	0.37500	0.35526

图 5—11　苏州与对标城市群众需求关注度指数比较

资料来源：中国社会科学院城市与竞争力指数数据库。

社会公平是反映社会和谐程度的主要标志，社会公平即表现在外部公平，也表现在内部公平。苏州作为中国经济最发达的地区之一，吸引了大量外来人口就业，如何对待这些外来人口是社会公平的重要体现。从苏州市户籍与非户籍人口之间享受当地政策的公平性来看（见图 5—11），苏州排在全国第 133 位，整体公平性不高，低于南通（第 67 位），优于深圳（第179位）、杭州（第177位）、无锡（第164位）。从内部公平性来看，苏州不同阶层之间公平表现较好（见图5—12），阶层之间公平性指数标准化得分为0.52，排在全国第22位，低于深圳（第5位），与无锡持平，高于杭州（第85位）、南通（第43位）。总体来看，苏州市未来和谐社会建设要更加注重外部的公平性，以更加公平的政策对待外来人员，努力提高内部的公平性，提高整体社会的公平性。

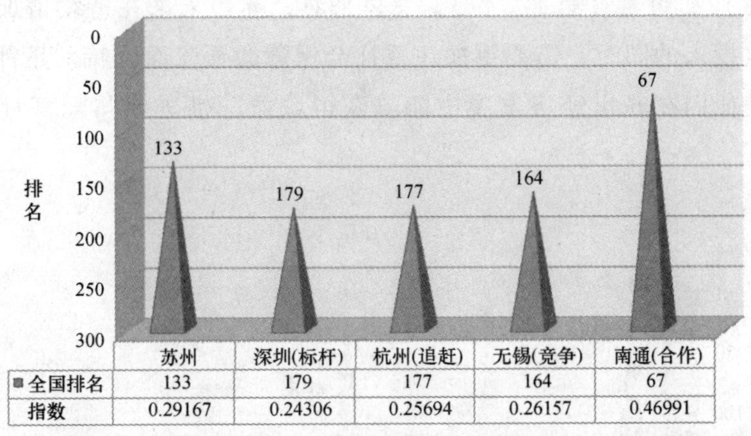

图5—11　苏州与对标城市户籍与非户籍公平性指数比较

资料来源：中国社会科学院城市与竞争力指数数据库。

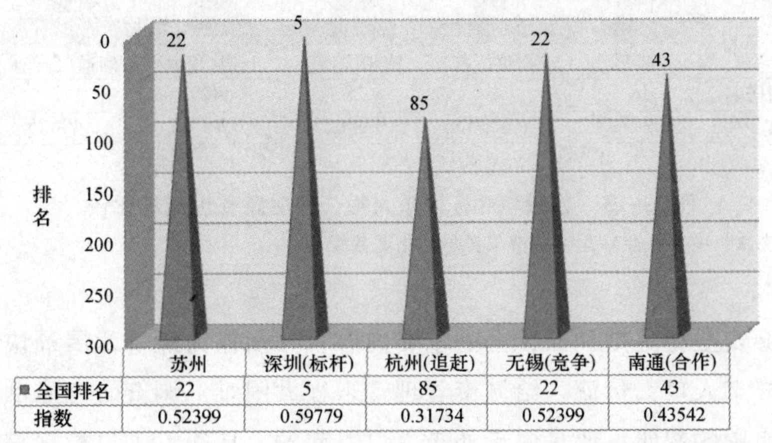

图5—12　苏州与对标城市阶层公平性指数比较

资料来源：中国社会科学院城市与竞争力指数数据库。

从社会保障水平的角度来分析苏州和谐竞争力水平，总起来看，经济发展特别是GDP的快速增长，使苏州市政府有财力加大投入，解决医疗、就业、社会保障等基本的民生问题。从政府人均就业、医疗、社会保障财政支出来看（见图5—13），苏州表现较好，在全国排在第16位，低于深圳（第4位），高于杭州（第28位）、无锡（第42位）、南通（第172位）。从社会保障的覆盖面来看（见图5—14），苏州社会保障程度得分排在全国第27位，低于深圳（第1位）和杭州（第10位），但高于无锡（第42位）和南通（第172位）。总体来看，苏州未来在持续增加对社会事业财政投入的同时，需要更加注重社会保障的覆盖面，特别是针对外来人口，使他们在苏州经济发展中能够获得收益，推进苏州经济社会协调发展。

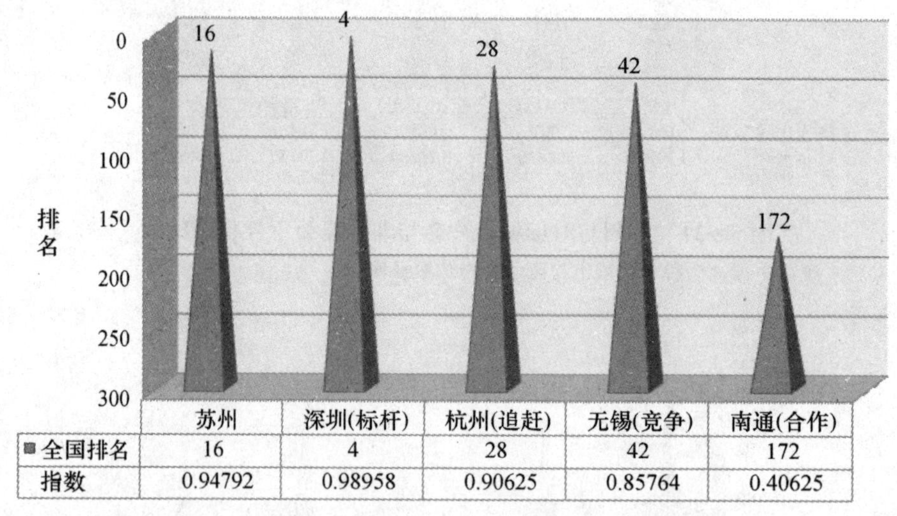

	苏州	深圳(标杆)	杭州(追赶)	无锡(竞争)	南通(合作)
■全国排名	16	4	28	42	172
指数	0.94792	0.98958	0.90625	0.85764	0.40625

图5—13　苏州与对标城市人均公共财政支出指数比较

资料来源：中国社会科学院城市与竞争力指数数据库。

社会安全稳定是和谐社会的重要内容，苏州作为经济发展最快的城市之一，外来人口大量流入给城市管理带来很大困难。调查研究显示目前中国大城市中的犯罪主要是由于外来人口引起的。从每万人口检察院批准逮捕犯罪嫌疑人的数量来看（见图5—15），苏州达到了6.2起，在全国中排在第151位，好于深圳（第274位）、杭州（第245位）和无锡（第

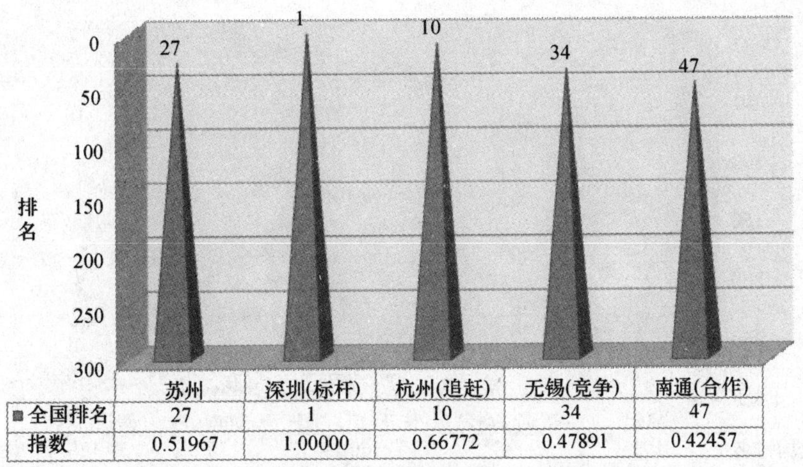

	苏州	深圳(标杆)	杭州(追赶)	无锡(竞争)	南通(合作)
■全国排名	27	1	10	34	47
指数	0.51967	1.00000	0.66772	0.47891	0.42457

图 5—14　苏州与对标城市之间社会保障程度比较

资料来源：中国社会科学院城市与竞争力指数数据库。

155 位)，比南通差（第 25 位）。从万人交通事故、火灾死亡人数来看（见图 5—16），苏州的表现也不理想，万人交通事故和火灾死亡人数为 0.21，在全国排在第 151 位，比深圳（第 274 位）、杭州（245 位）、无锡（第 155 位）表现得要好，但不如南通（第 25 位）。总之，在社会安全方面，苏州总体表现并不突出，仍需在重点领域提升水平。

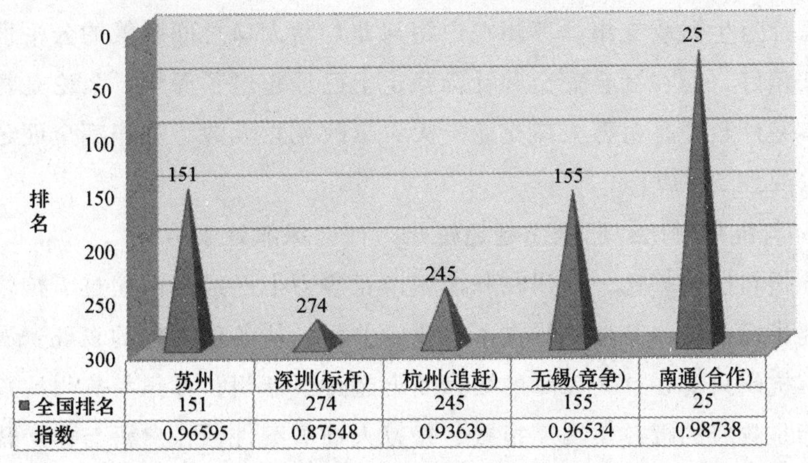

	苏州	深圳(标杆)	杭州(追赶)	无锡(竞争)	南通(合作)
■全国排名	151	274	245	155	25
指数	0.96595	0.87548	0.93639	0.96534	0.98738

图 5—15　苏州与对标城市万人刑事案件数指数比较

资料来源：中国社会科学院城市与竞争力指数数据库。

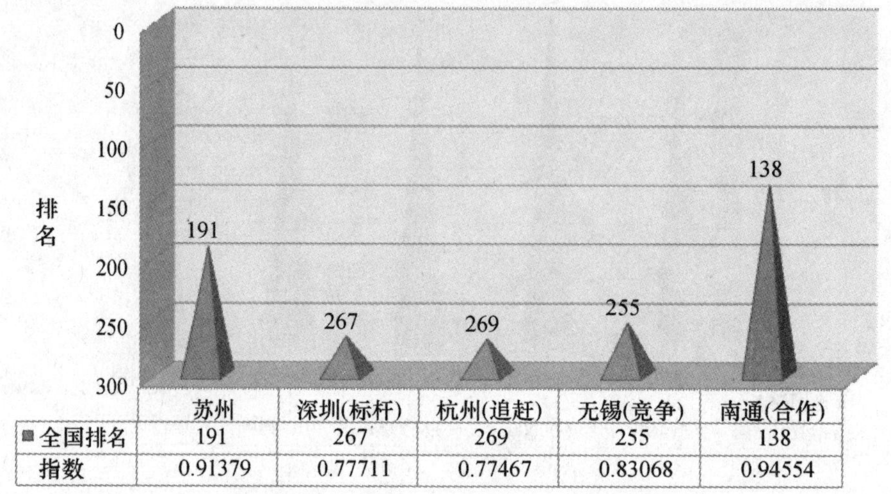

	苏州	深圳(标杆)	杭州(追赶)	无锡(竞争)	南通(合作)
■全国排名	191	267	269	255	138
指数	0.91379	0.77711	0.77467	0.83068	0.94554

图 5—16　苏州对标城市每万人交通事故、火灾死亡人数指数比较

资料来源：中国社会科学院城市与竞争力指数数据库。

（三）苏州与各对标城市和谐城市竞争力分项比较

1. 与深圳对比：社会安定超过深圳，社会保障差距较大

苏州与标杆城市深圳相比，差距比较大的指标是社会保障程度，差距比较小容易追赶的是政府对群众需求关注度指数和不同阶层之间的公平性指数。接近深圳的指标是政府的行政透明度指数和政府人均社会保障、就业和医疗卫生财政支出。苏州在户籍与非户籍人口之间政策的公平性方面比深圳稍好，而在社会安全和社会稳定上已经超过了深圳，无论是每万人口刑事案件数还是每万人口交通、火灾事故死亡人数，苏州都全面超过了深圳（见图 5—17）。

2. 与杭州对比：已全面赶超杭州，社会保障处于劣势

苏州与杭州相比，苏州在和谐城市竞争力上已经全面超过了杭州，除了个别指标以外，其他均排在了杭州的前面。从各项指标的表现来看，追赶城市杭州只有在社会保障的覆盖面上超过了苏州；苏州与杭州比较接近的指标是政府的行政透明度指数、每万人刑事案件数、户籍与非户籍人口公平性指数和政府人均就业、社会保障和医疗卫生支出；苏州明显比杭州表现好的指标是各阶层之间的公平性指数和万人交通事故、火灾死亡人数，说明苏州居民之间的贫富分化相比杭州要低，苏州的城市管理水平高

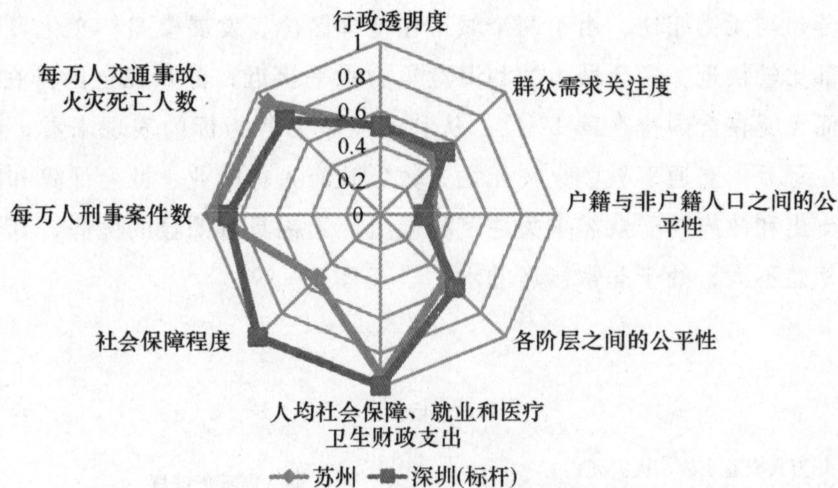

图 5—17　苏州与深圳和谐城市竞争力分项指数比较雷达图

资料来源：中国社会科学院城市与竞争力指数数据库。

于杭州（见图 5—18）。

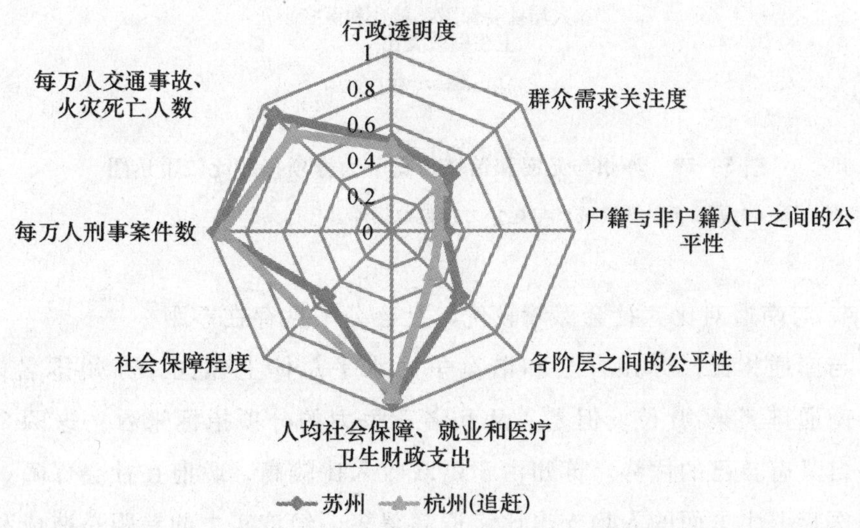

图 5—18　苏州与杭州和谐城市竞争力分项指数比较雷达图

资料来源：中国社会科学院城市与竞争力指数数据库。

3. 与无锡对比：整体水平较为接近

苏州与无锡相比，由于两个城市在地理区位、发展模式、文化习俗等方面都比较接近，两个城市的和谐竞争力水平接近，苏州在全国排在第9位，而无锡在全国排在第17位。从和谐竞争力各指标的表现来看，苏州只是在每万人交通事故、火灾死亡人数、政府人均就业、社会保障和医疗卫生支出和政府对群众需求关注度指数上比无锡具有明显的优势，其他的指标相差不大，处于非常接近的水平（见图5—19）。

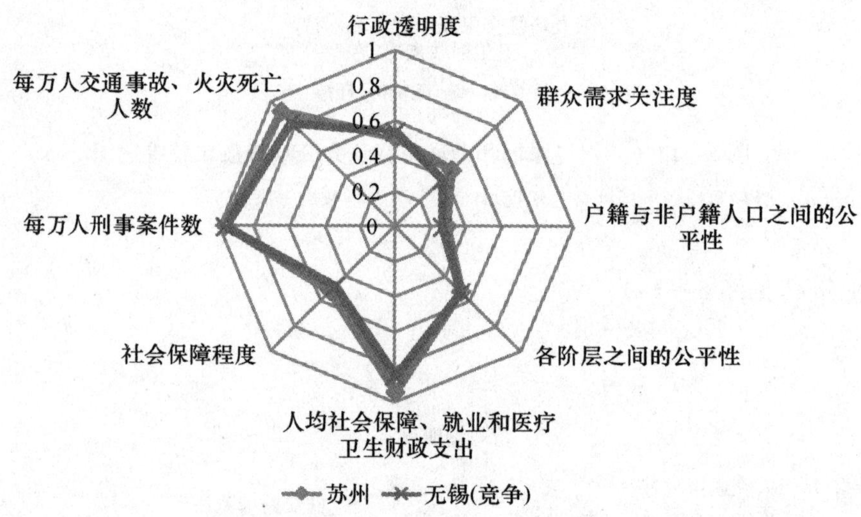

图5—19　苏州与无锡和谐城市竞争力分项指数比较雷达图

资料来源：中国社会科学院城市与竞争力指数数据库。

4. 与南通对比：社会保障较优，社会公平性存在差距

与南通相比，苏州社会和谐竞争力水平总体上领先，苏州排名第9位，南通排名第40位。但是，从和谐竞争力的分项指标来看，这两个城市各自具有自己的优势。苏州由于财政收入比较高，政府在社会保障、就业和医疗卫生方面的人均支出比南通高得多，经济实力的差距是造成和谐竞争力差距的重要原因。但南通也有自己的比较优势，由于南通外来人口的规模小于苏州，南通在户籍与非户籍人口之间的公平性上也好于苏州。另外，苏州在政府对群众需求的关注度和不同阶层内部的公平性指数上也

好于南通。其他指标政府的行政透明度和社会安全类指标上两个城市差别不大（见图 5—20）。

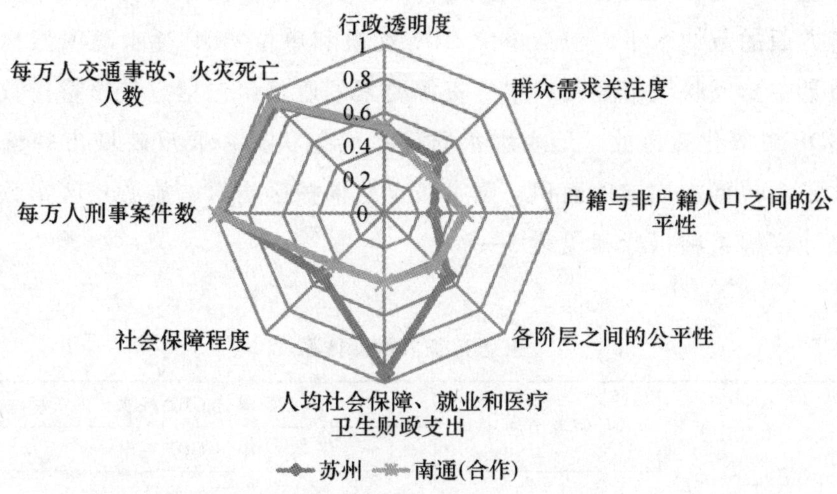

图 5—20　苏州与南通和谐城市竞争力分项指数比较雷达图

资料来源：中国社会科学院城市与竞争力指数数据库。

四　苏州生态城市竞争力

随着城市发展水平的不断提升，城市竞争力的内容不断丰富，城市竞争力的表现形式趋于多样化。从各国城市发展的不同水平、不同阶段的表现来看，城市竞争力中生态方面的影响力越来越重要。这主要是因为，一方面，随着城市经济的发展，社会各领域对能源消耗的越来越依赖，城市发展对资源环境的破坏越来越严重，掠夺式的发展严重损害了城市发展的可持续性；另一方面，随着居民收入水平的不断提升，作为城市最重要主体的城市居民对生活环境质量的要求越来越高，生产和生活两个方面的要求对城市的发展模式提出新的要求，迫切需要城市在注重综合竞争力的同时，更加注重生态竞争力的建设。环境友好的生态城市应该是人和自然和谐相处的地方，人们的生产和生活过程被作为自然循环过程之一，与其他自然循环过程相协调，低碳经济发展模式形成，生态环境建设成为城市建设的有机组成部分，人工环境与自然环境有机地融为一体。正是基于这样的前提，通过对生态竞争力指数的设计和分析来反映中国城市生态竞争力的现状和未来发展趋势。

从指标构成来看，环境友好的生态竞争力主要包括资源节约、环境质量和生态状况三大内容和九项指标。其中，资源节约主要反映城市在经济生产方面的节约水平，包括单位 GDP 耗电和单位 GDP 耗水两项指标；环境质量主要反映城市空气、水等资源要素的质量，包括空气质量指数、单位 GDP 二氧化硫排放、地表水水质等；生态状况主要反映城市的整体生态水平，包括人均绿地面积、国家级自然保护区指数、旅游景区指数、降水丰沛度等 4 项指标（见表 5—5）。

表 5—5　　生态竞争力指标体系

环境友好的生态竞争力	资源节约	单位 GDP 耗水
		单位 GDP 耗电
	环境质量	空气质量
		单位 GDP 二氧化硫排放量
		地表水水质
	生态状况	人均绿地面积
		国家级自然保护区
		旅游景区指数
		降水丰沛度

苏州是中国城市中非常具有竞争力的城市，在城市的产业发展、创新等方面一直都在全国城市中处于前列。在此报告中，我们根据国家统计局的相关数据，按照生态竞争力指标体系的设计，针对苏州在生态方面的竞争力进行分析，并通过与相关城市的对比来找出苏州在生态竞争力领域的优劣势。

（一）总体状况

1. 总体情况：总体生态恶化，省内位置靠后

2015 年苏州市生态竞争力指数为 0.448，比 2014 年、2013 年分别下降了 0.041、0.003，在全国城市中排在第 128 位。同时，从江苏省内情

况来看，苏州的生态竞争力在江苏省只排在第 10 位，位置相对靠后。

从生态竞争力与可持续竞争力的对比来看，苏州的生态竞争力情况要低于其可持续竞争力，2015 年苏州的可持续竞争力指数为 0. 700，2013—2015 年连续三年实现稳定增长（见图 5—21），相比较而言，苏州的生态竞争力是一个弱项。

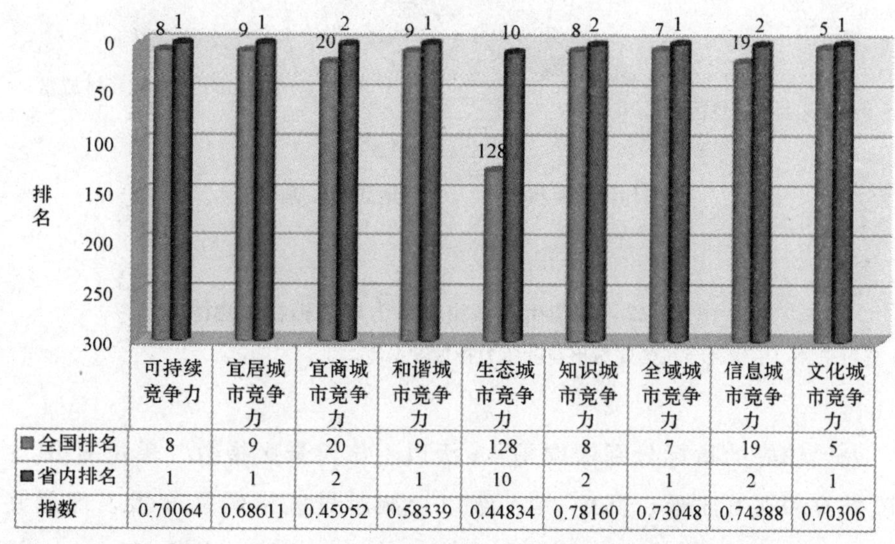

	可持续竞争力	宜居城市竞争力	宜商城市竞争力	和谐城市竞争力	生态城市竞争力	知识城市竞争力	全域城市竞争力	信息城市竞争力	文化城市竞争力
全国排名	8	9	20	9	128	8	7	19	5
省内排名	1	1	2	1	10	2	1	2	1
指数	0.70064	0.68611	0.45952	0.58339	0.44834	0.78160	0.73048	0.74388	0.70306

图 5—21　苏州市生态竞争力与可持续竞争力情况对比

资料来源：中国社会科学院城市与竞争力指数数据库。

2. 具体指标：指标优劣非常显著，生态状况整体较差

从生态竞争力各项指标的具体情况来看，苏州市表现相对较好的指标有三个，分别是空气质量、单位 GDP 二氧化硫排放、4A 级以上旅游景区数量，表现较差的指标有四个，分别是单位 GDP 耗水、地表水水质、人均绿地面积和国家级自然保护区数量；单位 GDP 耗水和降水丰沛度指标排在全国第 100 名左右，表现不好不坏（见图 5—22）。由于好坏指标均表现的较为突出，所有苏州整体生态竞争力就表现的非常不均衡。

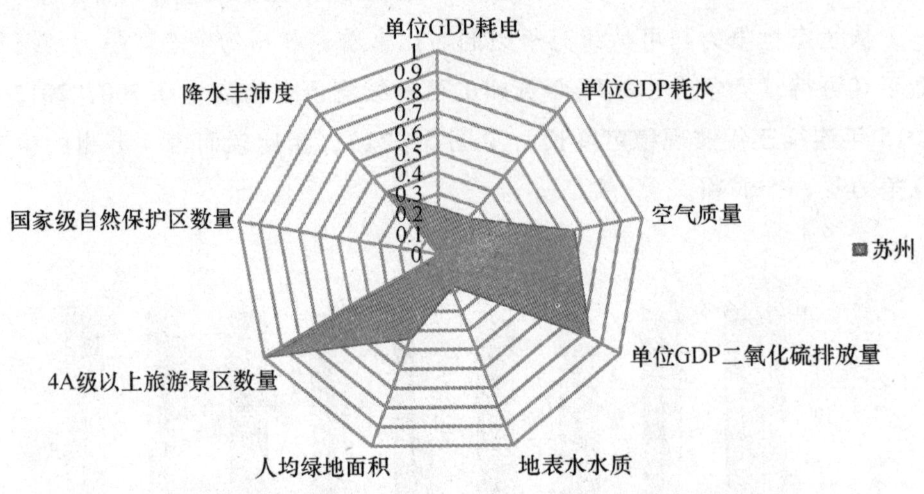

图 5—22　苏州生态城市竞争力构成指标雷达图

资料来源：中国社会科学院城市与竞争力指数数据库。

表现较好的指标分别依次是4A级以上旅游景区指数、单位GDP二氧化硫排放和空气质量。其中，4A级以上旅游景区指数是苏州表现最好的指标，得分为0.993，在全国排名第3位，在江苏省内排名第1位；单位GDP二氧化硫排放指标得分为0.83，排在全国第50位，在江苏省内排在第4位；空气质量指数得分为0.66，排在全国第12位。这三个指标均高于全国平均水平，也高于江苏省平均水平。

表现最差的指标有单位GDP耗水、地表水水质、人均绿地面积和国家级自然保护区数量四个指标。其中，地表水水质是苏州表现最差的生态指标，其得分只有0.167，在全国只排在第200位，这一指标也是苏州在生态竞争力方面的弱项；人均绿地面积指标苏州的得分只有0.437，在全国排在第163位，在江苏省内只排在第9位这与苏州辖区水域面积大、外来人口多、开发区数量多等情况有关。国家级自然保护区数量指标在全国排在第153位，单位GDP耗水的得分为0.231，在全国排在第152位，在江苏省内也只排在第10位。

从苏州9个二级指标的得分情况与全国均值情况的对比来看，低于全国平均水平的有单位GDP耗电、地表水水质、人均绿地面积和国家级自然保护区数量四个指标。这意味着这四项指标对于苏州而言属于弱项，未来应该加强这四个指标的建设和管理。

（二）苏州与对标城市比较分析

将苏州与深圳、杭州、无锡和南通四个城市进行对比，可以发现，苏州在生态竞争力方面均落后于上述四个城市，其中，苏州的生态竞争力在全国仅排在第128位，而深圳和杭州都是全国前30的城市，无锡和南通在全国的排名也都超过苏州56名和27名。总体而言，在生态竞争力方面，苏州还远远落后于这四个城市（见图5—23）。

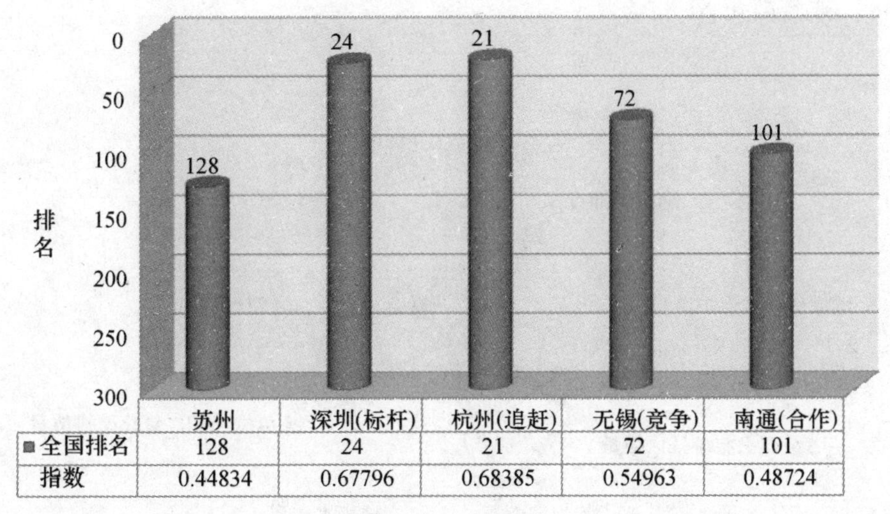

图5—23　苏州与对标城市生态城市竞争力比较柱状图

资料来源：中国社会科学院城市与竞争力指数数据库。

1. 与深圳对比：几乎全面落后于深圳，环境质量略微领先

作为苏州的标杆城市，深圳不仅在生态竞争力整体上远远超过苏州，而且在各分项指标上也几乎完胜苏州（见图5—24）。

在九个分项指标中，苏州仅在4A级以上旅游景区指数、地表水水质方面略高于深圳，在绝大多数指标上全方位的落后于深圳。具体来看，在单位GDP耗电方面，苏州得分比甚至低0.16，排名低大约第108位；在单位GDP耗水方面，苏州得分与甚至相差不大；在空气质量方面，苏州

的空气质量与深圳基本相同，在全国范围内超过苏州和深圳的只有 11 个城市；在单位 GDP 二氧化硫排放方面，苏州的得分要比深圳少 0.17，排名上深圳排在全国第 2 位，而苏州仅排在第 50 位；在地表水水质上，苏州的水质要比深圳高出不少，地表水水质比苏州高的城市有 199 个，而比深圳高的有 242 个城市；在人均绿地面积方面，苏州要落后深圳很多，2013 年苏州的人均绿地面积为 28.64 平方米/人，仅排在全国第 163 位，而深圳则排在全国第 15 位；在 4A 级以上旅游景区数量方面，苏州排在全国第 3 位，要领先深圳 30 个排名；在国家级自然保护区数量方面，数量超过苏州的有 152 个城市，而超过深圳的只有 130 个城市；在降水丰沛度方面，苏州的得分为 0.408，排在全国第 96 位，而深圳得分比苏州高 0.38，排名高出 81 位。

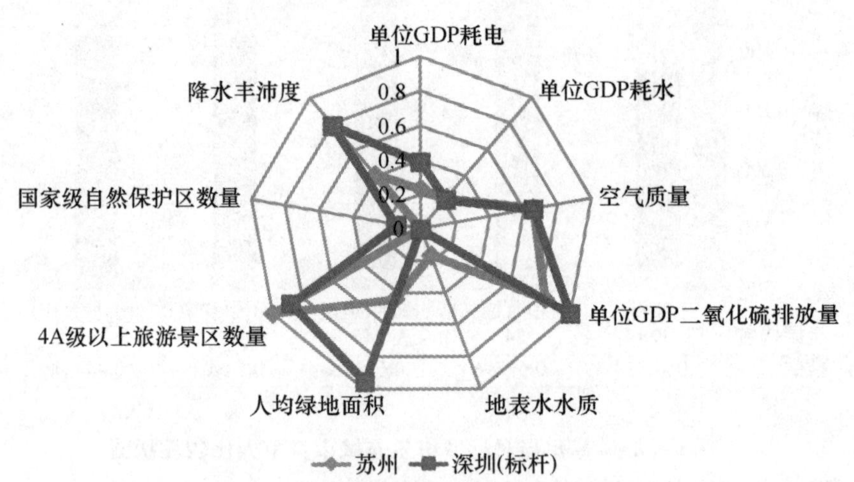

图 5—24 苏州与深圳生态竞争力对比雷达图

资料来源：中国社会科学院城市与竞争力指数数据库。

2. 与杭州对比：整体低于杭州，生态状况差距巨大

苏杭历来都是相互对比的城市，自然也就成为相互追赶的对象。不过，在生态竞争力方面，杭州要比苏州高出很多，也就成为苏州学习和追赶的对象。杭州 2015 年生态竞争力得分为 0.684，比苏州高出 0.24，在全国排在第 21 位，高于苏州 107 个排名（见图 5—25）。

在具体分项指标上，杭州几乎全部超过苏州。具体来看，在单位GDP耗电方面，杭州的得分为0.266，比苏州高0.03，排名上也高于苏州32位；在单位GDP耗水方面，杭州得分比苏州高0.04，排名上高出25个名次；在空气质量方面，苏杭两市基本相同，不分彼此；在单位GDP二氧化硫排放方面，杭州得分为0.91，比苏州高0.09，全国排名上杭州排在第27位，苏州仅第50位；在地表水水质方面，杭州的水质在全国排在第82位，而苏州则在200位左右；在人均绿地面积方面，苏州略高于杭州，苏州在全国城市排名为第163位，杭州为第169位，差距并不大；在4A级以上旅游景区数量方面，两者相差也不大，苏州排在第3位，杭州为第14位；在国家级自然保护区数量上，苏州在全国排在第153位，而杭州则排在第66位，高于苏州87位；在降水丰沛度方面，杭州高于苏州45个名次的排名。

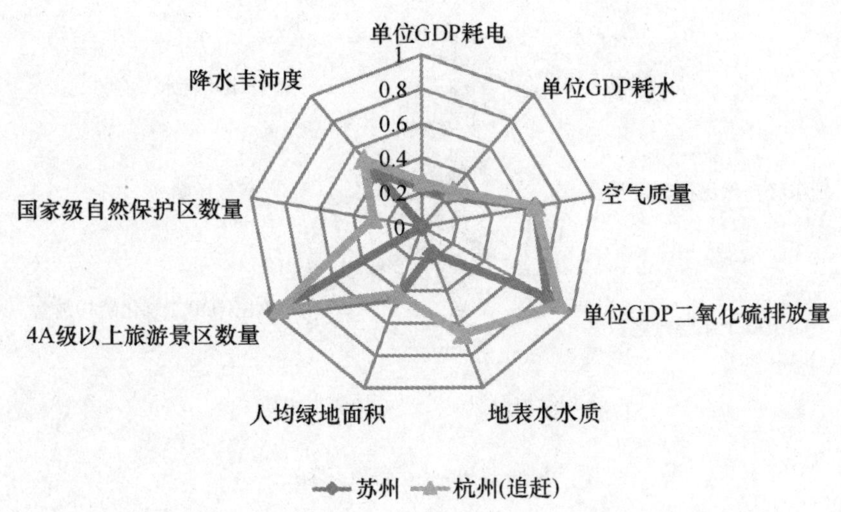

图5—25　苏州与杭州生态竞争力对比雷达图

资料来源：中国社会科学院城市与竞争力指数数据库。

（3）与无锡对比：气候条件略占优势，资源节约亟待提升

作为在地域上相邻的城市，苏州与无锡一直以来都是作为竞争对手而存在，而在生态竞争力方面，无锡则成为苏州学习的对象。无锡的生态竞争力2015年得分为0.55，比苏州高0.101，在排名上，无锡排在全国第

72 位，高于苏州第 56 位（见图 5—26）。

从分项指标来看，无锡与苏州大部分指标的差距并不大。在单位 GDP 耗电方面，苏州得分为 0.231，无锡为 0.294，排名上苏州为第 152，无锡为第 92 位，无锡明显领先；在单位 GDP 耗水方面，苏州和无锡相差不大，排名分别为第 85 位和第 78 位；在空气质量方面，无锡和苏州基本相同；在单位 GDP 二氧化硫排放方面，无锡得分为 0.909，比苏州高 0.07，全国排名上无锡比苏州高 21 位；在地表水水质方面，无锡和苏州得分相同；在人均绿地方面，苏州要落后无锡 91 个名次；在 4A 级以上旅游景区数量方面，苏州的优势不是很明显，苏州排在全国第 3 位，无锡也排在第 16 位；在国家级自然保护区数量方面，无锡和苏州基本相同；在降水丰沛度方面，苏州略高于无锡，苏州得分为 0.408，无锡得分为 0.357。

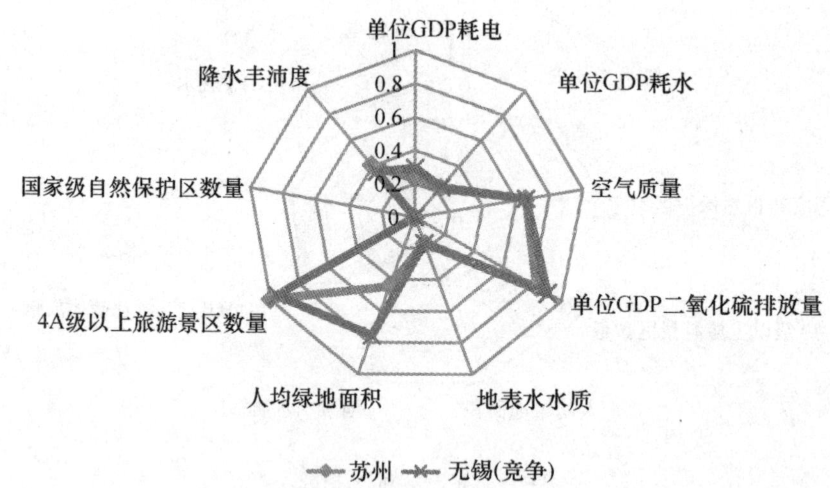

图 5—26 苏州与无锡生态竞争力对比雷达图

资料来源：中国社会科学院城市与竞争力指数数据库。

（4）与南通对比：总体水平接近，水质绿化需要提升

南通与苏州在很多领域的合作较多，从生态城市竞争力的角度来看，两个城市更为接近，也有更多可以相互借鉴的地方。在生态竞争力总体得分上，苏州为 0.448，南通为 0.487，两个城市相差不大，在排名上南通

比苏州仅高出 27 个位次（见图 5—27）。

从各分项指标情况来看，在单位 GDP 耗电方面，南通比苏州要好一些，南通得分为 0.276，比苏州高 0.04，南通在全国城市的排名为第 111 位，比苏州高 41 个位次；在单位 GDP 耗水方面，南通得分要比苏州低 0.02，排名上也要低大约 20 个位次；在空气质量方面，南通与苏州基本相同；在单位 GDP 二氧化硫排放方面，苏州和南通的得分非常接近，在排名上南通比苏州略高两个位次；在地表水水质方面，南通比苏州稍好一些，南通排在全国第 135 位，比苏州高出 65 个位次；在人均绿地方面，南通的得分为 0.576，比苏州高 0.14，排名上南通也要高 40 个位次；在 4A 级以上旅游景区数量方面，南通则落后苏州很多，南通的得分仅有 0.69，比苏州低 0.3，排名上要低 81 个位次；在国家级自然保护区数量方面，两个城市基本相同；在降水丰沛度方面，南通要略微落后于苏州，南通的得分为 0.348，比苏州低 0.06，排名上比苏州也低 23 个位次。

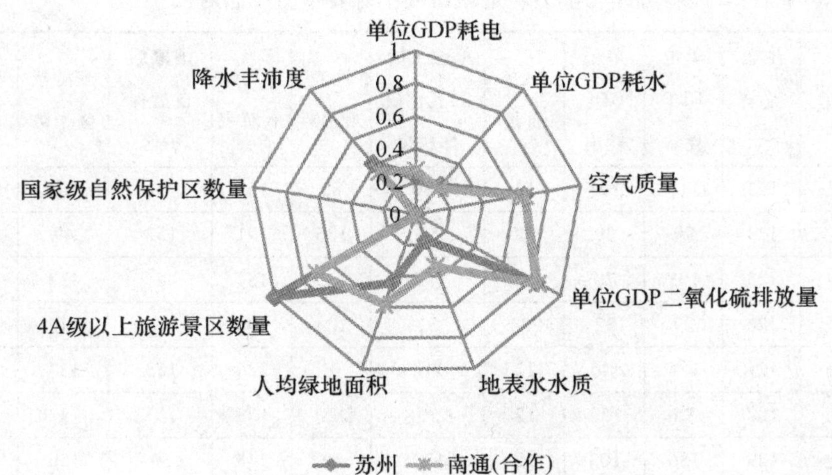

图 5—27　苏州与南通生态竞争力对比雷达图

资料来源：中国社会科学院城市与竞争力指数数据库。

（三）实力相近城市分析：旅游景区成为优势，水质方面表现最差

苏州 2015 年全国城市中生态竞争力排在第 128 位，选取与苏州排名相近的前五名和后五名城市进行对比，可以发现在不同领域，苏州的优劣

势比较明显（见表5—6）。

苏州的优势较为明显的体现在单位GDP耗水、单位GDP二氧化硫排放、旅游景区指数和降水丰沛度四个方面。其中，在单位GDP耗水方面，苏州在11个城市中能位居前列，仅次于盐城，比其他9个城市的排名都高。在单位GDP二氧化硫排放方面，苏州也能位居前列，比其余10个城市排名都高。在旅游景区指数方面，苏州不仅比其余10个城市都高，在全国也都能排在前三。在降水丰沛度方面，尽管苏州在全国城市中只排在第96位，但在实力相近的城市中能排在第3位，仅次于汕尾和宜宾。

苏州在单位GDP耗电、地表水水质、国家级自然保护区数量三个方面则表现出明显的劣势。具体来看，在单位GDP耗电方面，苏州在11个城市里倒数第3，仅高于遵义和丹东；在地表水水质方面，苏州仅高于昆明，而比其他城市都差；在国家级自然保护区数量方面，苏州则和哈尔滨、淮安、汕尾同列最后。

表5—6　　　　苏州与实力相近城市的生态竞争力排名对比

城市	生态竞争力	单位GDP耗水	单位GDP耗电	空气质量	单位GDP二氧化硫排放量	地表水水质	人均绿地面积	国家级自然保护区	旅游景区指数	降水丰沛度
遵义	123	111	195	12	230	82	151	20	105	152
哈尔滨	124	99	39	12	53	135	191	153	49	209
酒泉	125	103	70	12	192	135	187	2	133	286
盐城	126	29	37	234	51	135	196	29	115	167
淮安	127	184	115	12	112	1	226	153	133	185
苏州	128	85	152	12	50	200	163	153	3	96
通化	129	136	103	12	187	82	145	50	156	195
宜宾	130	91	100	12	253	1	201	49	177	89
昆明	131	126	17	12	150	243	83	120	49	169
汕尾	132	189	29	12	91	82	267	153	206	1
丹东	133	197	159	12	154	82	183	34	156	85

资料来源：中国社会科学院城市与竞争力指数数据库。

整体来看，苏州与实力相近的10个城市进行对比，优劣势非常明显，但同时也暴露出苏州一个很大的问题所在，就是没有任何一个领域能够形成绝对的优势，比如在资源节约方面，苏州在单位 GDP 耗水上表现出色，但在单位 GDP 耗电方面则又相对落后，在环境质量方面，单位 GDP 二氧化硫的优势明显，而地表水水质则表现较差。这一现象提示苏州，未来应该首先做好某一领域的强化，有重点的先补充好一个领域的短板，争取在特定领域能形成相对优势。

（四）结论

通过以上对苏州与相关城市的对比，可以发现以下一些现象：

整体来看，苏州的生态竞争力是其可持续发展的弱项。在可持续竞争力所表现的八个方面中，其他七个方面，苏州在全国城市中的排名都在前 20 以内，只有生态竞争力表现较为落后，排在全国第 128，成为苏州市在整体可持续发展方面的一个非常明显的弱项，拖累了整个苏州的综合竞争力和可持续发展。

在全国城市中位置来看，苏州的生态竞争力只处在中间位置，属于生态竞争力中等水平。同时，与深圳、杭州、无锡、南通 4 个城市来对比，则完全处于劣势，这 4 个城市的生态竞争力在全国都处在有竞争力或较有竞争力，在全国都排在前 60 名以内，而苏州的生态竞争力在前 100 之外，两相对比差距非常显著。这说明，生态竞争力已经严重影响了苏州在与其相应城市的对比。

从不同视角来看，苏州的优势在于较好的空气质量和旅游景区，其中空气质量指数苏州排在全国第 12 位，4A 级以上旅游景区指数排在全国第 3 位，这两个指标成为苏州生态方面表现最好的方面，但是需要注意的是，苏州在这两个指标上与深圳、杭州、无锡和南通相比不仅不是优势，反而还处于相对劣势。在地表水水质和绿地方面则成为苏州的劣势。其中，地表水水质在全国排在第 200 位，成为苏州生态最差的指标，而人均绿地面积在全国是第 163 位，是苏州第二差的指标，同时这两个指标也是苏州与深圳、杭州、无锡和南通等城市对比时的明显劣势。

因此，根据以上的分析，未来苏州应该加强生态方面的建设，弥补城市持续发展方面的短板。其中，重中之重是要做好绿化和水质保持这两项工作，通过加大城市绿化建设、水源保护等提升苏州的生态环境质量。

五 苏州文化城市竞争力

文化是城市魅力的最终来源，理想的城市应该是各种文化碰撞、交融、交相辉映的地方。城市文化竞争力，反映城市文化底蕴深厚、文化多元交流以及城市文化吸引力状况，作为城市软实力，对城市发展与发展独特、难以替代的作用，城市的文化竞争力是城市竞争力的重要一环。本报告将基于九个指标来评估城市的文化竞争力，分别是历史文化名镇名村、历史文化指数、非物质文化指数、现代文化艺术指数、每万人剧场影剧院数量、城市国际知名度、语言多国性指数、每百万人文化体育和娱乐业从业人数、外国入境旅游人数，通过将数据进行标准化处理，获得相关指标指数得分以及排名情况。本部分首先通过苏州 2013—2015 年城市文化竞争力指数得分及排名变化，分析苏州市文化竞争力总体状况；然后根据苏州各指标得分及在全国、省内的排名情况，获得苏州文化竞争力的具体分项特征；然后从苏州文化竞争力与对标城市和实力相近城市分析对比中获取苏州在提升文化城市竞争力方面的优势和短板。从获得的信息中看出，苏州市城市文化竞争力优势、短板均比较明显，需要继续发挥优势并尽快弥补短板，才能实现文化竞争力的稳步提升。

（一）现状

1. 总体状况：优势明显，逐步提升

苏州作为我国重要的历史文化名城，历史悠久，文化繁荣。数据计算结果显示（见表 5—7），2013—2015 年全国城市文化竞争力前 10 名城市包括除香港、澳门特别行政区外，全部为一线、二线城市，香港、上海、北京稳居全国城市文化竞争力前 3 名。同时可以看出，西安、南京等文化古都排名逐渐降低，并退出前 10 名，说明西安、南京等文化古都虽然历史文化资源丰富，但现代文化产业发展落后，文化国际影响力有限。广州、武汉等传统历史文化名城，由于文化产业发展缓慢，文化竞争力逐渐落后。而作为西部地区的成都、重庆伴随着几年来经济的快速发展，大力发展文化产业，提高文化影响力与知名度，文化竞争力稳步提升。苏州作为我国江苏省经济中心，在大力发展先进制造业的同时，挖掘传统文化，大力发展文化产业与现代服务业，促进文化竞争力的提高与经济活力的提高。苏州文化竞争力由 2014 年的全国第 8 名，到 2015 年提高到全国第 5 名，排在香港、澳门特别行政区以及上海、北京两个一线城市之后，竞争力指数由 0.625 提高到 0.713；并且到 2016 年依旧保持第 5 名的位置。因此可以看出，苏州文化竞争力在全国范围内优势比较明显，并且稳步的提升过程当中。苏州应该在保持已有的文化竞争力状况基础上，实现城市文化竞争力的稳步推进。

表 5—7　　2013—2015 全国文化竞争力前 10 城市

2015 年			2014 年			2013 年		
排名	城市	指数	排名	城市	指数	排名	城市	指数
1	上海	1.000	1	上海	1.000	1	香港	1.000
2	香港	0.961	2	香港	0.977	2	上海	0.945
3	北京	0.880	3	北京	0.846	3	北京	0.862
4	澳门	0.726	4	澳门	0.730	4	广州	0.713
5	苏州	0.703	5	苏州	0.713	5	澳门	0.643
6	重庆	0.683	6	广州	0.694	6	杭州	0.629
7	广州	0.680	7	重庆	0.693	7	武汉	0.625
8	杭州	0.602	8	杭州	0.595	8	苏州	0.625
9	武汉	0.598	9	成都	0.575	9	西安	0.611
10	成都	0.582	10	西安	0.557	10	南京	0.595

资料来源：中国社会科学院城市与竞争力指数数据库。

2. 分项特征：优势与短板突出，两极分化严重

苏州文化竞争力总体排名较高，优势明显并且稳步提升。但通过九个具体指标的单独分析（见图 5—28、图 5—29），苏州文化竞争力优势与短板突出，两极分化严重。苏州历史文化名镇名村指数、历史文化指数、现代文化艺术指数、语言多国性指数在全国的排名达到第 3 名、第 1 名、第 7 名、第 6 名，在全省分别排名第 1 名、第 1 名、第 2 名、第 2 名，说明苏州在历史文化名镇名村指数、历史文化指数、现代文化艺术指数、语言多国性指数方面优势明显。在具体指数方面，历史文化名镇名村指数、历史文化指数、现代文化艺术指数三者达到 0.9474、0.9271、0.9792，说明苏州在历史文化名镇名村指数、历史文化指数以及现代文化艺术方面

优势突出。语言多国性指数仅为0.5左右，说明苏州虽然在语言多国性方面排名较好，但是与前面城市的绝对值差距较大。苏州非物质文化指数、城市国际知名度指数、外国入境旅游人数指数方面全国排名第26名、第15名、第19名，说明苏州在非物质文化指数、城市国际知名度指数、外国入境旅游人数指数方面劣势比较明显，与自身文化竞争力整体排名有一定差距，也说明苏州在这几个方面有较大的发展潜力。在绝对值指数方面，苏州在非物质文化指数、城市国际知名度指数、外国入境旅游人数方面指数均在0.4以下，分别为0.3971、0.1529、0.1310，城市国际知名度指数、外国入境旅游人数指数在0.2以下。说明苏州在这些方面与前面城市绝对值差距大，追赶难度较大。苏州在每万人剧场剧院数量指数、每百万人文化体育娱乐从业人数指数方面全国排名分别为第126名、第49名，在全省排名第7名、第4名，指数得分分别为0.05218、0.7326，说明苏州在每万人剧场剧院数量、每百万人文化体育娱乐从业人数方面劣势突出，与自己综合排名严重不符。苏州在每万人剧场剧院数量、每百万人文化体育娱乐从业人数方面短板严重，需要努力减少差距，弥补短板，提高总体文化竞争力。

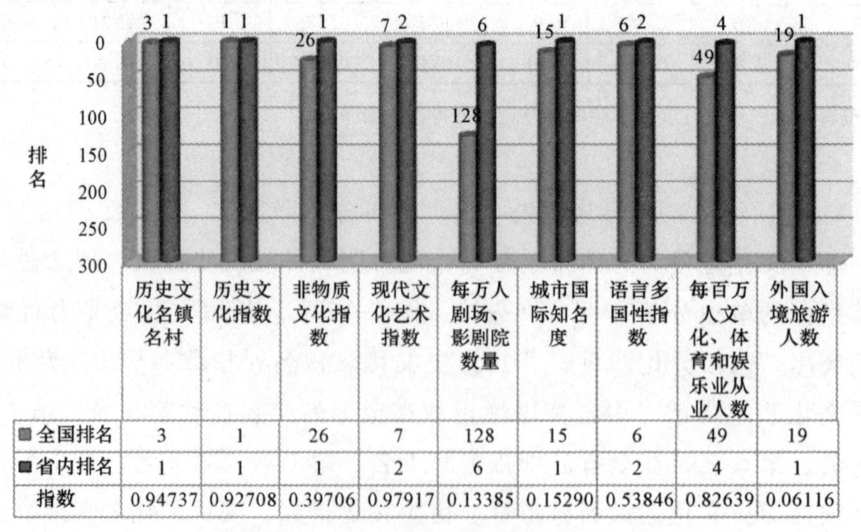

	历史文化名镇名村	历史文化指数	非物质文化指数	现代文化艺术指数	每万人剧场、影剧院数量	城市国际知名度	语言多国性指数	每百万人文化、体育和娱乐业从业人数	外国入境旅游人数
全国排名	3	1	26	7	128	15	6	49	19
省内排名	1	1	1	2	6	1	2	4	1
指数	0.94737	0.92708	0.39706	0.97917	0.13385	0.15290	0.53846	0.82639	0.06116

图5—28 苏州文化城市竞争力排名情况

资料来源：中国社会科学院城市与竞争力指数数据库。

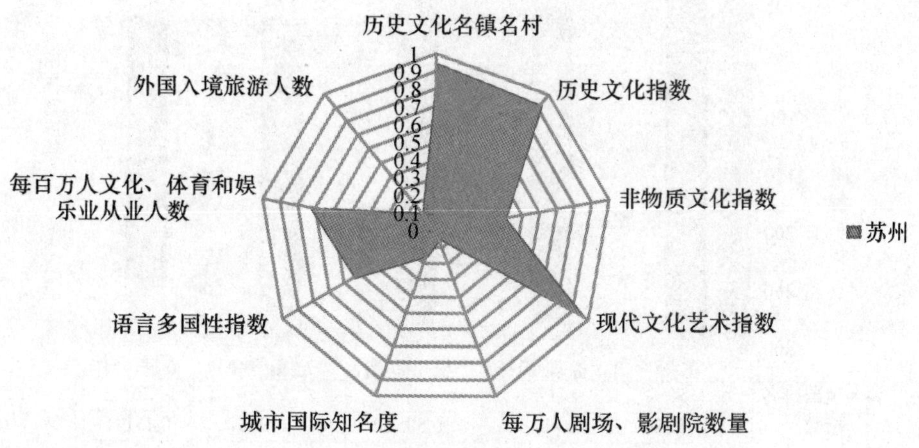

图 5—29　苏州文化城市竞争力构成指标雷达图

资料来源：中国社会科学院城市与竞争力指数数据库。

（二）对标城市比较分析

1. 整体比较：文化竞争力优势突出

苏州的标杆城市为深圳，追赶城市为杭州，竞争城市为无锡，合作城市为南通。苏州与 4 城市相比，文化竞争力优势明显（见图 5—30）。苏州、深圳、杭州、无锡、南通的全国排名分别为第 5 名、第 17 名、第 8 名、第 27 名、第 26 名。苏州略微优于追赶城市杭州，明显强于标杆城市、竞争城市、合作城市的深圳、无锡以及南通。在文化竞争力指数绝对值方面，深圳、无锡以及南通三城市差距不大，三城市指数分别为 0.4886、0.4496、0.4511；而苏州、杭州分别为 0.7128、0.5951，明显优于深圳、无锡、南通三城市。虽然总体来说苏州文化竞争力优于其对标城市，但具体差异明显，需要一一对比。

2. 历史文化名镇名村：苏州的领先优势明显

历史文化名镇名村比较（见图 5—31），苏州优势明显。苏州作为历史文化名城，拥有大量的历史文化名镇名村，因此苏州在历史文化名镇名村方面优势明显。苏州历史文化名镇名村指数达到 0.947，全国排名第 3 位。对标城市中的杭州（排名 28 名）、无锡（排名 28 名）、南通（排名

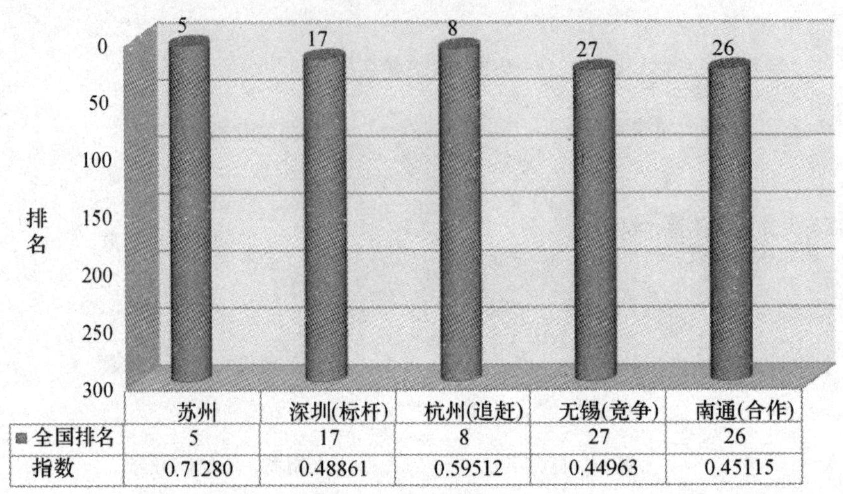

	苏州	深圳(标杆)	杭州(追赶)	无锡(竞争)	南通(合作)
■全国排名	5	17	8	27	26
指数	0.71280	0.48861	0.59512	0.44963	0.45115

图 5—30 苏州与对标城市文化城市竞争力指数比较

资料来源：中国社会科学院城市与竞争力指数数据库。

43 名）均作为江南地区文化名城，竞争力城市差距不大，指标得分为 0.2105、0.2105、0.1579。但深圳作为改革开放后崛起的现代化城市，在历史文化名镇名村方面明显落后，全国排名第 91 名，得分仅为 0.0526。

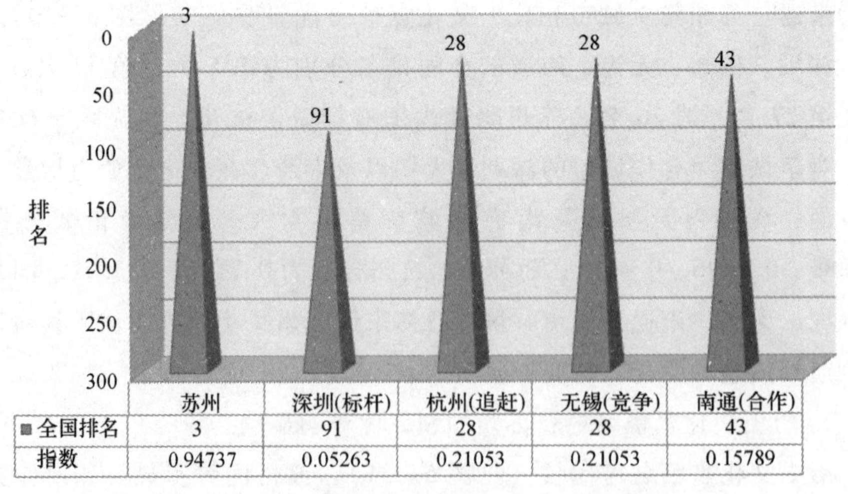

	苏州	深圳(标杆)	杭州(追赶)	无锡(竞争)	南通(合作)
■全国排名	3	91	28	28	43
指数	0.94737	0.05263	0.21053	0.21053	0.15789

图 5—31 苏州与对标城市历史文化名镇名村指数比较

资料来源：中国社会科学院城市与竞争力指数数据库。

3. 历史文化：与对标城市层次分明，苏杭优势明显

历史文化比较方面（见图 5—32），各城市层次分明。“上有天堂，下有苏杭”，苏州、杭州作为国家第一批历史文化名城，历史文化均并列排名全国第 1 名。而无锡、南通作为后续的历史文化名城，落后于苏州、杭州。作为现代化城市的深圳，在历史文化方面与众多新兴城市共同排名末位，在历史文化竞争方面明显落后于苏杭以及无锡、南通等历史文化名城。

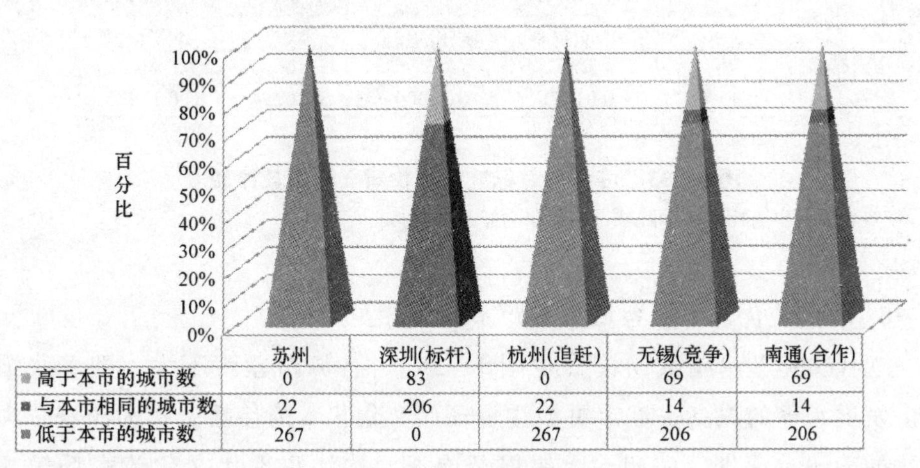

	苏州	深圳(标杆)	杭州(追赶)	无锡(竞争)	南通(合作)
高于本市的城市数	0	83	0	69	69
与本市相同的城市数	22	206	22	14	14
低于本市的城市数	267	0	267	206	206

图 5—32　苏州与对标城市历史文化指数比较

资料来源：中国社会科学院城市与竞争力指数数据库。

4. 非物质文化：对标城市间参差不齐，苏州表现最优

非物质文化指数比较（见图 5—33），城市水平参差不齐。苏州作为历史文化名城，非物质文化遗产较为丰富，全国排名 26，指数值为 0.3971。作为文化资源较为丰富的杭州、南通以及无锡，虽然非物质文化劣于苏州，但明显优于现代化城市深圳，分别为第 53 名、第 86 名、第 106 名，指数为 0.2500、0.1324、0.1029。而现代化城市深圳排名第 228 名。

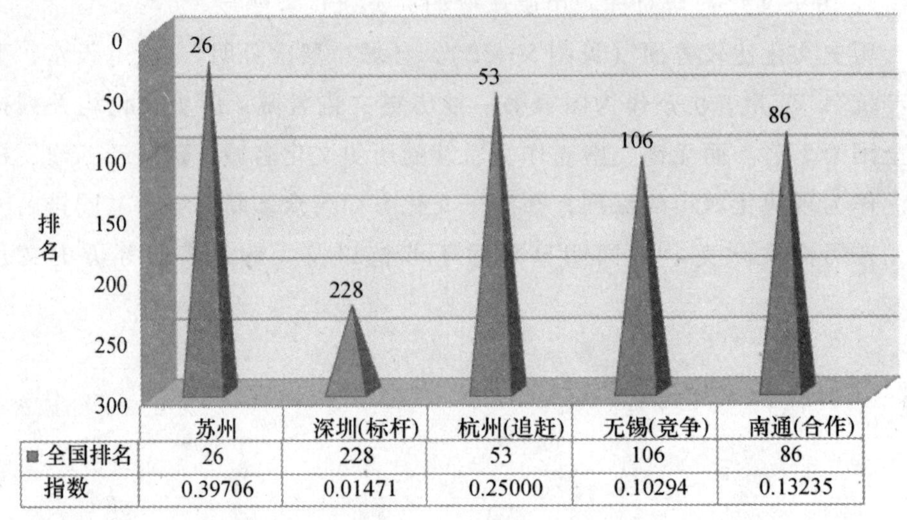

	苏州	深圳(标杆)	杭州(追赶)	无锡(竞争)	南通(合作)
■全国排名	26	228	53	106	86
指数	0.39706	0.01471	0.25000	0.10294	0.13235

图 5—33 苏州与对标城市非物质文化指数比较

资料来源：中国社会科学院城市与竞争力指数数据库。

5. 现代文化艺术：各城市差距不大

现代文化艺术指数比较（见图 5—34），各城市差距不大。随着我国经济发展水平的提高，城市更加注重现代文化艺术的传播，作为经济较为发达的苏州、深圳、杭州、无锡以及南通，均注重现代文化艺术场馆建设。无锡、杭州以及苏州在现代文化艺术方面，分别位居全国第 5 名、第 6 名、第 7 名，得分均达到 0.97 以上。深圳与南通分别为第 19 名、第 39 名，得分也均在 0.85 以上，因此苏州与对标个城市之间在现代文化艺术发展方面差距不大。

6. 每万人剧场、影剧院数量：苏州劣势突出

每万人剧场、影剧院数量比较（见图 5—35），苏州劣势突出。无锡、深圳、杭州排名较为靠前，分别为第 14 名、第 17 名、第 29 名，但是各个城市得分也均较低，无锡的 0.1691、深圳的 0.1598、杭州的 0.1144，与前面城市差距较大。南通为第 57 名，得分为 0.08235，苏州排名仅为第 119 名，得分仅为 0.05218。说明苏州明显劣于其他城市，苏州在剧场、影剧院文化设施建设方面明显不足。

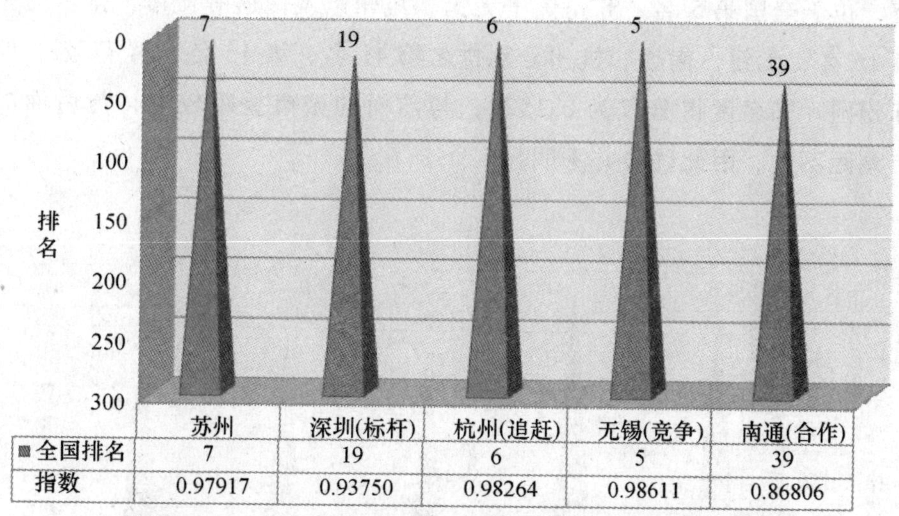

图 5—34　苏州与对标城市现代文化艺术指数比较

资料来源：中国社会科学院城市与竞争力指数数据库。

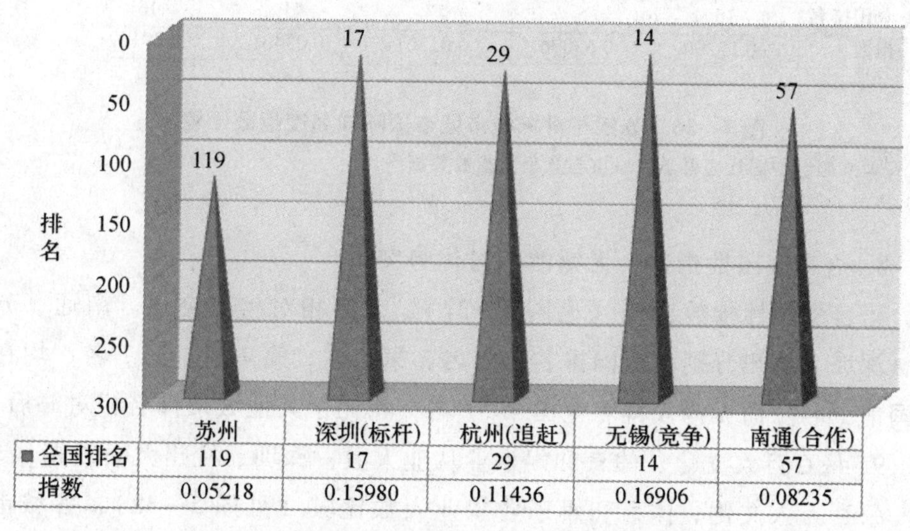

图 5—35　苏州与对标城市每万人剧场、影剧院数量指数比较

资料来源：中国社会科学院城市与竞争力指数数据库。

7. 国际知名度：深圳领先，苏州优势不明显

城市国际知名度比较（见图 5—36），深圳优于其他城市，苏州优势不明显。深圳作为我国重要的国际化城市，城市国际知名度明显高于其他

城市，位于全国第5名。苏州优于无锡、杭州以及南通等城市，排名为全国第15名，无锡、南通、杭州分别排名第41名、第46名、第77名。但是苏州国际知名度得分仅为0.1529，与前面的城市差距较大，与后面的城市差距不大，因此优势并不明显。

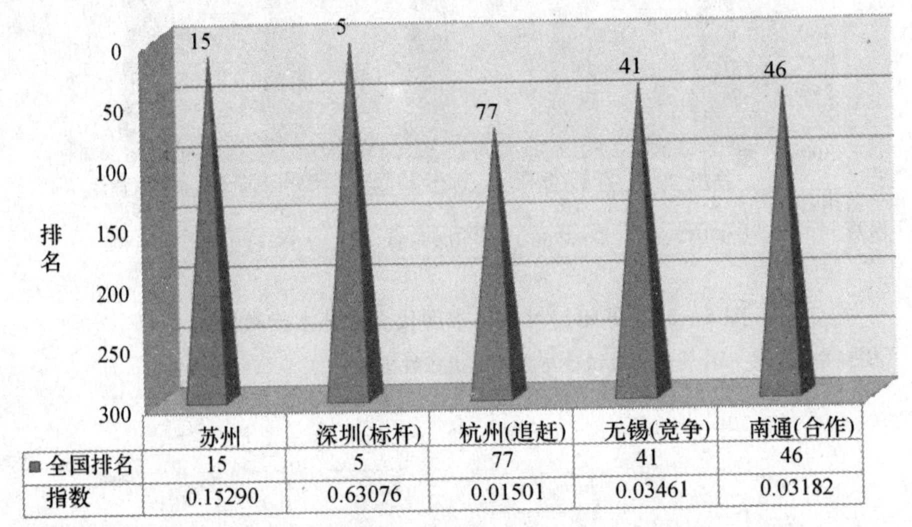

图5—36 苏州与对标城市城市国际知名度指数比较

资料来源：中国社会科学院城市与竞争力指数数据库。

8. 语言多国性指数：无锡的相对优势突出

语言多国性指数比较（见图5—37），无锡相对劣势突出。南通、苏州、深圳、杭州分别在全国排名第3名、第5名、第7名、第7名，均在全国前十名。而无锡仅排名全国第57名，相比于其他城市排名相对靠后。

9. 每百万人文化、体育和娱乐业从业人数：深圳、杭州大幅领先

每百万人文化、体育和娱乐业从业人数比较（见图5—38），各城市之间差距较大。深圳在百万人文化、体育和娱乐业从业人数方面明显优于其他城市，全国排名第4名，得分为0.9896。其次为杭州市，排名全国第16位，指数得分为0.9480。而无锡、苏州以及南通排名均比较靠后，全国排名分别为第69名、第78名、第148名，得分分别为0.7639、0.7326以及0.4896，说明无锡、苏州、南通与深圳、杭州具有一定的差距，特别是南通在文化、体育和娱乐业等产业不发达。

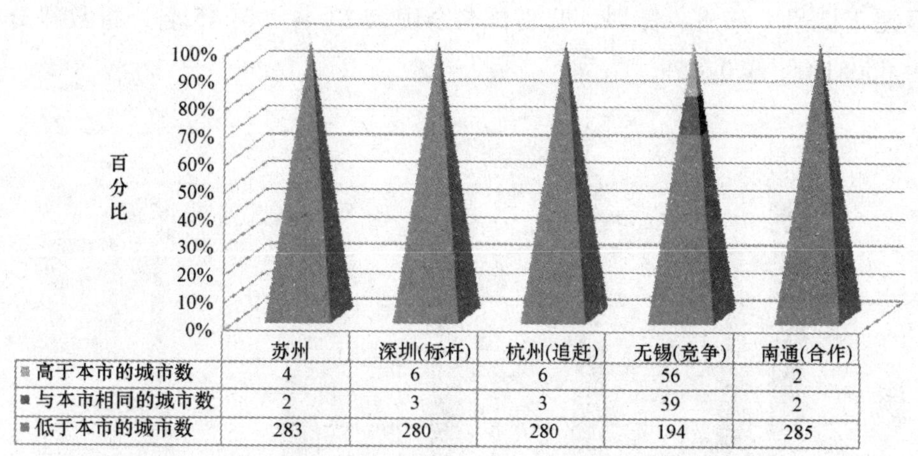

图 5—37　苏州与对标城市语言多国性指数比较

资料来源：中国社会科学院城市与竞争力指数数据库。

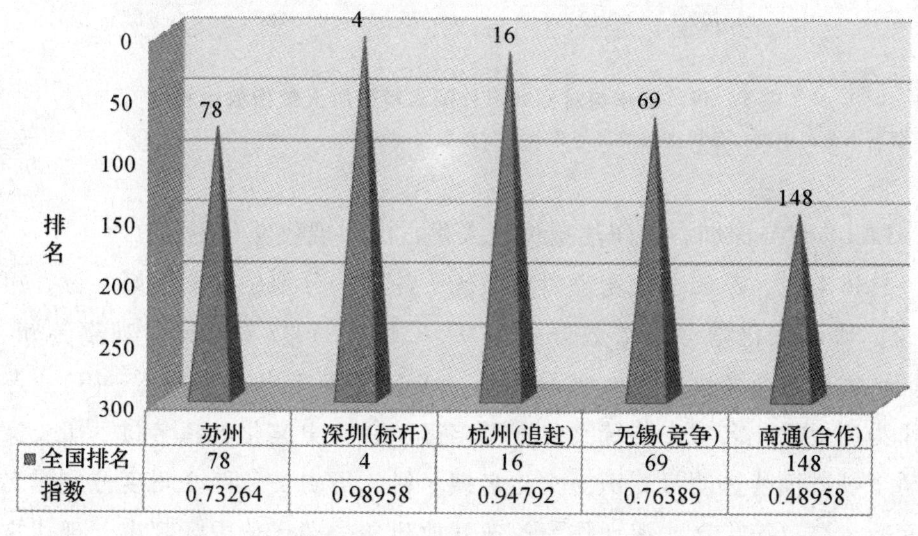

图 5—38　苏州与对标城市每百万人文化、体育和娱乐业从业人数指数比较

资料来源：中国社会科学院城市与竞争力指数数据库。

10. 外国入境旅游人数：杭州、苏州、深圳三足鼎立

外国入境旅游人数比较（见图 5—39），杭州、苏州、深圳优于无锡及南通。杭州、苏州及深圳分别排名全国第 6 名、第 7 名、第 8 名，指数得分分别为 0. 1678、0. 1310、0. 1234，城市之间差距不大。无锡、南通

明显差于杭州、苏州、深圳，分别排名全国第 23 名、第 45 名，指数得分仅为 0.05187、0.02855。

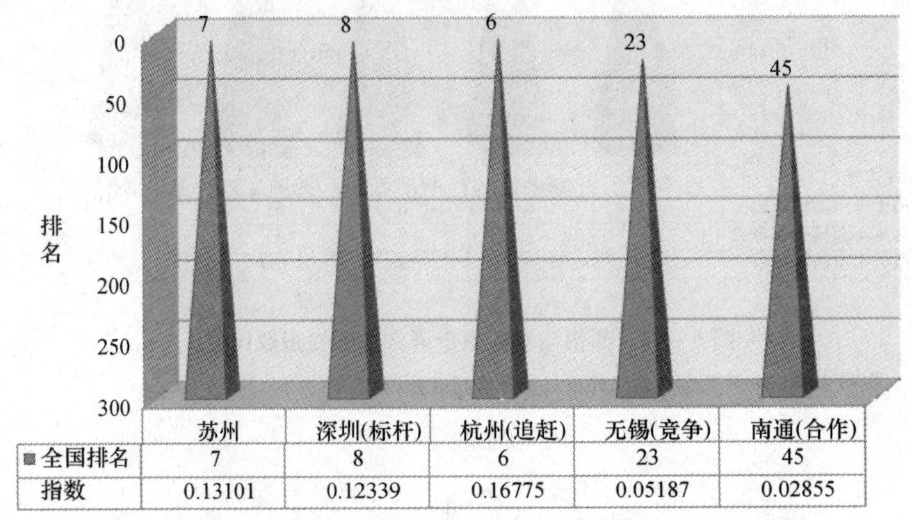

	苏州	深圳(标杆)	杭州(追赶)	无锡(竞争)	南通(合作)
全国排名	7	8	6	23	45
指数	0.13101	0.12339	0.16775	0.05187	0.02855

图 5—39 苏州与对标城市外国人境旅游人数指数比较

资料来源：中国社会科学院城市与竞争力指数数据库。

11. 苏州与深圳：苏州注重传统文化，深圳现代文化更佳

总体来说，苏州文化竞争力略微优于深圳，分别位于全国第 5 位、第 16 位，城市文化竞争力指数分别为 0.7031、0.5087。但具体观察苏州、深圳在文化各个角度方面，差异明显，各自优势突出（见图 5—40）。苏州作为历史文化名城，传统文化资源丰富，在历史文化名镇名村、历史文化角度等方面优势明显，历史文化名镇名村、历史文化两个角度分别排名全面第 3 名、第 1 名。深圳作为改革开放建立的现代化国际都市，现代文化发展迅速，优势突出。深圳在城市国际知名度、每百万人文化体育和娱乐业人数方面明显优于苏州，排名分别为全国第 5 名、第 4 名。比较苏州、深圳文化竞争力各个角度，苏州在历史文化名镇名村、历史文化指数、非物质文化遗产指数明显优于深圳，分别位于全国第 3 名、第 1 名、第 26 名，深圳在此三项分别排名全国第 91 名、第 87 名、第 228 名。而深圳在每万人剧场、影剧院数量、城市国际知名度、每百万人文化体育和娱乐业人数三个角度明显优于苏州，分别排名全国第 14 名、第 5 名、第

4 名，苏州此三项分别排名全国第 128 名、第 15 名、第 51 名。因此，苏州与深圳比较，总体文化竞争力略优于深圳，但两者各具优劣，未来发展取决于两城市能否弥补自身短板，实现彼此的超越。

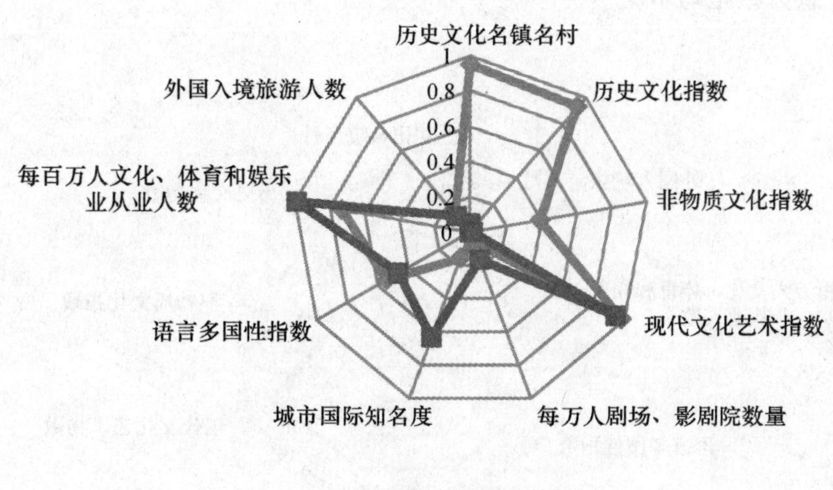

图 5—40　苏州与深圳文化竞争力分项比较雷达图

资料来源：中国社会科学院城市与竞争力指数数据库。

12. 苏州与杭州：文化底蕴深厚，文化名城遥遥领先

比较苏州、杭州文化城市竞争力状况，总体差距不大，分别排名全国第 5 名、第 8 名；具体比较两城市文化竞争各个指标，大部分指标差距不大（见图 5—41）。上有天堂，下有苏杭，苏州、杭州作为我国江南地区重要的历史文化名城，自古作为文人雅客共同美誉的人间仙境；近现代均作为长三角经济带重要的经济、文化中心，因此两城市文化竞争力差距不大。在文化竞争力指数方面，苏州在历史文化名镇名城方面明显高于杭州，苏州达到 0.9474，杭州仅为 0.2105，分别排名全国第 3 位、第 28 位；杭州在每百万人文化、体育和娱乐业从业人数指数显著优于苏州，分别为 0.9375、0.8264，分别排名全国第 19 名、第 51 名。两城市文化竞争力角度排名各具一定优势：苏州在非物质文化指数、城市国际知名度排名优于杭州，排名为第 26 名、第 15 名，杭州排名为第 53 名、第 77 名。杭

州在每万人剧场、影剧院数量、外国入境旅游人数方面排名优于苏州，全国排名分别为第 25 名、第 8 名，苏州排名为 128 名、第 19 名。两城市在历史文化、现代文化艺术以及语言多国性指数方面排名、指数均差异不大。因此，苏州、杭州两城市虽然在城市文化竞争角度排名有一定的差异，但总体差距均不大。

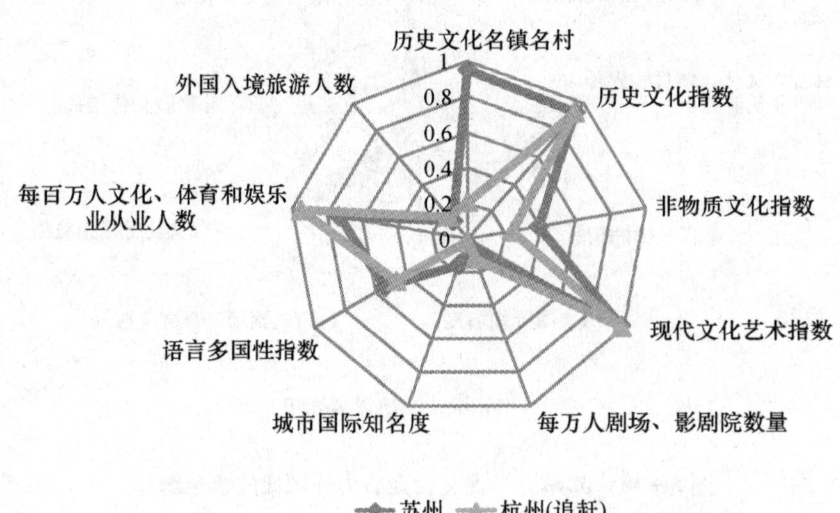

图 5—41 苏州与杭州文化竞争力分项比较雷达图

资料来源：中国社会科学院城市与竞争力指数数据库。

13. 苏州与无锡：苏州优势较大，多个方面领先

通过苏州、无锡两城市文化角度的比较（见图 5—42），除无锡在每万人剧场、影剧院数量角度优于苏州之外，其他方面苏州均远远优于或者不劣于无锡。无锡在每万人剧场、影剧院数量角度全国排名第 6 名，指数得分为 0.4804，而苏州排名第 128 名，仅得分 0.1339。两城市在现代文化艺术指数、每百万人文化体育和娱乐业人数角度差距不大，苏州排名分别为第 7 名、第 51 名，无锡两项排名为第 5 名、第 49 名。但苏州在历史文化名镇名村、历史文化指数、非物质文化指数、城市国际知名度、语言多国性指数、外国入境旅游人数方面在指数得分以及排名方面均高于无锡，苏州排名分别为第 3 名、第 1 名、第 26 名、第 15 名、第 5 名、第 19

名，而无锡分别排名全国第 28 名、第 70 名、106 名、第 41 名、第 57 名、第 46 名。

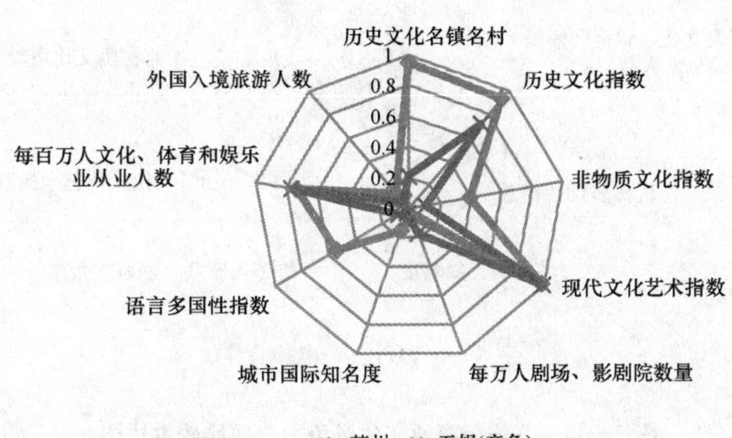

图 5—42　苏州与无锡文化竞争力分项比较雷达图

资料来源：中国社会科学院城市与竞争力指数数据库。

14. 苏州与南通：苏州各个角度优势突出

苏州除每万人剧场、影剧院数量以及语言多国性指数略差于南通之外，其他方面均优势比较突出（见图 5—43），说明南通与苏州相比，文化竞争力存在一定的差距。南通在每万人剧场、影剧院数量以及语言多国性指数两个角度略优于苏州，全国排名第 76 名、第 3 名，苏州排名第 128 名、第 5 名，但指数得分差距不大。而苏州在其他各个角度排名明显优于南通。

（三）实力相近城市比较

本节根据文化竞争力的得分排名情况，选择排在苏州前面 5 位的城市和排在苏州后面 5 位的城市，从各个指标进行详细分析，找出苏州的优势和短板，分析实力相近城市的优势，以及对苏州构成的威胁。文化竞争力排在苏州前面的城市包括上海、香港、北京、澳门 4 个城市，排在苏州后面的 5 个城市分别为重庆、广州、杭州、武汉、成都（见表 5—8）。

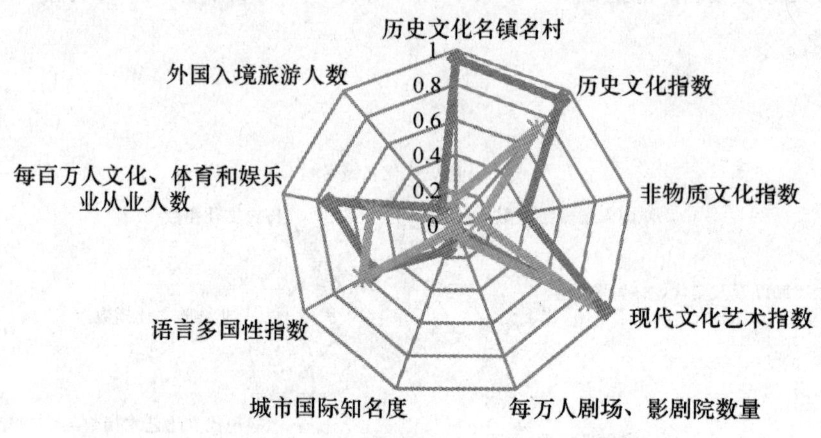

图5—43 苏州与南通文化竞争力分项比较雷达图

资料来源：中国社会科学院城市与竞争力指数数据库。

表5—8 苏州市文化竞争实力相近城市文化指标排名

城市	文化竞争力	历史文化名镇名村	历史文化指数	非物质文化指数	现代文化艺术指数	每万人剧场、影剧院数量	城市国际知名度	语言多国性指数	每百万人文化、体育和娱乐业人数	外国入境旅游人数
上海	1	5	23	1	15	56	1	2	13	3
香港	2	62	1	3	8	71	6	1	3	1
北京	3	15	1	2	22	2	7	5	2	4
澳门	4	62	1	127	52	15	2	19	1	2
苏州	5	3	1	26	7	128	15	5	51	19
重庆	6	1	23	5	17	265	19	19	48	6
广州	7	43	1	106	16	122	3	3	10	5
杭州	8	28	1	53	6	25	77	7	19	8
武汉	9	91	23	7	9	4	21	34	21	13
成都	10	15	1	65	1	211	12	10	11	12

资料来源：中国社会科学院城市与竞争力指数数据库。

1. 苏州与排在其前四名城市对比：历史文化较为突出，文化产业有待提高

排在苏州前面的城市包括上海、香港、北京、澳门4个城市，为我国文化竞争力排名前四位的城市，这是苏州未来赶超的目标城市。通过表格以及雷达图获得（见图5—44），苏州与上海、香港、北京、澳门相比在历史文化名镇名村、历史文化、现代文化艺术三个角度优势比较明显，分别排第3名、并列第1名、第7名。但苏州在非物质文化指数、每万人剧场影剧院数量、城市国际知名度、每百万人文化体育和娱乐业人数、外国入境旅游人数角度却明显差于其他城市，与自己城市文化竞争力综合排名不相符合。特别是苏州在每万人剧场影剧院数量、城市国际知名度、外国入境旅游人数指数得分均低于0.2分，说明苏州与其他城市在三个方面的差距巨大。

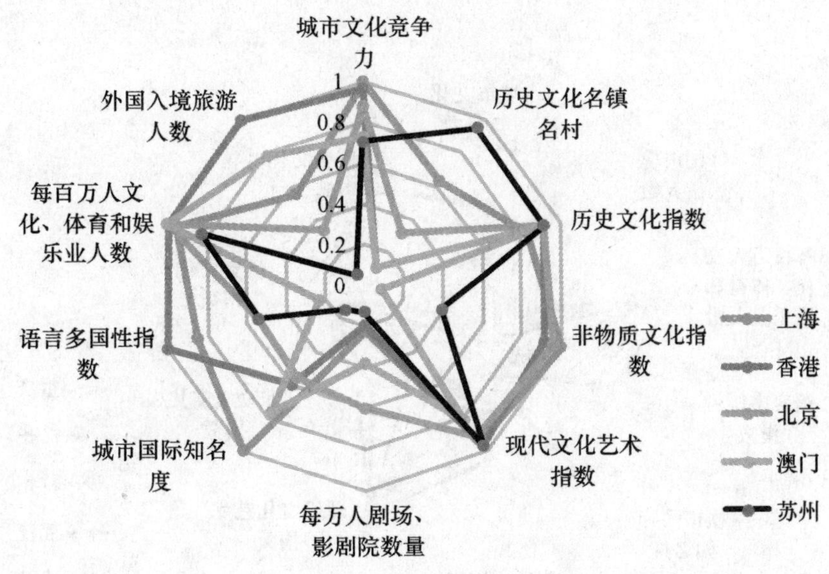

图5—44　苏州与排在其前四位城市文化竞争力分项比较雷达图

资料来源：中国社会科学院城市与竞争力指数数据库。

2. 苏州与排在其后五名的城市对比：城市各具优劣，竞争十分激烈

排在苏州后面的城市包括重庆、广州、杭州、武汉、成都5个城市，5个城市均为我国文化竞争力排名前10位的城市，这是未来文化竞争力

水平可能赶超苏州的城市。苏州在历史文化名镇名村、历史文化指数、现代文化艺术指数具有一定的优势，但在其他方面优势并不突出（见图5—45）。重庆在历史文化名镇名村、非物质文化遗产方面优势明显，排名分别为全国第1名、第6名。广州在历史文化、城市国际知名度、语言多国性指数以及外国入境旅游人数方面占据绝对优势，分别排名为并列第1名、第6名、第3名、第5名。杭州在历史文化、现代文化艺术、语言多国性方面具有一定优势，分别排名全国并列第1名、第6名、第7名。武汉在非物质文化、每万人剧场、影剧院数量占据优势，分别排名全国第7名、第4名。而成都在历史文化、现在文化艺术方面在全国分别排名为并列第1名、第1名。同时，各个城市存在明显的劣势，短板现象均比较突出。总体来说，苏州与排在其后5名的城市文化竞争力差距不大，各具优劣，在文化城市竞争方面要想有更好的表现，取决于哪个城市能够更好、更快的弥补城市文化发展的短板，实现城市文化的总体竞争水平的提高。

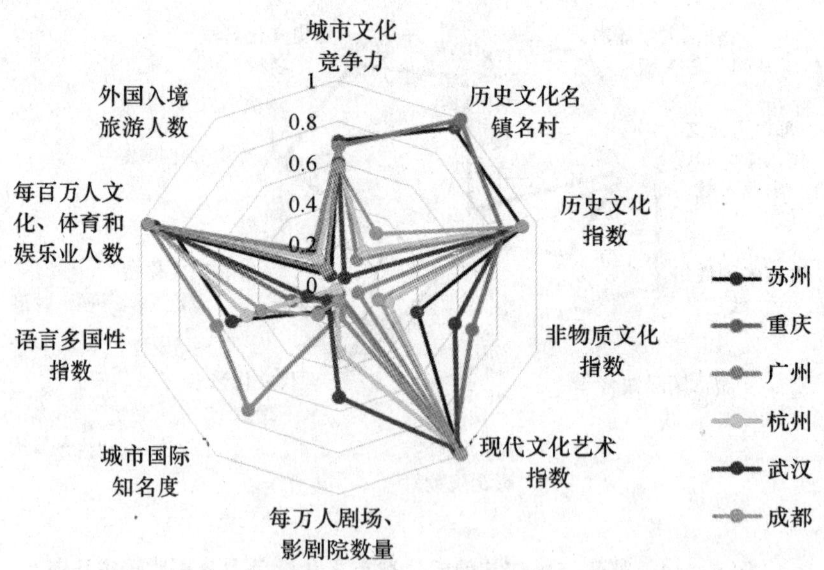

图5—45 苏州与排在其后五位城市文化竞争力分项比较雷达图

资料来源：中国社会科学院城市与竞争力指数数据库。

（四）提升苏州文化竞争力相关建议

相比于对标城市与实力相近城市，苏州具有优势明显、短板突出的特点。应该继续发挥优势，努力弥补短板。

1. 继续传承发扬传统历史文化

苏州历史文化资源丰富，优势明显。应该继续发挥苏州在历史文化名镇名村、历史文化、非物质文化遗产等方面的优势，促进苏州历史文化重新大放异彩。

2. 努力提升文化国际知名度与国际影响力

苏州文化国际知名度与国际影响力不足，在城市国际知名度、语言多国性指数、外国入境旅游人数方面发展方面与其他城市具有一定的差距，但发展潜力大。苏州应该努力宣传苏州文化，实现苏州文化走出国门、走向世界，提高苏州文化的国家影响力与国际知名度。

3. 努力实现现代文化发展繁荣

苏州现代文化艺术优势明显，但现代文化设施与文化产业发展严重短板，每万人剧场、影剧院数量、每百万人文化体育和娱乐业人数排名落后，与苏州文化竞争力总体状况严重不符。苏州应该在继续发展现代文化艺术的同时，努力发展现代文化产业，提高文化产业就业，努力建设文化娱乐设施，实现苏州现代文化发展水平质的提高，对于提升苏州文化竞争力具有决定性的意义。

六　苏州全域城市竞争力

理想的城市应该是以城市为本底的城乡全面一体化发展的地方，中心城区与小城镇、乡村作为一个有机整体，在各方面共同发展，城乡居民在田园般优美的环境中享受着现代城市所提供的优质公共服务和便利基础设施，城市和乡村完美融合。改革开放以来，苏州以较小的城乡居民收入差距、较高的城乡文明程度、较完善的城乡公共服务保障体系，使全域城市建设居于全国领先地位。2015 年，苏州服务业占 GDP 比重达 49.5%，形成“三二一”发展格局，农业产值占比和农村人口占总人口的比重不断下降。经济的迅速发展带来财政实力的不断增强，为构建城乡一体的全域城市提供了资金基础。苏州 2015 年地区生产总值达到 1.45 万亿元，实现公共预算收入 1560.8 亿元。在苏州农村地区，工业成为乡镇经济主导产业，平均约占乡镇经济总量的 60% 以上；村集体经济实力强大，2015 年年末，全市农村各类合作组织 4535 家，持股农户比例超过 96%。农村集体经济总资产 1610 亿元，村均年稳定性收入 776 万元。乡村集体经济的发展为农村的基础设施和公共服务产品的提供奠定了物质基础。这些为建设城乡一体的全域城市化提供了现实可能性。同时，苏州出台了一系列政策，结合苏州实际积极探索和实践，发挥农民和基层组织的创造建设，走出了一条建设全域城市的新路，2014 年国家发改委正式批复将苏州列为“城乡发展一体化综合改革试点”。

（一）概念、指标及方法

1. 概念

全域城市化是中国未来城市的发展方向。改革开放以来，中国城市城区规模不断扩大，且逐渐向周边农村蔓延；同时也积累了城乡关系转型升级资本、物质和技术基础。但同时，中国城市孤立发展的态势没有根本改观，城市与农村、点与面之间相互隔离，城市经济、社会发展的扩散效应难以发挥，经济增长的福利不能及时为区域所有主体所共享。因此，建设全域城市具有重要的现实意义，也是落实党的十八大五中全会提出的发展新理念的重要体现。全域城市化是在特定时间维度和特定地域空间内实现人口、产业、生活环境向城市转型，城乡均质发展，城乡二元结构消失，传统“三农”逐步淡出，城乡实现高度融合的状态。从城乡分割到城乡融合、由工业偏向到工农并重、由“被动城市化”到“主动城市化”是加快转变经济发展方式的重要依托。未来的理想城市应该是以城市为蓝底的城乡一体的全域城市，是城市和农村主体发展一致、相互联系、相互衔接的城乡一体城市，是由城乡隔离的二元城市发展为城乡融合的一元城市。

具体来看，全域城市化包括以下四个维度：一是在城市的宏观层面，城乡居民的收入水平、生活环境、劳动生产率、生活方式趋同，城乡功能互促互补、协同发展，形成城市为蓝底的社会形态；二是在城市的主体层面，市民和村民能够共享改革发展成果、分享社会发展权益，平等参与社会治理，彰显社会公平与权益平等；三是在城市的自然形态层面，城区更具城市温度，农村更具乡土气息，在“看得见山、望得见水、记得住乡愁”中，保持城乡多彩形态的和谐共存和完美对接；四是在城市的微观层面，城乡生产要素自由流动，合理配置。

2. 指标

全域城市化是城乡关系的外在表现和终极目标，是城乡全面融合、协调发展、共同繁荣的新型城市化，其包涵空间、经济、社会、生态等多个维度。虽然很难建立一个全面完整地反映全域城市化特征的完善体系，但城乡一体的全域城市至少包括以下四个基本特征：

城乡收入差距合理化。理想的城乡一体的全域城市应该是城乡收入差距合理的全域城市。城乡人均收入差距是城乡隔离的最直接、最重要的体现。城乡居民收入既是城乡隔离的结果也通过对居民消费能力的影响进一步加深了城乡的分离。城乡人均收入差距既是内生的、也是外生的。作为内生的城乡人均收入差距，是生产要素差异的外在表现，具有一定的不可避免性。作为外生的城乡人均收入差距，与经济政策有很大关联。毫无疑问，衡量城乡收入差距的最重要指标是城乡人均收入比。

城乡公共服务均等化。农村公共服务的严重短缺已经成为城乡差距议题中的焦点问题，城市和乡村差异的一个重要表现是在公共服务方面的差距。近年来，随着农业劳动力的自由流动，城市和农村居民享受到的公共服务数量、质量均呈现出“剪刀差”的状态，其差距甚至超过纯收入的差距。一方面，随着农村经济社会的发展，农村居民对公共产品需求的全面快速增长与公共服务不到位、基本公共服务短缺的突出矛盾日益突出；另一方面，越来越多的研究表面，尽管城乡主要收入差距仍构成城乡收入差距的主要部分，但是近年来城乡非主要收入差距对于城乡收入差距扩大的影响更为明显。而城乡非主要收入差距大部分来自城乡居民转移性收入的差距，其涉及户籍制度、教育制度、医疗制度、社会保障制度等公共服务众多方面。

城乡基础设施一体化。基础设施是全域城市的硬件基础，对改善居民的生活水平有重要意义，是引导城市资源要素向农村流动最终实现城乡一体全域城市的基础，城乡基础设施的差异也是城乡隔离的重要表现之一。改革开放以来，我国的城市基础设施的建设日趋完善，但农村在基础设施方面仍然存在严重滞后于城市。

城乡结构转化合理化。结构转化合理是城乡一体的全域城市内在要求，城乡一体和谐的城市必然要求城市的社会结构与产业结构相互适应。由于户籍制度、土地制度等的限制，我国的人口城镇化远远落后于第二产业和第三产业的发展，落后于土地的城镇化。城乡这一城市的社会结构与非农产业和农业这一城市的产业结构不相对应。

在指标的城市级数据可得的前提下，根据指标最小化原则，选取的中国城市全域发展评价指标体系包括：人均教育支出比（全市/市辖区）、城乡人均收入比、每百人公共图书馆藏书量比、每万人拥有医生数比、每千人国际互联网用户数比、城市化与工业化适应性（见表5—9）。

表5—9　　　　指标体系

	二级指标	三级指标
城乡一体的全域城市	居民收入	城乡人均收入比
	公共服务	城乡人均支出比
		人均教育支出比（全市/市辖区）
		每百人公共图书馆藏书量比（全市/市辖区）
		每万人拥有医生数比（全市/市辖区）
	基础设施	每千人国际互联网用户数比（全市/市辖区）
		城乡道路面积比
	结构转换	城市化与工业化适应性
		城市化率

3. 数据与方法

数据来源于中国社科院城市与竞争力指数数据库。由于香港、澳门的相关数据不全，考虑到经济社会发展的现实状况，在某些缺失数据的指标里默认其全域城市发展排名最高。由于全域城市各项指标数据的衡量单位存在差异，因此需要对所有指标数据进行无量纲化处理，再进行综合集成。本指标体系包括单一客观指标和综合客观指标。对于单一性客观指标原始数据无量纲处理，采取标准化、指数化和阈值法等方法，将基础指标转化为标准值后，消除量纲差异，使不同量纲的指标具有了可加性，同时也减小了不同指标间的方差差异。对综合客观指标原始数据首先对构成中的各单个指标进行无量纲处理，然后再用等权法加权求得综合的指标值。

（二）苏州全域城市建设的总体情况

1. 总体上苏州超越了很多行政级别更高的城市，走在全国前列

2015 年苏州的全域城市竞争力得分为 0.7305，在全国排名第 7 位，位于香港、澳门、深圳、北京、东莞、上海之后，超过广州、杭州、南京等副省级城市，是中国地级城市中得分、排名最为靠前的城市。其得分超过直辖市、副省级城市的均值，也远远高于东南地区、江苏省和全国的均值。说明苏州的全域城市建设不仅走在地级市的前列，也超过了很多行政级别更高的城市，走在全国城市的前列（见图 5—46）。

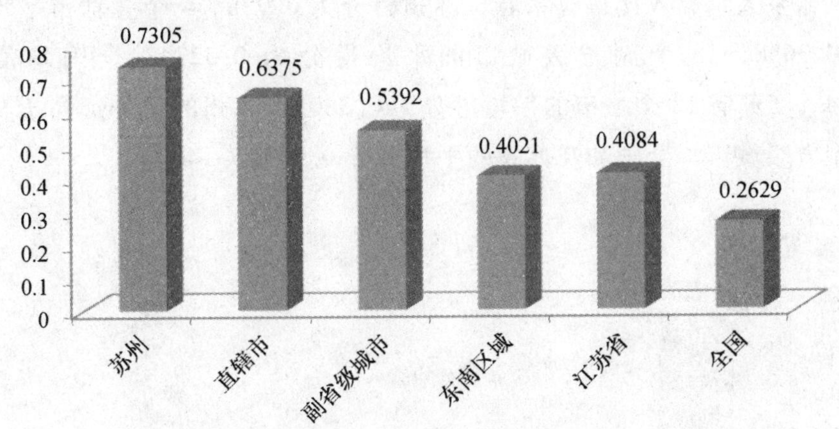

图 5—46　不同城市得分均值

资料来源：中国社会科学院城市与竞争力指数数据库。

2. 苏州大部分指标全面超越直辖市、副省级城市均值

从城乡人均支出比得分来看，苏州得分为 0.7207，4 个直辖市平均得分为 0.3730，15 个副省级城市的平均得分为 0.2629，全国均值为 0.1545，江苏省 13 个城市的平均得分为 0.3704。苏州的得分全面超越直辖市、副省级城市、全国和江苏省的平均得分（见图 5—47）。

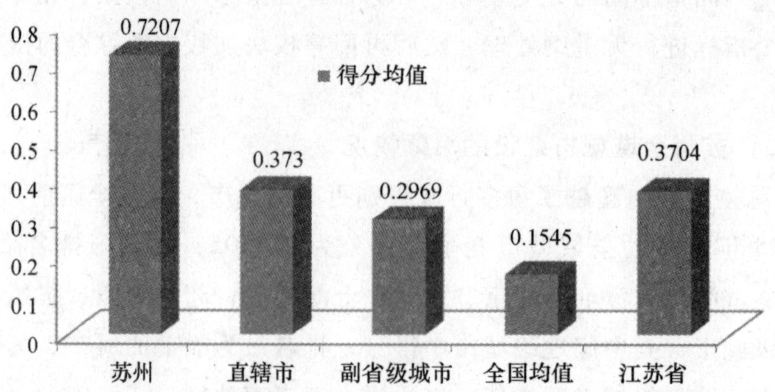

图 5—47 不同等级城市城乡人均支出比得分

资料来源：中国社会科学院城市与竞争力指数数据库。

从城乡人均收入比得分来看，苏州得分为 0. 738，4 个直辖市平均得分为 0. 3658，15 个副省级城市的平均得分为 0. 3234，全国均值为 0. 1534，江苏省 13 个城市的平均得分为 0. 3808。苏州的得分远高于直辖市、副省级城市、全国和江苏省的平均得分（见图 5—48）。

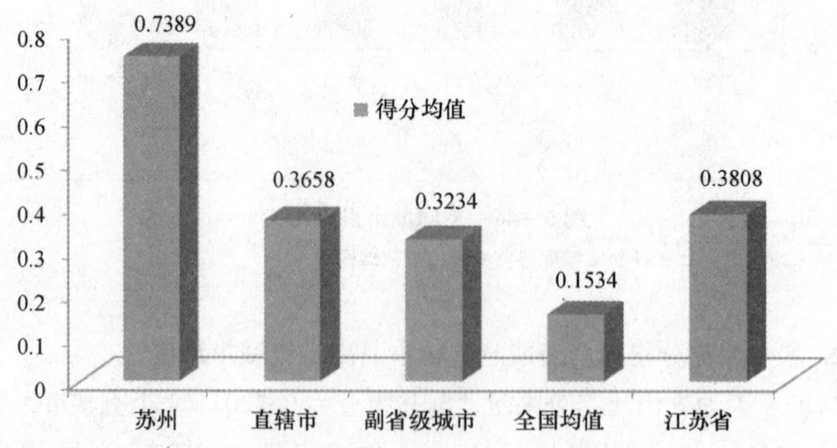

图 5—48 不同等级城市城乡人均收入比得分

资料来源：中国社会科学院城市与竞争力指数数据库。

从人均教育支出比得分来看，苏州得分为 0. 3114，4 个直辖市平均得分为 0. 3872，15 个副省级城市的平均得分为 0. 2523，全国均值为 0. 1246，江苏省 13 个城市的平均得分为 0. 1613。可以看出，苏州的得分与直辖市均值较接近，高于副省级城市得分均值，也高于全国均值和江苏省均值（见图 5—49）。

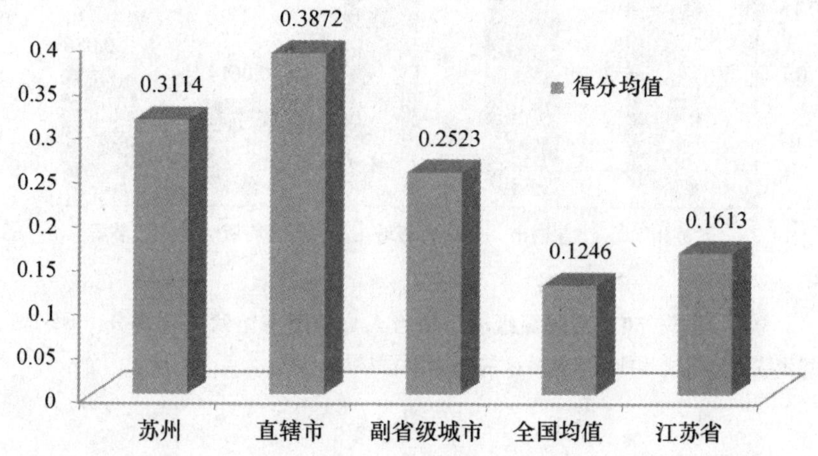

图 5—49 不同等级城市人均教育支出比得分

资料来源：中国社会科学院城市与竞争力指数数据库。

从每百人公共图书馆藏书比得分来看，苏州得分为 0. 2219，4 个直辖市平均得分为 0. 2944，15 个副省级城市的平均得分为 0. 2213，全国均值为 0. 0614，江苏省 13 个城市的平均得分为 0. 086。可以看出，苏州的得分与直辖市均值较接近，高于副省级城市得分均值，远高于全国均值和江苏省均值（见图 5—50）。

从每万人拥有医生数（全市/市辖区）得分来看，苏州得分为 0. 4051，4 个直辖市平均得分为 0. 4748，15 个副省级城市的平均得分为 0. 4932，全国均值为 0. 2788，江苏省 13 个城市的平均得分为 0. 3111（见图 5—51）。可以看出，苏州的得分与直辖市和副省级城市均值较接近，高于全国均值和江苏省均值。

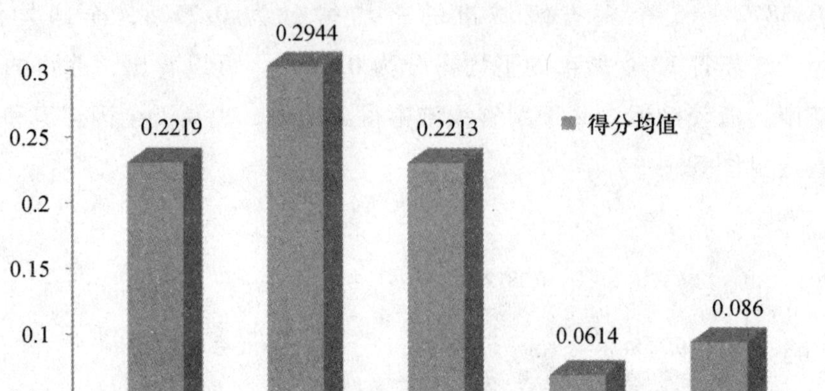

图 5—50　不同等级城市每百人公共图书馆藏书比得分

资料来源：中国社会科学院城市与竞争力指数数据库。

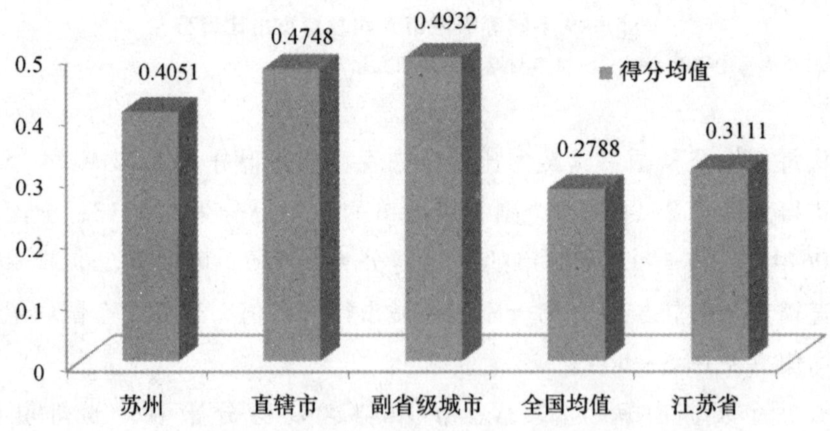

图 5—51 不同等级城市每万人拥有医生数得分

资料来源：中国社会科学院城市与竞争力指数数据库。

从每千人国际互联网用户数比（全市/市辖区）得分来看，苏州得分为0.2358，4 个直辖市平均得分为 0.3153，15 个副省级城市的平均得分为0.2418，全国均值为 0.1015，江苏省 13 个城市的平均得分为 0.1592

（见图5—52）。可以看出，苏州的得分虽然低于直辖市均值，但与副省级城市得分均值交接近，高于全国均值和江苏省均值。

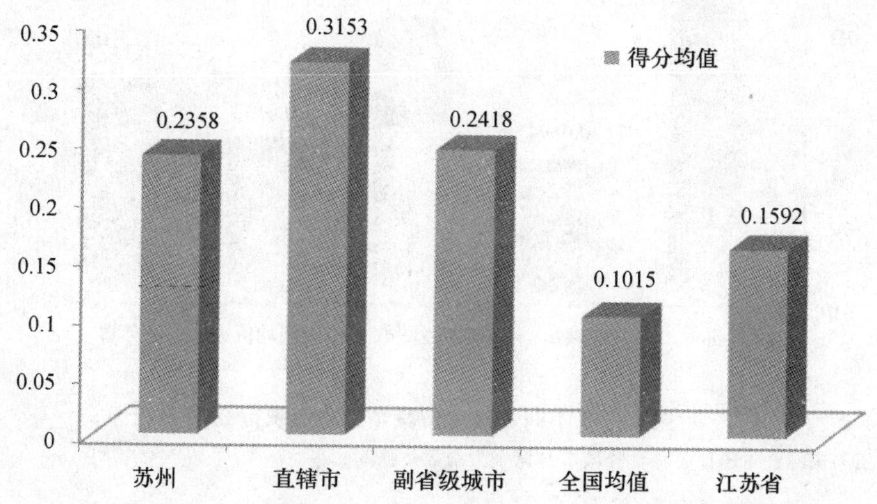

图5—52 不同等级城市每千人国际互联网用户数比得分

资料来源：中国社会科学院城市与竞争力指数数据库。

从城乡道路面积得分来看，苏州得分为0.2987，4个直辖市平均得分为0.0894，15个副省级城市的平均得分为0.1938，全国均值为0.1032，江苏省13个城市的平均得分为0.1474（见图5—53）。可以看出，苏州的得分远高于直辖市得分均值，也高于副省级城市得分均值、全国均值和江苏省均值。

从城市化与工业化适应性得分来看，苏州得分为0.9754，4个直辖市平均得分为0.7250，15个副省级城市的平均得分为0.8203，全国均值为0.5494，江苏省13个城市的平均得分为0.6343（见图5—54）。可以看出，苏州的得分高于直辖市得分均值和副省级城市得分均值，也高于全国均值和江苏省均值。

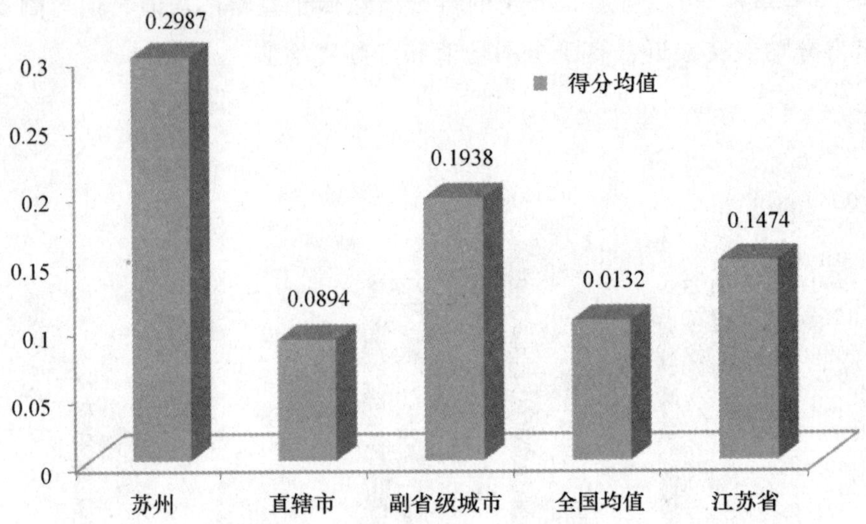

图 5—53 不同等级城市城乡道路面积得分

资料来源：中国社会科学院城市与竞争力指数数据库。

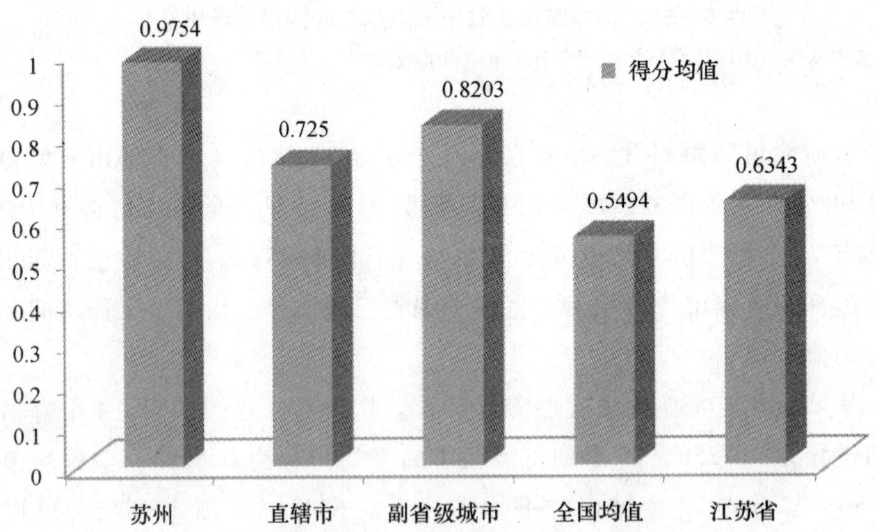

图 5—54 不同等级城市城市化与工业化适应性得分

资料来源：中国社会科学院城市与竞争力指数数据库。

从城市化率得分来看，苏州得分为 0.1283，4 个直辖市平均得分为 0.4853，15 个副省级城市的平均得分为 0.1556，全国均值为 0.0332，江苏省 13 个城市的平均得分为 0.0672（见图 5—55）。可以看出，苏州的得分要低于直辖市得分均值和副省级城市得分均值，但高于全国均值和江苏省均值。

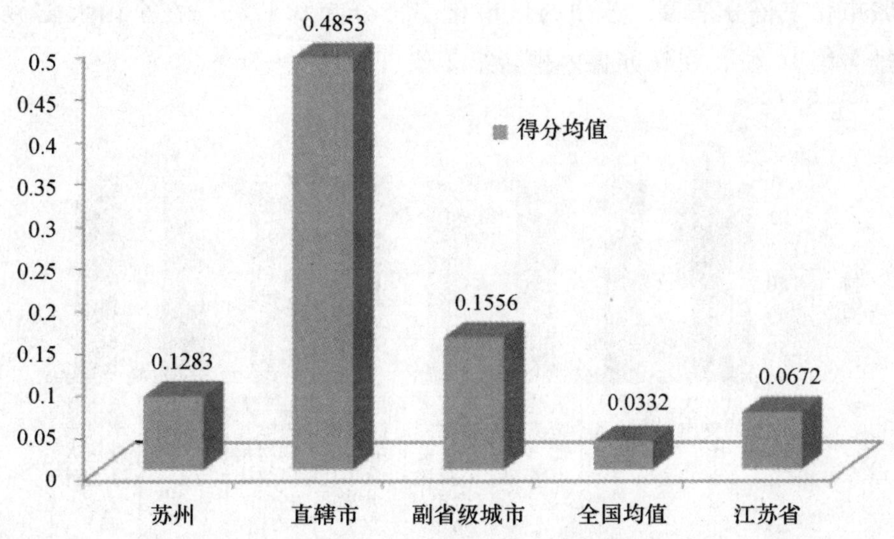

图 5—55　不同等级城市城市化率得分

资料来源：中国社会科学院城市与竞争力指数数据库。

（三）苏州全域城市建设的具体情况：过半分项位列全国前十

从具体分项指标来看，苏州的过半指标位列前十。从城乡人均支出比来看，苏州的城乡人均支出比为 0.7207，在全国大陆城市中排名第 3 位，在江苏省内排名第 1 位。从城乡人均收入比来看，苏州的城乡人均收入比得分为 0.7389，在全国大陆城市中排名第 2 位，在江苏省排名第 1 位。从人均教育支出比得分来看，苏州的人均教育支出比得分为 0.3114，在全国大陆城市中排名第 10 位，在江苏省内排名第 1 位。从每百人公共图书馆藏书比得分来看，苏州的每百人公共图书馆藏书比得分为 0.2217，在全国大陆城市中排名第 13 位，在江苏省内排名第 1 位。从每万人拥有医生数比得分来看，苏州的每万人拥有医生数比得分为 0.4051，在全国大陆城市中排名第 56 位，在江苏省内排名第 3 位。从每千人国际互联网用户数比得分来看，苏州的每千人国际互联网用户数比得分为 0.2358，在全国大陆城市中排名第24位，在江苏省内排名第3位。从城乡道路面积得分来看，苏州在全国大陆城市中排名第7位，在江苏省内排名第2位。从城市化与工业化适应性得分来看，苏州的城市化与工业化适应性得分为0.9754，在全国大陆城市中排名第4位，在江苏省内排名第1位。从城市化率得分来看，苏州的城市化率得分为0.1283，在全国大陆城市中排名第16位，在江苏省内排名第2位（见图5—56）。

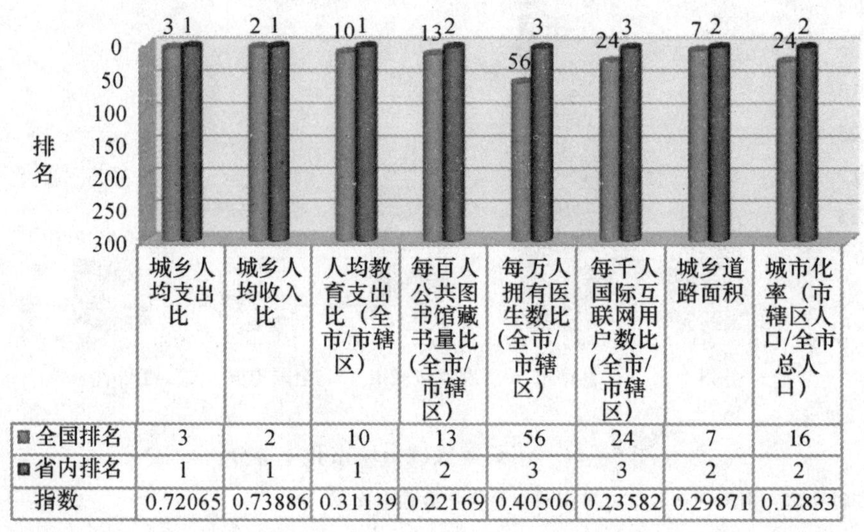

	城乡人均支出比	城乡人均收入比	人均教育支出比（全市/市辖区）	每百人公共图书馆藏书量比（全市/市辖区）	每万人拥有医生数比（全市/市辖区）	每千人国际互联网用户数比（全市/市辖区）	城乡道路面积	城市化率（市辖区人口/全市总人口）
全国排名	3	2	10	13	56	24	7	16
省内排名	1	1	1	2	3	3	2	2
指数	0.72065	0.73886	0.31139	0.22169	0.40506	0.23582	0.29871	0.12833

图5—56 苏州全域城市竞争力各指数得分及排名

资料来源：中国社会科学院城市与竞争力指数数据库。

从图5—56中也可以看出，苏州的有城乡人均支出比得分、城乡收入比得分、人均教育支出比得分、城市化与工业化适应性得分和城乡道路面积得分在全国287个大陆城市中位列前十。人均教育支出比得分和每百人公共图书馆藏书比得分在全国全国287个大陆城市中位列前二十，每千人国际互联网用户数比得分和城镇化率得分在全国全国287个大陆城市中位列前三十。而每万人拥有医生数比得分则相对靠后，位列第56位。

从各项指数的具体得分来看，得分在0.8以上的指标包括城乡人均收入比、城市化与工业化适应性；得分在0.5—0.8之间的指标包括城乡人均支出比，得分在0.2—0.5之间的指标包括每百人公共图书馆藏书量比、人均教育支出比、每万人拥有医生数比、每千人国际互联网用户数比和城乡道路面积，得分最低的为城市化率（见图5—57）。

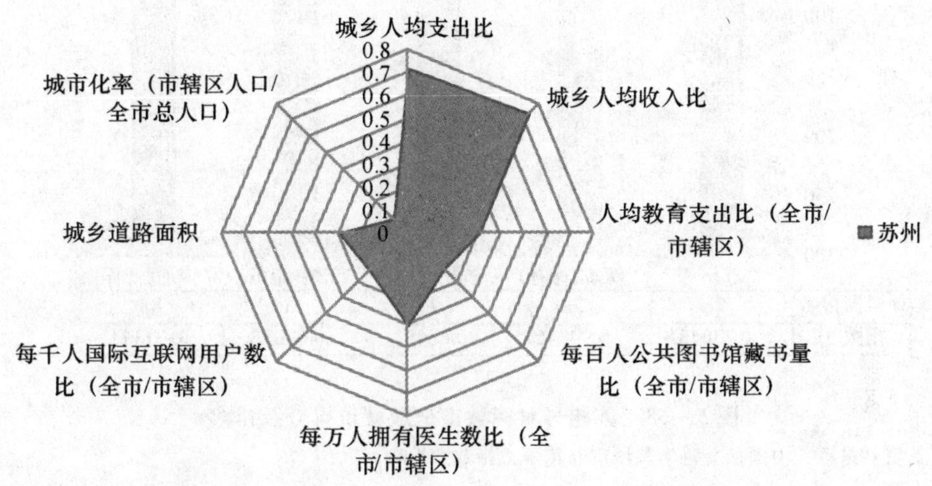

图5—57　苏州得分雷达图

资料来源：中国社会科学院城市与竞争力指数数据库。

（四）对标城市分析

1. 总体比较：与深圳较为接近，超越其他对标城市

根据相关城市得分排名和各个城市的具体表现，将苏州与深圳、杭州、无锡南通等对标城市进行比较分析。从全域城市的总得分来看，苏州的为0.7305，深圳为0.9985，杭州为0.6845，无锡为0.6704，南通为0.3111。苏州落后于深圳，但差距很小（见图5—58）。同时，苏州超越了杭州、无锡和南通。

2. 分项比较

从城乡人均支出比得分来看，苏州的得分为0.7207，深圳的得分为0.8155，杭州的得分为0.6303，无锡的得分为0.6262，南通的得分为0.406。苏州与深圳还存在一定的差距（见图5—59），但与杭州、无锡、南通比较优势明显。

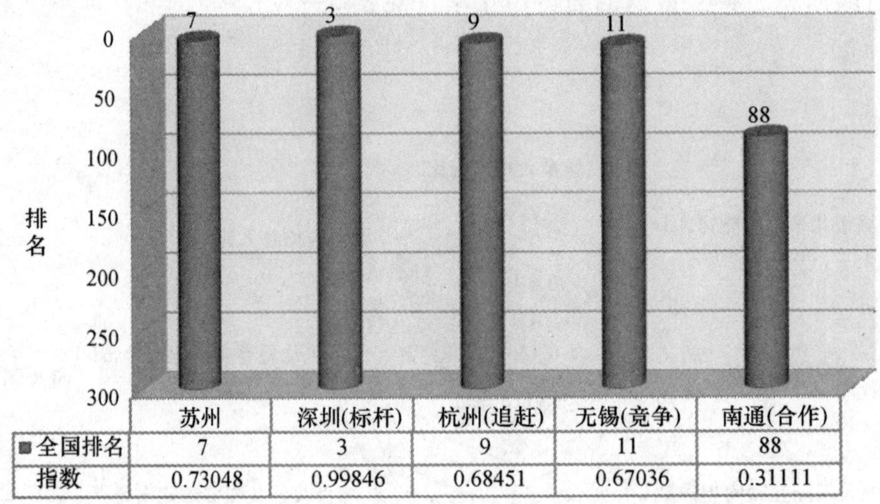

	苏州	深圳(标杆)	杭州(追赶)	无锡(竞争)	南通(合作)
全国排名	7	3	9	11	88
指数	0.73048	0.99846	0.68451	0.67036	0.31111

图 5—58　苏州与对标城市全域城市得分及排名

资料来源：中国社会科学院城市与竞争力指数数据库。

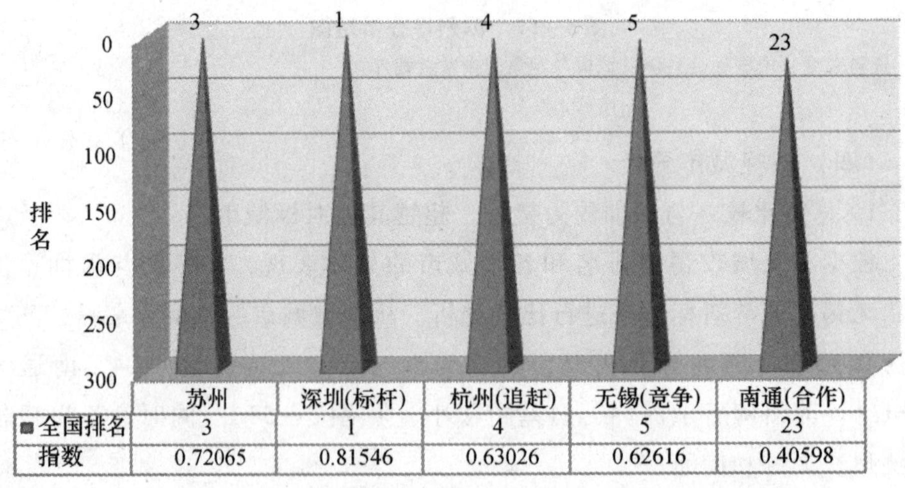

	苏州	深圳(标杆)	杭州(追赶)	无锡(竞争)	南通(合作)
全国排名	3	1	4	5	23
指数	0.72065	0.81546	0.63026	0.62616	0.40598

图 5—59　苏州与对标城市城乡人均支出比得分及排名

资料来源：中国社会科学院城市与竞争力指数数据库。

从城乡人均收入比得分来看，苏州的得分为 0.7389，深圳的得分为 0.9378，杭州的得分为 0.6005，无锡的得分为 0.6853，南通的得分为 0.376（见图 5—60）。苏州的得分高于杭州、无锡、南通。

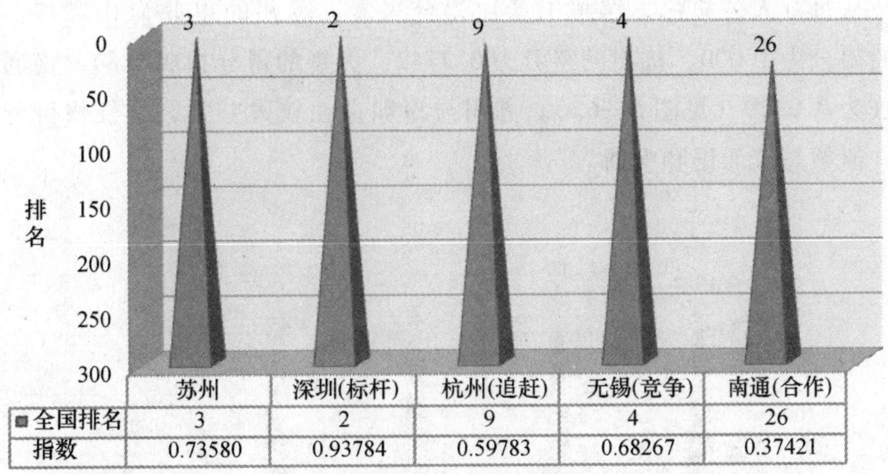

	苏州	深圳(标杆)	杭州(追赶)	无锡(竞争)	南通(合作)
全国排名	3	2	9	4	26
指数	0.73580	0.93784	0.59783	0.68267	0.37421

图 5—60　苏州与对标城市城乡人均收入比得分及排名

资料来源：中国社会科学院城市与竞争力指数数据库。

从城乡人均教育支出比得分来看，苏州的得分为 0. 3114，深圳的得分为 1. 000，杭州的得分为 0. 2281，无锡的得分为 0. 2523，南通的得分为 0. 1599（见图 5—61）。苏州与深圳还存在一定的差距，但与杭州、无锡、南通比较优势明显。

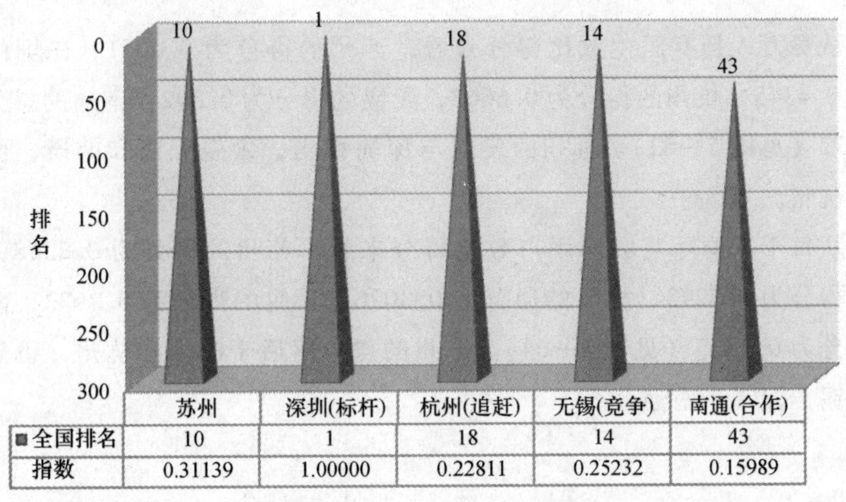

	苏州	深圳(标杆)	杭州(追赶)	无锡(竞争)	南通(合作)
全国排名	10	1	18	14	43
指数	0.31139	1.00000	0.22811	0.25232	0.15989

图 5—61　苏州与对标城市城乡人均教育支出比得分及排名

资料来源：中国社会科学院城市与竞争力指数数据库。

从每百人公共图书馆藏书量比得分来看，苏州的得分为0.2217，深圳的得分为1.000，杭州的得分为0.2742，无锡的得分为0.0884，南通的得分为0.0729（见图5—62）。苏州与深圳存在较大差距，与杭州得分相当，但领先于无锡和南通。

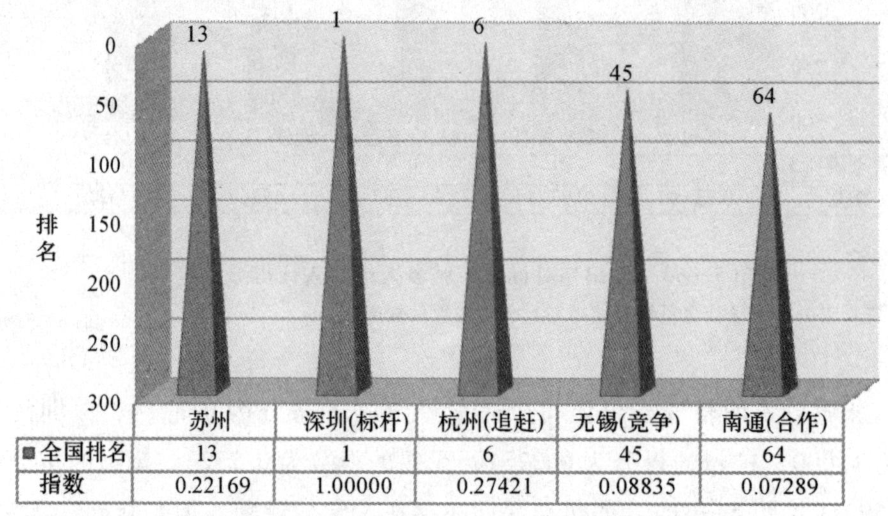

图5—62 苏州与对标城市每百人公共图书馆藏书量比得分及排名

资料来源：中国社会科学院城市与竞争力指数数据库。

从每万人拥有医生数比得分来看，苏州的得分为0.4051，深圳的得分为0.4345，杭州的得分为0.6662，无锡的得分为0.392，南通的得分为0.2932（见图5—63）。苏州的表现与深圳相当，领先无锡和南通，但落后于杭州。

从每千人国际互联网用户数比得分来看，苏州的得分为0.2358，深圳的得分为0.3273，杭州的得分为0.3026，无锡的得分为0.2622，南通的得分为0.1533（见图5—64）。苏州的得分落后于深圳和杭州，也落后于无锡，但高于南通。

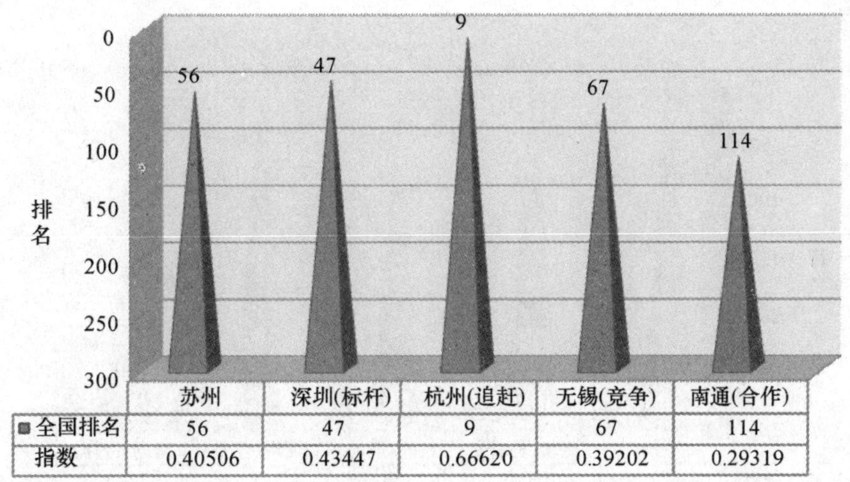

图 5—63　苏州与对标城市每万人拥有医生数比得分及排名

资料来源：中国社会科学院城市与竞争力指数数据库。

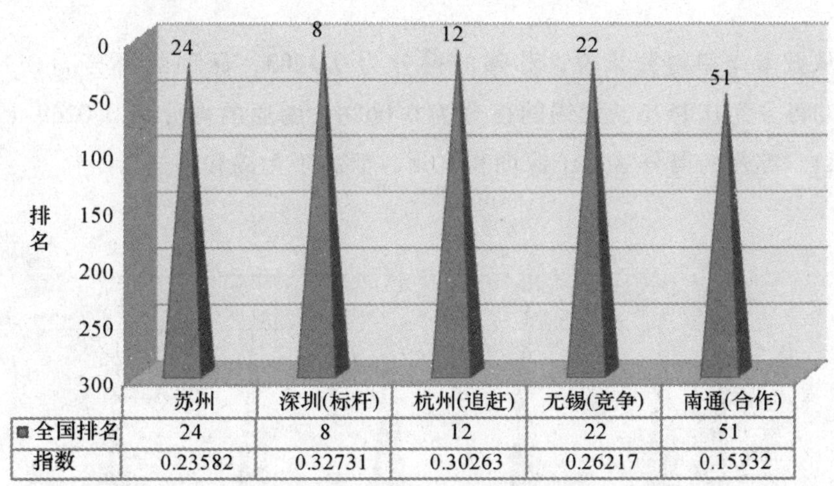

图 5—64　苏州与对标城市每千人国际互联网用户数比得分及排名

资料来源：中国社会科学院城市与竞争力指数数据库。

从城乡道路面积得分来看，苏州的得分为 0. 2987，深圳的得分为 0. 6583，杭州的得分为 0. 168，无锡的得分为 0. 3543，南通的得分为 0. 081（见图 5—65）。苏州的得分与深圳尚存在较大差距，也弱于无锡，但优于杭州和南通。

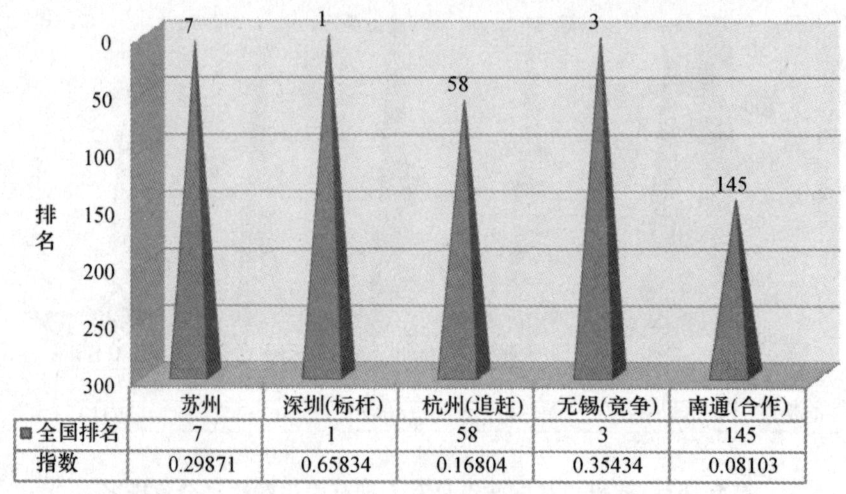

	苏州	深圳(标杆)	杭州(追赶)	无锡(竞争)	南通(合作)
全国排名	7	1	58	3	145
指数	0.29871	0.65834	0.16804	0.35434	0.08103

图 5—65 苏州与对标城市城乡道路面积得分及排名

资料来源：中国社会科学院城市与竞争力指数数据库。

从城市化率得分来看，苏州的得分为 0.1283，深圳的得分为 0.1606，杭州的得分为 0.1516，无锡的得分为 0.0628，南通的得分为 0.0269（见图 5—66）。苏州的得分落后于深圳和杭州，但高于无锡和南通。

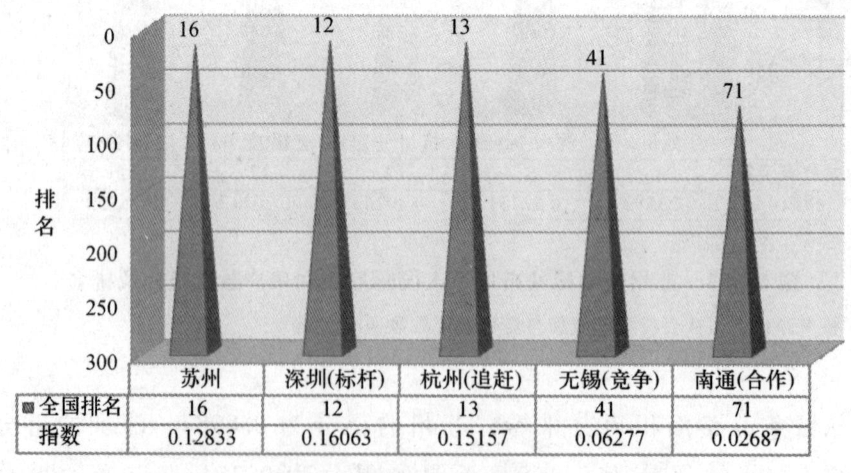

	苏州	深圳(标杆)	杭州(追赶)	无锡(竞争)	南通(合作)
全国排名	16	12	13	41	71
指数	0.12833	0.16063	0.15157	0.06277	0.02687

图 5—66 苏州与对标城市城市化率得分及排名

资料来源：中国社会科学院城市与竞争力指数数据库。

从城市化与工业化适应性得分来看，苏州的得分为0.9754，深圳的得分为0.993，杭州的得分为0.7333，无锡的得分为0.9577，南通的得分为0.2418（见图5—67）。苏州的得分与深圳、无锡基本持平，且明显优于杭州和南通。

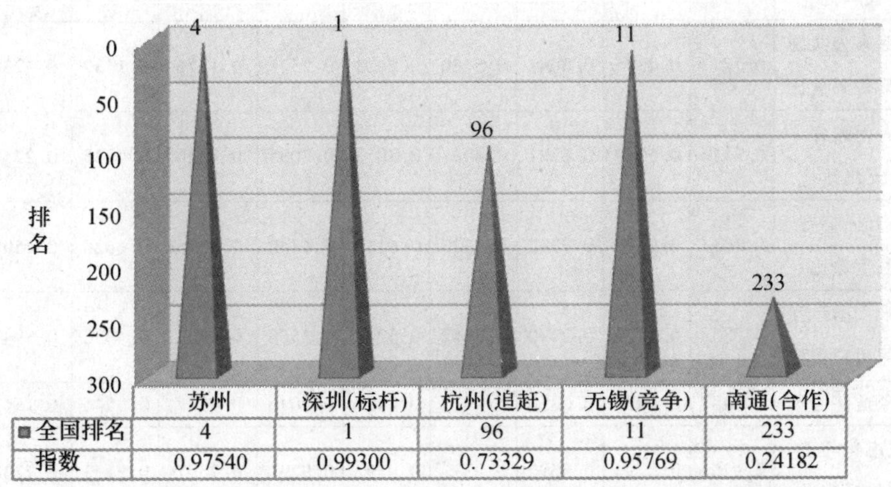

图5—67　苏州与对标城市城市化与工业化适应性得分及排名

资料来源：中国社会科学院城市与竞争力指数数据库。

（五）实力相近城市分析：优势突出、短板显现

为了进一步分析苏州在全域城市建设方面的优势和短板，我们选取了部分和苏州在全域城市建设方面实力相近的城市做对比分析。选取了全域城市得分排在苏州前面的大陆城市（有深圳、北京、东莞和上海共四个城市）和排在苏州后五位的大陆城市，共九个城市进一步做对比分析（见表5—10）。

表5—10　苏州与实力相近城市的全域城市及各指标得分

	苏州	北京	东莞	上海	广州	南京	乌鲁木齐	珠海	宁波
全域城市竞争力得分	0.7305	0.9038	0.8397	0.8152	0.7191	0.6788	0.6291	0.6217	0.5932

续表

	苏州	北京	东莞	上海	广州	南京	乌鲁木齐	珠海	宁波
城乡人均支出比得分	0.7207	0.5411	0.8007	0.4716	0.1637	0.4966	0.1917	0.3890	0.5714
城乡人均收入比	0.7389	0.5616	0.9650	0.5773	0.5706	0.4435	0.1788	0.3434	0.6829
每百人公共图书馆藏书量比	0.2217	0.4375	0.6088	0.5480	0.2403	0.2528	0.1276	0.1139	0.1230
人均教育支出比	0.3114	0.5359	0.6281	0.4881	0.3053	0.2035	0.2326	0.4935	0.2240
每万人拥有医生数比	0.4051	0.9197	0.2892	0.3327	0.6119	0.4842	0.8395	0.6626	0.4599
每千人国际互联网用户数比	0.2358	0.3119	0.2790	0.2662	0.5265	0.3566	0.9806	0.4030	0.2947
城乡道路面积	0.2987	0.0885	0.0350	0.0912	0.2492	0.2046	0.0237	0.0546	0.1563
城市化与工业化适应性	0.9754	0.8494	0.8590	0.9371	0.9592	0.9291	0.7597	0.9153	0.7238
城市化率	0.1283	0.6507	0.0978	0.7233	0.3080	0.3539	0.1320	0.0523	0.0434

资料来源：中国社会科学院城市与竞争力指数数据库。

苏州的优势在于城乡人均支出比、城乡人均收入比、城市化与工业化适应性和城乡道路面积得分较高，具有较强的相对优势。其中，城乡人均支出比得分和城乡人均收入比得分仅低于东莞市，明显优于其他实力相近城市。城市化与工业化适应性和城乡道路面积在实力相近的城市中名列第一，优势明显。

每百人公共图书馆藏书量比得分苏州显著落后于北京、东莞、上海，和广州、南京相持平，显著领先于乌鲁木齐、珠海和宁波。人均教育支出比得分苏州落后于北京、东莞、上海和珠海，和广州市相持平，优于南京、乌鲁木齐和宁波市。每万人拥有医生数比苏州的得分在九个城市中仅领先于东莞和上海，和北京、乌鲁木齐的差距较大。

苏州的短板在于每千人国际互联网用户数比得分。每千人国际互联网用户数比苏州的得分在九个城市中排名最后，得分仅为0.2358，与排名第一的乌鲁木齐的 0.9806 差距较大。

（六）总结

1. 总体情况：苏州城乡一体的全域城市建设走在全国前列

总体上看，苏州通过构建平等协调的新型城乡工农关系，缩小了城乡差距，实现了城乡共同繁荣，城乡一体的全域城市建设走在全国前列。

苏州与对标城市全域城市竞争力总体得分比较来看，苏州与深圳具有一定差距，但超越了杭州、无锡、南通。具体来看，城乡人均支出比方面，苏州与深圳尚有差距，但与杭州、无锡、南通比较优势明显；城乡人均收入比方面，苏州的得分远高于深圳，也高于杭州、无锡、南通；城乡人均教育支出方面，苏州落后于深圳，但优于杭州、无锡、南通；每万人拥有医生数方面，苏州的表现与深圳相当，领先于无锡和南通，落后于杭州；每千人国际互联网用户数方面，苏州要落后于深圳、杭州和无锡，但高于南通；城乡道路方面，苏州与深圳存在较大差距，也弱于无锡，但优于杭州和南通。城市化率方面，苏州的表现要略逊于深圳和杭州，但高于无锡和南通。城市化与工业化适应性方面，苏州的得分与深圳、无锡基本持平，同时明显优于杭州和南通。

与相近城市相比较，苏州在多项指标上明显占优。城市化与工业化适应性和城乡道路面积在实力相近的城市中名列第一，优势明显。城乡人均支出比和城乡人均收入比仅低于东莞，明显优于其他实力相近城市。苏州的短板在于每千人国际互联网用户数比得分。每千人国际互联网用户数比苏州的得分在九个城市中排名最后。

2. 苏州全域城市建设的长处、短板和关键点：城乡差距较小是长处，公共服务、设施有待完善

苏州全域城市的长处在于其城乡居民收入差距较小。城乡人均收入比方面，仅低于东莞，优于其他所有的对标城市和相近城市；城市化和工业化适应性较强，和深圳的得分仅差 0.01 分，高于其他的对标城市和所有的相近城市。其原因在于，一是苏州建立了更完善的多层次城镇体系，下属昆山、常熟、张家港、太仓四县市常年入围中国十强县，昆山更是多年蝉联中国最佳县级市之首。二是苏州坚持富民优先的政策导向，通过“三个集中”、“三个置换”、“三大合作”以及城乡社保的“三个并轨”

等政策措施，推动农民市民化、农民股民化和农民职业化，并制定了完善的政策制度框架，推进农村土地使用权制度创新、深化农村投融资制度改革、强化公共财政支农、建立农业保险和农业担保、统筹城乡就业社保、建立生态补偿机制、通过“接二连三”发展现代农业，增强了全域城市建设的内生动力，有效推动了城乡一体的全域城市建设。

苏州全域城市建设的短处在于其城乡公共服务、公共设施的差距。与对标城市相比较，苏州的每百人公共图书馆藏书量比得分与深圳存在较大差距，与杭州得分相当；城乡人均教育支出方面，苏州落后于深圳较多；每万人拥有医生数方面，苏州的得分稍微落后于深圳，但与杭州的差距较大；每千人国际互联网用户数方面，苏州落后于深圳、杭州和无锡；城乡道路方面，苏州与深圳存在较大差距，也弱于无锡。与相近城市相比较，苏州的每百人公共图书馆藏书量比得分苏州明显落后于北京、东莞、上海，和广州、南京相持平；人均教育支出比得分苏州落后于北京、东莞、上海和珠海；每万人拥有医生数比苏州的得分在九个城市中仅领先于东莞和上海；每千人国际互联网用户数比得分苏州排名最后。

苏州进一步建设全域城市的关键在于推进城乡公共服务、城乡公共设施的建设和完善。显然，苏州的城市能级限制了其公共资源和服务设施的供给。由于中国城镇化主要采用“政府主导 + 市场推动”模式，在推动城市化的过程中，政府力量与市场力量同等重要，尤其在形成大规模城市过程中，政府的作用更为明显，行政等级较高的城市发展速度较快，往往占有更多的公共资源，包括教育、医疗、卫生、交通和基础设施等方面，从而吸引人口集聚，促进城市发展。

3. 对策建议

（1）继续缩小城乡收入差别，保持优势。首先，继续提高农民收入水平。苏州应该继续发挥社区股份合作社、土地股份合作社和农民专业合作社等“三大合作社”的重要作用，通过提高农民的经营性收入和财产性收入水平优化农村居民的收入结构，最终达到其收入水平的提高和可持续性。保持目前转移支付政策的延续性，稳步增加农村居民的转移性收入。同时，加快建设重点针对农村的民生财政体制，建立以工促农，以城带乡的长效机制，增加农村居民的转移性收入。逐年加大政府对农村低收入群体的转移支付力度，建立和完善政府资助的农业保险，逐年提高城乡居民养老保险水平和医疗保险水平等社会保障制度，缩小城乡居民转移性收入的差距。其次，加快发展现代都市型农业，实现产业规模化、设施标准化、科技集约化、服务社会化。最后，加快要素市场化流动，城乡要素的双向流动和融合。通过城乡之间生产要素的双向流动和融合，逐步缩小城乡经济发展水平的差距，努力使城市和乡村形成一个相互渗透、相互融合、高度依赖、共同繁荣的整体系统。加快推进农户土地承包经营权、宅基地及住房置换成社会保障、城镇住房工作，进一步提高土地的集约利用水平。以农村产权交易为基础，配套开展农村产权担保、抵押融资服务。通过农村产权交易推进金融产品创新，提高农村投资者再投资能力。

（2）着力提高城乡公共资源均衡配置，补足短板。首先，提高农村基本公共服务的标准。加强农村尤其是村庄内部的基础设施建设，加快农村社会事业发展，健全农村基本公共服务制度有效供给的新框架，逐步提高农村基本公共服务的标准、保障水平和保障范围。其次，推动城乡规划、基础设施、公共服务等方面推进一体化。在教育、医疗、养老等重点领域推动形成城乡基本公共服务一体化，建立农村公共服务保障水平与财政支出增速、经济发展速度等挂钩的增长机制。进一步优化村庄布局，加快推进改水、改线、改厕等工作，统一城乡垃圾收集、转运和处理，加大对农村生态环境的修复力度，形成城乡和谐的生产环境和人居环境。再次，建立多层次投入保障长效机制。构建科学、规范、正向激励的多层次财政投入机制，着重推进城乡公共财政投入体制机制创新，扩大公共财政对农村公共物品供给的覆盖范围，优化财政投入结构，提高财政对城乡公共产品及公益性事业的保障能力。最后，合理吸纳城乡公共服务均等化供给的社会资本。苏州“民间社会强大”，苏州在推进城乡公共服务均等化的时候，除了依靠政府的主导型投入，也需要创新吸纳城乡公共服务均等化供给的社会资本，从而更好地推动公共服务体系建设的创新。

（3）紧扣推动新型城镇化建设这一关键点。一是推进城镇群建设构建网络化城镇体系。苏州应该深度融入以上海为龙头的长江三角洲地区建设世界级城市群的发展蓝图之中，在努力成为长三角副中心城市的同时，大力发展同辖区内各城镇之间的联系，努力构建一个结构完整、功能完善、运行协调的网络状城镇体系。二是强化“产城融合”，提升城镇化发展内涵。实现从注重城市规模、城镇化率的外延式发展模式向更加注重提升产业层次、促进产业与城镇高度融合的内涵式城镇化发展之路转变。三是以户籍改革为抓手，有序推进农业转移人口市民化。苏州应当有海纳百川的胸襟，开放包容的气度，在发挥非政府组织积极作用、建立不同群体利益表达和对话协商机制，建立农业转移人口融入机制，努力使苏州成为城里人与乡下人、本地人与外地人、中国人与外国人相互包容、彼此尊重、和谐相处、共同发展的沃土。最后，在全域城市的建设过程中，既要“城乡一体化”也要“城乡差异化”。在采取一定措施让城市的公共服务向农村延伸，让城市高质量的公共服务例如教育、公共文化等覆盖到农村的同时，也要保持农村的传统文化、农村底蕴和乡村风貌。使苏州既保持鱼米之乡优美的田园风光，又呈现先进和谐的现代文明，实现农民与市民共同富裕、农村与城市全面繁荣。

七 苏州信息城市竞争力

信息城市竞争力是对一个城市联系、交流便捷程度，以及当今信息化社会信息建设程度的考察。理想的城市是不断高效地进行着信息和物质交流的地方，信息技术的广泛应用为城市生产和生活的精细化和动态化提供支持，让城市活动更加“智慧”。基于城市的主体交流、客体贸易、信息交流、物质交流等四个维度及十个二级指标对城市的信息竞争力进行评估。

苏州地理位置优越，经济活力较强。苏州近年来发展很快，尤其在2015年取得了较大的成绩，被评为2015年中国小康社会建设示范奖、2015年中国最具幸福感城市，2015年度中国十大智慧城市。本部分首先分析苏州信息城市竞争力的总体情况，包括其在全国、省内的位置及排名情况，然后结合城市信息竞争力的四个维度的十个二级指标具体分析各指标的发展情况，最后通过与对标城市和实力相近城市的对比，详细分析苏州信息城市竞争力方面表现出来的优势和存在的问题。通过与对标城市的对比，分析和总结对标杆城市的总体优势和突出优势、形成追赶目标和策略、可以与合作城市合作的方面和竞争城市存在竞争的方面。通过与实力相近城市的对比，找出苏州的优势和短板，进一步提高苏州信息竞争力水平。

（一）总体情况：处于全国和省内前列

苏州的信息城市竞争力在全国和省内均处于前列，在全国排名第19，在江苏省内排名第2，仅次于省会南京。

2015年苏州市信息城市竞争力指数为0.7439，相比2014年、2013年分别下降了0.0309和0.0084。从江苏省内情况来看，苏州的信息竞争力在江苏省内排名第2（全国排名第19），仅次于省会南京（全国排名第10）。

从苏州的各个指数的对比可看出，苏州的信息竞争力指数在省内所有指数中仅次于知识城市竞争力指数（见图5—68），因此，苏州的信息竞争力相对较强。

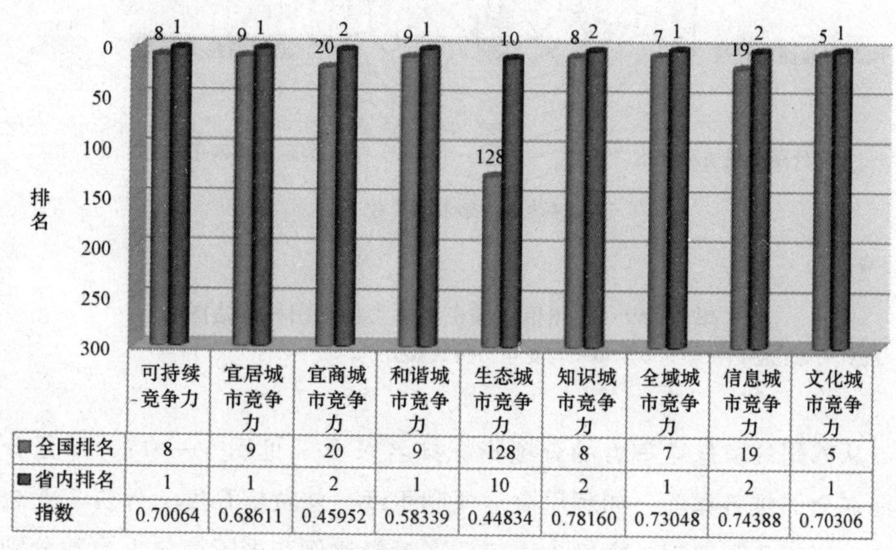

	可持续竞争力	宜居城市竞争力	宜商城市竞争力	和谐城市竞争力	生态城市竞争力	知识城市竞争力	全域城市竞争力	信息城市竞争力	文化城市竞争力
全国排名	8	9	20	9	128	8	7	19	5
省内排名	1	1	2	1	10	2	1	2	1
指数	0.70064	0.68611	0.45952	0.58339	0.44834	0.78160	0.73048	0.74388	0.70306

图5—68　苏州信息城市竞争力与可持续竞争力情况

资料来源：中国社会科学院城市与竞争力指数数据库。

（二）具体情况：多数指标排名前列，物质交流有待改进

信息竞争力分项指标两极分化较大，利用海运便利程度、外贸依存度、外资工业企业比重、当年实际使用外资额占固定资产投资比例和国际商旅人员数在全国均处于前列，而公路交通便利程度、铁路交通便利程度和航空交通便利程度在全国排名靠后，反映了苏州的物质交流有待改进。

从苏州的信息竞争力的分项指标得分来看（见图5—69），利用海运便利程度、外贸依存度、外资工业企业比重和当年实际使用外资额占固定资产投资比例得分较高，均接近于1，而航空交通便利程度和国际商旅人员数得分较低，均低于0.05。这说明苏州的信息竞争力的分项指标两极分化很大。

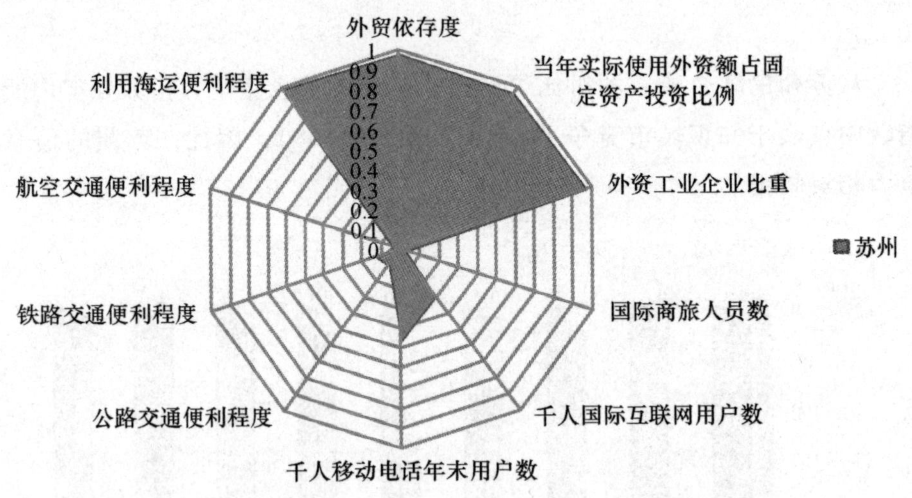

图5—69 苏州信息城市竞争力构成指标雷达图

资料来源：中国社会科学院城市与竞争力指数数据库。

从苏州的信息竞争力的分项指标排名来看（见图5—70），部分分项指标在全国排名靠前，如利用海运便利程度、外贸依存度、外资工业企业比重、当年实际使用外资额占固定资产投资比例和国际商旅人员数分别在全国排名第2、6、9、11和20；而部分分项指标在全国排名靠后，如公路交通便利程度、铁路交通便利程度和航空交通便利程度，分别在全国排名第118、119和141，相对靠后。

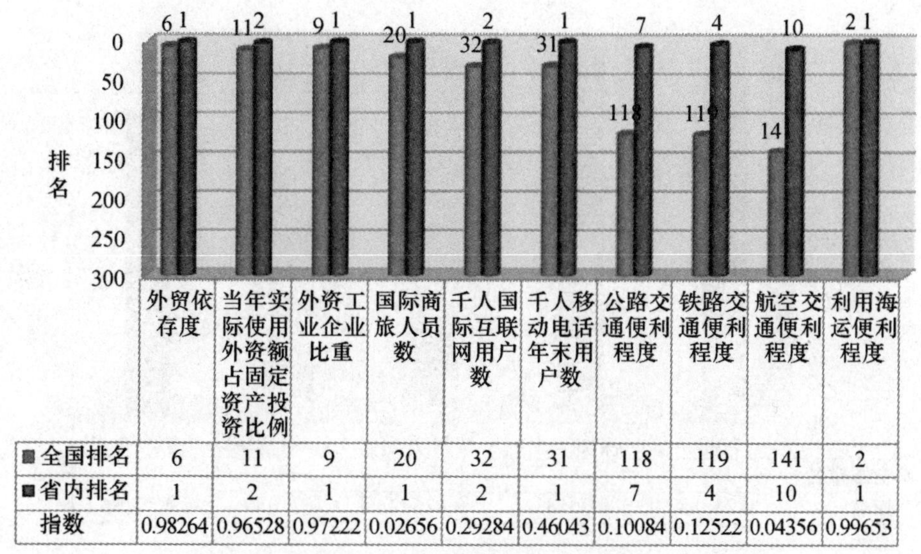

	外贸依存度	当年实际使用外资额占固定资产投资比例	外资工业企业比重	国际商旅人员数	千人国际互联网用户数	千人移动电话年末用户数	公路交通便利程度	铁路交通便利程度	航空交通便利程度	利用海运便利程度
全国排名	6	11	9	20	32	31	118	119	141	2
省内排名	1	2	1	1	2	1	7	4	10	1
指数	0.98264	0.96528	0.97222	0.02656	0.29284	0.46043	0.10084	0.12522	0.04356	0.99653

图 5—70　苏州信息城市竞争力及构成指标柱状图

资料来源：中国社会科学院城市与竞争力指数数据库。

（三）对标城市分析：相对优势与劣势并存

深圳和杭州排名超过苏州，无锡和南通的排名落后于苏州，苏州处于四个城市的中间水平。在分项指标方面优势与劣势均很明显，苏州外贸依存度、使用外资额、外资工业企业比重、海运交通便利程度处于这四个城市的前列，苏州国际商旅人员数、千人国际互联网用户数、千人移动电话年末用户数、公路交通便利程度处于这四个城市的中间水平，铁路交通便利程度处于这四个城市的中下水平，而航空交通便利程度处于这四个城市的较低水平。苏州需要在航空交通便利度、铁路交通便利度、个人国际互联网用户等指标上进行努力。

1. 与对标城市的分项指标对比

将苏州与深圳、杭州、无锡和南通四个对标城市进行对比，可以发现，苏州在信息竞争力方面处于上述四个城市的中间水平（见图 5—71），其中，苏州的生态竞争力在全国排在第 19 位，深圳和杭州都是全国前 10 名的城市，排名超过苏州，而无锡和南通在全国的排名却落后于苏州。总体而言，在信息竞争力方面，苏州处于这四个对标城市的中间水平。

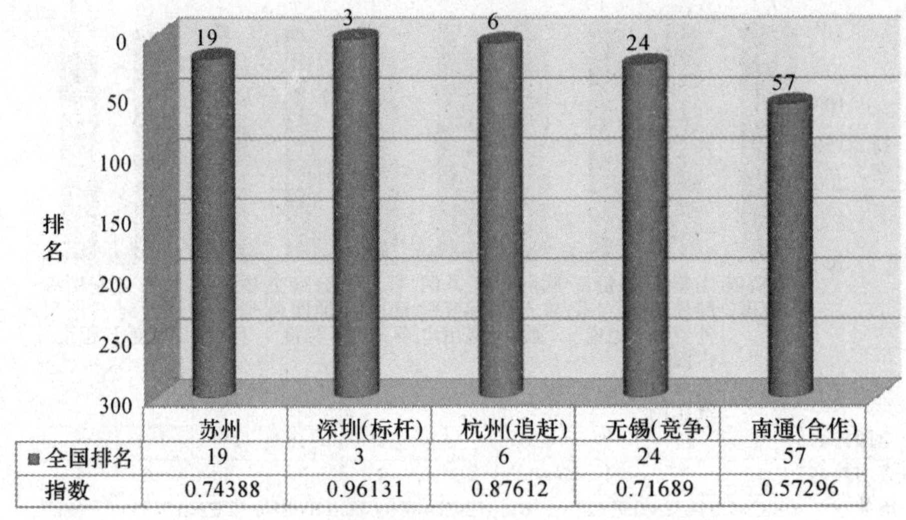

	苏州	深圳(标杆)	杭州(追赶)	无锡(竞争)	南通(合作)
■全国排名	19	3	6	24	57
指数	0.74388	0.96131	0.87612	0.71689	0.57296

图 5—71　苏州与对标城市信息城市竞争力比较

资料来源：中国社会科学院城市与竞争力指数数据库。

（1）客体贸易：与深圳尚有一定差距，领先于杭州、无锡和南通

由外贸依存度和当年实际使用外资额占固定资产投资比例两个指标反映的客体贸易反映了一个城市与国外城市和地区间进行商品等贸易的交流联系程度。计算结果显示，客体贸易上与深圳尚有一定差距，领先于杭州、无锡和南通。

在信息城市竞争力的分项指标——外贸依存度方面，苏州在全国排名第 6（见图 5—72），在全国排名前列，仅次于深圳（全国排名第 2），但远远超过其他三个城市杭州（全国排名第 31）、无锡（全国排名第 26）和南通（全国排名第 39），说明苏州的外贸依存度指标处于对标城市的前列。

在信息城市竞争力的分项指标——当年实际使用外资额占固定资产投资比例方面（见图 5—73），苏州在全国排名第 11，在全国排名前列。与对标城市比较来看，仅次于深圳（全国排名第 4），但超过杭州（全国排名第 17）、无锡（全国排名第 44）和南通（全国排名第 58），说明苏州使用外资额指标处于这四个对标城市的前列。

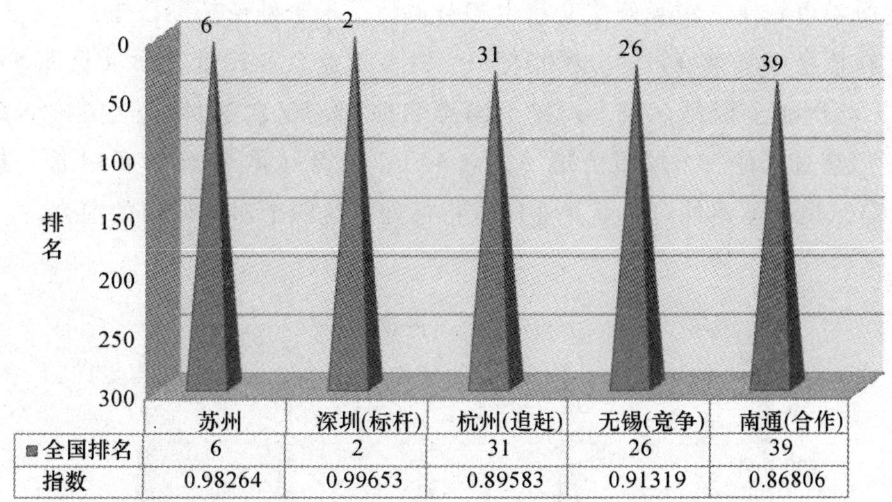

	苏州	深圳(标杆)	杭州(追赶)	无锡(竞争)	南通(合作)
■全国排名	6	2	31	26	39
指数	0.98264	0.99653	0.89583	0.91319	0.86806

图 5—72　苏州与对标城市外贸依存度指数比较

资料来源：中国社会科学院城市与竞争力指数数据库。

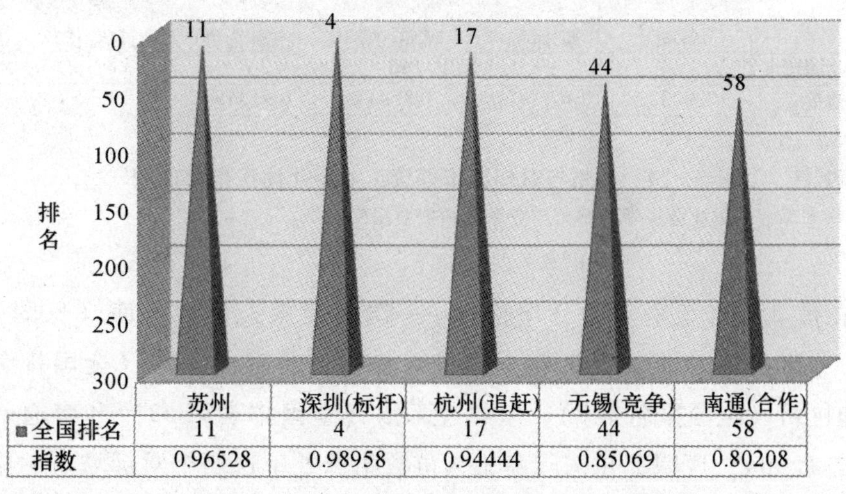

	苏州	深圳(标杆)	杭州(追赶)	无锡(竞争)	南通(合作)
■全国排名	11	4	17	44	58
指数	0.96528	0.98958	0.94444	0.85069	0.80208

图 5—73　苏州与对标城市当年实际使用外资额占固定资产投资比例指数比较

资料来源：中国社会科学院城市与竞争力指数数据库。

（2）主体交流：国际商旅交流相对不足，亟待拓展改进

由外资工业企业比重和国际商旅人员数两个指标反映的主体交流体现了一个城市与国外城市和地区间主体进行商务往来和信息交流的深度和广度。计算结果显示，苏州在主体交流上各方面与深圳尚有较大差距，同时

与竞争城市相比，国际商旅交流也相对不足，未来亟待拓展改进。

在信息城市竞争力的分项指标——外资工业企业比重方面（见图5—74），苏州在全国排名第9，在全国排名前列，仅次深圳（全国排名第7），但超过其他三个城市杭州（排名43）、无锡（排名26）和南通（排名28），说明苏州外资工业企业比重指标处于这四个对标城市的前列。

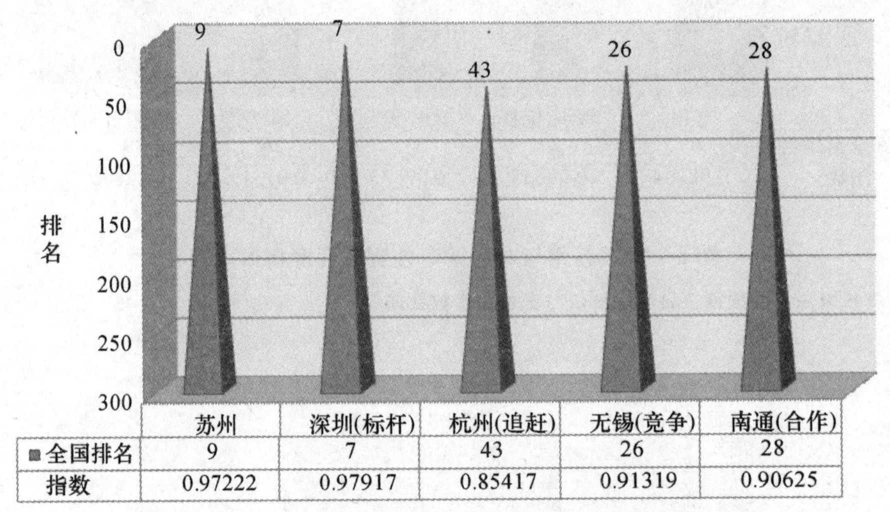

	苏州	深圳(标杆)	杭州(追赶)	无锡(竞争)	南通(合作)
■全国排名	9	7	43	26	28
指数	0.97222	0.97917	0.85417	0.91319	0.90625

图5—74 苏州与对标城市外资工业企业比重指数比较

资料来源：中国社会科学院城市与竞争力指数数据库。

在信息城市竞争力的分项指标——国际商旅人员数方面（见图5—75），苏州在全国排名20，在全国排名靠前，落后于深圳（全国排名第3）和杭州（全国排名第7），但超过无锡（全国排名第53）和南通（全国排名第90），说明苏州国际商旅人员数指标处于这四个对标城市的中间水平。

（3）信息交流：皆落后于深圳和杭州

由千人国际互联网用户数和千人移动电话年末用户数两个指标反映的信息交流是信息城市竞争力的重要组成部分，它集中体现着一个城市中信息利用和交流的广泛性及密集性。数据计算的结果显示，苏州的信息交流尽管与对标城市无锡、南通相比具有优势，但明显落后于深圳和杭州。

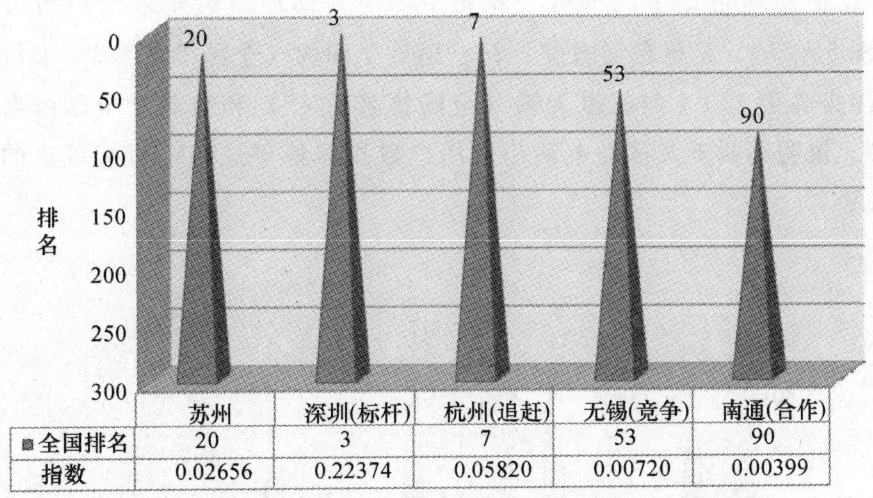

	苏州	深圳(标杆)	杭州(追赶)	无锡(竞争)	南通(合作)
■全国排名	20	3	7	53	90
指数	0.02656	0.22374	0.05820	0.00720	0.00399

图 5—75　苏州与对标城市国际商旅人员数指数比较

资料来源：中国社会科学院城市与竞争力指数数据库。

在信息城市竞争力的分项指标——千人国际互联网用户数方面（见图5—76），苏州在全国排名第 32，落后于深圳（全国排名第 8）和杭州（全国排名第 9），但超过无锡（全国排名第 48）和南通（全国排名第 92），说明苏州千人国际互联网用户数指标处于这四个对标城市的中间水平。

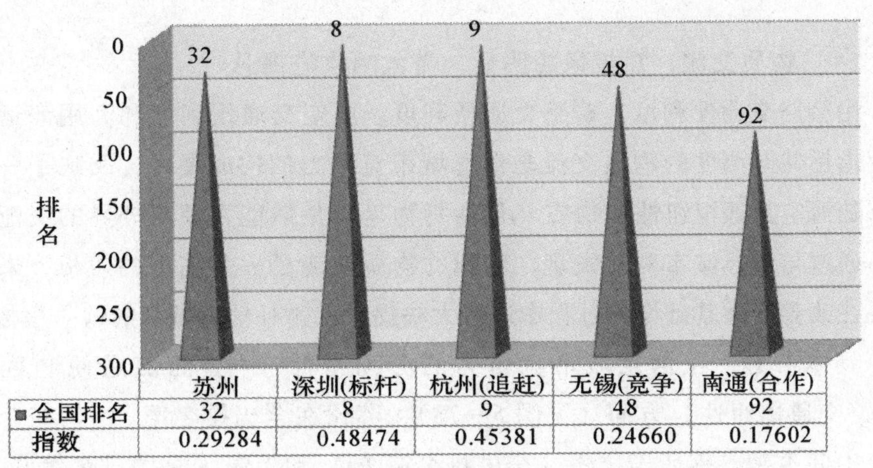

	苏州	深圳(标杆)	杭州(追赶)	无锡(竞争)	南通(合作)
■全国排名	32	8	9	48	92
指数	0.29284	0.48474	0.45381	0.24660	0.17602

图 5—76　苏州与对标城市千人国际互联网用户数指数比较

资料来源：中国社会科学院城市与竞争力指数数据库。

在信息城市竞争力的分项指标——千人移动电话年末用户数方面（见图5—77），苏州在全国排名31，落后于深圳（全国排名第3）和杭州（全国排名第13），但超过无锡（全国排名第45）和南通（全国排名第140），说明苏州千人移动电话年末用户数指标处于这四个对标城市的中间水平。

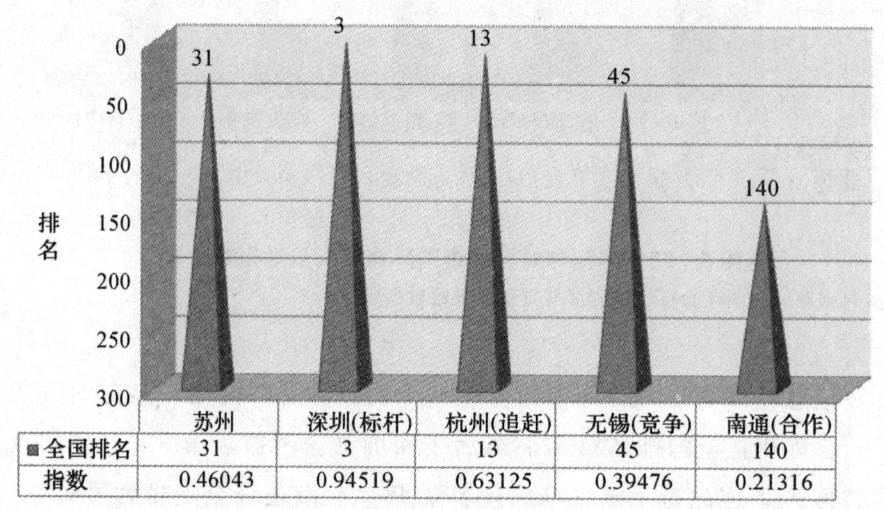

图5—77　苏州与对标城市千人移动电话年末用户数指数比较

资料来源：中国社会科学院城市与竞争力指数数据库。

(4) 物质交流：短板最为明显，需大幅改进提升

由公路交通便利度、铁路交通便利度、航空交通便利度和利用海运便利度指标共同测度的物质交流是信息城市竞争力的构成硬件，反映了一个城市陆海空交通枢纽性和物质（包括货物等）集散能力及与外界的交流程度。通过与对标城市对比发现，苏州的物质交流是一个明显的短板，未来需要在改善交通基础设施过程中进行大幅提升，弥补信息城市的这一短板。

具体来看，在信息城市竞争力的分项指标——公路交通便利程度（公路交通枢纽性）方面（见图5—78），苏州在全国排名第118，在全国属于中间水平，落后于杭州（全国排名第10）和无锡（全国排名第94），但超过深圳（全国排名第142）和南通（全国排名第142）。

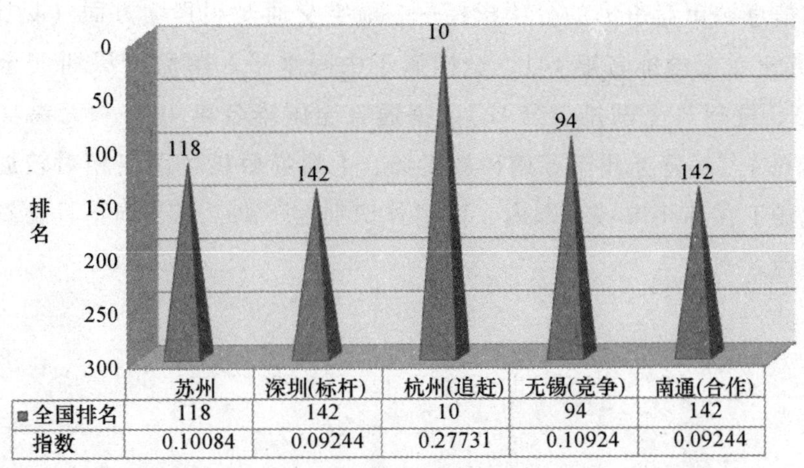

5—78　苏州与对标城市公路交通便利程度（公路交通枢纽性）指数比较

资料来源：资料来源：中国社会科学院城市与竞争力指数数据库。

在信息城市竞争力的分项指标——铁路交通便利程度（铁路交通枢纽性）方面（见图 5—79），苏州在全国排名第 119，全国属于中间水平，落后于深圳（全国排名第 51）、杭州（全国排名第 11）和无锡（全国排名第 92），但超过南通（全国排名第 261），说明苏州铁路交通便利程度指标处于这四个对标城市的中下水平。

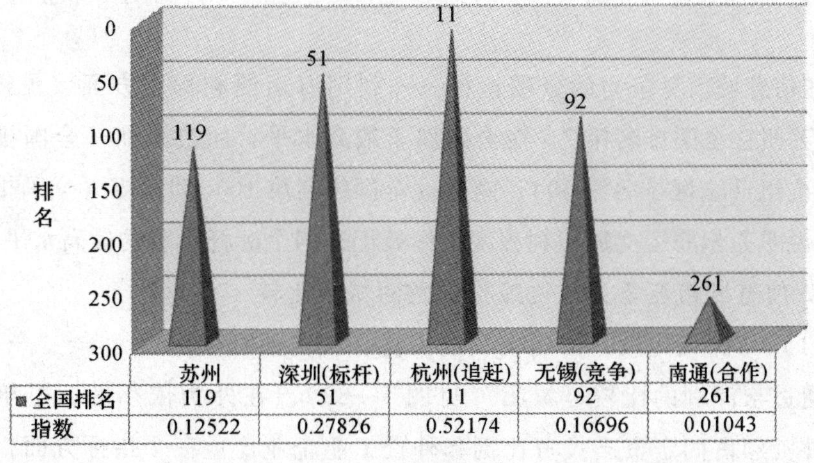

图 5—79　苏州与对标城市铁路交通便利程度（铁路交通枢纽性）指数比较

资料来源：中国社会科学院城市与竞争力指数数据库。

在信息城市竞争力的分项指标——航空交通便利程度方面（见图5—80），苏州在全国排名第141，全国属于中间水平，落后于深圳（全国排名第4）、杭州（全国排名第12）、南通（全国排名第49）和无锡（全国排名第69）。尽管苏州至苏南硕放机场、上海虹桥机场距离相对较近，但由于机场不在苏州市域范围内，国内外识别度不高，苏州尚不具备航空交通枢纽性。

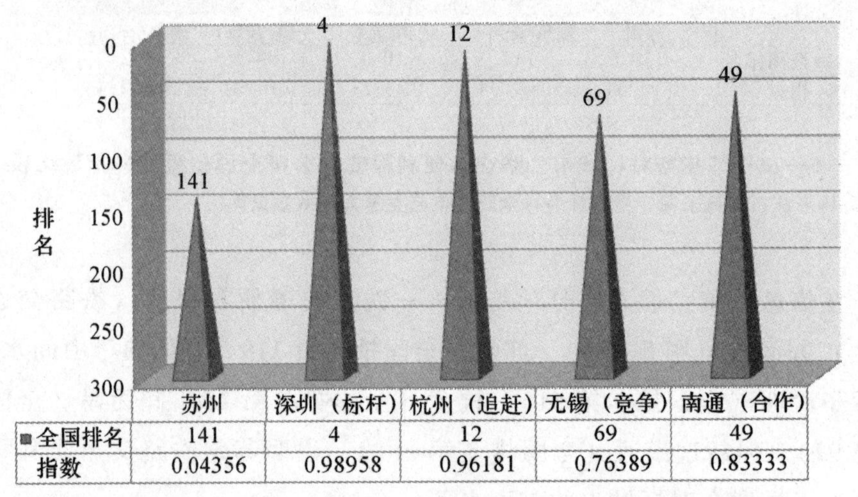

	苏州	深圳（标杆）	杭州（追赶）	无锡（竞争）	南通（合作）
■全国排名	141	4	12	69	49
指数	0.04356	0.98958	0.96181	0.76389	0.83333

图5—80 苏州与对标城市航空交通便利程度指数比较

资料来源：中国社会科学院城市与竞争力指数数据库。

在信息城市竞争力的分项指标——利用海运便利程度方面（见图5—81），苏州在全国排名第2，在全国属于较高水平，超过深圳（全国排名第42）、杭州（全国排名第40）、南通（全国排名第10）和无锡（全国排名第14），说明苏州海运交通便利程度指标处于这四个标杆城市的较高水平。

2. 信息城市竞争力及构成指标两两城市比较

（1）与深圳比较：海运便利度占优，航空便利度落后

通过与深圳的比较可看出（见图5—82），在外贸依存度、当年实际使用外资额占固定资产投资比例和外资工业企业比重三个指标方面，苏州和深圳得分差别不大，均在全国排名靠前。而在航空交通便利程度和千人移动电话年末用户数两个指标方面，深圳处于全国领先水平，而苏州落后

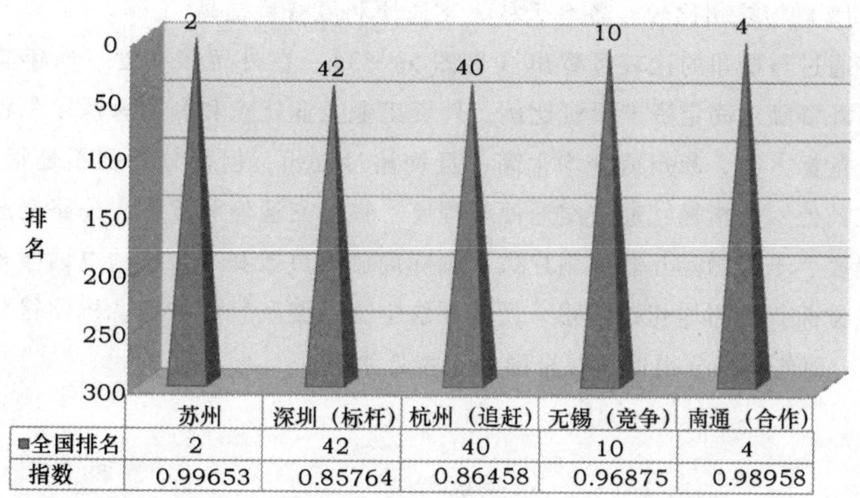

	苏州	深圳（标杆）	杭州（追赶）	无锡（竞争）	南通（合作）
■全国排名	2	42	40	10	4
指数	0.99653	0.85764	0.86458	0.96875	0.98958

图 5—81　苏州与对标城市利用海运便利程度指数比较

资料来源：中国社会科学院城市与竞争力指数数据库。

很多。在铁路交通便利程度、千人国际互联网用户数和国际商旅人员数三个指标方面，苏州和深圳均处于中低等水平，同时苏州落后于深圳。在公路交通便利程度方面，两个城市均处于很低水平。在利用海运便利程度，苏州得分很高，而深圳稍落后于苏州。

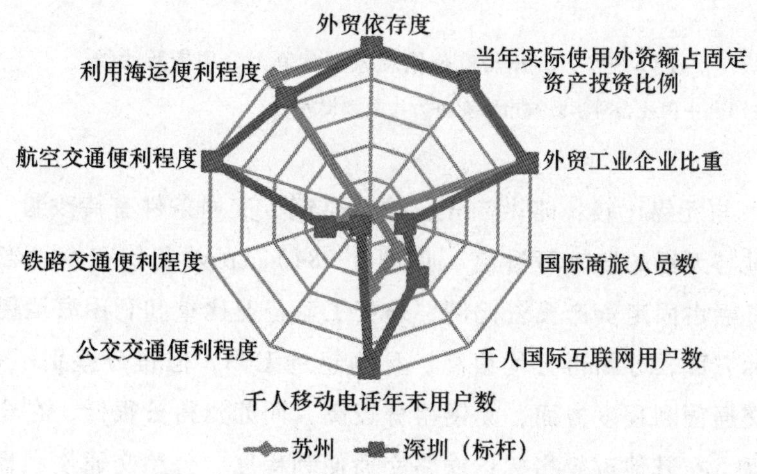

图 5—82　苏州与深圳信息城市竞争力分项指数比较

资料来源：中国社会科学院城市与竞争力指数数据库。

(2) 与杭州比较:各有千秋,交通便利度有待提高

通过与杭州的比较可看出(见图5—83),在外贸依存度、当年实际使用外资额占固定资产投资比例、外资工业企业比重和利用海运便利程度四个指标方面,苏州得分均很高,且均超过杭州,但得分差别不是很大。但在其他六个指标:航空交通便利程度、铁路交通便利程度、公路交通便利程度、千人国际互联网用户数、国际商旅人员数和千人移动电话年末用户数方面,杭州均超过苏州,尤其在航空交通便利程度方面,杭州得分接近1,而苏州得分很低,在全国处于较低水平。

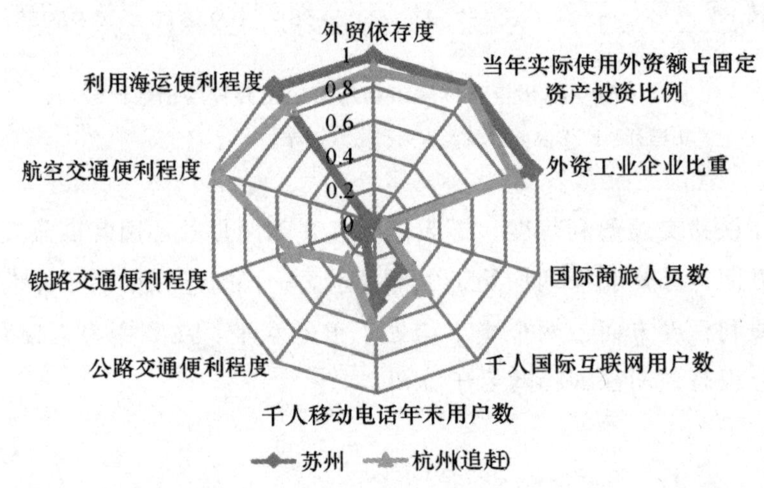

图5—83 苏州与杭州信息城市竞争力分项指数比较

资料来源:中国社会科学院城市与竞争力指数数据库。

(3) 与无锡比较:略微领先,信息交流、交通条件有待改善

通过与无锡的比较可看出(见图5—84),在外贸依存度、当年实际使用外资额占固定资产投资比例、外资工业企业比重和利用海运便利程度四个指标方面,苏州得分均很高,且均超过无锡,但得分差别不是很大。在航空交通便利程度方面,无锡得分较高,而苏州得分很低,在全国处于较低水平。在其他五个指标:铁路交通便利程度、公路交通便利程度、千人国际互联网用户数、国际商旅人员数和千人移动电话年末用户数方面,苏州和无锡在全国均处于中低水平,且差别不大。

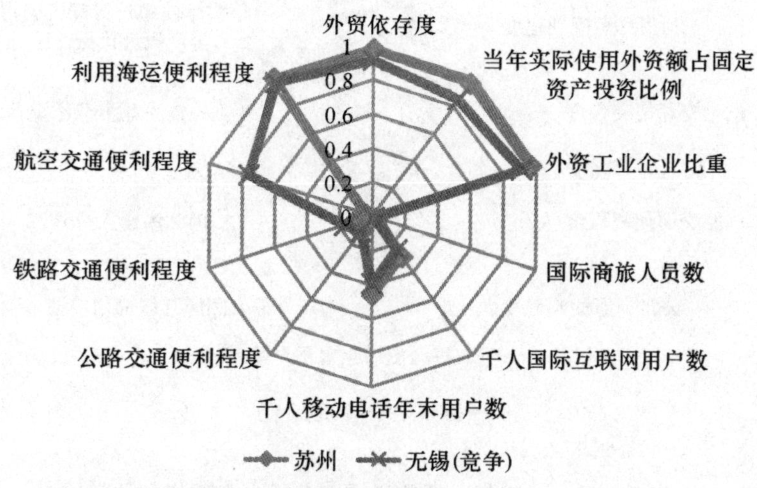

图 5—84 苏州与无锡信息城市竞争力分项指数比较

资料来源：中国社会科学院城市与竞争力指数数据库。

（4）与南通比较：客体贸易优势相对明显

通过与南通的比较可看出（见图 5—85），在外贸依存度、当年实际使用外资额占固定资产投资比例、外资工业企业比重方面，苏州得分均很高，且均超过南通，表明苏州在客体贸易上相对南通优势明显。在航空交通便利程度方面，南通得分较高，而苏州得分很低，在全国处于较低水平。在其他五个指标：铁路交通便利程度、公路交通便利程度、千人国际互联网用户数、国际商旅人员数和千人移动电话年末用户数方面，苏州和南通在全国均处于中低水平，且差别不大。

通过与四个对标城市的比较可知，外贸依存度、当年实际使用外资额占固定资产投资比例、外资工业企业比重等分项指标是苏州的优势所在，而由航空交通便利程度、铁路交通便利程度和公路交通便利程度等反映的物质交流却是苏州的一个短板。

（四）实力相近城市分析：苏州的优势与劣势均很明显

苏州的优势和劣势均很明显，外贸依存度、利用海运便利程度和外资工业企业比重是苏州的优势所在，短板表现在公路交通便利程度和航空交

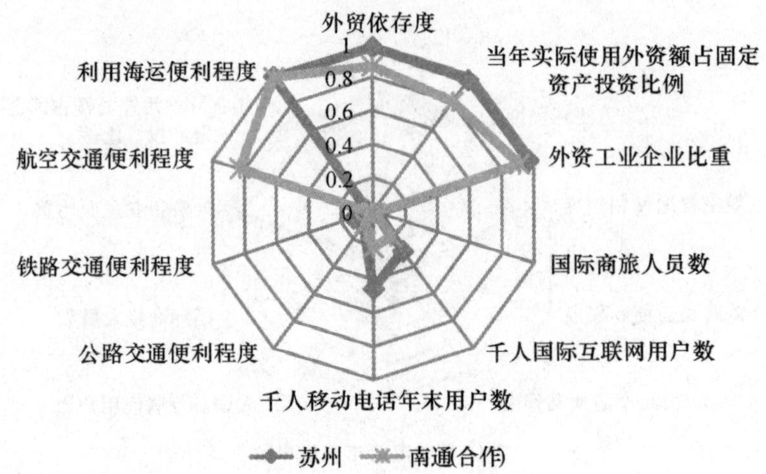

图 5—85 苏州与南通信息城市竞争力分项指数比较

资料来源：中国社会科学院城市与竞争力指数数据库。

通便利程度两个方面。

苏州在 2015 年的城市信息竞争力指数中排名 19，选取排在苏州前面五位的城市分别是西安（排名 14）、武汉（排名 15）、福州（排名 16）、澳门（排名 17）和大连（排名 18），排在苏州后面五位的城市分别是济南（排名 20）、海口（排名 21）、佛山（排名 22）、成都（排名 23）和无锡（排名 24）。通过与苏州排名相近的前五名和后五名城市进行对比（见表 5—11），可以发现在不同领域，苏州的优劣势比较明显。

表 5—11 与苏州实力相近城市的比较

城市	城市信息竞争力指数	信息城市排名	外贸依存度	当年实际使用外资金额占固定资产投资比例	外资工业企业比重	国际商旅人员数	千人国际互联网用户数	千人移动电话年末用户数	公路交通便利程度	铁路交通便利程度	航空交通便利程度	利用海运便利程度
西安	0.781	14	0.767	0.760	0.788	0.022	0.361	1.000	0.976	0.906	0.461	0.226
武汉	0.763	15	0.663	0.858	0.813	0.030	0.425	0.572	0.948	1.000	0.394	0.420

续表

城市	城市信息竞争力指数	信息城市排名	外贸依存度	当年实际使用外资金额占固定资产投资比例	外资工业企业比重	国际商旅人员数	千人国际互联网用户数	千人移动电话年末用户数	公路交通便利程度	铁路交通便利程度	航空交通便利程度	利用海运便利程度
福州	0.759	16	0.878	0.573	0.948	0.017	0.306	0.381	0.865	0.882	0.319	0.927
澳门	0.755	17	0.844	0.993	0.997	0.485	0.452	0.188	0.590	0.424	0.268	0.819
大连	0.745	18	0.924	0.986	0.917	0.022	0.202	0.420	0.590	0.757	0.334	0.830
苏州	0.744	19	0.983	0.965	0.972	0.027	0.293	0.460	0.500	0.583	0.195	0.997
济南	0.735	20	0.583	0.705	0.729	0.006	0.284	0.645	0.934	0.958	0.353	0.708
海口	0.730	21	0.854	0.830	0.924	0.003	0.275	0.644	0.781	0.549	0.362	0.642
佛山	0.728	22	0.927	0.906	0.885	0.025	0.372	0.673	0.865	0.347	0.044	0.806
成都	0.727	23	0.858	0.972	0.743	0.032	0.192	0.555	0.979	0.948	0.476	0.090
无锡	0.717	24	0.913	0.851	0.913	0.007	0.247	0.395	0.590	0.684	0.195	0.969

资料来源：中国社会科学院城市与竞争力指数数据库。

苏州的较为明显的优势主要表现在外贸依存度（指数是0.983）、利用海运便利程度（指数是0.997）和外资工业企业比重（指数是0.972）这三个方面，指数均接近于1。与这十个实力相近城市相比，外贸依存度和利用海运便利程度这两个指标得分均超过这十个实力相近的城市；外资工业企业比重仅次于澳门。因此，外贸依存度、利用海运便利程度和外资工业企业比重是苏州的优势所在。

苏州较为明显的短板主要表现在公路交通便利程度和航空交通便利程度这两个方面。在公路交通便利程度方面，苏州得分虽为0.5，但落后于信息竞争力相近的城市；而航空交通便利程度得分为0.195，排名仅超过了佛山。

在当年实际使用外资金额占固定资产投资比例（指数是0.965）方面，当年实际使用外资金额占固定资产投资比例处于澳门、大连和成都之后，但得分依旧很高。在国际商旅人员数方面，苏州得分仅为0.027，仅占与其实力相近的城市——澳门（指数为0.485）的5.48%，但与这十个城市相比，排名仅落后于澳门、成都和武汉。在千人国际互联网用户数方面，苏州得分为0.293，处于这十个城市的中间位置，排名落后于澳门、武汉、佛山、西安和福州，也需要进一步加强。在千人移动电话年末用户数指标方面，得分为0.460，排名落后于西安、佛山、济南、海口、武汉和成都，排名较靠后。在铁路交通便利程度方面，苏州排名仅超过佛山、澳门和海口等信息竞争力水平相近的城市。

分报告六

时空聚焦下的苏州转型与升级

一　经济转型

（一）产业结构分析

1. 产业结构不断优化，已形成“三、二、一”发展格局

苏州产业结构调整可以分为以下四个阶段：

“一、二、三”阶段。以 1970 年为分界线，1970 年及以前，产业结构以第一产业为支柱和主导，第二产业次之，第三产业比重最少。1970 年第一、第二、第三产业的比例为 41.6∶41.0∶17.4，一产、二产基本接近。

“二、一、三”阶段。1970 年后第二产业增加值比重开始超过第一产业跃居主导地位，产业结构调整为“二、一、三”格局。到 1980 年第二产业增加值比重达到 58.6%，已经远远超过第一产业增加值 24.7% 的比重，第一、第二、第三产业的比例为 24.7∶58.6∶16.7，这种格局一直延续到 1986 年。

“二、三、一”阶段。1987 年第一、二、三产业的比例为 19.0∶60.7∶20.3，三产超过一产，转变为二、三、一产业顺序。2004 年二产比重最高达 65.7%，以后开始逐年下降，到 2014 年为 50.1%。同时，三产比重开始逐年上升，从 2004 年的 32.1% 提高到 2014 年的 48.4%。第一、二、三产业的比例为 1.5∶50.1∶48.4，结构更趋合理。进入新世纪的第二个十年，苏州全市上下正在大力优化产业结构，在开放型经济体制、现代金融、科技体制、生态体制等重要领域深化改革创新，产业结构正逐步朝着先进制造业和现代服务的发展方向优化调整。预计 2016 年三产比重将超过二产比重，形成三、二、一产业格局。

"三、二、一"阶段。进入新世纪的第二个十年，苏州全市上下正在大力优化产业结构，在开放型经济体制、现代金融、科技体制、生态体制等重要领域深化改革创新，产业结构正逐步朝着先进制造业和现代服务的发展方向优化调整。2015 年，苏州市第一、二、三产业增加值占 GDP 的比重分别为 1.5%、48.6% 和 49.9%，形成"三二一"发展格局（见表 6—1 和图 6—1）。

表 6—1　　苏州三次产业结构演变

年份	地区生产总值（亿元）	第一产业（%）	第二产业（%）	第三产业（%）
1952	4.38	45.9	24.8	29.3
1957	5.58	44	30.7	25.3
1970	15.03	41.6	41	17.4
1980	40.68	24.7	58.6	16.7
1984	68.05	25	57.6	17.4
1987	127.02	19	60.7	20.3
1990	202.14	17.3	61	21.7
1994	720.9	9.5	61.4	29.1
2000	1540.68	5.9	56.5	37.6
2004	3450	2.2	65.7	32.1
2014	13760.89	1.5	50.1	48.4
2015	14500.00	1.5	48.6	49.9

资料来源：根据苏州统计局数据计算得到。

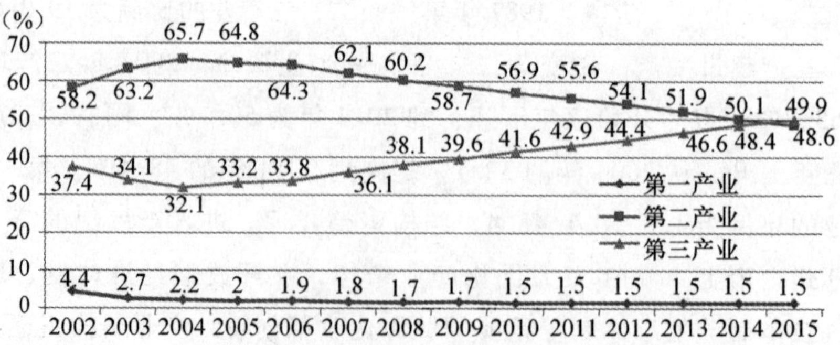

图 6—1　2002—2014 年苏州市产业结构调整趋势

资料来源：根据苏州统计局数据计算得到。

从苏州、重庆、武汉、南京和杭州2005年与2015年三产结构变动情况看（见表6—2）：南京、杭州较早稳定过渡到“三二一”结构，服务业占比接近60%，是长三角16个城市中为数不多的以服务业为主带动经济发展的城市；武汉和重庆于实现三产产值超越二产的跨越，其中武汉于2015年实现了服务业占比过半；作为全国第二大工业城市，苏州也于2015开始形成“三二一”的产业发展格局，服务业比重接近半壁江山，产业结构更趋优化。总体来说，价值链的核心由过去的生产环节逐渐向服务环节转移是大势所趋，各中心城市正步入以服务业带动经济发展的新通道。

表6—2　　　　三次产业结构变动情况表

比重（%）	年份	苏州	重庆	武汉	南京	杭州
一产	2005	2.2	13.4	4.8	4.2	5
	2015	1.5	7.3	3.3	2.4	2.9
二产	2005	64.8	45.1	45.4	48.9	50.8
	2015	48.6	45.0	45.7	40.3	38.9
三产	2005	33	41.5	49.8	46.9	44.2
	2015	49.9	47.7	51.0	57.3	58.2

资料来源：各城市统计年鉴。

2. 内部结构不断优化，工业、服务业“双轮驱动”

第一产业内部结构由农业为主向农、林、牧、渔业多样化发展。从相关数据分析，苏州在1978年改革开放以前，第一产业中农业一股独大，1978年当年第一产业总产值中农、林、牧、副、渔业比例为78.4∶0.7∶16.4∶0.4∶4.1。到2000年农林牧渔业结构基本合理，农、林、牧、渔业增加值比例为59.0∶0.7∶10.9∶29.4，2014年得到了进一步优化，苏州第一产业增加值为203.98亿元，其中农业为106.44亿元，林业为13.44亿元，牧业为16.87亿元，渔业为67.23亿元。农、林、牧、渔业结构为52.2∶6.6∶8.3∶32.9。

第二产业内部结构以工业为主。第二产业包括工业和建筑业，虽然其占 GDP 比重已经逐年有所下降，但目前仍然是苏州市最大的产业。从第二产业内部结构看，解放初建筑业非常小，1952 年工业与建筑业比重为 97.2:2.8，这种格局一直延续到上世纪 80 年代中期发生变化，1985 年调整为 92.8:7.2。此后随着城市建设的发展，建筑业占比继续提高，90 年代起稳定在 90:10 左右水平，直到 2003 年。2004 年起建筑业比重开始下降，工业与建筑业比重为 91.2:8.8，2014 年为 92.3:7.7。

第三产业内部结构由贸易为主向贸易、金融、房地产、新兴服务业转变。解放初贸易业是苏州第三产业中最大的行业，占比在 40% 以上，1978 年当年贸易业占第三产业之比为 40.7%，交通邮电业占比为 22.1%，公用事业占比为 10.7%。这种格局一直延续到上世纪 80 年代中期发生变化，1983 年贸易业在第三产业中占比降到 35.2%，此后一直在此水平波动，2014 年贸易业增加值 2334.62 亿元，占比为 35.9%；90 年代中后期房地产业发展起来，1990 年房地产业在第三产业中占比为 9.4%，2000 年提高到 11.7%，2014 年占比达 12.1%；金融业 1990 年在第三产业中占比为 24.5%，1995 年为 17.1%，2000 年为 14%，2014 年 15.6%，金融业在九十年代以前是传统银行业，以后新型金融业态如信托公司、财务公司、小额贷款公司、私募股权投资企业、金融租赁公司等发展起来，相比传统银行业，新型金融业态的发展速度更快；2000 年后服务业中新兴行业如科研、水利、卫生、公共管理等开始发展起来，并且在近年得到快速发展。见表 6—3。

表 6—3　　2001 年和 2014 年苏州生产总值、构成比较

	2001 年		2014 年		增长（%）	比重增减（%）
	总量（亿元）	比重（%）	总量（亿元）	比重（%）		
地区生产总值	1760.28	100	13760.89	100	681.7	—
第一产业	91.41	5.2	203.98	1.5	123.1	-3.7
第二产业	999.89	56.8	6892.98	50.1	589.4	-6.7
工业	912.11	51.8	6360.14	46.2	597.3	-5.6
建筑业	87.78	5	533.96	3.9	508.3	-1.1
第三产业	668.98	38	6663.93	48.4	896.1	10.4

续表

	2001 年		2014 年		增长（%）	比重增减（%）
	总量（亿元）	比重（%）	总量（亿元）	比重（%）		
农林牧渔服务业	9.85	0.6	23.93	0.2	142.8	-0.4
交通运输、仓储和邮政业	103.9	5.9	435.95	3.2	319.6	-2.7
批发和零售业	197.65	11.2	1961.72	14.3	892.5	3.1
住宿和餐饮业	38.33	2.2	372.9	2.7	872.9	0.5
金融保险业	84.92	4.8	1021.51	7.4	1102.9	2.6
房地产业	79.7	4.5	849.02	6.2	965.3	1.7
科学研究和技术服务业	4.87	0.3	175.68	1.3	3510.9	1
水利、环境和公共设施管理业	3.88	0.2	85.86	0.6	2115.2	0.4
卫生和社会工作	16.75	1	179.61	1.3	972.2	0.3
公共管理、社会保障和社会组织	26.34	1.5	323.32	2.3	1127.6	0.8
其他行业	102.8	5.8	1234.43	9	1100.8	3.2

资料来源：根据苏州市统计局数据计算得到。

近十年来，苏州服务业发展迅速，服务业增加值占 GDP 的比重从 2004 年的 32.1% 提高到 2015 年的 49.5%，但是与国内先进城市相比，苏州服务业整体发展水平还不够高，2014 年上海服务业占比已达 64.8%，杭州占比已达 55%。从服务业内部结构看，现代物流、金融、科技服务、电子商务等高端服务业发展尚不充分，现代服务业还没有形成提振苏州经济的主要增长极。为此，未来苏州产业发展要坚持生产性服务业与先进制造业融合发展，大力推进现代物流、金融服务、科技服务、软件和信息服务、创意设计、节能和环境服务等生产性服务业发展，着力打造一批高端生产性服务业集聚区。重点发展综合物流中心、专业物流中心和配送中心，大力提升物流服务功能；重点支持基于互联网、大数据移动技术的远程医疗、家庭医生、健康教育、健康咨询等发展；大力发展电子商务，加强电子商务示范基地等特色载体建设，建设一批以互联网、信息化为基础的无店铺销售、3D 网上商城、APP 项目和电子商务示范平台。

（二）需求结构分析

经济学上将消费、投资、净流出三大需求称为“三驾马车”，它们共同发力，拉动经济不断前行。需求结构的合理与优化对于维持经济的长期可持续增长非常重要。本部分收集整理了1978—2014年全社会固定资产投资额、社会消费品零售总额数据以及2000—2014年支出法GDP数据，加以分析说明。

1. 固定资产投资的周期性波动与经济增长的周期性波动高度吻合，消费波动幅度相对平稳

苏州固定资产投资主体经历了三次重大转变，第一次是上世纪80年代，随着乡镇企业的蓬勃发展，实现了国有经济向国有经济、集体经济转变；第二次是上世纪90年代，随着外向型经济的蓬勃发展，实现了国有经济、集体经济向外资企业转变；第三次是本世纪初，私营个体经济崛起，国资、民资、外资三足鼎立。1978—2014年全社会固定资产投资额、社会消费品零售总额数据显示，投资数据的波动幅度明显大于消费。2014年苏州完成社会固定资产投资6124.4亿元，第一产业完成投资3.86亿元，下降11.3%；第二产业完成投资2204.2亿元，下降4.5%，其中工业投资2200.5亿元，下降4.6%。第三产业完成投资3916.3亿元，与上年持平，占全社会固定资产投资的比重达63.9%。固定资产投资的周期性波动与经济增长的周期性波动高度吻合；而消费的波动幅度则集中在20%上下，显示出相对平稳的特点。

2. “三驾马车”齐拉经济增长，消费投资贡献明显

苏州投资、消费、净流出规模不断扩大（见表6—4），2014年地区生产总值为13760.89亿元，其中资本形成总额为7070.62亿元，最终消费额为5460.80亿元，净流出为1229.47亿元，占比分别为51.38%、39.68%和8.93%。

表6—4　　三大需求总量、占比及贡献情况

年份	总量（亿元）				占比（%）			贡献率（%）		
	GDP	最终消费	资本形成	净流出	消费率	投资率	净流出率	消费	投资	净流出
2001	1760.28	583.23	828.23	348.82	33.1	47.1	19.8	40.5	30.1	29.3
2002	2080.37	671.67	1060.19	348.51	32.3	51.0	16.8	27.6	72.5	-0.1
2003	2801.56	814.61	1673.48	313.47	29.1	59.7	11.2	19.8	85.0	-4.9

续表

年份	总量（亿元）				占比（%）			贡献率（%）		
	GDP	最终消费	资本形成	净流出	消费率	投资率	净流出率	消费	投资	净流出
2004	3450	1011.82	1925.99	398.93	30.3	57.7	12.0	30.4	38.9	30.6
2005	4138.21	1227.67	2397.52	513.02	29.7	57.9	12.4	31.4	68.5	0.1
2006	4900.63	1455.41	2833.21	612.01	29.7	57.8	12.5	29.9	57.1	13.0
2007	5850.11	1766.67	3307.22	776.22	30.2	56.5	13.3	32.8	49.9	17.3
2008	7078.09	2208.36	3633.86	1235.57	31.2	51.3	17.5	36.0	26.6	37.4
2009	7740.2	2438.16	4416.23	885.81	31.5	57.1	11.4	34.7	118.2	-52.9
2010	9228.91	2993.08	5134.37	1101.46	32.4	55.6	11.9	37.3	48.2	14.5
2011	10716.99	3655.97	5786.17	1274.85	34.1	54.0	11.9	44.5	43.8	11.7
2013	13015.70	4891.07	6649.61	1475.02	37.6	51.1	11.3	53.7	37.6	8.7
2014	13760.89	5460.80	7070.62	1229.47	39.7	51.3	8.9	76.5	56.5	-33.0

资料来源：根据苏州市统计局数据计算得到。

从结构上看，地区生产总值中最终消费所占比例维持在30%到40%之间，总体上呈现出浅V型走势，2003年消费率下降到29.1%的最低点，之后有小幅度提高，2014年达到历史最高为39.7%；而资本形成总额一直较大，所占比例也一直较高，在50%到60%之间运行，近几年虽有小幅下降的趋势，但仍然维持在50%以上；货物和服务净流出所占比重一直不是很大，且受国际和国内贸易环境影响明显，2002年前后和2008年占比明显提高，在2014年首次出现低于10%的情况。

从投资与消费对经济增长的贡献来看，从2008年开始消费对经济增长的贡献开始不断增强，到了2014年消费与投资对经济增长的贡献分别为76.5%和56.5%。

随着苏州对外开放程度提升，苏州进出口总额不断增长，2014年苏州进出口总额达3113.06亿美元。强大的外部需求，让苏州成为世界知名的制造业基地。苏州的外贸依存度（进出口总额占地区生产总值比重）在2006年达到峰值283.5%。金融危机后受全球宏观经济环境影响及苏州自身产业结构战略调整，苏州外贸依存度逐年下降（见图6—2），2014年苏州外贸依存度138.7%，分别比全省（53.2%）、全国（41.6%）高85.5和97.1个百分点，对外开放仍然是苏州经济增长的主要动力。

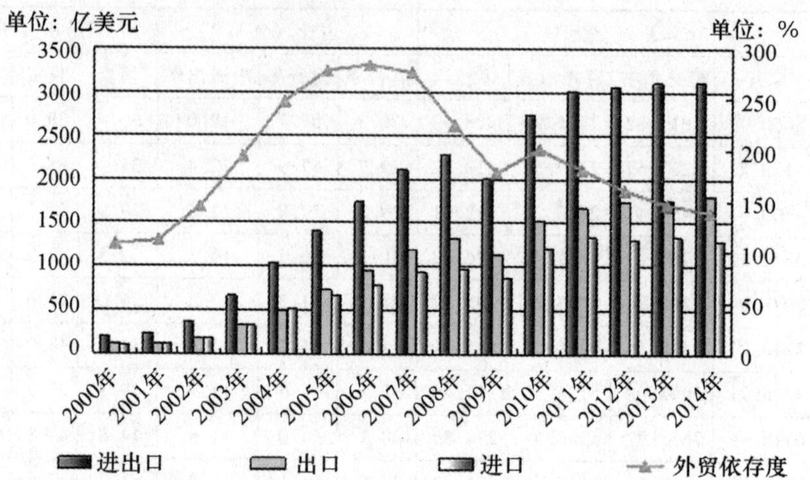

图 6—2 2000—2014 年苏州进出口总额、进口总额、出口总额、外贸依存度

资料来源:苏州市统计年鉴。

(三) 生产要素结构分析

生产要素投入推动经济增长。生产要素可以分为资源、劳动力、资本、研发经费、技术水平、经济制度等。由于技术水平、经济制度等要素很难数量化,因此选取可以量化投入要素进行分析,本部分整理了 1978 年到 2014 年从业人员、固定资产投资和 R&D 经费,见表 6—5。

表 6—5 1978—2014 年苏州各投入要素变动情况表

指标	从业人员	从业人员增长率	全社会固定资产投资完成额	全社会固定资产投资增长率	R&D 经费	GDP	GDP 增长率
年份	万人	%	亿元	%	亿元	亿元	%
1978	301.15	—	1.4	—	—	31.95	—
1979	307.08	1.97	1.72	22.32	—	35.27	10.39
1980	317.17	3.29	2.87	67.37	—	40.68	15.34
1981	325.04	2.48	9.16	218.7	—	43.76	7.57
1985	349.44	2.33	29.7	76.36	—	91.91	35.06
1990	346.74	-1.13	55.37	0.93	—	202.14	14.66
1992	344.12	-0.34	154.39	102.35	—	359.69	52.99

续表

指标	从业人员	从业人员增长率	全社会固定资产投资完成额	全社会固定资产投资增长率	R&D经费	GDP	GDP增长率
1995	324.45	-1.25	334.1	8.58	—	903.11	25.28
2000	313.89	0.84	516.43	8.69	—	1540.68	13.42
2001	321.96	2.57	564.43	9.38	—	1760.28	14.25
2002	323.75	0.56	812.81	43.9	—	2080.37	18.18
2003	346.19	6.93	1408.93	73.34	—	2801.56	34.67
2004	358.82	3.65	1554.8	10.35	—	3450	23.15
2005	393.72	9.73	1870.14	20.28	53.86	4138.21	19.95
2006	429.46	9.08	2106.99	12.66	71.93	4900.63	18.42
2007	483.40	12.56	2366.36	12.31	98.05	5850.11	19.37
2008	495.53	2.51	2611.16	10.35	130.14	7078.09	20.99
2009	518.66	4.67	2967.35	13.64	170.11	7740.2	9.35
2010	554.15	6.84	3617.82	21.92	215.00	9228.91	19.23
2011	575.45	3.84	4502.02	24.44	258.91	10716.99	16.12
2012	694.30	20.65	5266	17	300.08	12011.65	12.08
2013	695.20	0.13	6001.9	14	334.50	13015.70	8.36
2014	693.40	-0.03	6231	3.8	313.54	13760.89	5.73

资料来源：根据苏州市统计局数据计算得到。

上表显示，改革开放以来，各项生产要素投入迅速增加，为苏州经济的快速增长提供了连续的、强劲的原动力。

1. 资本要素投入规模惊人，拉动效果十分明显。从资本投入规模来看，2014 年苏州全社会固定资产投资额高达 6231 亿元，是 2000 年的 12 倍之多，是 1990 年的 112 倍之多，资本投入的规模惊人。1985 年到 2014 年，全社会固定资产投入累计达 4.55 万亿元。每次高资本投入后都带来了连续几年的 GDP 高速增长，说明资本投入对短期经济增长的推动作用十分明显，也是过去支撑苏州经济增长的最主要因素之一。

但是从全社会固定资产增速来看（见图 6—3），比 2013 年回落 10.2 个百分点。可以看出，当前经济运行全面转向新常态，2014 年全社会固定资产增长 3.8%，为 2000 年以来最低速度，首次出现 5% 以下的增幅，

2008 年金融危机爆发时也达到了二位数增长为 10.3%。此外，2014 年苏州工业投资下降 4.9%，为 2000 年以来首次出现负增长，低于 2009 年增长 2% 的最低增速；2014 年服务业投资增长 9.7% 为 2000 年以来首次低于二位数增长，低于 2006 年增长 15.2% 的最低增速；2014 年民间投资增长 1.8%，为 2000 年以来的最低增速，低于 2008 年增长 7% 的最低增速。

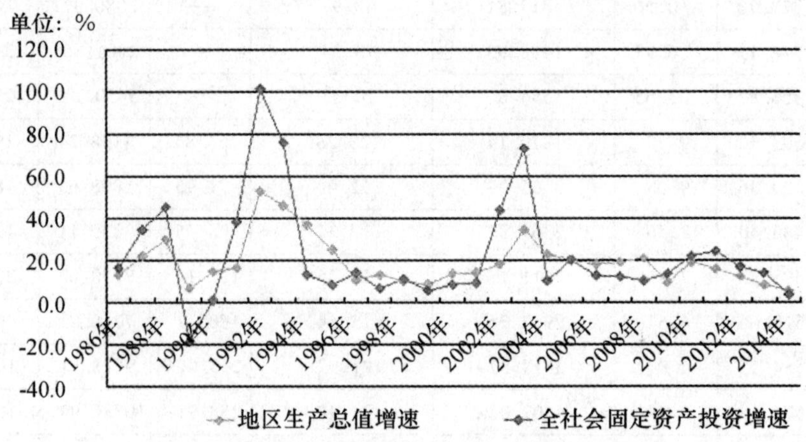

图 6—3 苏州地区生产总值和固定资产投入增速（不考虑物价因素）

资料来源：苏州市统计年鉴。

从投资的三大主体看，2014 年，国有投资完成 1734 亿元，增长 14.3%；民间投资 3322 亿元，增长 1.8%；外资投资 1175 亿元，下降 3.9%。三大主体投资比为 27.8∶53.3∶18.9，与 2013 年的 25.3∶54.3∶20.4 相比，国有投资比重上升，民间投资和外资投资比重下降，体现了经济严峻局势下的政府作为型投资特征。

2. 人力要素投入温和增长，专业技术人员需求量上升。从劳动生产力投入来看，劳动力总量总体呈现温和增长趋势。2014 年年末苏州从业人员 693.4 万人，从业人员占常住人口比重 65.4%，高于全国平均水平 8.9 个百分点。从各产业从业人员情况分析，就业结构发生了明显变化（见表 6—6）。第一产业劳动力人数快速减少，从 1952 年的 128.58 万人下降到 2014 年的 24.5 万人。第二、三产业劳动力快速增长，分别从 1952 年的 13.55 万人和 16.74 万人增加到 2014 年的 419.8 万人和 249.1 万人。劳动力就业结构的变化一方面体现了产业结构调整的趋势，另一方面也极大地推动了相关产业及整体经济的发展。同时，劳动力受教育程度和综合素质有很大提升，薪酬和社保水平也同步上升，产业部门对非熟练劳动力需求下降，对专业技术人员和技术工人需求上升。

表 6—6　　历年从业人员分产业及结构

年份	年末从业人员（万人）	第一产业	第二产业	第三产业	构成（%）	第一产业	第二产业	第三产业
1952	158.87	128.58	13.55	16.74	100	80.9	8.5	10.6
1957	177.69	144.4	17.95	15.34	100	81.3	10.1	8.6
1970	260.61	213.62	30.4	16.59	100	81.9	11.7	6.4
1980	317.17	184.93	98.85	33.39	100	58.3	31.2	10.5
1985	349.44	128.37	168.49	52.58	100	36.7	48.2	15.1
1990	346.74	103.13	177.84	65.77	100	29.7	51.3	19
1995	324.45	65.08	178.98	80.39	100	20	55.2	24.8
2000	313.89	65.9	156.27	91.72	100	21	49.8	29.2
2004	358.82	48.61	211.11	99.1	100	13.6	58.8	27.6
2008	495.53	32.11	303.86	159.56	100	6.5	61.3	32.2
2009	518.66	29.45	311.04	178.17	100	5.7	60	34.3
2013	695.2	25.1	425.9	244.2	100	3.6	61.3	35.1
2014	693.4	24.5	419.8	249.1	100	3.5	60.5	36

资料来源：苏州市统计年鉴。

3. 研发经费投入逐年提高，创新能力不断提升。从科技研发和创新情况看，随着科学和技术的发展，技术进步对经济增长的作用不断增强。R&D 经费逐年增加（见图 6—4），2005—2013 年占 GDP 比重迅速提高，从 2009 年的 2.20% 提高到 2013 年的 2.57%，2014 年有所回落，为 2.27%。2015 年，苏州研发投入强度为 2.68%，较 2014 年提高 0.06 个百分点，比全国平均水平高 0.58 个百分点。

随着研发投入的明显加大，企业创新活力竞相迸发，创新能力不断提升，科技产出成果丰硕。2015 年苏州专利申请量 9.87 万件，其中发明专利申请量 4.32 万件，发明专利申请占比 43.8%，比上年提高 4.2 个百分点。专利授权量 6.23 万件，其中发明专利授权量 1.05 万件，分别为全国

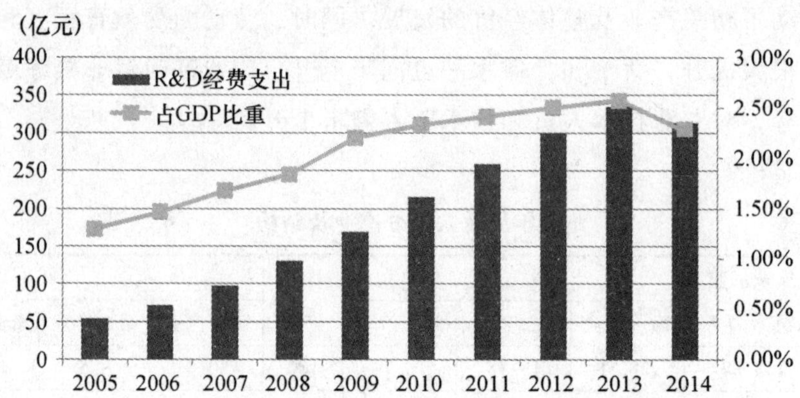

图 6—4　2009—2014 年苏州 R&D 经费支出及其占 GDP 的比重

资料来源：苏州市统计年鉴。

授权总量的 3.6% 和 2.9%，比上年提高 1.3 和 2.3 个百分点。2015 年年末有效发明专利拥有量 2.91 万件，占全国总量的 2% 左右。每万人发明专利拥有量 27.5 件，高于全国平均 21.2 件。专利的快速增长、结构优化，反映了苏州科技产出能力、水平和效益的日渐提高。2015 年发布的福布斯创新力最强城市榜单中（根据由专利申请量、专利授权量、发明专利授权量、国际专利 PCI 申请量等指标综合而成的创新指数反映城市创新能力），苏州列位第三，仅次于深圳和北京，在地级市中排名榜首。

4. 土地要素成本上升，产品和劳动力价格提升。经济增长带来城市的扩张，城市扩张建设用地的增加促进经济增长，两者相辅相成，土地要素的投入为经济增长提供了基础。2014 年年末，苏州中心城区（不含吴江区）建成区面积达 356.01 平方公里，是改革开放初期 1978 年的 13.4 倍。在土地供应日趋紧张的情况下，苏州的工业用地价格虽然自 2007 年开始工业用地挂牌以来并没有太大增长，一直维持在每亩最低 22 万元，较高值在每亩 32 万—36 万元，但是准入行业和投资门槛不断提高，与此同时，商业和居住地块的供应价格不断提高。土地价格的上涨提高了企业的经营成本和人们的生活成本，进而提高了产品和劳动力的价格。土地成本的上升促使企业开始寻求异地投资，将产业向经济欠发达的国家或地区转移。

（四）企业结构

经济发展是体制不断创新的过程。企业是市场活动的微观主体，是经济活动中最活跃、最有活力和创造力的力量，市场经济体制不能没有充满活力的企业。改革开放以来，苏州按照社会主义市场经济体制的要求，全面有序地改革经济体制，不断推进企业改革和所有制结构调整，股份制尤其是公司制企业发展壮大，基本破除了经济社会发展中的体制性障碍，初步建立起与社会主义市场经济体制相适应的企业制度，为全市经济社会快速协调发展营造了体制优势。从企业改革和所有制结构调整看，经过乡镇企业改制、国有和集体企业改革和建立现代化企业制度、组建国资委和调整国有经济布局等阶段，苏州企业制度和工业企业所有制结构发生了深刻变化。

1. 企业产权结构：外商投资企业仍占半壁江山，但占比逐年下降

从苏州近五年规模以上工业企业的主营业务收入来看，外商投资企业的占比仍占据半壁江山，但占比在逐年下降；国有企业、集体企业和股份合作企业的主营收入占比也均在下降；有限责任公司和股份有限公司企业主营收入占比均在上升；私营企业、联营企业、港澳台投资企业的占比基本保持稳定。

具体来看，规模以上外商投资企业的主营业务收入占全部规模以上工业企业的主营业务收入比重从 2010 年的 51.50% 下降到 2014 年的 47.10%；规模以上国有工业企业的主营业务收入占比从 2010 年的 0.54% 下降到 2014 年的 0.13%；集体企业的主营业务收入占比从 2010 年的 0.29% 下降到 2014 年的 0.05%；股份合作企业的主营业务收入占比从 2010 年的 0.25% 下降到 2014 年的 0.07%；有限责任公司主营业务的主营业务收入占比从 2010 年的 11.42% 上升到 2014 年的 14.55%；股份有限公司的主营业务收入占比从 2010 年的 3.09% 上升到 2014 年的 4.22%；私营企业、联营企业、港澳台投资企业的主营业务收入占比从 2010 年到 2014 年基本保持不变（见表 6—7）。

表 6—7　　规模以上工业企业主营业务收入及占比　　单位：亿元

年份	2010	2011	2012	2013	2014
工业企业主营业务总收入	24577.5	27898.9	28998.8	30224.9	30397.3
外商投资企业主营业务收入	12657.8	14062.1	13984.8	14454.5	14318.2

续表

年份	2010	2011	2012	2013	2014
占比	51.50%	50.40%	48.23%	47.82%	47.10%
国有企业主营业务收入	133.3	206.8	137.6	105.9	40.6
占比	0.54%	0.74%	0.47%	0.35%	0.13%
集体企业主营业务收入	70.9	61.8	28.2	19.3	14.6
占比	0.29%	0.22%	0.10%	0.06%	0.05%
股份合作企业主营业务收入	61.5	66.9	84.4	24.3	22.5
占比	0.25%	0.24%	0.29%	0.08%	0.07%
联营企业主营业务收入	12.1	12	29.9	21.2	14.7
占比	0.05%	0.04%	0.10%	0.07%	0.05%
有限责任公司主营业务收入	2806.5	3146.3	3767.1	4131.2	4424
占比	11.42%	11.28%	12.99%	13.67%	14.55%
股份有限公司主营业务收入	760.4	1022.1	1119.2	1249.4	1282.9
占比	3.09%	3.66%	3.86%	4.13%	4.22%
私营企业主营业务收入	4472.4	4722.6	4799.2	5278	5395.4
占比	18.20%	16.93%	16.55%	17.46%	17.75%
港澳台投资企业主营业务收入	3592.5	4578.2	4993.6	4920.1	4861.2
占比	14.62%	16.41%	17.22%	16.28%	15.99%

资料来源：苏州市统计年鉴。

2. 企业技术结构：不断改善

从近几年的苏州高新技术企业认定数来看，在逐年增加，从 2010 年的 975 家迅速增加到 2015 年的 3478 家，仅 2015 年就增加了 712 家，新增省级以上工程技术研究中心 73 家，累计 585 家；新增省级以上企业技术中心 48 家，累计 328 家；新增省级以上工程中心（实验室）10 家，累计 57 家；年末省级以上公共技术服务平台 58 家，其中国家级 15 家。全市拥有省级以上科技孵化器 89 家，其中国家级和省级分别为 31 家和 58 家，孵化面积超 470 万平方米，省级以上在孵企业超过 6000 家。企业技术含量显著提高。

2015 年，苏州研发经费投入强度为 2.68%，较 2014 年提高 0.06 个百分点，比全国平均高 0.58 个百分点。2015 年全市规模以上工业企业研发投入占全社会研发投入的89%。2015年，苏州财政性科技支出86.91亿元，比上年增长15.6%，占财政支出比重5.7%，高于全国平均1个百分点左右。研发经费投入水平的提高为科技创新领跑创造了有利条件。

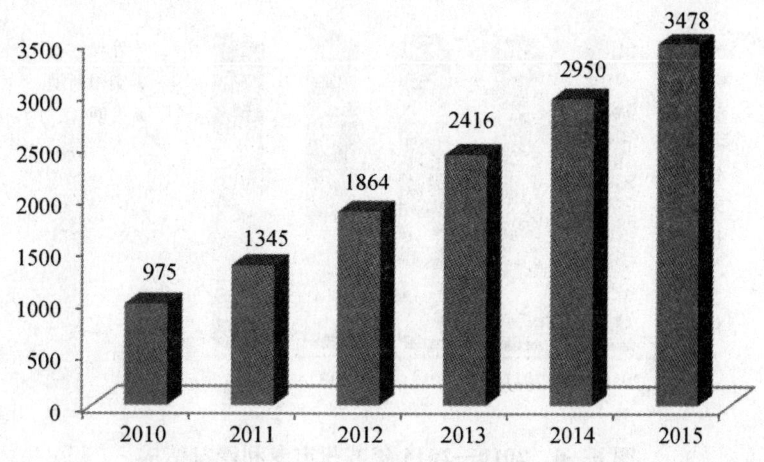

图6—5　2010—2015年苏州市高新技术企业数

资料来源：苏州市统计年鉴。

从近五年苏州申请的专利授权来看，数量在逐年增加，且发明专利的比重逐年提高，从2010年的3%提高2014年的9.6%，企业是专利申请的主体，说明企业的自主创新能力在不断提升。2015年苏州专利申请量9.87万件，其中发明专利申请量4.32万件，发明专利申请占比43.8%，比上年提高4.2个百分点。专利授权量6.23万件，其中发明专利授权量1.05万件，分别为全国授权总量的3.6%和2.9%，比上年提高1.3和2.3个百分点。2015年年末有效发明专利拥有量2.91万件，占全国总量的2%左右。每万人发明专利拥有量27.5件，高于全国平均21.2件。有效发明专利拥有量中90%来自于企业，规模以上工业企业中建有独立研发机构的企业占38%，其中80%以上的大型企业建有研发机构。据2014年全国企业创新调查，苏州列入创新调查的1.73万家企业中，有创新活动的企业8743家，占调查企业的50.6%，高于全国平均9.3个百分点。实现产品创新的企业占调查企业的24.0%，高于全国平均5.3个百分点；实现工艺创新的企业占23.7%，高于全国平均3.7个百分点；实现组织创新的企业占36.7%，高于全国平均8.8个百分点；实现营销创新的企业30.2%，高于全国平均4.4个百分点，反映出苏州的企业自主创新能力排在全国前列。

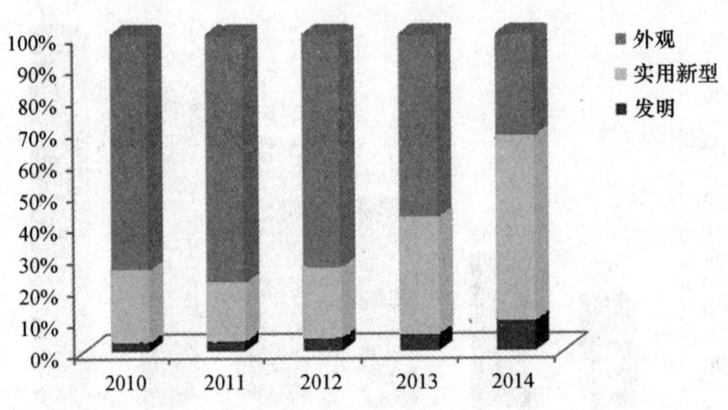

图6—6 2010—2014年苏州市专利授权结构

资料来源：苏州市统计年鉴。

二 社会转型

社会转型是一个社会构成转变、生活方式转变、社会价值观转变、社会利益重组以及社会博弈格局转变的全方位变化过程。作为我国最具活力的城市，在经济快速发展的同时，苏州的社会转型也稳步推进。苏州社会转型是在流动人口多、城镇化进程高速发展以及居民社会需求变化的背景下推进的。本部分从人口演变、居民收支结构变动以及市民转型三大方面内容来论述社会转型。其社会转型的特色体现为注重循序渐进和重视内涵发展的特色。城镇建设循序渐进，辩证处理传统与现代的关系，古城与新城、传统与现代相得益彰；内涵发展体现为社区管理的务实、对农民工的关怀一直在行动。

（一）人口演变

1. 户籍人口规模稳定，增速缓慢

截至2015年年末，苏州常住人口总量达1061.60万人，与2014年年末相比，增加1.20万人，增速由2011年的0.5%逐年下降至0.1%。在江苏省十三市中，增速仅高于南通、泰州、盐城、常州四市，居全省第九。“十二五”期间，苏州常住人口总体保持低速增长态势（见图6—7），年均增长0.3%，远低于“十一五”期间年均8.9%的增长速度。流动人口在苏州的就业、居住的稳定性进一步增强。

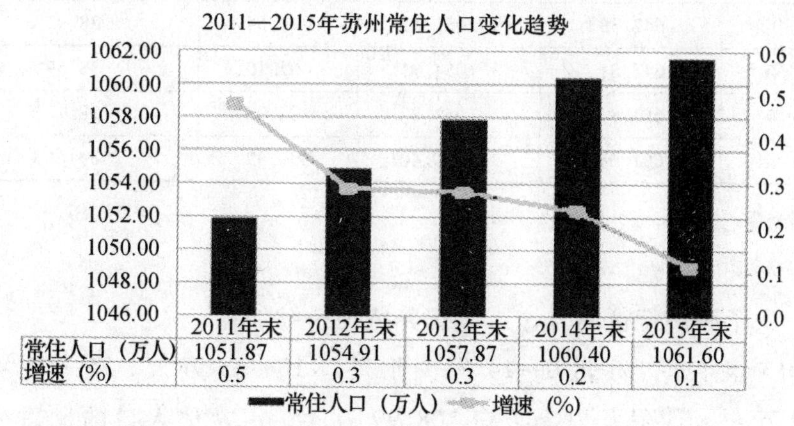

图6—7　苏州市常住人口变动

资料来源：苏州市统计年鉴。

2. 常住人口规模扩大，外来人口占常住人口比重逐年提高

从表6—8可以看出，苏州户籍人口趋于稳定，常住人口规模不断扩大，且增速较为明显。2005年苏州常住人口为752.93万人，到2014年已经扩大到了1060.4万人。外来人口的急速涌入是苏州常住人口迅速增长的主要原因，导致了常住人口规模大大超过了户籍人口规模。2005年，苏州净流入人口为145.62万人，到2014年为399.32万人。2005年到2014年间，外来人口占常住人口比重逐年提高，2005年外来人口占常住人口比重只有19.34%，到2008年已突破30%，2010年比重已接近40%。

表6—8　　苏州市户籍人口与常住人口状况　　单位：万人

年份	户籍总人口数	常住人口数	净流入人口	外来人口占常住人口比重
2005年	607.31	752.93	145.62	19.34%
2006年	616.08	809.86	193.78	23.93%

续表

年份	户籍总人口数	常住人口数	净流入人口	外来人口占常住人口比重
2007 年	624.43	882.12	257.69	29.21%
2008 年	629.75	912.65	282.90	31.00%
2009 年	633.29	936.95	303.66	32.41%
2010 年	637.66	1，046.60	408.94	39.07%
2011 年	642.33	1，051.87	409.54	38.93%
2012 年	647.81	1，054.91	407.10	38.59%
2013 年	653.84	1，057.87	404.03	38.19%
2014 年	661.08	1，060.40	399.32	37.66%

资料来源：苏州市统计年鉴。

3. 少子高龄特征明显，人口抚养负担持续加重

2015 年年末，苏州 0—14 岁少儿人口 104.63 万人，15—64 岁人口 847.98 万人，65 岁及以上人口 108.99 万人，占常住人口的比重分别为 9.8%、79.9%、10.3%。与 2014 年年末相比，老年人口比重上升 0.2 个百分点，劳动年龄人口比重下降 0.2 个百分点。苏州少子高龄化特征愈加明显（65 岁及以上人口占比 7% 以上为老龄化社会，0—14 岁人口占比在 15% 以下为超少子化）。

人口年龄结构的变化，导致人口抚养比随之改变。2015 年年末，少儿抚养比为 12.3%，相对稳定，比 2014 年年末仅上升 0.1 个百分点；老年人口抚养比由 2014 年年末的 12.6% 上升至 12.9%，上升 0.3 个百分点；总人口抚养比则由 24.8% 上升至 25.2%，上升 0.4 个百分点。苏州人口负担虽在江苏省 13 个市中处于最低水平，但老龄化程度不断加深，特别是在少子化的背景下，总抚养负担持续加重趋势十分明显，人口红利优势将逐渐减弱。

4. 城镇人口增多，农村人口比重下降

苏州人口城乡结构变化主要体现在：城镇人口增多，比重大幅提升；农村人口比重不断下降。1982 年人口普查时，苏州城镇人口只有 108.24 万人，到 2010 年人口普查的时候，达到了 732.95 万人，到了 2015 年城镇人口 794.08 万人，城镇化率由 2010 年的 70.6% 提高到 2015 年的

74.8%（见表6—8）。根据《苏州市政府关于进一步推动为农民工服务工作的实施意见》，按照目标，到2020年，苏州农村劳动力转移就业比例保持在90%以上，有培训愿望的农民工免费接受基本技能职业培训覆盖率达100%，农民工综合素质不断提高，劳动条件明显改善，工资收入稳步增长，社会保险全面覆盖，实现城乡基本公共服务均等化全覆盖的常住人口城镇化率达到80%，农民工群体逐步融入城镇。

表6—9　　苏州市城乡人口结构及城镇化率

指标	1982年“三普”	1990年“四普”	2000年“五普”	2010年“六普”	2015年
总人口（万人）	527.53	564.36	679.22	1045.99	1061.60
城镇人口	108.24	146.01	387.73	732.95	794.08
乡村人口	419.29	418.35	291.49	313.04	267.52
城镇人口占比（%）	20.52	25.87	57.08	70.07	74.80

资料来源：苏州市统计年鉴。

（二）居民收支结构变动

1. 城镇居民收入稳步提高，城乡收入差距小

2015年，苏州城镇常住居民人均可支配收入50390元，继续排在全省第一。收入水平高出第2位的南京4287元，高出全省平均水平13217元。可支配收入扣减消费支出后的人均年度结余19254元，收入、消费和结余均居全省13市第1位（见图6—8）。

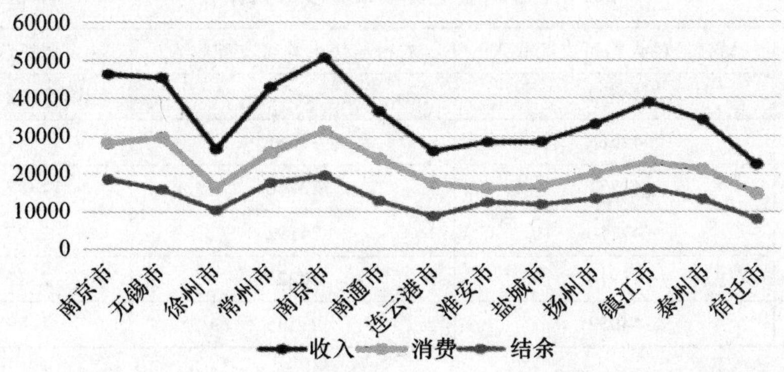

图6—8　2015年江苏省13市城镇常住居民收入、消费、结余（单位：元/人）

资料来源：江苏省统计年鉴。

从城乡居民收入差距看（见图 6—9），2015 年城镇居民人均可支配收入和农民人均可支配收入分别达到 5.04 万元和 2.56 万元，“十二五”期间，苏州市常住居民人均可支配收入从 2010 年的 25492 元增长到了 2015 年的 42987 元，年均增长 11.0%，其中，城镇常住居民人均可支配收入从 30473 元增长到了 50390 元，年均增长 10.6%；农村常住居民人均可支配收入从 14534 元增长到 25580 元，年均增长 12.0%。城乡居民收入比从 2010 年的 2.1∶1 缩小为 2015 年的 1.97∶1，低于全国、全省平均水平，成为全国城乡收入差距最小的城市之一。比较来看，苏州市 2014 年的城乡居民收入比低于北京、上海等城市（见表 6—10）

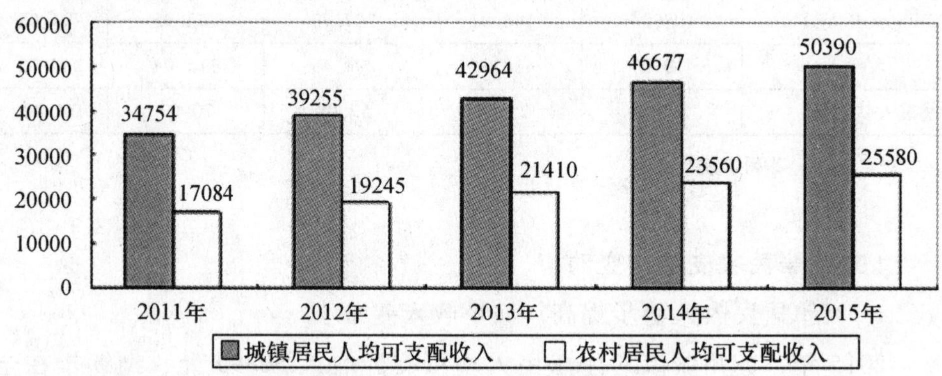

图 6—9　2011—2015 年苏州市城镇居民和农村居民人均可支配收入

资料来源：苏州市统计年鉴。

表 6—10　　2014 年苏州与主要城市城乡收入比较　　单位：元

城市	城镇居民人均可支配收入	农村居民人均可支配收入	城乡居民收入比
苏州	46677	23560	1.98
南京	42568	17661	2.41
无锡	41731	22266	1.87
上海	47710	21192	2.25
北京	43910	20226	2.17
杭州	44632	23555	1.89

资料来源：各城市统计年鉴。

从苏州与全国、江苏城乡居民收入比统计图可以看到（见图6—10），苏州的城乡居民收入远远低于全国和江苏。在19世纪末20世纪初苏州地区的城乡居民收入差距甚至有所扩大，2000年城乡居民收入比为1.7，2005年为1.94，2009年为2.10。随着城乡发展的探索之路不断推进，苏州“张家港精神”、“昆山之路”、“园区理念”的开拓创新，苏州对平衡农村内部利益关系的关注，使得广大农民群众在“以工补农，以工建农”方针政策指引下也分享了一部分的工业利润，农民收入提高了，生活状况逐步得到改善，农民获得了实惠。2010年到2014年，苏州的城乡居民收入差距保持在1.9左右。

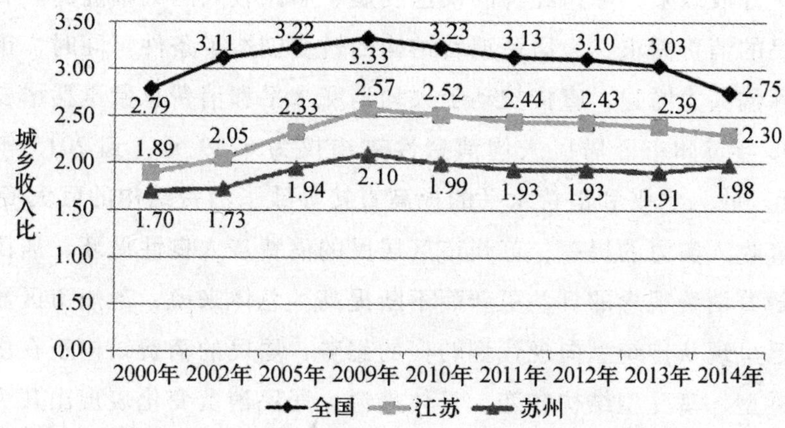

图6—10　2000—2014年苏州市与全国、江苏城乡居民收入比统计图

资料来源：中国统计年鉴、江苏统计年鉴及苏州市统计年鉴。

2. 四大收入全面增长，收入结构更趋优化

苏州城镇居民来源向多元化发展，收入结构更趋优化。2015年，可支配收入的四项构成中，工资性收入32724元，同比增长7.4%；经营净收入4489元，同比增长8.0%；财产净收入7631元，同比增长10.7%；转移净收入5546元，同比增长7.7%。从可支配收入各构成部分指标来看，传统的增长点如工资性收入和转移净收入，依然是拉动可支配收入的重要引擎，这两项收入占家庭总收入的76%，比2014年同期下降0.3个百分点。财产净收入比重不断提高，增收引擎的继续向多元化延伸。

表 6—11 苏州城镇居民收入情况

	2014 年	占比	2015 年	占比
可支配收入	46677 元	100	50390	100
工资性收入	30477 元	65.3%	32724	64.9%
经营净收入	4156 元	8.9%	4489	8.9%
财产净收入	6893 元	14.8%	7631	15.1%
转移净收入	5151 元	11.0%	5546	11.0%

资料来源：苏州市统计年鉴。

3. 消费支出稳中有进，质量提升明显

改革开放以来，苏州经济的快速发展、居民收入的大幅提高，有效刺激了居民的消费需求，为居民消费结构的转变创造了条件。同时，市区居民的实际购买力增强，直接拉动了人均消费水平和消费总量迅猛增长的势头。1998 年苏州市区居民人均消费性支出仅为 6289 元，到 2015 年达到 31136 元。收入水平和消费水平的提高直接导致了消费结构的巨大变化。

随着收入实力的提高，苏州市区居民的消费步入良性循环，居民的生活质量随着消费观念的日益更新而不断提高。总体来说，苏州市区居民消费倾向已呈现从传统型向现代型转变的态势，居民的消费结构正在由生存型向发展型、享受型结构转变。具体来说，居民消费变化表现出几大突出的特点：消费结构不断完善；消费层次和消费结构呈多层次、多元化的格局；居民的即期消费与中长期消费并举等。苏州市区居民在消费水平提高的基础上，消费结构正沿着优化的方向转变。从城镇居民消费支出的"八大类"支出情况看，呈全面增长的态势，食品烟酒、衣着、居住、生活用品及服务交通通信、教育文化娱乐、医疗保健、其他用品和服务的消费支出依此增长 6.3%、2.5%、7.9%、4.9%、8.2%、12.3%、7.2% 和 4.9%。其中，生活用品及服务和教育文化娱乐支出呈现两位数增长，超过传统农、食、住、行支出成为城镇居民消费的新热点。从涌现出来的消费热点来看，苏州市民的消费领域正在迅速扩展，由以吃、穿、用、住为主，逐步向交通通讯、教育文化、旅游度假、休闲娱乐、医疗保健等享受型消费转变。

表 6—12　　**苏州城镇居民消费支出及结构**

年份	人均可支配收入	人均消费支出		城镇居民恩格尔系数
			食品支出	
2005 年	16276.00	11163.00	4177.00	37.42
2006 年	18532.00	12472.30	4502.00	36.10
2007 年	21260.00	13959.00	5286.83	37.87
2008 年	23867.00	15183.00	5715.00	37.64
2009 年	27188.00	17121.00	5919.28	34.57
2010 年	30366.00	18837.00	6607.00	35.07
2011 年	34616.74	22330.36	7615.00	34.10
2012 年	39079.00	25157.00	8371.00	33.28
2013 年	42748.00	26739.00	8861.00	33.14
2014 年	46677.00	28973.00	7807.44	26.95

资料来源：Wind 资讯数据库数据整理。

从农村常住居民的消费支出来看，随着苏州农村居民精神文化需求的逐步提高，居民在丰富文化生活、教育培训等方面消费增加，农村居民在文教娱乐、旅行出游等方面的消费热情持续高涨；同时，随着人口老龄化程度的加重、居民健康意识的提升，农村居民医疗保健消费也快速增长。住户一体化数据显示，2015 年苏州农村居民教育文化娱乐消费和医疗保健消费快速增长，与上年相比，增速分别为 15.2%、16.7%。

表 6—13　　**2014 年居民人均消费支出**　　单位：元

指标	全体常住居民	城镇常住居民	农村常住居民
居民生活消费支出	24920.00	28972.80	15390.00
一、食品烟酒	6683.55	7807.44	4040.76
食品	4246.04	4967.70	2549.09
二、衣着	1702.79	2004.22	993.98
三、居住	5286.68	6147.20	3263.19
四、生活用品及服务	1368.03	1590.71	844.42

续表

指标	全体常住居民	城镇常住居民	农村常住居民
五、交通通信	4712.33	5457.66	2959.71
六、教育文化娱乐	3301.12	3919.60	1846.80
七、医疗保健	1119.80	1198.94	933.71
八、其他用品及服务	745.67	846.99	507.42

（三）市民转型

1. 人口身体素质普遍提高

平均预期寿命是反映一个地区人口身体素质的重要指标。2004 年，苏州全市人口平均预期寿命为 78.08 岁，2008 年，平均预期寿命突破 80 岁，为 80.39 岁，到了 2014 年，苏州全市人口的平均预期寿命已达 82.16 岁（见图 6—11）。

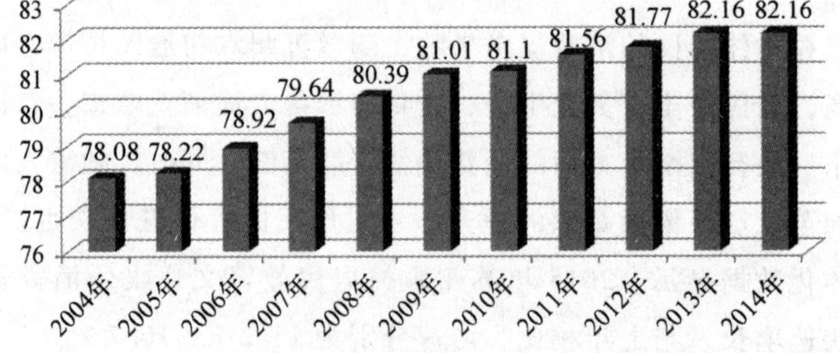

图 6—11　2004—2014 年苏州市平均预期寿命变动

孕产妇死亡率和婴儿死亡率是衡量一个国家或地区卫生事业发展的核心指标，也是一个国家或地区经济发展和社会进步的重要指标。“十二五”时期末，孕产妇死亡率为 4.10/10 万（“十二五”期间其他年份的孕产妇死亡率分别为 0、0、1.70/10 万、2.40/10 万，均远低于“十一五”末），与“十一五”末持平；婴儿死亡率为 2.71‰，比“十一五”末下降 1.72 个千分点。从孕妇死亡率和婴儿死亡率也能看出苏州人口身体素质普遍提升，并且其他健康指标基本达到中等发达国家平均水平，居全国领先地位。

2. 人口文化素质明显提升

2015年年末苏州拥有各级各类学校（含外来工子弟学校）744所，在校学生123.47万人，毕业生24.81万人，专任教师7.91万人。其中普通高等院校21所，独立学院4所，普通高等学校在校学生21.48万人，毕业生5.72万人。高等教育毛入学率68.1%。成人高等学校在校学生3.36万人，毕业生1.34万人。年末拥有幼儿园（含民办）731所，在园幼儿30.09万人。

2015年苏州全市各类人才总量227万人，其中高层次人才17.8万人，高技能人才49.2万人。年末拥有各类专业技术人员148.5万人，比上年增长8.7%。新增国家“千人计划”30人，累计达187人，其中创业类人才107人，居全国城市首位。

目前，苏州已经成为海内外人才创新创业的重要基地，初步形成人才竞争的“苏州品牌”。“十二五”末，姑苏创新创业领军人才达741人；省双创人才累计达579人，连续八年位居全省第一；国家千人计划人才187人，其中创业类人才107人，全国第一。

3. 社会保障制度成效显著

苏州市社会保障制度建设取得了积极进展和显著成效，基本建立起城乡一体的社会保障制度体系，走在了全省乃至全国改革发展的前列。城乡保障全面并轨，率先将在城乡各类企业务工的农村居民和被征地农民纳入社保体系，率先实施城乡统一的居民养老和医保制度，率先建立城乡居民养老、医保与职工基本养老、医保转接制度。2012年，苏州在全省乃至全国就率先实现了基本养老保险和基本医疗保险的城乡并轨。保障水平全国领先，城镇职工社会保险和城乡居民社会养老、医疗保险参保覆盖率连年保持在99%以上。

三　制度转型

（一）体制演变

20世纪80年代，中国改革开放的总设计师邓小平视察苏州的时候，指示“苏州要比其他地区发展得更快一些，更好一些。”苏州人民没有辜负他老人家的嘱托。改革开放30多年来，苏州经济社会发展确实取得了巨大的成就，并于2005年率先完成江苏省设定的全面小康社会的各项指标任务。从苏州的经济发展实践表明，无论是乡镇集体企业的异军突起，民营经济的三分天下，还是外向型经济的辉煌成就，都说明了深化体制改革是苏州经济发展的重要推动力。苏州正是靠政府体制机制的创新、市场化发展和市场体系的建设完善、企业活力的激发等方面，推动苏州经济社会不断进步的不竭源泉。可以说，苏州改革开放的30多年，就是制度体制不断转型完善的30多年。根据市场化改革进程，可以划分为四个阶段，即计划阶段、初步市场化阶段、基本市场化阶段和成熟市场化阶段。结合苏州的改革发展情况，我们认为苏州正处于从基本市场化阶段向成熟市场化阶段转变的过渡时期，我们称之为相对成熟市场阶段。

1. 计划阶段（1978年之前）

在高度集中的计划经济体制下，苏州与全国其他地区一样，除了消费品市场和零星的乡村集市交易以外，生产资料、资金、劳动力等生产要素市场基本上不复存在，农产品的统购统销，农用生产资料由主管部门按计划价格统一组织分配，这些交换已基本失去了市场交换的本来意义。大部分消费品特别是粮、棉、油、糖、肉、蛋、布等基本生活必需品，多是按指令性计划生产，由行政化的商业部门凭票证定量定价统一组织供应。

2. 初步市场化阶段（1978—1991年）

党的十一届三中全会拉开了中国改革开放的序幕，苏州实行“包干到户”的家庭联产承包责任制后，有效促进了农村经营方式的转变，解放了农村劳动力，乡镇工业异军突起。乡镇企业的所有制结构以集体经济为主，乡镇政府主导乡镇企业的发展。乡镇工业的异军突起，形成了突破传统计划经济体制的第一道冲击波，创立了苏州市场经济的微观基础，拉开了苏州市场化的帷幕。苏州地区生产总值从1978年的31.95亿元增加到1991年的235.10亿元，第二产业占比从55.7%提升到62.6%，其中工业增加值占比从52.2%提升到57.2%。可以说，苏州在1985年乡镇工业的产值已经占到全市工业总产值的“半壁江山”，到80年代末已经是三分天下有其二了。

3. 基本市场化阶段（1992—2010年）

20世纪90年代初，面对国家改革重点从农村向城市推进，加大对外开放的历史时机，苏州依托紧邻上海的区位优势，紧紧抓住浦东开发开放的机遇，大力招商引资抢占发展先机。特别是1992年邓小平南方谈话发表后，苏州外向型经济更是蓬勃发展，外资的涌入为苏州经济持续发展提供了强大发展动力。随着市场经济体制的逐步建立，乡镇企业竞争优势逐渐削弱，苏州各级政府冲破姓公姓私的束缚，改革乡镇企业产权制度，明确企业市场主体地位。到1999年，苏州已有11301家乡镇企业进行了产权制度改革，涉及总资产435.4亿元，占苏州乡镇工业总数的81.6%，资产总额的64.6%，使乡镇企业的运行机制更加贴近市场经济，成为真正的市场主体。2001年12月中国正式成为WTO成员，对外开放进入了全新阶段。2002年苏州提出实施外资“生根”战略，着力营造国际资本“引得进、留得住、发展好”的环境，2010年苏州实际利用外资猛增到85.35亿美元。同时苏州市政府高度重视民营经济的发展，制定了一系列促进民营经济快速发展的政策措施，通过与外资企业配套协作，带动了壮大了民营企业，2010年苏州民营企业发展到18.26万家，注册资本增加到5590.11亿元，注册资金增速是企业数量增速的4倍。

4. 相对成熟市场化阶段（2010年至今）

2010年后苏州更是进入了转型升级的关键时期，苏州日益突出的社会矛盾表现在：经济增长与资源环境的矛盾，全社会公共需求全面快速增长与基本公共产品短缺的矛盾，经济发展、社会进步与公共治理建设滞后的矛盾，这些都对市场化改革提出了新的要求，改革需要更加关注人的发展，要有利于推动发展方式的转变，要促进社会进步。随着市场经济体制加快完善，政府转型成为改革的关键和重点，着重围绕完善转变发展方式的体制机制和政策导向，进一步推进收入分配制度、审批制度、投融资制度、考核制度等方面深化改革。2013年以来苏州市共取消、下放行政审批事项174项，减少政府对资源的直接配置、减少对微观经济活动的直接干预，更好地发挥了市场对资源配置的决定性作用。深化投资体制改革，优化民营经济发展环境。鼓励和引导社会资本进入基础设施、市政公用、节能环保和社会事业领域。积极推进商事制度改革。积极参与“一带一路”建设，有效促进经贸文化交流；全面对接上海自贸区建设，积极借鉴经验，以各类开发区为载体，优化外贸货物通关便利化措施，积极争取相关政策和推进平台建设。新增6个国家级开发区，国家级开发区数量达到14个。苏州工业园区被列为开放创新综合改革试验，昆山深化两岸产业合作试验区全力打造为两岸交流合作模式创新的示范平台，苏州开放载体的数量、功能、层级的领先优势不断巩固提升。

（二）近年来政府职能转变

政府是一个制度体系，政府的制度选择、执政理念和行为塑造影响着社会关系和行为。苏州经验之一就是政府发挥着积极领导、强力推动的作用和实施良好的管理，较好地处理政府与市场的关系，使政府和市场成为经济社会发展的两大动力，在互动中实现政府的不断转型。

1. 政府的收入汲取逐步规范

遵循通常的做法，我们采用税收收入占地方公共财政预算收入的比重来衡量政府行为的规范程度。由于税收收入主要依据税法征收，具有较强的规范性，一般地，税收收入占地方财政收入的比重越高，专项收入、行政事业性收费、罚没收入和其他收入等各类税外负担越小，说明政府的行为越规范。

从近几年的数据来看，苏州的政府行为在不断规范。2011年以来，税收收入占地方公共财政预算收入的比重一直在稳步提高。

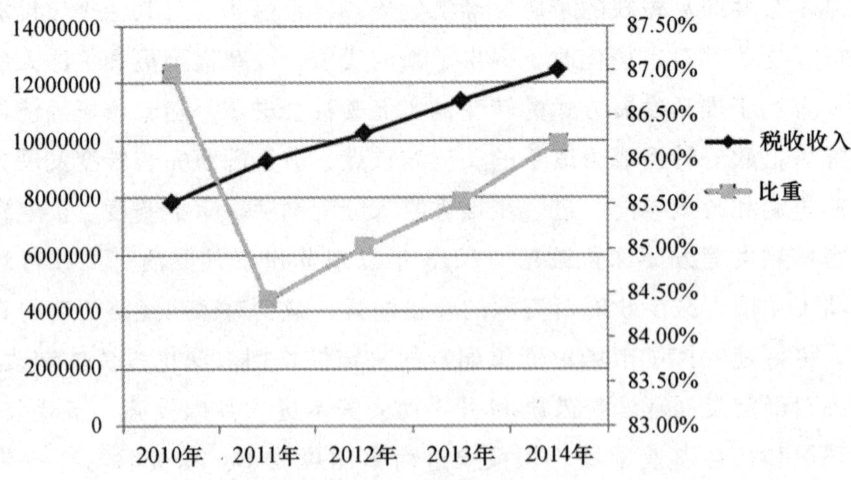

图6—12 税收收入占财政收入比重

资料来源：苏州市统计年鉴。

2. 政府对经济的支持力度依然很大

政府的财政支出结构来反映了政府的追求和偏好。我们把苏州近几年的财政支出分为经济类和非经济类两大块，发现苏州的财政支出中，经济类和非经济类支出的比重虽然每年都有波动，但整体上保持相对平衡的状态，说明苏州财政支出中的经济类和非经济类支出保持了波动中均衡，反映了经济发展仍然是地方政府的第一要务。虽然已经不再把经济增长作为地方政府考核的唯一指标，政府利用各种手段对经济资源的配置和参与在经济中也占有重要的地位，但政府干预经济已经成为整个经济的一个重要组成部分。

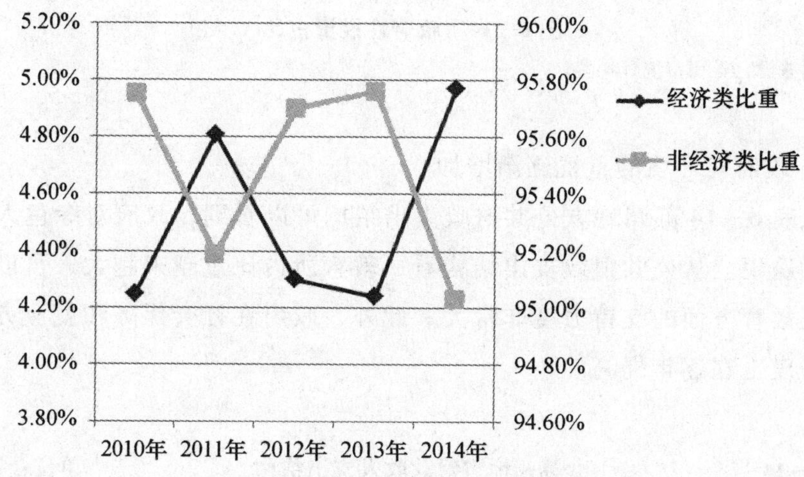

图 6—13　财政支出结构

资料来源：苏州市统计年鉴。

我们用城镇新增固定资产中来自政府性投资的比重反映政府对经济的干预程度。从图 6—14 中可以看出，苏州政府性投资的比重在波动中呈上升趋势。说明政府对经济的干预程度在增加。由于中国还处于社会主义初级阶段，地方政府承担了过多的经济责任，显然无法在短期内实现向有限政府的转变。

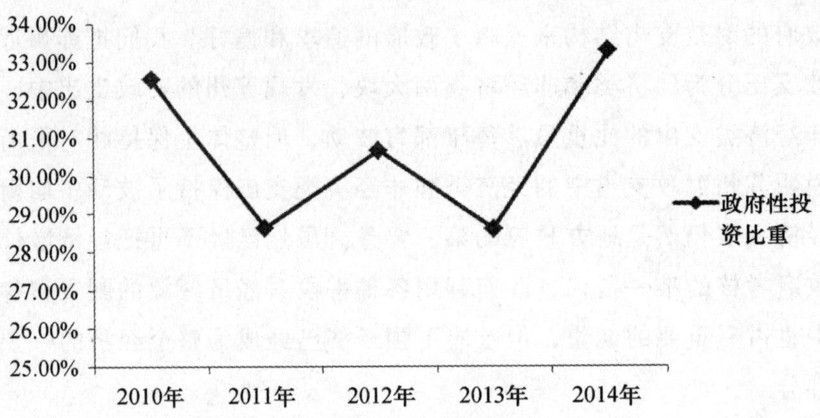

图 6—14 政府性投资占比

资料来源：苏州市统计年鉴。

3. 政府对环境的重视逐渐增加

从表 6—14 苏州地方公共财政支出结构可以看到，政府对绿色人文方面更加重视。从公共财政支出结构看，教育所占比重越来越大，可以看出政府在教育方面的支持力度非常大。此外，政府在社会保障和就业方面的重视程度也在逐年提高。

表 6—14 苏州地方财政收入支出结构 单位：亿元

年份	地方公共财政收入	税收收入	地方公共财政支出	财政支出：教育	财政支出：社会保障和就业	财政支出：医疗卫生与计划生育
2005	316.78	281.07	335.28	—	14.17	—
2006	400.23	358.97	386.20	—	56.65	—
2007	541.82	487.77	496.94	72.69	41.34	20.32
2008	668.91	587.08	622.37	86.23	46.65	24.25
2009	745.18	645.36	686.78	102.49	61.09	27.53
2010	900.55	783.22	825.67	123.11	63.67	33.78
2011	1100.88	929.36	1002.63	—	—	—

续表

年份	地方公共财政收入	税收收入	地方公共财政支出	财政支出：教育	财政支出：社会保障和就业	财政支出：医疗卫生与计划生育
2012	1204.33	1023.88	1113.47	180.70	101.61	55.29
2013	1331.03	1138.33	1212.68	196.07	114.61	61.03
2014	1443.82	1244.4	1304.82	204.51	123.96	70.07

资料来源：苏州市统计年鉴。

绿色、循环、低碳发展不仅是建设生态文明的客观要求，也是转变发展方式、实现转型升级的根本途径。近年来，苏州不断加大节能减排力度，财政支出中节能环保支出持续加码。统计数据显示，2015 年 1—11 月苏州财政节能环保支出 58.51 亿元，同比增长 83.2%，超额完成年度预算。“十二五”期间，节能环保支出逐年增加，截至 2015 年 11 月，累计超过 220 亿元，年均增长 15% 以上，占财政预算支出的比重为 4.5%，较 2010 年提高 1 个以上百分点。

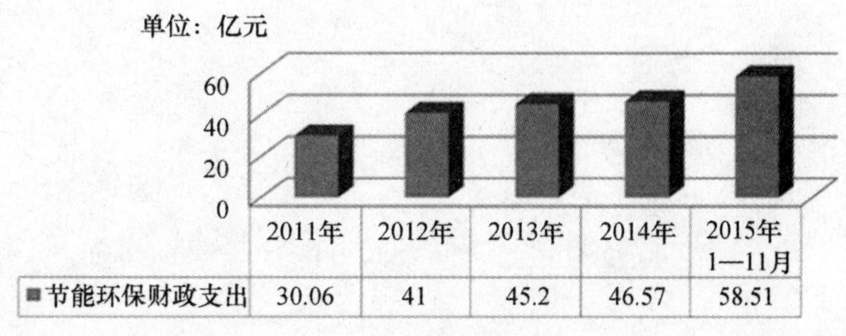

图 6—15　苏州节能环保财政支出变动

资料来源：苏州市统计年鉴。

在当前阶段，苏州已经基本实现了城乡一体化，其经济转型、社会转型和制度机制转型进程皆在发生悄然而重要的变化。顺应发展规律，立足城市实际，未来苏州的转型趋势将主要体现在三个方面：一是经济从要素驱动向创新驱动转变；二是社会从分割到一体、从二元到一元、从先富到共富、从效率到公平转变，会从城乡一体走向“本外一体”，着力推进本地和外来人口融合；三是机制体制从相对成熟的市场化阶段向成熟市场化转变。在中国经济迈入中高速增长的新常态转型升级背景下，未来苏州需要继续在循序拾阶而上、演化升级基础上扎实推进实现更加全面和高效的转型，一方面为苏州城市从容转型不断注入动力，另一方面为带动全国城市成功转型提供经验借鉴。

分报告七

提升苏州国际竞争力战略目标与路径对策

一 全观苏州的竞争力

在中国和全球坐标上全面考察苏州的经济竞争力与可持续竞争力，认识优势、找出短板，为“扬长补短”，进一步提升苏州的国际竞争力打下基础。全观苏州的竞争力，发现了八大优势与五大短板，如表7—1所示。

表7—1　　苏州竞争优势长短表

长处	短板
1. 经济活力强劲，入围全球百强。特别是当地需要旺盛，GDP规模、社会消费品零售总额、限额以上批发零售贸易业商品销售总额均位于全国顶尖水平，市场潜力巨大。 2. 产业基础雄厚。是重要的制造业基地，科技产业、金融产业、文化产业及房地产业竞争力均位于全国前列。 3. 创新驱动优势明显。科技创新能力入围全球二十强，知识城市竞争力入围全国十强。特别是专利授权量等知识产出表现突出，高科技产品进出口名列前茅，企业承接科技成果的转化能力较强。	1. 生态环境短板明显。作为著名的江南水乡，虽然城市水系发达，水域河流面积高达42%，但地表水水质不佳，对生态环境的破坏较大。人均绿地面积不足，低于全国平均水平。单位GDP耗水耗电水平较高，经济发展中的资源消耗问题明显，未来应加强生态文明建设。 2. 交通基础设施的枢纽性较弱。制约了苏州在城市体系中的地位。特别是目前苏州市辖区内没有机场，虽然能够利用附近的无锡苏南国际机场和上海虹桥国际机场，但难以成为区域交通枢纽。

续表

长处	短板
4. 开放型经济发展良好。具有较高的外贸水平和较强的外资利用能力。 5. 经济发展的制度环境良好，政府服务意识较强，开办企业便利度较高。 6. 和谐城市竞争力入围全国十强，成为全国最和谐的城市之一。具有较强的社会包容度，社会保障的覆盖面广。 7. 城乡一体的全域城市建设成效显著。并超越了众多直辖市和副省级城市，走在全国城市的前列，居民人均收入和支出水平的城乡差距不断缩小。 8. 历史文化底蕴深厚。作为国家第一批历史文化名城，非物质文化遗产丰富，历史文化名镇名村为数众多，并拥有较高的国际知名度。	3. 社会公共安全需引起重视。由于经济活力较强，外来人口数量较多，给社会治安造成一定压力。目前苏州市每万人刑事案件数、每万人交通及火灾事故死亡人数均处于较高水平，必须引起高度重视。 4. 优质公共服务供给与群众需求存在一定差距。如文化娱乐服务水平较低，高等教育的规模与质量也存在明显短板。 5. 全球联系较弱。跨国公司全球联系度水平低于全部对标城市，表明苏州虽然开放型经济水平较高，但在全球生产网络和城市体系中的地位还不高，必须通过转型发展进一步提升国际竞争力。

二　未来的目标定位

（一）总体目标

苏州提升城市国际竞争力的总目标：建设国际竞争力强、和谐包容、生态宜居的新苏州。认真落实“创新、协调、绿色、开放、共享”五大发展理念，统筹协调经济、社会、环境的全面发展，发挥制造优势，弘扬工匠精神，借鉴德国经验，以精致创新驱动从容转型，持续提升经济竞争力、社会凝聚力、环境永续力。

（二）功能定位

立足于苏州发展的总目标，通过主要城市功能的联系度指数寻找苏州的发展定位。重点关注制造业、金融业、文化和科技等重要的城市功能，以全国 287 个地级及以上城市为样本，基于城市联系的引力模型，利用各项城市功能的发展指数与最短交通时间距离测算出中国地级及以上城市间的联系矩阵，并通过加总求出样本城市各项功能的联系度指数。计算结果显示，苏州的制造城市指数位居全国第 2 位，文化城市指数位居全国第 3 位，金融城市和科技城市指数均位居全国第 5 位。为实现苏州城市国际竞争力的提升，结合苏州各项主要城市功能的表现，确定苏州城市发展的功能定位。

表 7—2　　苏州四项城市功能联系度指数及排名

制造城市	联系度指数	排名	金融城市	联系度指数	排名	科技城市	联系度指数	排名	文化城市	联系度指数	排名
东莞	1.000	1	上海	1.000	1	北京	1.000	1	北京	1.000	1
苏州	0.962	2	北京	0.916	2	上海	0.988	2	上海	0.952	2
广州	0.931	3	深圳	0.760	3	南京	0.596	3	苏州	0.800	3
上海	0.836	4	广州	0.661	4	广州	0.585	4	西安	0.794	4
佛山	0.834	5	苏州	0.578	5	苏州	0.562	5	武汉	0.781	5
深圳	0.807	6	天津	0.485	6	杭州	0.481	6	杭州	0.760	6
无锡	0.793	7	杭州	0.453	7	天津	0.480	7	南京	0.753	7
南京	0.744	8	无锡	0.417	8	深圳	0.473	8	济南	0.658	8
杭州	0.733	9	南京	0.390	9	无锡	0.464	9	广州	0.648	9
天津	0.731	10	武汉	0.388	10	武汉	0.423	10	绍兴	0.642	10
北京	0.731	11	宁波	0.337	11	常州	0.393	11	郑州	0.611	11
合肥	0.707	12	济南	0.322	12	合肥	0.354	12	洛阳	0.571	12
武汉	0.700	13	长沙	0.311	13	佛山	0.322	13	天津	0.551	13
郑州	0.656	14	西安	0.296	14	济南	0.311	14	镇江	0.547	14
常州	0.652	15	佛山	0.289	15	镇江	0.310	15	无锡	0.538	15
济南	0.649	16	合肥	0.281	16	郑州	0.305	16	长沙	0.509	16
镇江	0.648	17	厦门	0.258	17	长沙	0.295	17	扬州	0.492	17
长沙	0.619	18	郑州	0.245	18	宁波	0.287	18	安阳	0.488	18
徐州	0.611	19	青岛	0.243	19	西安	0.284	19	南昌	0.484	19
宁波	0.584	20	成都	0.236	20	嘉兴	0.266	20	佛山	0.467	20

数据来源：中国社会科学院城市与竞争力指数数据库。

1. 功能定位之一：具有全球影响力的制造之城

苏州转型发展的关键是立足于制造业的转型升级。苏州制造业基础雄厚，在全国处于领先地位，并逐渐具备了一定的国际竞争力。苏州制造业转型升级对产业结构优化发挥关键性引领带动作用，只有走“智能变革”之路，才能逐步向高端制造业挺进。目前传统制造业占到苏州工业总产值的60%以上，传统制造业体量大、基础强，是构建苏州现代化工业经济体系的主导力量，但也逐渐凸显出产能过剩、资源约束、环境压力、成本上升等问题，亟待突破瓶颈、转型发展。

苏州应结合自身优势，顺应第四次工业革命的国际潮流，抓住中国制造2025的战略契机，借助智能化、“互联网+”等机遇，以创新驱动推动转型升级，推动苏州制造业加速向高新化、品牌化、服务化、智能化发展，广泛渗透和应用互联网技术、优化资源配置方式、释放企业创新潜力，形成创新驱动、内生增长的转型模式，从组织、机制、流程上完成从传统制造业到现代先进制造业的华丽转身，完成“由重到轻”的转变，从“大而全”到“强而优”转型，从“制造”走向“智造”跨越。最终建成具有全球影响力的制造之城，并为“中国制造2025”发挥积极的示范带头作用，带动中国进入世界制造强国之列。

2. 功能定位之二：国际金融中心的服务基地

苏州的金融服务功能在长三角仅次于上海，表现优于南京、杭州、宁波等城市，金融业增加值、金融资产总量、上市公司数量等主要绩效指标均位于全国前列，已经基本奠定了区域性金融中心的地位。在此基础上，为了进一步提升苏州金融业的国际竞争力，未来应积极对接上海，错位互补、联动发展，拓展上海的金融功能，建设国际金融中心的服务基地。

一方面，应借力苏州的制造业优势大力发展产业金融，依托苏州工业园区、苏州高新区等要素集聚平台，并发挥金融业作为实体经济的“输血器”和“助推器”的积极作用，以产业集聚促进金融集聚，以金融集聚服务产业集聚，实现产业与金融的互动融合、价值共享。另一方面，应主动承接上海国际金融中心的功能外溢，大力发展后台金融。随着上海国际金融中心的发展，信息技术服务、银行卡研发、人员培训、数据处理、容灾备份等后台业务将逐渐从前台业务中剥离出来，离开了金融中心区域，交由专业化的子公司或其他公司，苏州有条件分享上海的外溢效应，形成新的后台金融服务园区，依托上海的国际化平台融入全球金融网络，为上海国际金融中心的市场经营活动提供后台服务和支撑功能。

3. 功能定位之三：全球科技创新的长三角组合中心

苏州能否成功转型升级的关键在于能否发展以人才、知识集聚为特征的创新型经济，以创新驱动发展。目前苏州在江苏省内已经具备了一定优势，在科技创新中发挥着先行军、领头羊的作用，未来应借势上海全球科技创新中心的建设，打造上海创新链延伸节点，释放创新驱动潜能，建设全球科技创新的长三角组合中心。

上海建设具有全球影响力的科技创新中心是服务国家转型发展的战略需要，既要对全国发挥带动和辐射作用，又要充分整合长三角的区域资源，苏州紧邻上海且基础坚实，有条件支撑上海，共建全球科技创新中心。目前上海处在创新要素整合、研发创造等创新链的高端环节，苏州应积极同上海开展市场导向的科技合作，围绕产业链部署创新链，大力发展科研成果的商品化环节。在此基础上，培育一流创新载体，营造以企业为主体的开放型创新网络，构建与国际接轨的创新创业环境，打造全球科技创新的长三角组合中心。

4. 功能定位之四：国际知名的文化创意之都

苏州是享誉世界的历史文化名城，拥有丰富的历史文化艺术资源。进入到工业化发展后期阶段，立足于自身的历史传统及比较优势，大力推进文化创意创新，是苏州实现经济、文化、社会协调发展的重要途径。从2009年至2014年，苏州文化产业增加值占GDP比重从3.6%上升至6.5%，发展势头强劲。未来苏州一方面应立足于深厚的文化底蕴，大力传承并创新漆艺、雕刻、刺绣、书画修复等苏州传统工艺；另一方面应促进历史文化与现代科技的融合发展，并与上海合理分工，大力发展文化旅游、影视制作、创意设计等重点产业，培育有核心竞争力的文化产业载体，打造国际知名的文化创意之都。

5. 功能定位之五：国际知名的生态宜居城市

除了以上四项基本的城市功能，建设生态宜居的现代城市也是苏州提升国际竞争力的重要内容。苏州自古就是文人墨客所钟情的“江南水乡”，苏州古典园林享誉世界，苏州古城“城中有园、园中有城”。作为国家生态园林城市，苏州有基础、有条件实现绿色转型，协同推进现代城市建设与生态园林保护，由小桥流水的“传统水乡”迈向古今交融、生态宜居的现代绿都。苏州应瞄准自然生态优越、可持续发展的“理想城市”形态，创造优质生活，积极发展以生命健康为主题的旅游休闲功能，打造上海国际性大都市的“后花园”，成为区域性国际健康休闲旅游胜地。

三 战略任务与现实路径

（一）战略任务

苏州已经进入以提升国际竞争力为主要目标的转型发展阶段，要建成国际竞争力强、和谐包容、生态宜居的新苏州，实现五大功能定位，就必须要实现转型发展。因此，苏州提升国际竞争力的主要任务就是要实现三个转型：经济转型、社会转型、体制转型。

经济转型：在发展动力上，从要素驱动的外延式发展向创新驱动的内涵式发展转型，化解产能过剩，突破高能耗、高污染、低附加值的瓶颈，实现经济转型升级；在主导模式上，从工业化驱动的制造业主导发展向城镇化驱动的服务业主导发展模式转型，实现先进制造业与现代服务业的“双轮驱动”。

社会转型：在经济转型的同时协调推进社会转型，把人的全面发展作为社会发展的主线，加快推进基本公共服务均等化，推进以人为核心的新型城镇化，构建以人为本、和谐包容的新型社会。在继续完成城乡二元到一元的基础上实现“本外二元”向一元的转换。

体制转型：转型发展是一项系统工程，必须建立有利于促进转型的体制机制，以转变政府职能为突破口，由管理型政府转向服务型政府，着力营造高效透明的市场环境和公平宜居的社会环境，创造创新友好型创业环境，促进经济社会的全面转型。制度机制从相对成熟的市场化阶段向成熟市场化转变。

（二）总体路径

苏州提升城市国际竞争力的总体路径为：以精致创新驱动从容转型。总体上苏州应该走以德国为代表的创新发展、转型升级之路，与美国重视前沿科技的冒险性创新不同，德国更加强调技术和工艺的实用性创新，重视产品品质，“德国制造”已经成为“质量和信誉”的代名词，并形成了西门子、奔驰、博世等众多享誉世界的百年企业。德国的创新是一种真实的、没有泡沫的创新模式，更加适合苏州的历史传统与发展现实，苏州应积极向德国学习，以精致创新驱动从容转型。

精致创新就是精益求精、不断创新。苏州应努力学习“德国制造”，不仅重视科技创新，也重视技术设备、产品设计、工艺流程的创新和精益求精，这与苏州的历史传统是不谋而合的。苏绣、苏作等传统技艺以及苏州园林的伟大艺术成就代表了精益求精的工匠精神，这种“如切如磋、如琢如磨”的专注气质始终是苏州宝贵的城市品质与历史文脉，也是苏州精致创新的内在基因。

从容转型就是选择新的发展动力，努力跨越工业化发展阶段而从容进入后工业发展阶段，推动城市功能的转型。改革开放后，苏州领风气之先，实现了从农业经济向工业经济、从封闭型经济向开放型经济的两大转变，未来还应加快推进由要素驱动向创新驱动、由外延式增长向内涵式发展的转变。苏州转型必须以从容转型为基本前提和实现路径，特别是要避免进入只重“规模和速度”而不重“质量和品质”的误区，统筹全局、着眼长远、顺应规律、保持定力，从容淡定地实现转型发展的战略目标。

（三）具体路径

1. 借势上海，面向国际

苏州毗邻中国的经济中心上海，位于长江下游的中心地带，服务和辐射内地的潜在功能不可限量。因此，苏州应具有面向国际的眼光和胸怀，通过外引内联和开放战略，促进与周边地区的联动，发展成为江苏、长三角乃至全国对外开放和对外联系的重要窗口。特别是要主动借势上海，联系全球，分享上海建设国际经济中心、国际金融中心、国际航运中心、国际贸易中心和全球科技创新中心的巨大外溢效应，寻求错位互补，并提托上海提供的国际化平台打造成为长三角与亚太国家经济联系的重要载体，提高苏州开放型经济发展水平，以世界高端城市功能为标杆，利用最先进的技术和制度，主攻高端技术、发展高端产品、突破高端环节，实现苏州发展的要素高端化和产业高级化，以提升产业价值链为突破口，将苏州打造成为创造高附加值的全球高端产业城市。

2. 工匠精神，精细智造

苏州制造转型升级的一条重要主线是要加快现代信息技术与制造业深度融合，以“智能制造”作为苏州制造由大变强的主要突破口和主攻方向。由传统制造向智能制造的转型，不仅意味着智能化程度的不断提高，也将更加重视“工匠精神”，对核心技术精益求精，从过去“大批量、低成本”的粗放模式转为对客户的“个性化、柔性化”服务，从客户的需求出发增品种、提品质、创品牌。实际上，工匠精神不仅体现了对产品匠心独运和精心打造，更需要善于吸收前沿技术，“工匠精神”加上“智能制造”，是未来苏州制造改造提升和经济转型升级的重要发力点。

为此，苏州必须重拾传统“工匠精神”。“苏绣”、“苏作”等传统技艺曾经在历史上闻名于世，苏州园林创造了巨大的艺术成就，这种精益求精的工匠精神始终是苏州宝贵的城市品质与历史文脉，苏州制造要实现由“量”到“质”的突围，不仅需要创新驱动，也需要传承传统，为苏州制造注入一丝不苟、精益求精的卓越品质。在提倡工匠精神的同时，苏州还需要健全体制机制，尝试开展现代学徒制试点，激活工匠的薪酬、定级、晋升机制，形成一支门类齐备、技艺精湛的工匠队伍，构筑起苏州制造的品牌形象。

3. 创新驱动，激发活力

创新是一个城市的灵魂，特别是在未来，不断推进制度创新、管理创新和技术创新等经济社会各领域创新将是苏州获取源源不断的发展动力的源泉。苏州应立足于创新，通过创新驱动战略推动经济社会和城市建设的全面转型。苏州可以借助上海、长三角的科技力量，构建创新平台、培育创新主体、集聚创新要素、完善创新机制，形成以市场为导向的创新体系，为苏州转型发展方式发挥重要的推动作用，并不断提升促进区域技术创新和服务长三角乃至内地的能力。此外，苏州是长三角全面合作的重要枢纽，制度创新是其连接亚太服务内地的根本保障，也是其自身发展的强大推动力。苏州可以发挥政策优势，借鉴国际社会的先进科学技术和社会管理经验，建立一套较为完善的管理制度，在行政服务管理体制、城市管理体制、公共安全体系、人口管理体制、人员进出境管理体制、信息网络管理体制和社区管理体制等方面积极学习尝试，突破体制机制的束缚，从而真正建立起一套能够适应区域合作和未来城市发展的高效运转的社会管理体制，通过管理创新提高运行效率，充分激发市场活力。

4. 生态优先，文化为魂

城市生态环境在提高人们生活质量、维护自然环境和增强城市吸引力方面越来越受到重视，特别是对于苏州这样沿江近海、因水而生、因水而兴的城市。苏州应将生态环境保护和建设渗透到社会经济生活等各个方面，在产业选择、节能环保、土地开发、公园和绿地建设及倡导绿色生活方式等方面加大控制、投入和宣传，将苏州建设成“宜居、宜游、宜业”的生态绿都。

城市的文化环境对于人们的精神生活、价值取向和城市认同都具有重要的意义，特别是对于苏州这样的历史文化名城，更应该凸显城市的文化内涵，树立“文化立市”的建设模式是避免城市“荒漠化”的必要途径。苏州应在弘扬和展现本地传统文化的同时，着力构建一种互相关爱、乐观进取、积极参与、包容并蓄的城市文化体现，通过教育、宣传、培训、大型公共活动等各种方式加强城市认同感，培养共同的、积极的价值取向，并逐渐使这种文化得以沉淀内化，最终成为一种苏州内在的城市精神。

5. 以人为本，服务先行

教育、医疗、社会保障等公共服务是完善一个城市生活居住环境的重要方面，也是落实“以人为本”思想理念、增强城市人才吸引力的重要途径。苏州应加快转变政府职能，把人民群众最大限度共享改革发展成果作为出发点和落脚点，积极推进服务型政府建设，将政府工作的重心逐渐从经济建设转移到公共服务和管理方面，提高公共服务和公共产品的供给能力，提升公共服务的人性化和信息化水平。特别是应立足于公共服务先行，大力推进人才战略，率先优化教育、医疗和城市交通等重点的公共服务领域，吸引高端专业人才在苏州生活、生活、置业，提升苏州的人才竞争力，通过人才集聚为苏州的转型发展注入动力和活力。

四　战略举措

为提升国际竞争力、实现转型发展，苏州需按照“扬长、补短、抓关键”的原则，对照其他城市的综合发展情况提升自身竞争力。为此，课题组给出以下发展建议。

第一，扩大开放合作。作为东部沿海城市，苏州走在了开放的前列，在开放合作中也取得了可喜的成绩，外向型经济发达是苏州经济发展的重要特征。苏州必须继续发挥自身优势，借助“沿江近海”的天然区位优势，扩大开放合作的广度和深度，提升开放合作的质量，以开放促改革，统筹发展，打造高水平对外开放平台，提升产业、文化、旅游、信息等各领域的开放程度，促进生产要素的内外双向自由流动，实现国内和国际两个市场的要素优化配置，以开放包容的姿态参与国际合作与竞争，并在合作中实现产业链、创新链和价值链的优化重组，建设具有国际竞争力的世界城市。在新的历史时期，苏州应把握“一带一路”等重大国家战略，充分发挥区位优势，加快海陆衔接，努力成为服务丝绸之路经济带向东部沿海延伸以及21世纪海上丝绸之路向中西部拓展的重要交汇节点，加强与沿线国家、地区的经贸合作，开拓全新的对外开放格局。

第二，推进全面创新。苏州要实现转型发展，提升国际竞争力，归根结底就是要加快创新步伐，推动创新驱动。这种创新不仅仅是科技的创新，更是管理、思维、机制等方面的全面创新。实施中要注意强化市场导向作用，最大限度激发创新活力，政府应做好“后勤保障”工作，让人才、资本、信息等创新要素充分涌动，吸引国内外各类创新要素集聚。特别应该意识到，人才是创新的主体，要积极实施“人才战略”，最大限度释放高级人才的创新潜能。依托高等院校、科研院所以及企业主体，最大限度汇聚创新动能，依托重大科研项目、重要创新平台、产业化基地，充分调动人才创新的积极性，推动青年科技骨干、科技领军人才、创新高端人才脱颖而出。此外，社会力量也不可忽视，要强化众创的社会基础，最大限度增加创新供给。在全社会鼓励创新思维，培育创新文化，营造创新氛围，鼓励发展众创、众包、众扶、众筹，政府要设身处地为创新创业者着想，提供良好服务，让苏州成为大众创业的热土、万众创新的沃土。

第三，优化产城集群。在现有的产业布局基础上，结合资源环境承载能力，构建科学合理的城镇化和产业空间布局，促进产城融合，实现市辖区、县级市与小城镇合理分工、错位互补、协同发展。城市的发展必须以产业为依托，应将发展产业集群作为加快推进城镇化进程、优化产业空间布局、增强城市可持续发展能力的重要推动力量。发展中必须坚持规划引领，既要明确城市总体的功能定位，又要结合苏州所辖各中小城镇的自身特点、产业特色、禀赋特征，合理确定其在苏州整体城镇体系中的地位，通过合理定位促进分工合作，突出特色镇的产业功能，培育特色产业集群，实现产业合理布局与协调发展。

第四，推进战略重组。以企业本体为核心，通过实施战略重组推动优势企业"强强联合"，将分散的力量合为一处，强心聚力，着力提升企业的整体竞争力。可以通过实施国际并购使企业获得国际上的先进技术、知名品牌、成熟管理经验和国际营销渠道，提升企业的自主创新能力和国际影响力。在推进企业战略重组的过程中，应注重完善配套机制，通过政策创新来简化手续、降低成本。同时，在金融政策方面应积极跟进，鼓励银行机构积极稳妥开展并购贷款业务，以金融创新服务并支撑优势企业的战略重组。

第五，提升城市软实力。城市"软实力"，是指建立在城市文化、政府服务、居民素质、形象传播等非物质要素之上的城市社会凝聚力、文化感召力、科教支持力、参与协调力等各种力量的总和，是城市经济发展、社会和谐及实现健康可持续发展的有力支持。提升城市"软实力"的目标是要扩大城市影响力，关键是要打造城市品牌。苏州是一座享誉中外的历史文化名城，拥有悠久的历史文化，以文化为铺垫提升城市"软实力"具有良好基础，可以依托水乡文化塑造鲜明的城市品牌。此外，可以借助申办一些重大的国家甚至国际性节庆、赛事、文化活动活动聚集全世界目光，吸引全球关注，通过"注意力经济"迅速提升城市知名度、扩大国际影响力。

第六，加快补齐短板。苏州作为我国改革开放的前沿地区，在经济社会建设方面已经取得了可喜的成绩，但在生态环境、文化教育、医疗卫生方面还存在着一些缺陷和短板。特别是在生态方面，苏州的短板十分明显，如资源约束加剧、工业污染严重、环境质量欠佳等，严重制约了城市可持续发展。未来苏州的发展必须认真践行"绿色发展"理念，推进生态文明建设，将补齐生态短板作为实现全面转型的重要任务，经济转型必须坚持"绿色、低碳、循环"发展，在供给体系上压缩过剩的低端产品，淘汰钢铁、水泥、平板玻璃等落后产能，构建资源消耗低、环境污染少的产业结构；在生态环境治理中必须坚持问题导向，加强水体、大气、土壤等重点领域的污染治理力度，特别是要着力改善区域水质，推进太湖、阳澄湖流域的水环境综合治理，重现江南水乡的优美风貌；同时重视体制机制建设，强化执法监管，通过借鉴国内外的成熟经验建立完备的生态文明建设标准，强执法、严监管、优治理、重实效，落实企业环保责任，加快生态修复，推动自然资本增值，营造出“青山绿水”的良好城市环境。此外，还应加快补齐教育、医疗等公共服务领域的短板，增加公共服务的有效供给，有的放矢、精准发力，提高人民群众满意度，建设幸福指数高、可持续发展的新苏州。

附　录

分析框架及指标体系

本报告综合运用产业经济学、区域经济学、发展经济学、现代管理学等多学科理论，提炼出城市转型发展的研究框架，形成理论和方法，对苏州的转型升级进行创新探索。重点以时空分析模型确定发展阶段和空间坐标，以竞争力分析模型进行城市定位，以 SWOT 分析模型找出发展路径，以对标分析模型明确发展目标和步骤，形成了对苏州提升竞争力和城市转型升级战略顶层设计的综合性分析框架。

一　时空分析模型

时空分析法从时间和空间两个维度展开分析，确定苏州所处的发展阶段和空间坐标。

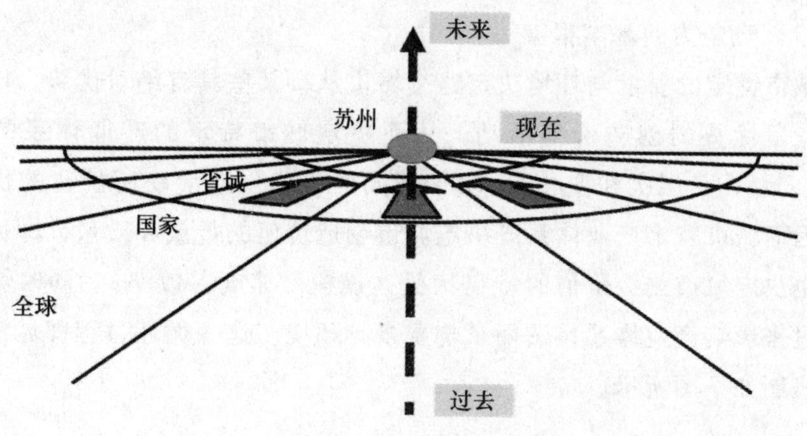

附图 1　时空分析模型

时间维度沿着“过去—现在—未来”的历史脉络展开，从历史角度出发找到区域、产业发展的轨迹，分析城市发展演化的路径及现状，分析城市进一步发展所具有的基础条件，探索路径依赖带来的优势和阻碍，在此基础上确定苏州所处的发展阶段。

空间维度按照“全球—国家—省域”的层次寻找苏州的空间坐标。从全球发展趋势来看，经济全球化进入移动互联网、智能通讯等支撑的新阶段，新产业革命方向日益明朗，全球经济发展的空间格局正在重构；从我们国家经济社会发展的阶段形势来看，目前处于“三期叠加”阶段，新四化进程稳步推进；从省内情况来看，江苏作为东部沿海的发达省份也在主动适应新常态，全力推进转型升级。这些有利的内外部环境为苏州开展国际国内区域合作搭建了重要平台，也为苏州的转型升级提供了重大机遇。因此，在经济全球化背景下，应采用由远及近、由大至小的视角，探讨国际、国内、区域经济社会发展趋势，客观把握苏州所面临的竞争环境和发展机遇。

二 竞争力模型

关于城市的功能定位和产业定位，传统方法是根据现有的产业比重和区位熵来确基础产业、先导或支柱产业、主导产业和配套产业，进而决定城市功能。我们的研究借鉴了传统方法，同时提出了一个竞争力的分析方法，也就是潜在区位熵的方法，进行城市功能和产业体系定位。

(1) 竞争力的基本框架

城市特定的要素与环境决定这个城市从事某些具有绝对优势、比较优势或竞争优势的创造价值活动，从而决定城市特定的产业体系的状况(规模、结构、层次和变化)。由于不同的价值创造活动所创造的价值不同，因而城市特定产业体系既决定城市创造价值的数量和质量，即城市价值，也决定城市创造价值的特定状况（规模、速度、效率）。同时城市价值反过来影响产业体系，进而影响要素与环境。这一循环过程即城市价值决定机制如下图所示。

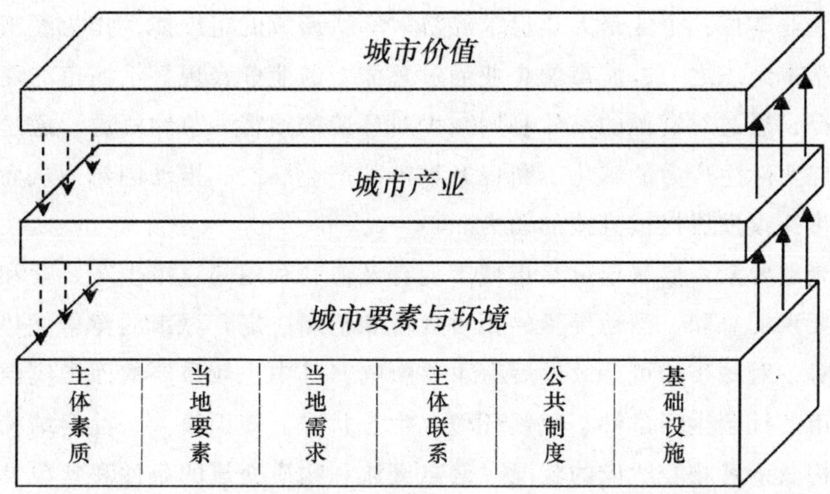

附图 2　城市价值决定、产业体系、要素和环境的循环机制

因此，以上述城市竞争力的 6 要素的近 20 个指标构成潜在区位熵的研究框架。城市竞争力由企业本体、当地要素、当地需求、制度环境、主体联系和基础设施六个方面构成。

城市竞争力 = F（企业本体，当地要素，当地需求，制度环境，主体联系，基础设施）

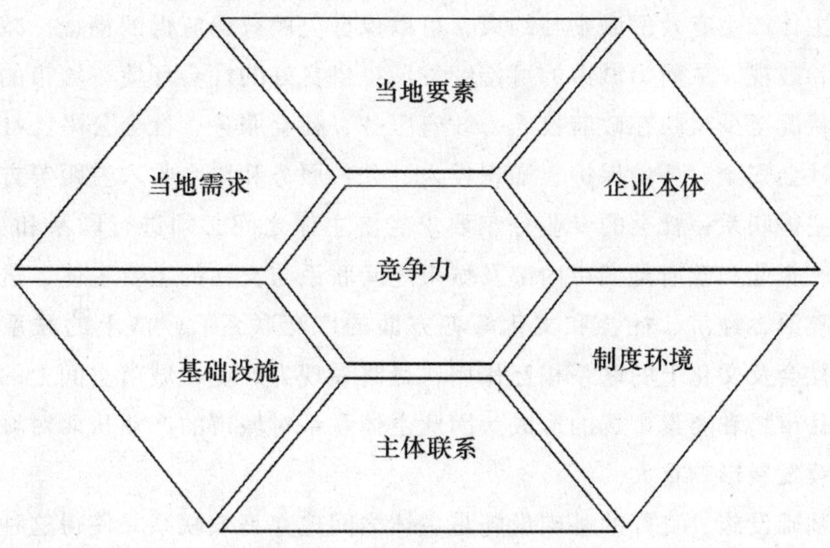

附图 3　城市竞争力的六大要素

企业本体：企业是人类追求经济效率所形成的组织体，作为经济与社会的基本组织之一，城市的企业通过总体上的业务表现显示城市的商业环境状况，通过对资源的高效利用减少对环境的损害、节约资源，通过促进知识向实际生产力的转化不断提升城市的产业层次、推动创新，从而为城市的可持续发展提供直接的动力。

当地要素：要素禀赋是指城市拥有及便利利用的直接生产要素和间接环境要素的总和。当地要素的相对规模和范围决定着城市的竞争优势和比较优势，对城市的可持续发展有重要影响，其中比较重要的因素应至少包括城市的社会生活条件、气候环境、生态状况、知识投入、社会结构和产业结构及两者相互适应的状况、信息交流和物质交流的条件和状况及当地文化等。

当地需求：需求从其主体上来说主要可以分为家庭、企业和政府，从其目的上来说可以分为中间需求和最终需求，城市需求的规模影响着城市产业的规模，城市需求的层次影响着城市产业的层次，城市需求的增长潜力影响着城市产业的增长，因此当地需求对城市的贸易和经济的可持续增长都具有关键意义。

制度环境：公共制度是政府制定的约束经济主体交往、维护社会发展的行为规则，良好的制度可以有效降低交易成本，提高交易效率，可以对经济主体产生有效的激励与约束，可以保证公民获得应得的福祉，减少不平等和歧视，从而为城市的可持续发展提供良好的社会环境。城市的公共制度状况至少反映在政府投入、政府服务、社会服务、社会公平、社会保障、社会安全、环境保护、知识投入、公共服务和城乡收入差距等方面。

主体联系：社会的专业分工要求经济主体之间必须进行联系和交往，家庭、企业和政府是城市内部及城市之间联系与交往的主要主体，进行着包括政治、经济、社会和文化等各方面的广泛联系。经济上的联系与政治、社会及文化上的联系相互作用，最终表现为产业在城市空间上的聚集及产品市场和要素市场的形成。因此主体联系对城市的产业从而对城市的可持续发展影响重大。

基础设施：良好的基础设施是主体之间建立高效联系并使得这种联系能够高效地转化为经济成果的物质基础。城市内部主体间的联系依赖于城市内部的基础设施，城市间主体的联系依赖于城市间的基础设施。因此城市的基础设施为城市的主体联系提供了手段，为城市的主体之间进行信息和物质的交流提供了必要的条件，基础设施的缺乏将通过阻碍城市主体之间的联系阻碍城市的可持续发展。

（2）计量模型

第一，以区位熵作为因变量，以构成城市竞争力 6 要素的近 20 项指标作为自变量的解释框架，构建功能体系定位（包括产业定位体系）的影响因素解释模型，使用模糊曲线分析方法，通过利用中国地级及以上城市的面板数据，计算出各项指标对于城市主要功能的贡献弹性，从而确定影响各功能的关键因素。

第二，以贡献弹性为系数加权样本城市某项功能（包括产业）的关键因素，计算各城市某项功能（包括产业）的潜在区位熵，即竞争力指数。

第三，分析当前区位熵和潜在区位熵，包括某城市在全国的地位以及某功能在本城市的排序，最终确定城市的功能定位体系（包括产业定位体系）。

三　对标分析模型

城市在提升自身竞争力的过程中需要不断学习、效仿榜样，取长补短。对标分析的基本思想是通过连续追踪和比较分析，找出竞争对手、借鉴对象（学习标杆）、追赶目标、合作伙伴，通过学习与合作缩小差距，提升自身竞争力。

通过对标分析，有助于苏州在比较中发现优势、认识不足，仿效榜样，从而明确城市的发展定位、发展目标和发展步骤，找准进一步提升竞争力的关键点。

四　SWOT 模型

SWOT 分析方法是管理学中的一种战略分析方法，即根据区域或组织既定的内在及外在条件进行分析，找出自身的优势、劣势，外部的挑战、机遇，从而发现核心竞争力之所在。S 代表优势（strength），W 代表劣势

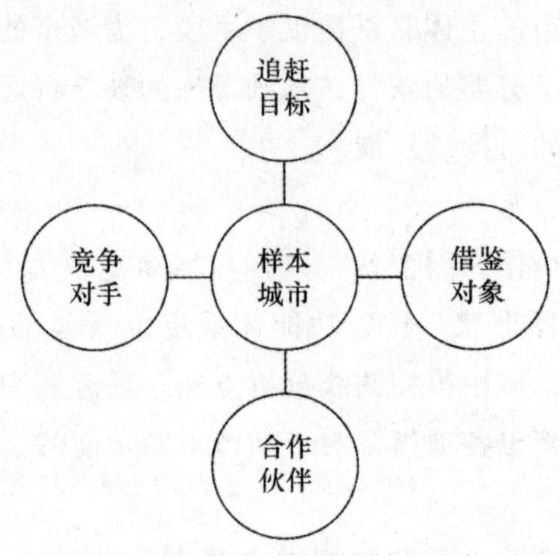

附图4 对标分析模型

(weakness),O代表机遇(opportunity),T代表挑战(threat),其中,S、W是内部因素,O、T是外部因素。

就城市而言,SWOT的具体分析如下:

优势(S)是指一个城市超越其竞争对手的能力,或者指城市所特有的能够竞争力的禀赋。例如,当两个城市都有能力发展同一个产业时,如果其中一个城市有更高的盈利能力和发展潜力,那么,我们就认为这个城市比另外一个城市更具有竞争优势。

劣势(W)是指城市所欠缺的某种资源和潜力,或指某种会使城市处于劣势的条件。

机遇(O)是影响城市发展战略的重大因素,城市管理者应当认真对待每一个潜在机会,评价这些机会可能会产生的成长前景,选取那些可与城市资源相匹配、使城市获得最大竞争优势的最佳机会。

挑战(T)是指在城市的外部环境中,总是存在某些对城市的发展构成威胁的因素。城市管理者应当及时确认危及城市未来利益的威胁,并采取相应的战略行动来抵消或减轻它们所产生的影响。

通过SWOT分析,能够全面认识苏州发展的内外部条件,扬长避短抓关键,找出转型发展的路径和措施。

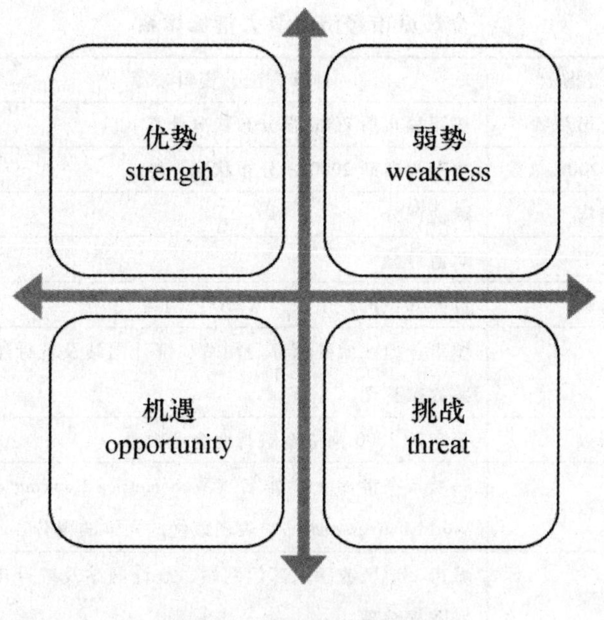

附图 5 SWOT 分析模型

五 样本、指标、计算方法及特别说明

本文运用城市竞争力的理论方法，对苏州转型升级中的城市定位进行了重点研究，在此对城市竞争力的样本选择、指标体系及计算方法等进行说明。

1. 样本选择

在全球坐标上，可持续竞争力分析时选取了全球 500 城市，经济竞争力分析时选取了全球 505 城市；在中国坐标上，本文虽然以苏州为研究对象，但城市竞争力作为一个相对概念，为了进行充分比较，文中的样本城市包括除台湾以外的中国 33 个省、市、区和特别行政区的 289 个城市，具体为内地 287 个地级以上城市和香港、澳门。

2. 指标体系与数据来源

附表1　　全球城市经济竞争力指标体系

一级指标	二级指标	计算方法、资料来源	样本数量
企业本体	跨国公司总数	按照福布斯2000强分布状况计算	中国社会科学院城市与竞争力研究中心数据库中的全球505个样本城市，其中中国城市共计69个（包括9个港澳台地区城市以及60个内地城市）
	Forbes 2000总数	按照福布斯2000强分布状况计算	
	产业结构	赋值评分	
	产业水平	赋值评分	
当地要素	专利指数	世界知识产权组织（WIPO）网站	
	失业率	城市、地区或国家部门网站、统计网站及统计年鉴数据整理	
	银行指数	福布斯2000强中金融行业企业数量	
	大学指数	一城市在世界大学排名（Webometrics Ranking of World Universities）中表现最优的大学的得分	
当地需求	人口规模	城市、地区或国家部门网站、统计网站及统计年鉴数据整理	
	GDP总量	各官方网站及年鉴数据搜集整理，并统一折算为美元计价单位	
	国家人均收入	数据来源于世界银行	
软件环境	犯罪率	相关网站及报告数据整理	
	语言多国性指数	以每城市中心地区四星级以上酒店所使用的语言数量为衡量标准	
	经商便利度	世界银行年度《营商环境报告》	
	中央与地方财税比例	用该国地方财政收入与中央财政收入的比重表示	
硬件环境	PM2.5排放量	WHO网站关于城市空气质量的测算	
	基准宾馆价格	以每个城市中心地区四星级以上酒店所预定的最低房价为衡量标准	
	道路便利度	谷歌地图交通实时路况，分为1—5个级别进行打分	
	距海距离	Google地图和Google Earth搜索得到	
全球联系	跨国公司联系度	数据来源于福布斯2000公司网站，计算方法见《WORLD CITY NETWORK》	
	国际知名度指数	该城市在GOOGLE网络搜索中的搜索数量	
	航空线数	各城市机场网站、维基百科以及国际航空协会网站相关数据整理	

附表 2　　　　全球城市可持续竞争力指标体系

一级指标	一级指标含义	二级指标	数据来源
经济	经济活力	人均 GDP（美元/人）	官方网站等
		平均 GDP 增长率（2001—2009）（%）	官方网站等
环境	环境质量	人均 CO_2 排放量（千克/人）	UNSD 网站
社会	社会包容	犯罪率（逆向指标）	官网及报告数据整理
科技	科技创新	专利申请数（个）	WIPO 网站
联系	全球联系	跨国公司联系度	数据来源于福布斯 2000 公司网站，计算方法见《WORLD CITY NETWORK》
文化	文化多样	语言多国性指数	以每城市中心地区四星级以上酒店所使用的语言数量为衡量标准
制度	政府管理	营商环境排名指数	世界银行年度《营商环境报告》

注：样本城市为 500 个。

附表 3　　　　中国城市经济竞争力的指标体系

一级指标	二级指标	指标衡量方法	数据来源
企业本体	大企业指数	世界 500 强及上市公司数	财富 500 强名单，上海证券交易所，深圳证券交易所和香港交易及结算所有限公司网站
	企业增长指数	企业数量增长率 + 企业规模增长率	国家统计局
	企业经营指数	销售额资产比、产值资产比和利税资产比方差加权	国家统计局

续表

一级指标	二级指标	指标衡量方法	数据来源
当地要素	大专以上人口比例		各城市六普公报
	人均存款余额		国家统计局
	专利指数	专利申请授权量	国家统计局
当地需求	地区生产总值		国家统计局
	社会消费品零售总额		国家统计局
	限额以上批发零售贸易业商品销售总额		国家统计局
制度环境	开办企业便利度	企业开办指数+经营纳税指数+资质认定指数	中国软件测评中心政府网站绩效测评
	企业税负	地方财政一般预算内收入占 GDP 比重	国家统计局
	信贷不良率		《中国地区金融生态环境评价》
主体联系	城市客运总量		国家统计局
	城市货运总量		国家统计局
	国际商旅人员数	入境旅游人数	各城市统计公报
基础设施	公路交通便利程度	连接城市的国高、国道和省道数	交通部中国公路信息网
	航空交通便利程度	机场飞行区等级和起降架次	全国运输机场生产统计公报及各机场网站
	铁路交通便利程度	连接城市的高铁、双线电气化铁路、单线电气化铁路、双线铁路、单线铁路数及是否有主要车站	铁道部铁路运营图及高铁线路图
	利用海运便利程度	城市距最近海港距离和距天津、上海及香港距离	根据 GOOGLE 地图城市经纬度数据计算

附表4　　中国城市可持续竞争力指标体系

一级指标	二级指标含义	二级指标	指标衡量方法	数据来源
创新驱动的知识城市	知识需求	科技经费支出额占财政收入比重	—	国家统计局
		人均教育支出	—	国家统计局
		每百人公共图书馆藏书	—	国家统计局
	知识投入	中等以上学生占全部学生比重	—	国家统计局
		大学指数	各城市大学排名	世界大学排名（Webometrics Ranking of World Universities）
	知识产出	专利指数	专利申请授权量	国家统计局
		论文发表数	—	Web of Science 三大引文库（SCI/SSCI/A&HCI）
	知识经济	每百万人金融、计算机服务和科学研究从业人数	—	国家统计局
		高科技产品进出口总额	—	科技部
公平包容的和谐城市	政府善治	行政透明度	信息公开指数	中国软件测评中心政府网站绩效测评
		群众需求关注度	互动交流指数＋证件办理指数	中国软件测评中心政府网站绩效测评
	社会公平	户籍与非户籍人口之间的公平性	根据各城市落户政策打分	各城市政府网站
		各阶层之间的公平性	教育服务指数＋社保服务指数＋就业服务指数＋医疗服务指数＋住房服务指数＋交通服务指数	中国软件测评中心政府网站绩效测评

续表

一级指标	二级指标含义	二级指标	指标衡量方法	数据来源
公平包容的和谐城市	社会保障	人均社会保障、就业和医疗卫生财政支出	—	国家统计局
		社会保障程度	参加医疗、失业、养老保险人数占常住人口比重	国家统计局
	社会安定	每万人刑事案件数	—	国家统计局
		每万人交通、火灾事故死亡人数	—	国家统计局
环境友好的生态城市	资源节约	单位 GDP 耗电	—	国家统计局
		单位 GDP 耗水	—	国家统计局
	环境质量	空气质量	城市空气质量等级	环保部及各省环保厅环境公报
		单位 GDP 二氧化硫排放量	—	国家统计局
		地表水水质	河流、湖泊水质状况，涉及沿海城市时，还包括其近海海水水质状况	中国环境监测总站及下属各省市监测站、水文信息网、中国环境保护部及下属各省市环保厅、环保局，全国、各省市环境公报以及各省市水资源公报
	生态状况	人均绿地面积	—	国家统计局
		旅游景区指数	4A 和 5A 级旅游景区数量	全国 4A 级及 5A 级旅游景区名单
		国家级自然保护区指数	国家级自然保护区数量和面积	国家级自然保护区名录
		降水丰沛度	年平均降水量	中国天气网

续表

一级指标	二级指标含义	二级指标	指标衡量方法	数据来源
多元一本的文化城市	历史文化	历史文化名镇、名村	历史文化名镇、名村数量	中国名镇网
		历史文化指数	历史文化名城批次	国家历史文化名城名单
		非物质文化指数	非物质文化遗产数量	中国非物质文化遗产名录数据库系统
	现代文化	现代文化艺术指数	文化艺术场所数	Google 地图搜索
		每万人剧场、影剧院数量	—	国家统计局
	文化多元性	城市国际知名度	城市拼音名 Google 英文搜索结果条数	Google 搜索
		语言多国性指数	城市星级酒店提供语言服务种类数	假日酒店网站及51mice中国旅业参考
	文化产业	每百万人文化、体育和娱乐业从业人数	—	国家统计局
		外国入境旅游人数	—	国家统计局

续表

一级指标	二级指标含义	二级指标	指标衡量方法	数据来源
城乡一体的全域城市	居民收入	城乡人均支出比	城镇居民人均消费支出/农村居民人均消费支出	国家统计局
		城乡人均收入比	城镇居民人均可支配收入/农村居民人均纯收入	国家统计局
	公共服务	人均教育支出比(全市/市辖区)	全市人均教育支出/市辖区人均教育支出	国家统计局
		每百人公共图书馆藏书量比(全市/市辖区)	全市每百人公共图书馆藏书量/市辖区每百人公共图书馆藏书量	国家统计局
		每万人拥有医生数比(全市/市辖区)	全市每万人拥有医生数/市辖区每万人拥有医生数	国家统计局
	公共设施	每千人国际互联网用户数比(全市/市辖区)	全市每千人国际互联网用户数/市辖区每千人国际互联网用户数	国家统计局
		城乡道路面积比	—	国家统计局
	结构转换	城市化率	市辖区人口/全市总人口	国家统计局
		城市化与工业化适应性	非农业人口比重与非农产业产值占 GDP 比重的差别	国家统计局

续表

一级指标	二级指标含义	二级指标	指标衡量方法	数据来源
开放便捷的信息城市	客体贸易	外贸依存度	(进口总额+出口总额)/(2×GDP)	国家统计局
		当年实际使用外资额占固定资产投资比例	—	国家统计局
	主体交流	外资工业企业比重	外资工业企业数/工业企业数	国家统计局
		国际商旅人员数	接待海外商旅人数	国家统计局
	信息交流	千人国际互联网用户数	—	国家统计局
		千人移动电话年末用户数	—	国家统计局
	物质交流	公路交通便利程度	连接城市的国高、国道和省道数	交通部中国公路信息网
		铁路交通便利程度	连接城市的高铁、双线电气化铁路、单线电气化铁路、双线铁路、单线铁路数及是否有主要车站	铁道部铁路运营图及高铁线路图
		航空交通便利程度	机场飞行区等级和起降架次	全国运输机场生产统计公报及各机场网站
		利用海运便利程度	城市距最近海港距离和距天津、上海及香港距离	根据GOOGLE地图城市经纬度数据计算

3. 计算方法

第一，指标数据标准化方法。由于城市竞争力各项指标数据的量纲不同，因此，要对这些指标进行综合集成，所有指标数据都必须进行无量纲化处理。客观指标分为单一客观指标和综合客观指标。对于单一性客观指标原始数据无量纲处理，本文主要采取标准化、指数化、阈值法和百分比等级法四种方法。

标准化计算公式为：$X_i = \frac{(x_i - \bar{x})}{Q^2}$，$X_i$ 为 x_i 转换后的值，x_i 为原始数据，$\bar{x}$ 为平均值，Q^2 为方差，X_i 为标准化后数据。

指数法的计算公式为：$X_i = \frac{x_i}{x_{0i}}$，X_i 为 x_i 转换后的值，x_i 为原始值，x_{0i} 为最大值，X_i 为指数。

阈值法的计算公式为：$X_i = \frac{(x_i - x_{Min})}{(x_{Max -} x_{Min})}$，$X_i$ 为 x_i 转换后的值，x_i 为原始值，x_{Max} 为最大样本值，x_{Min} 为最小样本值。

百分比等级法的计算公式为：$X_i = \frac{n_i}{(n_i + N_i)}$，$X_i$ 为 x_i 转换后的值，x_i 为原始值，n_i 为小于 x_i 的样本值数量，N_i 为除 x_i 外大于等于 x_i 的样本值数量。

综合客观指标原始数据的无量纲化处理是：先对构成中的各单个指标进行量化处理，然后再用等权法加权求得综合的指标值。

第二，城市竞争力计算的方法。竞争力各项指标综合的方法是非线性加权综合法。所谓非线性加权综合法（或“乘法”合成法）是指应用非线性模型 $g = \prod x_j^{w_j}$ 来进行综合评价的。式中 w_i 为权重系数，$x_i \leqslant 1$。对于非线性模型来说，在计算城市经济竞争力的 2 项指标中或城市可持续竞争力的 8 项指标中，只要有一个指标值非常小，那么经济竞争力值或可持续竞争力值将迅速接近于零。换言之，这种评价模型对取值较小的指标反应灵敏，对取值较大的指标反应迟钝。运用非线性加权综合法进行城市竞争力计量，能够更全面、科学的反映综合指标值。

尽管报告设计的解释性城市竞争力的指标为二级指标，实际上包括原始指标在内，解释性城市竞争力的指标为三级，在三级指标合成二级指标和二级指标合成一级指标时，采用先标准化再等权相加的办法，标准化方法如前所述。其公式为：

$$z_{il} = \sum_j z_{ilj}$$

其中，z_{il} 表示各二级指标，z_{ilj} 表示各三级指标。

$$Z_i = \sum_l z_{il}$$

其中，Z_i 表示各一级指标，z_{il} 表示各二级指标。

第三，城市排名的主成分分析方法。在处理信息时，当两个变量之间有一定相关关系时，可以解释为这两个变量反映的信息有一定的重叠，为了解决这些问题，最简单和最直接的解决方案是削减变量的个数，但这必然又会导致信息丢失和信息不完整等问题的产生。为此，人们希望探索一种更为有效的解决方法，它既能大大减少参与数据建模的变量个数，同时也不会造成信息的大量丢失。主成分分析正式这样一种能够有效降低变量维数，并已得到广泛应用的分析方法。

主成分分析以最少的信息丢失为前提，将众多的原有变量综合成较少几个综合指标，通常综合指标（主成分）有以下几个特点：

（1）主成分个数远远少于原有变量的个数。

原有变量综合成少数几个因子之后，因子将可以替代原有变量参与数据建模，这将大大减少分析过程中的计算工作量。

（2）主成分能够反映原有变量的绝大部分信息。

因子并不是原有变量的简单取舍，而是原有变量重组后的结果，因此不会造成原有变量信息的大量丢失，并能够代表原有变量的绝大部分信息。

（3）主成分之间应该互不相关。

通过主成分分析得出的新的综合指标（主成分）之间互不相关，因子参与数据建模能够有效地解决变量信息重叠、多重共线性等给分析应用带来的诸多问题。

（4）主成分具有命名解释性。

总之，主成分分析法是研究如何以最少的信息丢失将众多原有变量浓缩成少数几个因子，如何使因子具有一定的命名解释性的多元统计分析方法。

基本原理。主成分分析是数学上对数据降维的一种方法。其基本思想是设法将原来众多的具有一定相关性的指标 X1，X2，…，Xp，重新组合成一组较少个数的互不相关的综合指标 Fm 来代替原来指标。那么综合指标应该如何去提取，使其既能最大程度的反映原变量 Xp 所代表的信息，又能保证新指标之间保持相互无关（信息不重叠）。

设 F1 表示原变量的第一个线性组合所形成的主成分指标，即 F1 = a11X1 + a21X2 + ap1Xp，由数学知识可知，每一个主成分所提取的信息量可用其方差来度量，其方差 Var（F1）越大，表示 F1 包含的信息越多。常常希望第一主成分 F1 所含的信息量最大，因此在所有的线性组合中选取的 F1 应该是 X1，X2，…，Xp 的所有线性组合中方差最大的，故称 F1 为第一主成分。如果第一主成分不足以代表原来 p 个指标的信息，再考虑选取第二个主成分指标 F2，为有效地反映原信息，F1 已有的信息就不需要再出现在 F2 中，即 F2 与 F1 要保持独立、不相关，用数学语言表达就是其协方差 Cov（F1，F2）=0，所以 F2 是与 F1 不相关的 X1，X2，…，Xp 的所有线性组合中方差最大的，故称 F2 为第二主成分，依此类推构造出的 F1、F2、…、Fm 为原变量指标 X1，X2，…，Xp 第一、第二、…、第 m 个主成分。

$$\begin{cases} F_1 = a_{11}X_1 + a_{21}X_2 + \cdots + a_{1p}X_p \\ F_2 = a_{21}X_1 + a_{22}X_2 + \cdots + a_{2p}X_p \\ \quad ? \quad \cdots \\ F_m = a_{m1}X_1 + a_{m1}X_2 + \cdots + a_{mp}X_p \end{cases}$$

根据以上分析得知：

Fi 与 Fj 互不相关，即 Cov（Fi，Fj）=0，并有 Var（Fi）=ai’Σai，其中 Σ 为 X 的协方差阵。

F1 是 X1，X2，…，Xp 的一切线性组合中方差最大的。

F1，F2，…，Fm（m≤p）为构造的新变量指标，即原变量指标的第一、第二、…、第 m 个主成分。

主成分分析法的计算步骤。主成分分析的具体步骤如下：

（1）计算协方差矩阵

计算样品数据的协方差矩阵：Σ =（sij）p * p，其中

$$S_{ij} = \frac{1}{n-1}\sum_{k=1}^{n}(X_{ki} - \bar{X}_i)(X_{kj} - \bar{X}_j) \qquad i,j = 1,2,\cdots,p$$

（2）求出 Σ 的特征值 λ_i 及相应的正交化单位特征向量 a_i

Σ 的前 m 个较大的特征值 $\lambda_1 \geq \lambda_2 \geq \cdots \lambda_m \geq 0$，就是前 m 个主成分

对应的方差，λ_i 对应的单位特征向量 a_i 就是主成分 Fi 的关于原变量的系数，则原变量的第 i 个主成分 Fi 为：

$F_i = a_i' X$

主成分的方差贡献率用来反映信息量的大小，α_i 为：

$$\alpha_i = \frac{\lambda_i}{\sum_{i=1}^{m} \lambda_i}$$

（3）选择主成分

最终要选择几个主成分，即 F1，F2，…，Fm 中 m 的确定是通过方差累计贡献率 G（m）来确定

$$G_{(m)} = \sum_{i-1}^{m} \frac{\lambda_i}{\sum_{k=1}^{p} \lambda_k}$$

当累积贡献率大于 85% 时，就认为能足够反映原来变量的信息了，对应的 m 就是抽取的前 m 个主成分。

（4）计算主成分载荷

主成分载荷是反映主成分 Fi 与原变量 Xj 之间的相互关联程度，原来变量 Xj（j = 1，2，…，p）在诸主成分 Fi（i = 1，2，…，m）上的荷载 l_{ij}（i = 1，2，…，m；j = 1，2，…，p）。

$l(Z_i, X_j) = \sqrt{\lambda_i a_{ij}} \qquad (i = 1, 2, \cdots m; j = 1, 2, \cdots, p)$

在 SPSS 软件中主成分分析后的分析结果中，“成分矩阵”反应的就是主成分载荷矩阵。

（5）计算主成分得分

计算样本在 m 个主成分上的得分：

$F_i = a_{1i}X_1 + a_{2i}X_2 + \cdots + a_{pi}X_p \quad i = 1, 2, \cdots, m$

实际应用时，指标的量纲往往不同，所以在主成分计算之前应先消除量纲的影响。消除数据的量纲有很多方法，常用方法是将原始数据标准化，即做如下数据变换：

$$X_{ij}^* = \frac{X_{ij} - \bar{X}_j}{S_j} \qquad i = 1, 2, \cdots, n; j = 1, 2, \cdots, p$$

其中：$\bar{X}_j = \frac{1}{n}\sum_{i=1}^{n} X_{ij}$，　$S_j^2 = \frac{1}{n-1}\sum_{i=1}^{n}(X_{ij} - \bar{X}_j)^2$

4. 特别说明

城市竞争力是一个深刻而复杂的主题，站在不同的角度，使用不同的方法，可以针对不同的研究群体得出不同的、具有针对性的结论。全球城市竞争力（包括经济竞争力和可持续竞争力）评估体系是在倪鹏飞博士《中国城市竞争力报告》研究模型的基础上，结合世界城市发展的最新趋势以及影响城市竞争力的多方面因素和世界其他组织、机构对于国家竞争力、城市竞争力的研究，并且综合城市化、城市经济学、空间经济学等理论发展而来。报告中竞争力的分析框架、主体思想与《中国城市竞争力报告》中的思想一脉相承，在指标体系的设置上也多有借鉴。但是，由于研究对象、研究主题、面向受众的转变，也因为数据收集过程中的多种主客观因素的限制，本报告中的全球城市竞争力评估体系和测算方法与《中国城市竞争力报告》相比有一定更新和调整。出于学术谨慎，本报告中全球城市竞争力指标体系的显示结果与主要结论与《中国城市竞争力报告》不具有直接可比性，我们建议读者将两者看作是从不同角度和层面出发对城市竞争力的衡量。